戦前ホンネ発言大全 第1巻

高井ホアン

落書き・ビラ・投書・怪文書で見る

戦前不敬発言大全

反天皇制・反皇室・反ヒロヒト的言説

『戦前ホンネ発言大全』まえがき

特高警察、憲兵、そして現代の公安および体制の犠牲になった人々に本書を捧げる

私たちは、平和で自由な民主主義の国に生きている、といわれる。「実態は本当にそうか」はともかく、我々は少なくとも民主的な憲法のもとに暮らしている。そして、日本の歴史を眺めると、我々は戦後という地点に立っている。１９４５年（昭和20年）８月15日以前と以後が、私達の社会の有様を隔てている、とされる。もちろん、多くの人々や建造物や諸々は、それをまたいで存在しているが。しかし、同時に、政治的には複雑な橋渡しもあった。まさに昭和天皇は、「戦前」の20年と「戦後」の44年をその立場で生きた。戦前と戦後の狭間で断罪された多くの政治家や有力者も、相当の数が戦後に再び同じ立場を得た。さらにさかのぼって、「戦前」とはどんな時代だったのか。

中学校の歴史教科書を開くと、たとえば日中戦争から太平洋戦争開戦を経て敗戦まで、わずかなページに押し込まれている。義務教育の歴史・社会科の授業や、高等学校の日本史の授業で、我々は当時の日本において自由が抑圧されていたことを学ぶ（教師の思惑がそうでない場合や、そもそも授業が飛ばされることもあるだろうが）。しかし、「治安維持法」「ファシズム」「特高警察」「天皇制」「機関説事件」などという単語を学んでも、それが一体どのような姿かたちを持って市民に掛ったのか、また市民一人ひとりがそれを見てどう従い、あるいは抗い、やり過ごし、

対処し……その時代をどう生きたかと言う記録は、残念ながら教科書や付属の資料を通して学ぶことは難しい。また、「戦前」を経験した人々も高齢化に伴い年々減っており、直接話を伺うことも難しくなりつつある。よく、戦後〇〇年といわれる。だが、敗戦時から遡る、だけではない。太平洋戦争開戦から。日中戦争から。満州事変から。治安維持法から……。戦前は、どんどん遠ざかっている。現代においてすら、ずさんな管理で資料が散逸し、あるいはWEBページが予期せぬサービスの終了などにより数百万単位で消えていく。いわんや人の記憶をや。しかし、いくつかの、重要で興味深い手掛かりが残っている。

特高警察および憲兵隊は戦前、まさにその職務のために膨大な記録を残した。その中には、共産党関係への膨大な監視記録、小林多喜二が築地警察署で「死亡」した有名な事件、またキリスト教を始めとする宗教者への圧力や、水平社（部落解放運動）への監視などの記録がある。そして、それらに属していない市井の人々を監視した記録もある。明治時代の自由民権運動に始まり、社会主義者、無政府主義者、共産主義者、自由主義者、宗教者、朝鮮・中国人、右翼、部落そして民衆と、戦前史上あらゆる物を監視し続けた組織は、落書きから子どもの替え歌まで権力の脅威となるもの全てを弾圧するに際し記録した。それが特高月報であり、憲兵隊記録である。そこには、皮肉にも権力の監視を通して、当時を生きた市民の様々な姿が残っている。

心から反戦と平和を唱えた崇高な人々もいる。完全な抑圧下にありながら天皇制へ堂々と逆らった人々がいる。消極的にせよ中国や米国への戦争に疑問を抱いた人々もいる。息子や友人の徴兵召集に文句を言った人々もいる。戦争に疲れ、いっそ敗戦を望んだ人々もいる。また、一部には歴史的事件に直接繋がっている人物もおり、これは貴重な記録となっている。

しかしそれら「綺麗事」だけではない。井戸端会議も便所の壁も、早い話が現代の掲示板やSNSである（発言にも「便所は我らの伝言板なり有効に使え」とある）。あからさまなデマは多く存在する。宇宙から何かを受信してしまった人、訳の分からないことを言う者がいる。天皇のペニスやセックスの様子を予想した者がいる。天皇の写真で葬式の真似をした子どもたちもいる。皇族を騙った単なる身分詐欺師もいる。差別的な何かを行う人もいれば、ユダヤ陰謀論者は昔から全く変わらない。とにかく、単に面白い人々もいるのだ。

当時の体制への不平・不満を抱えながらもしかし権力や戦争遂行に強く抵抗するという訳でもない、１００％加害者寄りではないがしかし被害・差別について特に意識している訳でもない、ただちょっとした発言や皇族への幾分下品なゴシップ的興味のために捕まった多くの「庶民」の姿もそこにある。もう少し過激な人々が大勢いる状況を想像した人もいるかもしれない。だが、わずかでも「人殺し」である戦争への抵抗の意思を持ち、あるいは天皇制のおかしさにも「あいつら、俺たちとあんまり変らないね」というレベルでも思考が出来る人々は、それでも少なかったのだ。大多数の、全くの「臣民」はこの月報には載りもしないのだから。

もちろん、体制側による記録であることから、鵜呑みにできない部分もある。一部では冤罪や事件のその後（起訴猶予・無罪など）にも触れている。だが、落書きやビラ、多くの抗弁者などの姿を伝える、重要な史料であることには変わりがない。これらの史料は戦後しばらく表に出ることは無く、60年代から70年代にかけて再び注目されたこともあったものの、深く大衆に広まらずに再び図書館の本棚の奥やわずかな論文の参考資料欄、WEBページに眠っている。

私は2012年ごろから特高月報などに触れた。一個人あるいは一ハーフとしても非常に興味深く、数多くの、発言や落書を始めとする行動の記録を集め、様々な場で紹介もしてきた。そして今回、みなさんの目に広く触れてもらおうと、出版という形でこの記録、そして戦前の人々の声を広く公開する。本シリーズ1・2巻は、特高警察の内部回覧誌である特高月報と、憲兵隊による調査記録をもとに、特に「庶民」（特高月報では主にそう分類されている）に着目し、その姿を再び現代に蘇らせるものである。

たまに、政治や民族の問題に絡めて、保守的な人々から「〇〇（誇りや国体など）を思い出せ・忘れるな」といわれることがある。ならば、あえて戦争と天皇制を問い、巻き込まれ、またコケにした当時の人々を見て、知ってみよう。これも我々が忘れていたことかもしれず、無意識のうちに目を背けていたことかもしれない。根源的な疑問や不満を隠さなかった人々から学べることがあるかもしれない。あるいは、単に面白く眺めるだけでも良いだろう。だが、「特高警察」的なものが現代にも引き続き存在していることだけは忘れないようにしよう。これで「笑える」平和な世界がいつまでも続くように願いつつ。

2019年5月上旬　「令和」の始めの日々を過ごしながら

高井ホアン

『戦前不敬発言大全』まえがき

天皇とは一体何だろうか？　そして、不敬とは一体何だろうか？　これはとてもこの前書き一つで触れられるものではないが、あえて最も根幹の部分を眺めてみよう。

戦前において、正確に言えば１９４６年1月1日の「人間宣言」（新日本建設ニ関スル詔書）が発せられるまで、天皇は現人神であり、「神聖ニシテ侵スヘカラス」（大日本帝国憲法第三条）ものであった。天皇はまた日本の歴史と直結し、神話や万世一系の血筋が、少なくとも教育現場では史実として教えられた。そして「そうなる」ために多くの人々や学問が犠牲になった。南北朝時代が「吉野朝」（南朝）時代となり、これに沿わない記述や解釈は排除されたのはその一例である。「絶対に触れてはならない」、この空気を現代の我々の感覚で捉えるのは難しいだろう。あなたが世俗的な人ならば、明日、いきなり教育勅語を覚えさせられ、よく分からない男の写真に礼をさせられ、そしてこのことに異議を唱えられない状況を想像してみてほしい。

更に、大日本帝国憲法第55条に国務大臣の補弼が記載されている。つまり、どの様な失政も大臣の責任となり、天皇は責任を取ることは無かった。様々な不条理やあからさまな問題を前にしても、天皇が間違いを犯すことは「有り得ない」のである。そして政治家ではなく軍部が統帥権などを盾に政府の実権を握り始めた時、ブレーキを踏める者は無かった。誰も責任を取りようがないのだ。

しかし戦前においても、天皇という存在をどうしてもそう見れぬ人々も当然存在した。天皇も我々と同じ人間ではないだろうか？　天皇も君主ならば責任があるのではないか？　ロシアやドイツの皇帝は現に滅んだではないか？　天皇もセックスするのではないか？

ある者は共産主義や宗教による真面目な信念・信仰として、またある者は現代でもままある様に単に失言・冗談やゴシップの対象として、あるいは社会不安や戦争の根源を見つめたものとして、時々陰謀論の対象として、天皇という存在に対し僅かでも疑問を持った。「神」を神と思わず、また文字通り「無責任」に責任を問うところに不敬は確かに生まれる。

しかしそれは許されないことであった。大日本帝国憲法第1条と第4条に天皇の統治が、第3条に天皇不可侵が明記され、刑法に不敬罪があり、そして周囲の数多の臣民がそれを許さなかった。それでも言わずにいられない、やらずにいられない人々の記録が、本書に記載の事例である。

だが、本書の様々な発言が、遠い昔の特異な人々であるとも言い難い。現代の象徴天皇制下においても「菊タブー」なるものが存在し、話題によっては歯に物の挟まった言い方、特殊な言い回し、更にはそもそも触れられないものがある。あるいは、皇族の恋愛や家族問題ゴシップに茶の間は沸きあがっている。何が変わり、また変わっていないのか、そういう点でも本書はヒントになるかもしれない。

改めて、天皇とは一体何だろうか？　そして、不敬とは一体何だろうか？

目次

凡例

内容について

・本書の内容は、『特高月報（特高外事月報）』における庶民の記録を主とし、『社会運動の記録』、各種憲兵隊記録・『思想旬報』なども加えつつ、現代向けに再構成している。そのため、原典とは異なる分類、配置がされている場合がある。

・特高月報の内容は主に1937年（昭和12）7月から1944年（昭和19年）11月までを扱っている。憲兵隊記録及び思想旬報は、主に太平洋戦争末期を扱っている。

・特高月報は、創刊日時については不明ながら、昭和5年3月ごろよりの発行が確認されている（この三月分には、さらに以前の発行分についての記載もある）。特高月報は途中『特高外事月報』への改名も挟みつつ刊行され続けたが、1945年には印刷されなくなり原稿のみとなっている。収録に際しては政経出版社より1973年に復刻された版を主に使用した。

・『社会運動の記録』は、内務省警保局により毎年発行されていた記録である。庶民に関する記録は特高月報にすでに記載されている物が多いが、ごく一部新規収録されている物があったため収録した。収録に際しては三一書房より1971年に復刻された版を主に使用した。

・憲兵隊記録は、憲兵隊司令部による記録と、東部（東京）憲兵隊による記録をまとめたものである。どちらも、ほぼ東京とその近郊の関東地方での事例のみを扱っている。特高月報と比べ、収録の方法が異なっており、また流言・デマや軍事情報に注目した記録が多い。なお、内容はほぼ全てカタカナ文であったため、平仮名に改めた。これらの資料の原本は、日本の公的図書館・公文書館には（おそらく）収録されておらず、個人所蔵の資料の刊行という形で明らかになっている。

・１９７５年より以前の段階で故・松浦総三氏がアメリカ公文書館で発見したとされるもの：昭和特高弾圧史第５巻に一部（東部憲兵隊資料の１９４５年（昭和20年）５月分と思われるもの）が収録

・故・南博氏および故・池内一氏所蔵の資料：近代庶民生活誌第４巻に（憲兵隊司令部資料（１９４３年12月〜１９４５年５月）および東部憲兵隊資料（１９４４年12月〜１９４５年５月分））が収録。

１９４５年の記述に関してはこれら憲兵隊資料でしか確認できない発言が多いため、特に興味深いもののみを抜粋し、筆者のコメントを交えて引用紹介した。

・思想旬報は内務省警保局保安課による、一五年戦争末期の社会情勢（いわば銃後）について、様々な側面から調査された記録である。国立公文書館に収蔵されているもの（1、2、3、7号）を参照している。

・特高月報をはじめとして、本書で扱っている記録はほとんど体制側の意図による記録である。そのため、本来の「事実」とは異なる事態、冤罪などが記載されている可能性がある。

記述について

・本文においては、作者の判断により、文中の大意を損ねない程度に変更を加えた部分がある。例えば、旧字やカタカナ文を、可読性を高めるために現代の通用漢字やひらがな交じり文に取り替えたり、ルビを振るなどの変更を加えた部分など。

・引用部分をのぞく、本文のコメントやコラムは作者による見解であり、絶対の正確性を担保するものではない。

・文中、現代の価値観からすると差別的な表現、行為が見られることがあるが、記録の重大性や当時の人々の意図を優先し、そのまま記録している。本書はいかなる差別への加担も意図しない。

人名解説、用語解説、年表、参考文献について

・人名および用語解説、参考文献は不敬編に、年表については（戦争や社会情勢が絡む発言が多いことから）反戦に分載した。

・人名および用語解説については、本シリーズに登場する人物や当時の重要人物らについて、かな順に掲載している。

・本文に登場する人物について、特に重要なものについては記載された資料の年月と都道府県を付した。

・年表については、1931年（昭和6年）の満州事変勃発から1952年（昭和27年）の日本国主権回復までを扱った。主に政治情勢、戦争、社会の様々なニュース、海外情勢の4つに的を絞って構成している。

昭和12年（1937）
昭和13年（1938）
昭和14年（1939）

昭和12年9月　兵庫県　反戦落書

九月十五日神戸市神戸区下山手通三ノ三一　広瀬常雄方表門塀壁に鉛筆を以て「自らの毒により て滅び行く階級を見よ、資本家の為の帝国主義戦争絶対反対だ、日本の社会的諸悪の根○（一字不明）天皇制を倒せ、天皇制打倒、万国の労働者団結せよ」の不穏落書あるを発見す。（極左分子の所為と認め犯人捜査中）

特高月報 昭和12年9月号

昭和12年8月　栃木県　不敬反戦的言動

栃木県安蘇郡佐野町若松町三三三　洋服仕立職　田付五一郎（48）

八月十七日出征兵見送りの帰途佐野町多賀仁蔵方に立寄り五月女伊三郎外三名と雑談中「兵隊の見送りもこう度々では困る　自分の様な独身者では其都度出る事は困る　戦争に行く者は命令で出るのだから災難の様なものだから仕方がない　我々は仕事をしなければ食う事が出来ないのだ、戦争に日本が勝っても負けても直接には俺達に関係はない　日本と朝鮮とは昔は地続きで神武天皇の先祖は支那から渡ったという話だ本当か嘘かそうして見ると**天皇陛下も元を質せば『チャンコロ』の組だ」**と不敬反戦的言辞を弄す。（厳重取調べたるに思想関係なきこ

と判明したるも不敬罪として尚取調中）

※チャンコロとは、中国人の蔑称。これはこれで差別発言である。

特高月報昭和13年5月分

昭和十二年九月二十七日不敬罪として送局同年十月二十三日起訴猶予

特高月報　昭和12年10月号

昭和12年10月　静岡県　不敬反戦ビラ貼付

十月四日午後十一時より五日朝までの間に静岡市呉服町三河屋呉服店横の石堀及同市追手町望月医院前板堀並静岡御用邸入口の堀三ケ所に左記内容の不敬反戦ビラ（ハトロン紙に毛筆にて達筆に書きたるもの）を貼付したるものが三ケ所共静岡連隊の営門前に通ずる道路傍にして五日静岡連隊より出征する筈なりしを以て之等軍人に宣伝すべく貼付したるに非ずやと認めらる。

（1）望月医院前　特務兵ヲ殺スナ犬死ダ一時金モ何モ無用ダ戦地ニ在リテハ皆一様ニセヨ天皇陛下ヲ倒セ。

（2）御用邸前　日本国民ハ等級ハアル道理ガナイ社会ニ在リテハ止ムヲ得ナイガイザ戦場ニ在リテ一身ヲ捧ゲタ国民ニ等級ヲ付ケルノハ余リニモ残念ダ、特務兵ノ死ハ犬死ダ軍人扱イニシテイナイ。

（3）三河屋呉服店横　**天皇陛下ヲ殺セ、日本ハ共産国ニセ**ヨ国民ニ等級ハ不都合ダ。
（三ケ所共筆跡同一なるを以て同一人の所為と認め厳重捜査中）

※静岡御用邸は1900年（明治33年）に設置され1930年（昭和5年）まで使用されていた。その後は静岡市に移管されたが、1945年（昭和20年）6月の空襲で焼失した。

特高月報　昭和12年10月号

昭和12年8月　兵庫県　反戦的言辞

兵庫県久下村青年団長　久下村消防小頭　村上発司（45）

八月十日頃久下村役場楼上に於て開催の各種団体長会議の席上二、三名の者に対し「日本は今干戈を交えて居るがこの事変は今日本に取っては大変不利である為に九州の半分位支那に割譲するも事変を中止するが得策である、皇軍将兵が戦死の場合天皇陛下万歳と唱え花と散ったと新聞紙上に掲載して居るが実際問題としては、そんな事を言う者はない、それより**お父さんお母さんと言って死ぬのが本当であらう**云々」と反戦言辞を弄す。（始末書を徴し厳戒す、前非を反省し公職を辞し謹慎す）

※九州の国境線がどうなるかは当然不明。戦死者が死に際し何を叫ぶか問題はこの頃からずっと

あったのだ。

※夫れより→それより、とした。

特高月報　昭和12年10月号

📅 昭和12年10月　📍 静岡県　☰ 不敬反戦落書

十月七日静岡市内郵便ポストに左記五種の不敬反戦ビラ投函しあるを発見す。

第一（毛筆にて墨書せるもの）（「〇天皇陛下を殺せよ　〇共産日本来る――〇」）

第二（青インキを用ひてペンにて書きたるもの）　田上部隊ハ兵士ヲ沢山殺ス自分ノ身ハ安全ノ所ニ居ルノダ是ハ戦場ノ事実ダ部下ノ者が五、六十名モ死ヌナラ自分ノ身ガ安全ナ所ガナイ日本の戦争ハ部隊長ガ自分ノ身ガ危険ナ時ハ肉迫肉戦ヲヤラセル何モ日本ノ戦争ハ取ルニ足ラヌ、ヨホド支那軍ガ進歩シテ居ルノダ此ノ戦ハ相当長ク続クオ互ノ共産日本来ルヲ待ツ嗚呼喜べヨ々々々々々々々。（憲兵隊と協力極力捜査中十月四日静岡　市内三ヶ所に貼付せられたる反戦ビラと筆跡同一に付同一犯人と認め捜査中）

※田上部隊はこの時期の歩兵第34連隊（静岡所在）のこと。田上八郎大佐が連隊長を務めたことから。

特高月報　昭和12年10月号

昭和13年5月　大阪府　反戦不敬落書

五月二十三日大阪市南区鰻谷仲之町（心斎橋筋）の公衆便所内壁窓横手に鉛筆を以て「戦争反対」

「天皇ヲ殺セ」

と落書しあるを発見す（捜査中）

特高月報昭和13年5月号

昭和12年9月　兵庫県　不敬反戦言辞

兵庫県八木村村会議員　大工職　福本吉之助（44）

昭和十二年九月十三日夜八木村役場に於ける軍事後援会基金募集に関する協議会席上村長、村吏員、村会議員に対し「基金募集は資産家階級に厚くせよ夫れは我等貧乏人及労働者階級は戦争に敗けても只親方（天皇を指して斯様に述べたるもの）が変る丈ぢゃが金持はそうはゆかぬから此の際しっかりと金持に寄付をして貰はう云々」と反戦的不敬言辞を弄し更に本年五月同村より出征したる勇士村上茂の死を聞くや「良い気味だ云々」と放言したる事実あり。（七月十九日検挙、八月二十四日不敬罪として送局）

※八木村は兵庫県において本土と淡路島の二か所に存在していた。この文では郡が明らかでない

のでどちらなのか分からない。

特高月報 昭和13年8月号

昭和13年8月　兵庫県　反戦不敬言辞

兵庫県下大和村　農　近藤政太郎（63）

本名は今次事変に依りその一人息子が応召し更に親戚間に於ても既に二名の戦死者出したる事情等より漸次反戦思想を抱懐するに至りたるが八月五日先に戦死せる自己の親戚に当る近藤義一の村葬に参列し帰宅後自宅付近に於て田中又次郎外一名に対し「今日村葬に弔辞が読まれた中に義一は天皇陛下万歳を三唱して戦死したとあったが本当の事であろうか、中には親や兄弟の事を憶い戦死する者もあるだろう。この頃沢山の戦死傷者が出るが困った事だな。早く戦争が済めばよいな。天皇陛下が一口戦争は廃めると言えば戦死傷者も無くなるのだ。それだから**天皇陛下を恨みこそすれ誰が天皇陛下万歳を唱へて死ぬものがあらうか**、弔辞にもよい加減な事を書いたものなだ云々」と反戦に亘り且つ皇室の尊厳を冒涜する不敬の言辞を弄す。（思想的には容疑薄弱にして素養乏しく背景も皆無なるに鑑み所轄検事局と協議の上八月七日不敬事件として一件書類のみ送局）

特高月報昭和14年1月分

昭和十四年一月三十一日不起訴処分
特高月報 昭和13年9月号

昭和13年6月　**埼玉県**　**反戦不敬言辞**

埼玉県下蕨町　金貸兼古物商　小林一郎次（44）

六月六日川口市戸谷品太郎外三名に対し「戦争は何時まで続くんだ　偉い奴等が一生懸命にならないから戦争が何時までも長引き物価がどんどん高くなるばかりだ、天皇陛下の御手許金でも何んでも出して飛行機や弾を造って相手をやっつけて終えば良いのに、**天皇陛下が第一一生懸命にならないから戦争が捗らない**のだ。召集令状一本でどんなに大事な一軒の親父でも戦地へ連れて行かれてしまう、兵隊が戦死する時天皇陛下万歳と叫んで死ぬと言うが本当だろうか嘘かも知れない、露助とおっ始まればきっと飛行機が飛んで来て爆弾を落せば東京等滅茶苦茶になってしまうんだから**そうなれば誰か偉い奴が出て天皇陛下なんぞ彼方の方へ遣って置いてどしどし殺してくれるだろう**、その方が良い云々」と不敬反戦的言辞を弄す。（不敬罪及造言飛語罪により送局したる所強度の神経衰弱症に罹り居る為九月二十一日起訴猶予処分に付せられたり）

※不敬ではあるが、反戦的な発言ではない。この様に天皇以外の戦争指導者を求める発言もあった。

特高月報 昭和13年9月号

昭和14年2月　警視庁　不穏文書貼付

二月十八日、東京市新宿駅構内及新宿三福デパート光音座（映画劇場）入口階段同所従業員出入口階段に於て、翌十九日杉並区阿佐ヶ谷所在杉並職業紹介所掲示板に於て撒、散布しある左記二種類の不穏印刷物を発見せり。（其の一）「（鎌と槌のマーク）　S・P・P　情熱の遊園地で無感覚にみえるどん底で　黄いろい婦人《オンナ》と白ろい売春婦《ジゴク》とが　自惚と嘲笑に渦巻かれている　皮癬と肉液汁の上に白いものをきた　そして別な創造物が　心と肉体とを飾った。◯S・P・Y　ブルヂョアよ余り乱費しないでおくれな　「解らないの」「あんたの性欲さ」　それは俺達の血と青春ぢゃないか　見せてやろうか。俺達の米びつはいつでも底が上っているよ。　エヘン諸君！！我国は持たざる国なり故に我国は他国へ侵入する故に我ら持たざる者は持っている貴君様方の所へ頂戴に必《キット》お伺いをする　エヘンさようなら　◯S・P・U　「ヤイ主義者奴つまらない事と・・・・」とサーベルをつるしがいいました　或日そのサーベルが金ピカ大将のところへゆきましたモチロン菓子折をもってゆきましたとさ　「ヤー丹那トンネルもすぐに開通ですな」「そうですなまー一ぱいいきましょうか」　と狆犬《チンコロ》が陣痛に・・・・。」　鉄道省の御偉方たちが話して笑うケロケロケロ変な声だね。　トンネル工事場では　工夫がたくさん今日も　潰されたイボ蛙の様に死んでいた。　爺さん婆さん寝もの語。」　其の二「（鎌と槌のマーク）　―虐げられし人間　S・P・檄　知識階級人へ告、　貴君等は社会中堅階級人である。　紳士淑女学生諸君よ　貴君等がぬくぬくオーバーにくるまりシネマを観、ステップを踏み、一杯のお茶の甘き恋に酔いしれる時見ろ！　大東京の片隅を聴けはっきりとその片隅を見つめた事があるかあそこの隅ここの角、油にまみれ塵を吸う幾多の同胞が蠢いている。　確かに！王子区神谷町に在る日〇フェルト株式会社の淫猥に満ちたる廃頽的な空気は知るまいと言うと貴君等は言うに違ひない「軍需景気」と、しかし良い景気である一部の享楽主義の者達はそれで満足するかもしれない　しかし吾等は遠久的自由獲得と空気の等分とを目指す　しからば吾等が信奉する主義とは既在思想とは異なり吾等が思想は新興社会民主々義である　君達かちんかちんの日本人には天皇陛下《グウゾウ》を必要とする。これに著眼せる新興社会民主々義者は今ここに新しき闘争生活の第一歩を踏み出したのである。吾等は平面的官吏的待遇改善にだまされるものではない、真の自由へ！吾らは吾らの思想が徹底する迄は断じて闘争を続ける。吾らは厳正統社会民主々義社である　なお新興民主社会主義の意義内容については追って発表する事にしてここに筆を置く　大東京の片隅の暗い燈火の下で・・・・。　N・R・S・D・支部　S・P・S・P・P」

※何とも言えない、前衛的な作品である。比喩や幻想的な表現が多すぎて、アジ目的は果たせないだろうが……。三福デパートは1933年（昭和8年）に開業したが、現存しない。

特高月報　昭和14年3月号

三月二日鎌倉町道路板塀及電柱等十一ヶ所に「**皇室バカ　天皇ハ実ニバカナリ**　皇室ハバカノコッチヨ」と落書しあるを発見す。（捜査中）

特高月報 昭和14年3月号

昭和13年12月　広島県　不敬言辞

自称　柳原佐一郎

昨年十二月六日呉市労働紹介所を訪れ就職斡旋を依頼せる　自称本籍広島市西新町五　柳原佐一郎（明治二六年生）は当時、左記の如き不敬言辞を弄したる事判明せり「自分は広島市修道中学校四年を修業し上京後大正十五年、時の摂政宮殿下が地方行啓遊ばさるるに当り**殿下を暗殺せんと計画中を検挙せられ**七年の刑を受け市ヶ谷刑務所に入り恩赦に依り三ヵ年服役して出所し其後前非を悟り日蓮宗を信仰し現在に至り居るが・・・・以下省略」（捜査中）

※ウソを言うにしてももう少し都合の良い嘘をつけないのだろうか。

特高月報 昭和14年3月号

昭和13年3月　宮崎県　不敬言辞

宮崎県　鉱力職　黒木勝次（44）

三月五日児湯郡都農町大字北西仲町、桶職、黒水利一方に於て右利一外二名と共に雑談中「事変が一日でも長く続けば金取があってよい、蒋介石の掛絵を掛けて天皇陛下と一緒に祭る云々」と不敬言辞を為す。（厳重訓戒）

※鉱力＝ブリキ。軍需用途にも使うので儲かるのだろうが、とても露悪的な発言である。

特高月報　昭和14年4月号

昭和13年4月　神奈川県　不敬落書

四月十七日川崎市渡田二三七〇、臨港鉄道渡田駅便所内壁に「如何なる富者でも貧しきものでも持つ者は同様だ　**陛下でもるんぺんでも何故に差別はあるものか**　金銭をためるを覚えるよりは資本主義をにくむ事を妻子に教えよ」と落書しあるを発見す。（捜査中）

※ルンペン＝ドイツ語で「ぼろきれ」転じて最下層民のこと。臨港鉄道渡田駅は、1943年に鶴見臨港鉄道が国有化され鶴見線となったことに伴い、浜川崎駅（現存）に統合されている。

昭和13年3月　福島県　共産党員を擬装せる窃盗脅迫事件

福島県　農　渡部又衛（24）

三月二十四日河沼郡日橋村大字八田地内に於て現金五十円窃取事件発生せるが被疑者渡辺又衛は犯罪事実を察知せらるるや被害者方に至り「**自分は党のピストル購入資金とする為盗んだ**のだが発覚した以上はお前の生命を貰う云々」と称し共産党よりの通信を擬装せる書面を提示し且つ凶器を示し脅迫せるが、思想的背景なし。（窃盗脅迫事件として送局の見込）

※この時期に共産党の名を出したらもっと大変なことになると思うが……。

特高月報昭和14年5月分

四月二十二日、深く悔悟しあるを酌量され起訴猶予処分

特高月報 昭和14年4月号

昭和13年3月　山口県　不敬

山口県　電気溶接工　立久井近二（32）

三月六日都濃郡下松町石田旅館に投宿せるが女中の持参せる宿泊人名簿に記入するに当り「この宿には平民ばかり宿って居るのう、わしは今晩は偉い人にならうか」と称しつつ族籍欄に「皇族」と記載し翌七日久丸旅館に投宿前記の如き状況の下に**宿泊届に「皇族」と記載せり。**（動機偶発的にして思想的根拠なく且つ改悛の情顕著なるを以て厳重諭示の上釈放）

※単なる悪ふざけ。

特高月報　昭和14年4月号

昭和13年2月　高知県　不敬言辞

高知県　雑貨商（村議）　平野義雄（52）

二月二十七日幡多郡昭和村旅人宿上甲寅雄方に於て同村田野々小学校長中屋松吉に対し「**日本の天皇は一種の機関ぢゃ**　君等の毎日拝んで居る教育勅語の如きも人民の偉い者が作りたるを天皇が作ったものとして祭り上げて居るのである、虎の門事件も天皇にも責任がある、**皇太子殿下も機関の後継者というだけで別に変ったものでない**云々」と不敬の言辞

を弄す。（四月七日起訴四月二十四日高知区裁判所に於て懲役十ケ月の求刑ありたり）

※天皇機関説のことか。また、教育勅語に関する説明は的を得ている。

特高月報昭和14年5月分

五月四日、高知区裁判所にて懲役八月の判決言い渡し

特高月報 昭和14年4月号

昭和13年3月　青森県　共産党員を擬装せる窃盗事件

三浦良平（20）

三月十八日弘前市松森町一二四肥料商二川原吉蔵方に盗難ありたるが被疑者三浦良平は被害者二川原方に「**この盗金は我等共産党の重要なる資金云々**」と記載せる菓子袋を遺したるも思想的関係認められず。（弘前区裁判所に於て窃盗及未遂罪並住居侵入罪に依り懲役一年の判決言渡あり服役）

特高月報 昭和14年4月号

昭和14年5月　愛媛県　国旗冒涜

愛媛県　浜田善秀（33）

本月三日補充兵として松山連隊に応召入隊に際し**日の丸国旗を褌《ふんどし》代用に使用**す。（左翼思想に関係なきこと判明に付釈放）

※褌＝ふんどし、つまり下着である。現代では日の丸デザインの下着は平然と売られている。

特高月報 昭和14年5月号

昭和14年4月　広島県　不敬落書

客月二十九日広島県沼隈郡鞆町仙酔島八合目の距離標識に、「**大日本は天皇政治をやめて共和国が本当だ**　皆様どうぞ共和国を起すべしケスな一四、四、四代表者　大外語生　市岡中生　各位様　共和国の特色は良い者が政治をスル事で在注意／天皇政治は天皇が政をすでは無下の者が良いカラダ／天皇は床のカザリ者居ら無い方が良い／天皇は床のカザリ者で金をつかふバカリ／居らない方が良い／広島県府中町出口注意／大日本帝国ハハイシセヨ／鞆町森保恋を語る尾道市渡場　春永俊作　大阪市港区／春はのどかな山林で／　府中町五〇　桑田　天皇政治ヲハイシセヨ」と落書しあるを発見す。（捜査中）

特高月報 昭和14年5月号

昭和14年5月　東京府　不敬反軍的落書

本月八日渋谷区大和田町東横百貨店便所内に、「天皇とは変な戦争だ 全くよ／非国民軍人の塵殺よ／態見ろばかやろう ばいた奴／勅語可笑しな物は／軍隊の火事 金は無いよ／連隊長が何だ腹切れ／地主軍ばつ？ **ロボット天皇をやっつけよ**」と落書しあるを発見す。（捜査中）

※大和田町は現在は道玄坂である。東横百貨店はこの時開業5年目のまだ新しい百貨店であった。

特高月報 昭和14年5月号

百貨店日日新聞社「東横百貨店」1939年　より

澁谷驛頭の威容・東横百貨店

（上圖）開店の際各新聞社の招宴（下圖）東横百貨店全景

昭和14年5月　愛知県　不敬不穏落書

本月十四日愛知県名古屋鉄道株式会社柳橋駅便所内に、「打倒日本帝国主義／**我等のソビエートヲ守レ**／平等／打倒日本帝国主義／天皇トハ何ゾヤ？／天皇　トハ何ゾヤ？／一平民ニアラズヤ」と落書しあるを発見す。（捜査中）

※名古屋鉄道一宮線柳橋駅は1941年に廃止されている。

特高月報　昭和14年5月号

昭和14年5月　神奈川県　不敬不穏落書

本月三日川崎市所在東京航空計器株式会社便所内に、「1打倒天皇政治／ファッショ国家ブロック結成反対／日本労働者は中国人民戦線を助けろ／**支那共産党万歳**／労働者は共産党の旗の下に／再建日本共産党拡大強化万歳2強盗戦争即時停止せ／打倒天皇政治／ファッショ国家ブロック結成反対／労働者、共産党の旗の下に／再建共産党拡大強化せよ／労働者諸君／総親和の美名に惑わされてはならぬ／資本家と労働者の対立は永遠に続くんだろう」と落書しあるを発見す。（捜査中）

昭和14年3月　千葉県　不敬並造言飛語

千葉県　農業及著述　明啓会幹事　深谷稠治（61）

三月二日頃先に東大粛学問題関係者たる河合栄治郎に対し「最近我国の政治状態を観るに次第に暗黒化し軍部独裁にしてこれに反する学説ないし人物は皆反逆思想とか危険人物とか片付けられ世間は次第に陰鬱の相を蔵するに至り（中略）先に美濃部達吉氏に対する弾圧あり、今又貴官の如き穏健学者にまで弾圧を下すに至る云々」の通信を送り軍当局を呪訳せり。客年六月頃より数回に亘り居村鎌ケ谷村小金仁太郎外数名に対し「今次の戦争で農村からは働き盛りの青年が多数召集され農村は労働力の不足で困って居るに関わらず婦人迄が国防婦人会だ等と言って家庭を外にして出歩くため家事も子女教育も出来ぬ　国防婦人会はその首脳部は軍部の将官級の妻でありこれ即ち武断政治の一班である　かくして戦争をしても御互に国の不経済である日本は幾ら頑張っても駄目だ　支那は国が膨大なので何時まで攻めても限りない　その中に日本は経済戦で負けてしまう云々」或は「今次事変は軍部が思想問題を捕えて戦争目的としたるため国際関係の悪化となり支那をして長期抗戦の体制に入らしめた　国民は働き盛りの青年を奪はれその上殺されたり怪我をさせられたり家庭の悲惨は限りがないかつ莫大なる戦費は誰が負担するか国民である、戦争商売の軍部は良かろうが国民は全く迷惑である　この様な不経済な戦争は早くやめなければ困る云々」と放言し、客年八月十三日居村鎌ヶ谷村小金善次が出征するや同人に贈ると題し、「悪意を捨てて語りなば　互に睦い合うものを　実に非道なる世なるかな　ああ純情の若人よ血気にはやるな煽に乗るな　云々」の反戦文書を送別金に添えて贈りたり。昭和十年十月頃より船橋市三崎農皆川島蔵外数名に対し考古学の説明をなしその間に於て「神代の民族は現代の民族より遥かに劣って居た事は推定出来る。真の日本民族は現代の民族の祖先に征服され一部は滅亡した。天孫降臨と言う如き事実は科学上から見てあり得ない。**南洋から嵐か風のために流された南洋民族が潮流に乗って我が九州に漂着した**るものである。現代でもこの潮流は変化がない。**三種の神器も当時漂着した人が持って来たもので当時南洋方面は石器時代であったから石**である。**八咫の鏡は石を摺って顔が一寸写る位の程度で当時玩具として取扱ったものでこれを伊勢神宮の神体としてあるので尊ぶべきものでもなく有難いものでもない**」云々と称したり。（本月九日所轄検事局に事件を送致）

※会話相手の河合栄次郎はファシズム批判により東大経済学部を追われた経済学者である。深谷の場合、戦争批判よりも後半の歴史観批判の方が扱いが重かったのではないかと見られる。八咫鏡の実体については不明である。

特高月報　昭和14年5月号

📅 昭和14年6月　📍 大阪府　☰ 不穏落書

本月二十八日大阪市住吉区大鉄阿倍野橋駅便所に「国内全体共産にせよ天皇がなんだ**オレは赤色ルート○○組の副長**だ」と落書しありたり。（捜査中）

特高月報 昭和14年6月号

📅 昭和14年6月　📍 神奈川県　☰ 不敬落書

本月十七日横浜市三菱重工業横浜船業工場便所に「伏見宮一人来るのに御祭りさわぎは何事だ**便所の設備に八百円もかけた**と言う　これでも非常時と言うのか」と落書しありたり。（捜査中）

※物価の変動が激しいものの、戦前の八百円は現在の三百万円ほどか？

※1939年（昭和14年）6月1日に、横須賀海軍工廠での空母翔鶴の進水式に伏見宮博恭王が臨席しており、そのことを指しているのかもしれない。

特高月報 昭和14年6月号

昭和14年5月　香川県　不敬言辞

歩兵二等兵　三浦忠治（22）

客月一日入営当日「**御真影は偶像であるから奉拝せぬ**」と不敬に亘る言辞をなしたり。（本月十六日第十一師団軍法会議に於て懲役二年の判決言渡あり服罪）

※彼は灯台社員である。

特高月報 昭和14年6月号

昭和14年8月　北海道　不敬不穏落書

本月十三日札幌市札幌競馬場便所内に「我等の英雄難波大助は高唱せり曰く、**露西亜共産党万歳　打倒無用の長物皇族を**」と落書しありたり。（捜査中）

※難波大助は1923年12月に発生した虎ノ門事件（摂政暗殺未遂）の犯人。

特高月報 昭和14年8月号

練習巡洋艦「香取」

📅 昭和14年9月　📍 警視庁　☰ 不敬落書

本月十五日豊島区西巣鴨一ノ二九〇〇歩道に「滅尊皇室」と落書しありたり。（捜査中）

特高月報 昭和14年9月号

📅 昭和14年9月　📍 神奈川県　☰ 不敬落書

本月二十六日横浜市三菱重工業横浜船渠名便所に「蚊取カ死魔カ死ニ水スルタビニ身ツビシノ便所ガ奇霊ニナル。**皇賊ハイワユル便所ノ掃除番ダ**。便所ノ宮殿下ダ」と落書しありたり。（捜査中）

※前半は練習巡洋艦「香取」、同形艦「鹿島」の事を指していると思われる。どちらも三菱重工業横浜船渠で建造され、1939年内に進水（落書に言わせれば死ニ水）している。

昭和13年12月　静岡県　不敬反戦言辞

時計修繕業　丸岡義明（34）

客年十二月浜松市所在料理業中村むら方に於て飲酒中同人及来客に対し「俺は東京の立派な家の息子だから皇室にも親類があるから俺が行くと皇室の人達でも頭を下げる」更に本年一月十日同人方に於て飲酒中同人に対し「今支那では日本は大分勝っているが支那は日本に比べて国が大きいし金を沢山持っているから終には日本は負けるに決って居る。そうなると支那の飛行機が大阪、名古屋、浜松、東京と言う様に空襲するから浜松の様な小さい町は訳なくやられてしまう」更に本年七月八日豊橋市飲食店小谷藤次郎方に於て飲酒中同人及来客に対し「日本の皇族方は一人も働かず皆んなで遊んでばかり居るからいかん。この国家の非常時に遊んで居る**皇族方は捕鯨船の船長にでもして働かせねばならん。**支那事変の為に日本の国民は塗炭の苦しみをして居るがこんな苦しみは誰がさせたか、天皇陛下と国民がどちらが偉いか云々」と畏くも天皇及皇室に対し奉り不敬の言辞を弄し時局及軍事に関し造言飛語をなせり。（本月十三日刑法七四条、七六条及陸軍刑法九九条違反として名古屋地方裁判所検事局にへ送致）

※なぜ「捕鯨船の船長」なのか……。

特高月報昭和15年4月分
昭和十五年二月十日、名古屋地方裁判所にて懲役八ヵ月の判決、即日確定
特高月報 昭和14年9月号

昭和14年12月 **警視庁** **不敬落書**

東京市淀橋区西大久保四ノ一七〇殖民貿易学校前木柵に白墨を以て「天皇無力どうぞよろしくかやたか」と落書しありたり。（捜査中）

特高月報 昭和14年12月号

昭和14年12月 **警視庁** **不敬不穏落書**

深川区高橋三ノ二一 土工 立川光栄（23）

小石川区元陸軍砲兵工廠跡事務所（空室）白壁に黒鉛筆を以て「私有財産制度否認 天皇制打倒 プロレタリア政権の樹立共産党全体主義による日独軍事同盟の締結に反対しろ！ 天皇政治を徹底的に撲滅しろ 陸軍の同志よ ブルジョアジーの生存条件たる**世界第二次戦に反対しろ！** プロレタリアは肉親を招集され今又増税に苦しむ 何が為の戦争だ？

皆将来の日本ブルジョアジーの腹肥しの為なのだ　新反皇同盟　現在ブルジョアの戦時財政は破壊しつつあるのだ　尚以上叩き潰せ　陸軍の同志諸君よ　武器を捨てて赤旗の下に集れ　陸軍工科の同志諸君　革命だ革命だ共産主義革命だソビエット政権の樹立だ軍需工業の即時停止　生活必需品の大量生産　ブルジョアジーの護衛兵たるなかれ！　武器を捨てて共産主義のもとに団結しようではないか　総動員法令を叩きつぶせ　武器を捨てて戦場から帰って来い　現在持ちつつある侵略の武器を革命の武器に持ち替えよ　帝国主義による支那侵略に反対しろ！　実力を以て武器を没収し共産主義革命の武器とせよ　何時の日かやがて来らん自由の天地陸軍のプロレタリアの子弟達よ！　各方面にわたって激烈なる反戦運動を行え　召集令の来たものはレーニンの名に於て猛烈に拒否しろ　そして諸君の力によりて陸海軍を共産軍の牙城たらしめるのだ　行けそして帝国主義段階に於ける資本家達を叩きつぶせ！　**愛国とは！天皇あっての愛国ではなく民衆あっての愛国だ天皇制を打倒しろ！**　天皇とは何か？皆諸君を欺かんとする為の資本家達の偶像に過ぎないのだ！　諸君は天皇の名の許に無意義のうちにブルジョア共の衛兵となっているのだ　銃先を向き変へよ！　ブル共の偶像たる天皇に対して！　日本共産党第一次革命アジプロ部責任者」等と落書せるもの（検挙取調中）

特高月報　昭和14年12月号

尚美堂 編『大東京写真帖』(1930) より、東京駅

昭和14年12月 警視庁 不穏落書

東京駅乗車口三等待合室用便所内にありたる落書「打倒帝国主義　**小生は日本人なれどもソビエトのスパイ**と言われるものの一人である　偉きものは延びられない　社会は○に等しい　先づ帝国主義を倒せ」

特高月報 昭和14年12月号

昭和14年12月 警視庁 不敬落書

麹町区省線有楽町駅内便所に落書せるもの「天皇をころせ共産主義ばんざい**スターリンばんざい**」(捜査中)

特高月報 昭和14年12月号

昭和14年12月　大阪府　不穏文書貼付

大阪市東成区小橋北之町二丁目山発莫大小玉造工場板塀に貼付ありたるもの「(1) 白米を三十五銭に引下げぬ時は市民は二十日午後十一時を期して米や其大店をやきはらうべし　市民代表」「(2) あべなかく下に心なしないかくなりくびきれ日本刀の切味よこれを本年十二月二十日とす（文書の中央に人体を絵書き其の首元に日本刀をあてがひたる挿絵の周縁に右の文字を記入せり）」「(3) 現政府を不信任とす米価は三十五銭に引下をする事　本年内に国民はなるべく米其他の品を私有すること　政府に信用すべからざること　これを政府に見止めなき時は国民は十二月二十日を期し政府不信を見止めなき時は国民は十二月二十日を期し政府不信を見止め個人とし大阪市民土同五百万人は一致す　大阪在人代表者」（捜査中）

特高月報 昭和14年12月号

昭和14年12月　埼玉県　不穏投書

（官製葉書）「阿部の野良を打殺せ国民は彼が為大苦しみ米は上げるし煙草は上げるし物価はうなぎ昇り　それに米はなし炭はなし国民はこの寒さに食わずに寒さに死ぬより外にない、こんな国民を苦しめる内閣は暴動を起して一日も早く打倒せ、今現在東京でも田舎でも二、三人とよれば米がない炭がないこれは無能政府の奴等の為だと言わぬ者なし、今の日本は大金持の外小金持や貧乏人は生活に苦しみそれに貯金をするなどと随分馬鹿な野良どもではないか、それではどろぼうして貯金するか百円以下の月給取りが家族五人も居て貯金どころか食うに困るではないか彼等は自分が困らないからそんな馬鹿を言うて居る　又百姓は米買俵二十五円にならなければ売らぬとがんばり商人は暴利をむさぼりそれを政府は取しまらず実に現在国民のみじめな有様はかわいそうではないか、こんな内閣は何時迄も続いたら国民は暴動を起すより外ない　先達関西の方に米暴動が起ったではないか新聞が出さなくとも国民は皆知って居る　今正月が来るにもちもつけぬ有様だ内閣の野良共は自分がよければ国民なんか食わず寒に死んでよいと言うだろう　一日も早く国民は暴動を起し阿部の野良を打殺せ　彼はおそくも来年一月迄には国民の何人にか打ち殺されて仕もうのだ　東京ではこんなことは子供等まで言うて居る　僕は今日田舎に来たから田舎の警察の旦那様に一寸知らしておきます　大宮いき下車　革命大賛成　埼玉県浦和市警察本部　特高課御中」（捜査中）

※「阿部の野良」は当時の首相阿部信行だろう。「先達関西の方で米暴動が起った」とあるが、これが所謂1918年の米騒動なのか、それとも未知（またはデマ・ガセ）の米暴動なのかは不明。前者だと言葉に対して時間が開いている様に思える。

特高月報 昭和14年12月号

昭和14年10月　静岡県　不穏投書

吉原町寺町十月十七日付原田友吉名義にて沼津警察署長宛「一時未然に終局したること通知す　先日演習に国王暗殺陰謀団吉原にて計画し沼津にて達す目的なれど官民厳重なるため一時見合し時期をまつ　同士バットトバク遊び所にて計画す　バットトバク場は不良製造所私団の裏切者静岡県保安課へ今後の注意書を出します」（捜査中）

特高月報　昭和14年12月号

昭和14年9月　秋田県　不穏投票

由利郡松ヶ崎村役場書記　渡部長一郎（31）

本年九月二十五日施行の秋田県県会議員選挙に於て「この票惜しいが

スターリン五分の三　ヒットラー五分の二

」と書きたる不穏投票ありたり。（検挙取調中）

※悪ふざけで、「一票」をさらに分割して適当な指導者の名前を書いたのだろう。書いた名前がヒトラーだけだったならば酷くても注意程度で済んだだろうが、スターリンの名前も入れてし

まったせいでここまで事が大きくなったと思われる。

※また、類似かつ影響を与えたかもしれない例がある。1938年3月16日に社会大衆党の西尾末広議員が国家総動員法と近衛文麿首相を擁護する為に「ヒトラーの如く、ムッソリーニの如く、スターリンの如く確信に満ちた指導者たれ」と演説した所、スターリンの部分が問題視され、後に議員を除名されている。ヒトラー（ドイツ）とスターリン（ソ連）は1939年8月23日に独ソ不可侵条約（モロトフ=リッベントロップ協定）を結び、世界を驚愕させている。その衝撃も影響しているかもしれない。

特高月報昭和15年2月分

治安維持法事件としては昭和十五年二月十日に起訴猶予処分、陸軍刑法第九十九条違反として同日秋田区裁判所に公判請求

特高月報昭和15年3月分

三月五日禁固六月の判決、三月十二日控訴取り下げ服罪

特高月報 昭和14年12月号

ヴァニティ・フェア不敬事件

戦前の日本において、天皇や皇族を風刺しあるいはそれを刊行物に掲載するということは、全くあり得ないことであった。仮にその様なことを行えば、即刻出版物は尽く発禁となり、関与した企業や印刷工場や流通や諸々は厳しく取り締まられ、場合によれば廃業を余儀なくされるだろう。しかし、それは当然日本国内の刊行物においてのみ、である。海外、特に西欧においては、天皇は神でもなんでもなくアジアの一国の君主でしかない。社会や国際関係などを風刺する記事があり、そこに日本が含まれれば、当然天皇も風刺の対象となった。

実際、天皇・皇族もしくはそれを表す菊紋などのシンボルが海外の表現において風刺され、日本政府が抗議した例はいくつか存在する。ヴァニティ・フェア不敬事件はその一つである。

ヴァニティ・フェアとは

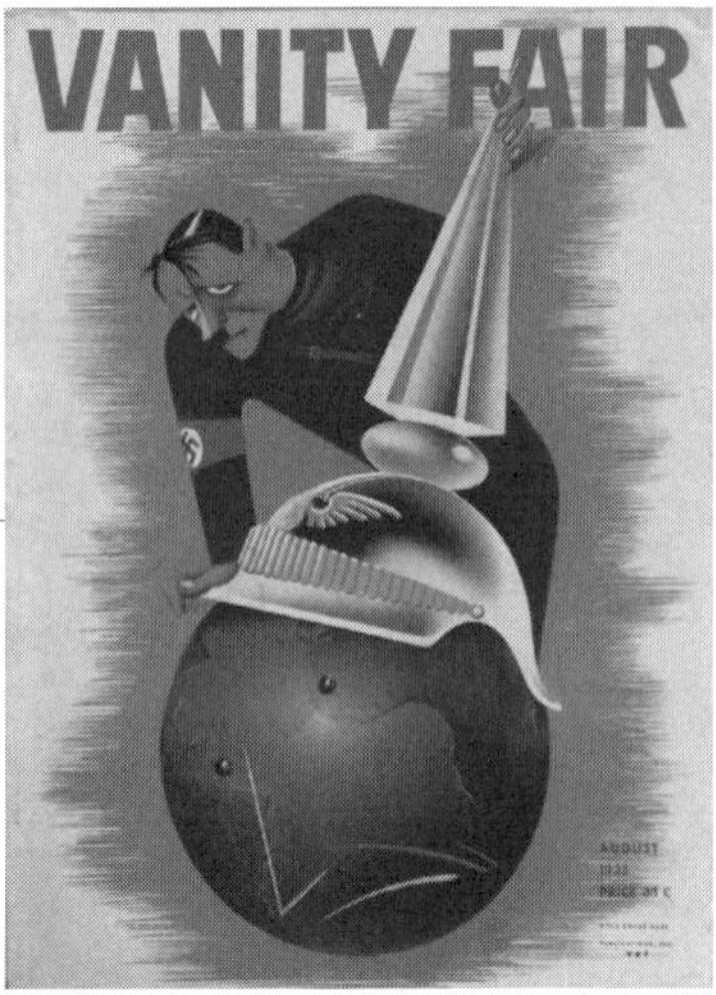

ヴァニティ・フェア（1935年8月号）

雑誌『ヴァニティ・フェア』（Ｖａｎｉｔｙ Ｆａｉｒ）は、アメリカの出版王コンデ・ナストと彼の擁するザ・コンデ・ナスト・パブリケーション（他にもヴォーグやザ・ニューヨーカーなどを出版）により１９１３年（大正２年）に創刊された大衆雑誌である。敏腕編集者のフランク・クラウンシールドによる紙面は人気を博し、社会問題や文化・ファッションを扱って順調に読者層を拡大していた。しかし１９２９年（昭和４年）の大恐慌後はアメリカの出版界全体で広告収入などが減少し、ヴァニティ・フェアも苦戦していた。

天皇陛下の風刺画

天皇機関説事件の事後問題や国体明徴声明の発表で日本が揺れ動いていた１９３５年（昭和10年）８月、ヴァニティ・フェアの風刺コーナーでは「ありそうもない歴史的状況」と言う特集が組まれた。そしてそこには、リベラルな風刺画家ウィリアム・グロッパー（Ｗｉｌｌｉａｍ Ｇｒｏｐｐｅｒ）による、「ノーベル平和賞を受賞した天皇ヒロヒト」という、賞状を荷車に載せ、つまらなさそうな顔で歩くヒロヒトの絵が掲載されていた。アメリカの水準では何ということはないであろう風刺画である。しかし、このヴァニティ・フェア誌の内容は外務省に発見されることとなる。

８月３日午後、ヴァニティ・フェア誌の内容を確認した外務省は驚愕し、重大な侮辱及び不敬として即座に内務省検閲課当局と連絡を取った。そしてすぐにアメリカ・ワシントンの斎藤大使に至急電で抗議の対応を求めると共に、日本全国の書店にヴァニティ・フェア誌の発禁を命じた。

５日正午、斎藤大使はワシントンの国務省に赴き、コーデル・ハル国務長官（後に太平洋戦争直前に熾烈な交渉を行い「ハル・ノート」を示すこととなる人物である）に抗議と善後処置の要請を行った。ハル長官はヴァニティ・フェア誌の事件に遺憾の意を表明したものの、米国における表現言論の自由にも言及し、アメリカにおける発禁処分など言明は避けた。

喜ぶグロッパー

また、ヴァニティ・フェア誌もコメントを出し、主筆のフランク・クラウンシールドは「ヴァニティ・フェア誌に不敬挿絵を掲載し日本国民の誤解を招いたことは真に遺憾である、正直な所ヴァニティ・フェア誌はユーモア雑誌として通って居り何れの漫画漫文も余り真面目に取って貰っては困る次第だ、勿論日本皇室の尊厳を冒涜するなどとは考えてもいなかったところで、この点何分了解を願わねばならぬが、日本国民が今回の事件をしかく重大視している以上、雑誌主筆として誤解一掃のため声明を出す方針だ、もし又斎藤大使から善後処置として何等かの注文があればいつでも出来るだけの処置を講じたい」（朝日新聞昭和10年8月7日夕刊）と語っている。だが、当の絵を描いたグロッパーは、「余は国務省より何等の示達に接するとは予期していない、斎藤大使がこれを問題にする前に自分がこれまで描いた二三十の漫画を見てもらいたい、日本が米国の出版物にまで検閲権を延ばそうとすることは自分には了解出来ぬ、然し一面では自分は今までに描いた漫画に対し抗議を申込んで来た数がこれで一つ増えたことにもなるので有難い」（同）と堂々たるコメントを出した。更に、この抗議が仇となってか、風刺画は話題となり、ニューヨークタイムズで抗議のあらましが報道された他、ザ・サン誌やワールド・テレグラム誌に風刺画その物が転載されている。

7日には日本でも、ネビル米国大使館参事官が外務省を訪問し、遺憾の意を表明した。日本政府もアメリカに対しこれ以上の踏み込みは出来ないと考えたのか、8日の時点で「米国務省を信頼」する形でこれで問題を一段落することとし、これ以上の追及は行われなかった。しかし同日、クラウンシールドが斎藤大使に送り、読売新聞に掲載された「懇篤なる陳謝の書面」においては、「問題の漫画が日本民衆の感情を刺激したことは真に遺憾に堪えぬ、元来筆者は戦車を描く積りであったが、誤って人力車を描いたのであって決して不敬を意識したのではない、この点大使の御了察を願う」と、謝っているのかコケにしているのか分からない文面となっている。

その後、1936(昭和11年）年3月にヴァニティ・フェア誌はヴォーグ誌に吸収されたが、1983年（昭和59年）に再び誌名が復活し、現在に至っている。

風刺画を描いたグロッパーは、幼少期から貧困に苦しみつつ芸術に親しんだ経歴を持ち、資本主義や硬直した社会への反感が込められた風刺画・イラストを数多く残している。グロッパーはこの事件の後も順調にキャリアを積み、晩年の1974年には国立デザインアカデミーに選出された。

まだまだある不敬雑誌

これらの経緯は、日本においても朝日新聞などで報道されている。しかし、「米国のヴァニティ・フェア誌に不敬な漫画が掲載された」事は報道されても、それがどう不敬なのかを詳しく報道するまでの自由は無かった。ここに、戦前における言論の自由の限界となる一例を見いだせなくもない。

この他の事件としては、アメリカの大衆雑誌『フォーチュン』（Fortune）が天皇のシンボルである菊紋を取り扱ったため不敬として国内で取り締まられた事例や、

1936年12月5日号の『リテラリー・ダイジェスト』誌(The Literary Digest)が日独防共協定に関して天皇を風刺したため国内発禁(さらにこの時点で三回目の処分とされる)となった事例などがあり、国内と国外の表現の自由の戦いは、太平洋戦争開戦まで続くこととなる。

　また、現代においても、2005年(平成17年)には例えばイスラム教の預言者ムハンマドを風刺した漫画を掲載したデンマークの日刊紙に対しイスラム社会全体で抗議が行われたり、2015年(平成27年)1月には同じくイスラム教を風刺したフランスの風刺漫画誌シャルリー・エブドがテロ攻撃を受けるなど、文化の違いによる表現問題は相次いでいる。

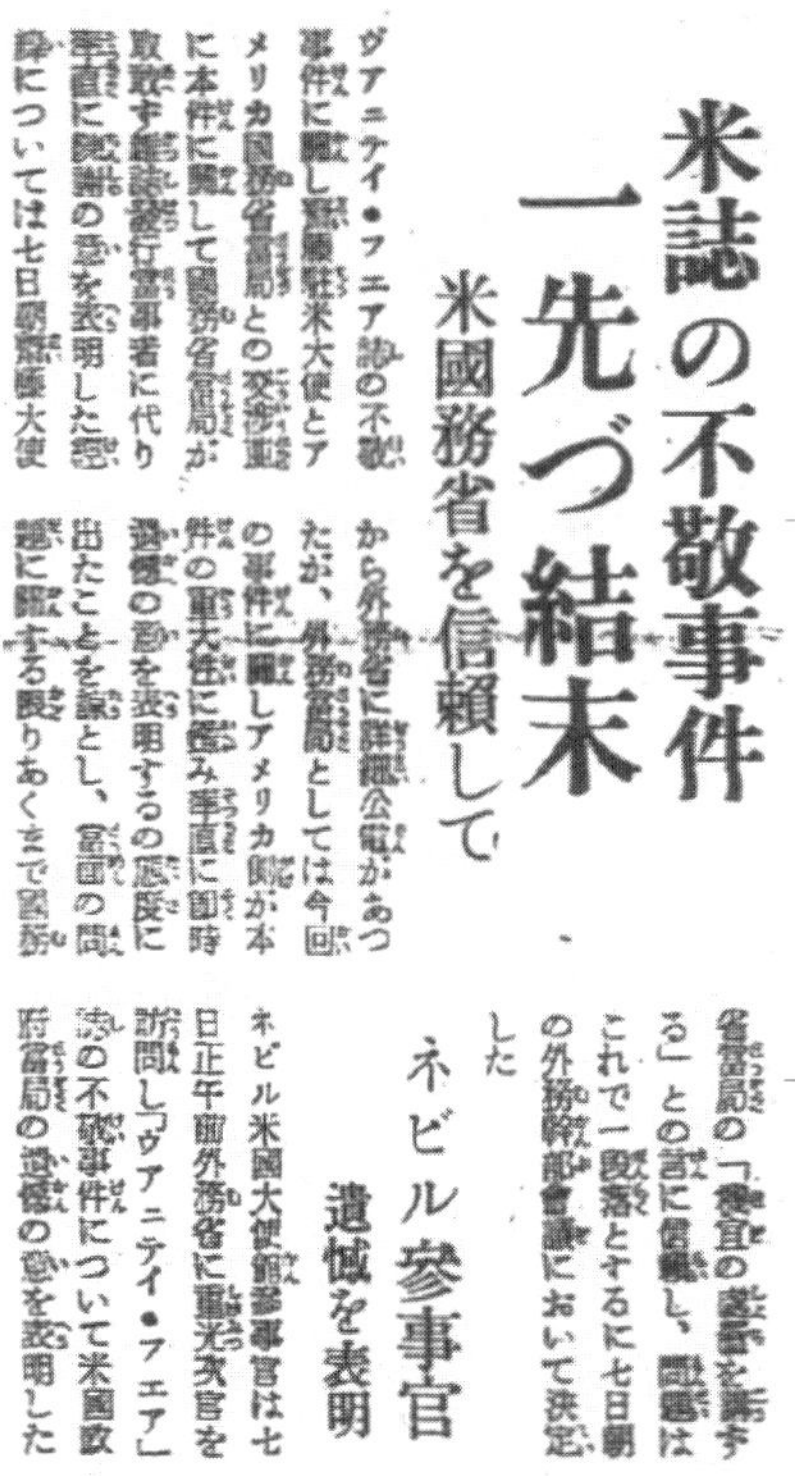
米誌の不敬事件
一先づ結末
米國務省を信頼して
ネビル参事官
遺憾を表明
朝日新聞　1935年8月8日 夕刊　ヴァニティ・フェア事件の結末

コラム

皇国史観の呪縛

歴史と「不敬」

明治維新から終戦まで、日本社会の中心にして頂点は天皇家であった。天皇家が称賛されるとき、対外的にまず挙げられるのは２６００年以上続くとされるその系譜と「正当性」である。明治維新以後、歴史教育（国史）の方針が定まると、天皇家を中心とした皇国史観によって教育が行われるようになった。古代に関しては神話が史実の様に捉えられ、天皇家の連綿たる歴史「皇統」が軸となっていた。また、「天皇家の由緒正しさ」を称賛するだけではなく、例えば南北朝の扱いなど天皇家に特に絡む区分がデリケートな扱いとなり、また一部の歴史人物（後醍醐天皇と対立した北条家、足利尊氏など）が特に「悪役」視される事にもつながった。

神話は実際にあった出来事の影響を受けている可能性はあるものの、当然ながら「史実」そのものではない。現代の日本史において天皇の扱いを見ると（第26代）継体天皇より以前については天皇または大王（おおきみ）として実在の考古学的な証拠が出ていない。また、当時の東洋史の重要な資料となる中国の史書に表れる日本の扱い（魏志倭人伝、随書倭国伝など）、そこにも表れない空白の時期など、飛鳥奈良時代以前の歴史については様々な謎がある。

戦前において、こうした皇国史観に対して疑問や異なる見解を持ちそしてそれを公言することは、単に荒唐無稽な内容を冷やかす程度であっても、また真摯な研究や宗教的信念の結果であっても、顰蹙を買い、様々な圧力を受けることに繋がった。宗教界においては、天理教の独特な世界創生譚を説明した泥海古記が封印を余儀なくされ、また皇国史観以上に激しく日本文化を称揚した（現代では所謂トンデモ視される）竹内文書を擁する天津教は弾圧を受けた。そして歴史学においても、久米邦武や津田左右吉と言った犠牲者を生むこととなる。

国学と国家神道

江戸時代に入り、既に神仏習合や儒教道徳による思想の混合が進み、一体何が「日本本来」の思想なのか曖昧になっていた中で、一部の武士階級・学者は日本古来の神道を分け直し・取り戻すために『日本書紀』『古事記』(併せて記紀と称される)や『万葉集』などの古典の研究を行った。これらの動きは「国学」と呼ばれ、神道においては海外の思想(漢意、からごころ)が入る以前の神道思想(大和魂、やまとごころ)を探る「古道論」が隆盛した。また、幕府や諸藩では権力を正当化するために様々な史書が編纂されたが、中でも水戸藩では徳川光圀が開始した『大日本史』の編纂を通じて、尊王的な歴史観(南北朝に関しては南朝を正統とする)と思想が育まれ、後の尊王攘夷思想などに影響を与えている。そして、江戸時代中期に賀茂真淵や本居宣長、また宣長の死後の弟子となった平田篤胤らにより、「復古神道」と呼ばれる国粋的な神道観が打ち立てられ、尊王思想、ひいては明治維新にも影響を与えていくこととなる。

本居宣長

国学者の本居宣長は生涯を通じ厳密な書誌学的手法による古事記の研究を行って、現代でも研究の基本書と呼ばれる『古事記伝』を著し、日本書紀に比べ低く見られていた古事記の地位を引き上げた。同時に上代特殊仮名遣の再発見や、一時は日本最古の歴史書と見られ記紀と並び尊重されることもあった『先代旧事本記』を後世の偽書と評価、また源氏物語の研究も行うなど、様々な業績も残した。平田篤胤は本居宣長の死後の弟子となり、その研究の影響を受けつつ、実証的研究ではなく神学的側面を膨らませ、幽冥思想など独自の神学を打ち立てた。しかしこれらの業績は当然、記紀に記された日本神話の世界観を絶対的に信じた上で「日本人とは何か」を探る試みであって、近代以後の歴史学に基づく客観的な研究ではなかった。また、本居宣長の『馭戒慨言』では外交史的に神話を引用し日本の世界征服を正当化しており（ただし同時代に関しては言及していない）、平田篤胤の影響を受けた佐藤信淵は『宇内混同秘策』において実際に中国・朝鮮・南洋など海外の侵略を提言するなど、日本文化を称揚するために対外的に極めて過激な思想を持つ者も存在した。これらの著書は百年以上の時を経て、戦中に大東亜共栄圏と結びつけられることとなった。

明治維新後の混乱

（ペリー来航に代表される）諸外国の圧力が顕在化する以前は、尊王思想は必ずしも反幕府思想ではなかった。幕府は天皇より大政を委任され政治の責任を負っているという理論により、幕府の支配について根本的な疑問を持たれることはほとんどなかった。しかし、黒船来航に際して開国を進める幕府と、攘夷を求める朝廷の意見が不一致となり諸藩が独自の行動をとり始めると、この理論にも綻びが見え始め、尊王攘夷思想が興隆することとなる。明治維新において、平田学派始め復古神道は、不甲斐ない幕府に代わる新時代（にして太古）の理想として大きな原動力となり、尊王攘夷思想は倒幕運動・王政復古に多大な力を発揮した。しかし、諸外国の圧力も受ける中で、一時的に律令制時代の官制が復古したものの、新政府上層部が臨んだのは急激な西洋化であり、このことは全国各地の神道関係者を落胆・混乱させることにもなった。他方、王政復古による祭政一致も方針として行われた。1870年（明治3年）には「大教宣布詔」が出され、神祇官（後に神祇省、教部省）の復興や、神道の組織化も行われた。だが、神道を国教化し「国民教化」するために復古的な宣教政策の一環で行われた廃仏毀釈運動は各地で混乱を引き起こし、宣教使間でも見解の相違により内紛が発生した。最大の宗教勢力を持っていた仏教側との関係悪化は新政府に懸念を抱かせ、大教院を設置して神仏共同布教を行う（当然内部で対立が発生した）といった混乱の末に神道国教化の動きは縮小していく。

その後、数度の組織の改編を経て１８７７年（明治10年）に教部省が廃止、１８８５年（明治18年）に教導職が廃止となり、復古的な思想に基づく国教化政策は終焉した。１８８１年（明治14年）には神道事務局に設置する神殿の祭神として何を祭るかで伊勢神道派（造化三神と天照大神の四柱を祭る）と出雲神道派（四柱に大国主命大神を加え五柱を祭る）の対立が発生し、論争の末に明治天皇の勅裁を得た伊勢神道が出雲神道に対し完全に優位となった。内務省社寺局（後に神社局と宗教局に分離）の下で、伊勢神宮及び天照大神を中心とした神道は国家に管理されていくこととなり、「国家神道」の概念が誕生する（幕末に誕生した天理教や金光教などを始めとする民間信仰的な教派は「教派神道」として認可され、分けられた）。これらの動きの中で（国家）神道は、単なる一宗教ではなく「国家の祭祀」として全国民が信教に関わらず服するものと考えられ、後の大日本帝国憲法で保証された限定的な信教の自由とは全く別の、上位に存在する物として考えられた。こうした流れから、現在でも国家神道が「宗教」なのか否かは議論が続いている。

皇国史観

明治政府は維新直後の１８６９年（明治２年）には「六国史」の続編を編集する方針を固めている。編纂を行う部局は紆余曲折の末１８７６年（明治９年）に修史局（二年後に修史館と改名）となった。これはつまり、中国の歴代王朝が主体的に歴史書を記述・管理してきたのと同様の方式であり、歴史編纂を通じて儒教的な権力の正当化を行おうとした。当時は明治維新に関する記録を残すことが優先され、「復古記」「明治史要」などが編纂された。一方、１８７８年（明治11年）には末松謙澄がヨーロッパに派遣され、末野の仲介により１８７９年（明治12年）に英国在住で亡命ハンガリー人の歴史学者Ｇ・Ｇ・ゼルフィが依頼に応え『Ｔｈｅ Ｓｃｉｅｎｃｅ ｏｆ

Ｈｉｓｔｏｒｙ』（史学）を執筆、日本にもたらされ、翻訳が開始された。坂本太郎はこれを「アカデミックな西洋の史学が日本に紹介されたはじめであろう。」としている（『坂本太郎著作集第5巻　日本の修史と史学　4　歴史学の成立した時代』）。後に修史館は廃止となり、帝国大学に移管され「臨時編年史編纂掛」となり、更に１８９１年（明治24年）には地誌編纂掛と合併し史誌編纂掛となるが、後述の久米筆禍事件により廃止となる。民間では、福沢諭吉による１８７６年（明治9年）の『文明論之概略』において歴史学の重要性が説かれ、田口卯吉により１８７８年～１８８３年に『日本開化小史』が出版されるなどしている。

　明治維新前後から、多くの外国人により近代西洋の思想・技術・方法が日本に輸入されると同時に、文化や芸術と言う点では大きな関心も持たれていた。１８７７年（明治10年）に動物学者エドワード・E・モースが来日し大森貝塚を発見し、１８７８年に来日したアーネスト・フェノロサは岡倉天心とともに廃仏毀釈運動により同時代の日本人から低く見られていた仏教美術を保護・研究するなどしている。そして、１８８７年（明治20年）には、近代歴史学の父と呼ばれたレオポルト・フォン・ランケの弟子、ルートヴィヒ・リースがお雇い外国人として来日し、東京帝国大学史学科において科学的歴史学の教授を行った。帝国大学が国家主導で設立されたことから、近代的な学問の自由に当初から様々な制限・誘導があったことは確かである。しかし国家が１８８０年

重野安繹

代半ばまで近代化を推進していたことや、特にお雇い外国人は（不平等）条約により保護されていたこともあり、後述の『大日本編年史』など含めて1880年代までは歴史や神話に関して比較的自由な議論や研究も行われていた。1882（明治15年）年には国家事業として漢文体の編年修史『大日本編年史』の編纂も開始され、久米邦武や重野安繹らが従来の視点に囚われず考証を重視した編纂作業を行った（後述）。だが、明治憲法や教育勅語の発布により天皇の絶対性や国家が定義された1890年代以降、次々と衝突が発生することとなる。

編年史事業の終焉

1890年（明治23年）1月9日、当時第一高等中学校の教員であった内村鑑三は、昨年発布された教育勅語の奉読式において天皇の宸筆（サイン）への最敬礼を求められたが、自身のキリスト教徒としての信念にのっとり、最敬礼をしなかった（軽い敬礼はした）ため、同僚の教員や生徒たち、さらにマスコミなどから非難され、体調悪化もあり、後に依願退職を余儀なくされた。この時、日本におけるキリスト教界内においても「皇室崇拝はキリスト教信仰に反しない」などの議論が起き、また日本社会とキリスト教の対立問題にも発展した。

そして信仰のみならず、歴史学にもその圧力は及んだ。佐賀藩士出身で岩倉使節団に加わり欧米を視察した経験もある久米邦武は、1880年代における『大日本編年史』編纂作業の中で、重野安繹らとともに考証学によりつつ学問の中立性を重んじた編纂を行った。編纂の中では旧来の「大日本史」などの記述に囚われず、南北朝時代の武将で南朝の忠臣とされる児島高徳の実在や、楠木正成親子の「桜井の別れ」の逸話、更に日蓮の龍ノ口法難を否定するなどしたため、水戸国学系の歴史家と対立した。久米と重野は「抹殺博士」と呼ばれ、そして1891年（明治24年）1月、久米は「神道ハ祭天ノ古俗」と題する論文を史学雑誌に発表し、伊勢神宮を中心とする神道の発祥を考察、神道は具体的な教義を持っていないことを指摘した。この時点では大きな騒ぎにならなかったが、感銘を受けた田口卯吉により翌年『史海』に転載されると、多くの神道家を刺激し、久米に論文撤回を迫った。1892年（明治25年）3月に久米は論文を撤回し、東京帝国大学教授を辞した。その直後に史海の該当号は発禁処分となった。そして、それまでの修史事業が見直されることとなり、史誌編纂掛は廃止され、久米は重野らとともに罷免された。後に久米は1901年（明治34年）に『史学雑誌』に掲載された「史学考証の弊」という文章で、歴史学への圧力を書き残している。

「**此国史科ばかりは国人の事実を書いた歴史を此国体の中で読来って居るのに、それにも外国風の学説自由を用ゐて論し毀すは以の外の事で、国体を辱しめると、斯く世間では思ふに因て国史学に限って攻撃が喧しいのです。だから国史に限って学説の自由は束縛されて居るのです**」

1895年（明治28年）に文科大学（現・東京大学文学部）に史料編纂掛が創設されたが、史誌編纂係との違いは、主体的な編年誌を書くことではなく、あくまで歴史家が参考するための資料収集のみを行う点にある。史料編纂掛は1929年（昭和4年）に「史料編纂所」と改名し、現在まで存続している。

応用史学

1894年（明治27年）、当時ヨーロッパ留学から戻ったばかりの歴史学者坪井九馬三は「史学雑誌」にて「史学に就て」を発表し、歴史学には「純正史学」と「応用史学」の二相（二つの顔）があると説いた。その中で、国史は一挙一動に国家の影響を受けるので純正史学とは呼べず応用史学であり、人類社会の発展を調べる世界史の様な分野が純正史学であるとした。このことは歴史学者達に認識の逃げ道を与え、大学における歴史研究と一般社会における歴史認識の差異をそのまま認め、受け入れるという認識を広めた。例えば学術的には江戸時代の時点で不正確であるとされていた神武紀元も、初等教育では全くの史実として平然と教えられることになる。この見方は長く戦前の歴史学及び教育に受け継がれることとなった。1933年（昭和8年）に東大文学部国史学科に入学した歴史学者井上清は当時の事をこう書き残している。

「大学の講義は失望することばかりでした。入学早々に国史学科の教官・先輩による新入生歓迎会がありましたが、その席で三上参次名誉教授が、大学では学問的な講義があるが、諸君が卒業して中学校の教師などになったとき、大学の講義をそのまま生徒に教えてはいけない、学問と教育は別であると私たちに説教しました。たとえば今年は神武天皇紀元二千五百九十三年となっているが、この紀元が実際より六百年ほど延ばされていることは、江戸時代の学者がすでに明らかにしていることで、大学ではその真実を教えるけれども、学校でそんなことを教えてはいけない、どこまでも神武紀元を事実として教えねばならない。三上先生はこういうのです。」

（井上清「私の現代史論」朝日カルチャーブックス P121～122）

1912年（明治45・大正元年）に書かれた森鷗外の小説『かのように』は、歴史学者を志す華族の若者を主人公に、神話的な世界観と厳密な歴史考証の衝突に悩む当時の歴史学者の苦悩、そして「かのように」の精神でそれをやり過ごす穏健的な描写が行われている。

だが後にこの見方も、「皇国史観」一辺倒に傾

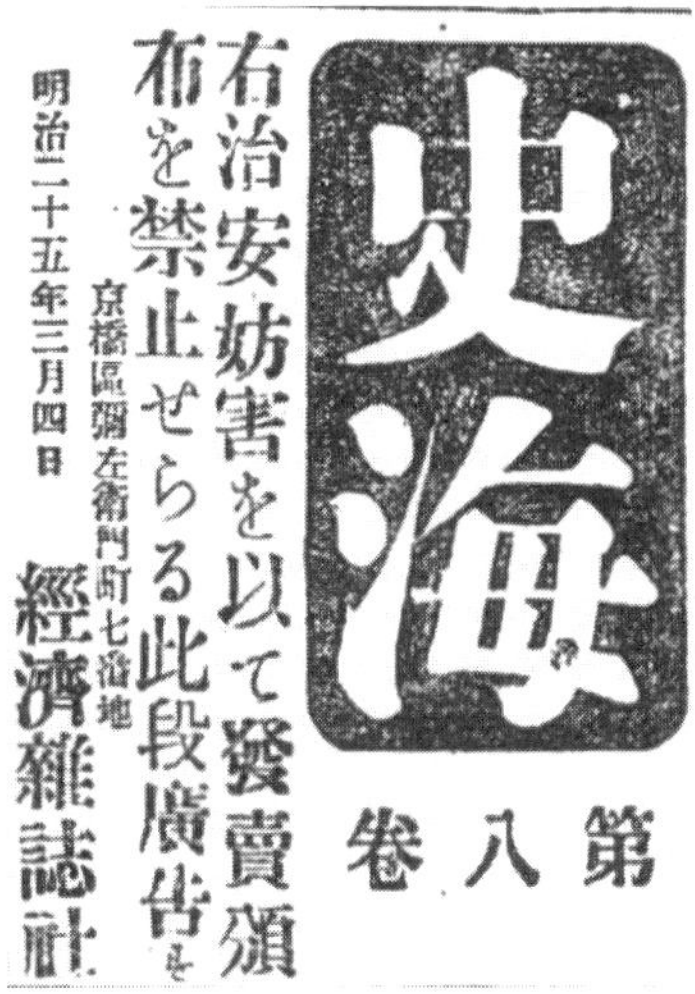

史海の発禁広告　読売新聞一八九二年三月五日朝刊

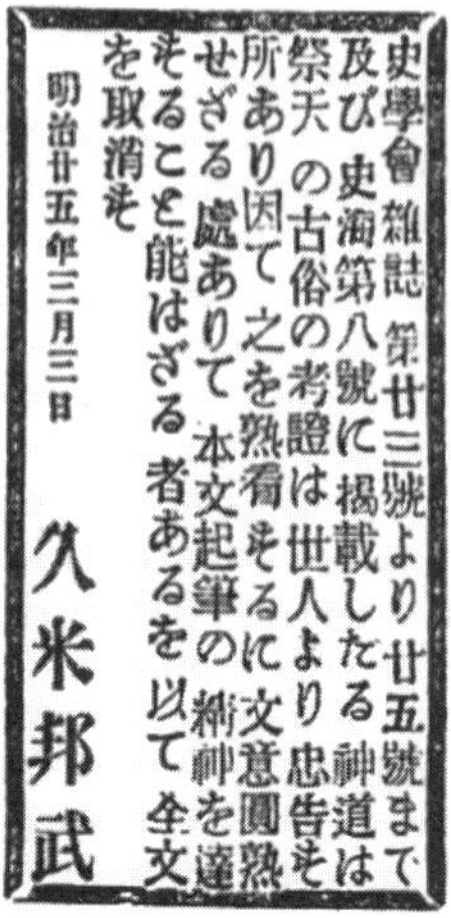
史學會雑誌第廿三號より廿五號まで
及び史海第八號に掲載したる神道は
祭天の古俗の考證は世人より忠告を
所あり因て之を熟看そるに文意圓熟
せざる處ありて本文起筆の精神を達
そること能はざる者あるを以て全文
を取消そ
明治廿五年三月三日　久米邦武

読売新聞一八九二年三月五日朝刊に掲載された久米邦武の謝罪広告

倒していき、純正・応用という分別も利かなくなっていった。坂本太郎は、1958年(昭和33年)の「日本の修史と史学」でこう説明している。

「もともと明治政府は、日本史の教育をもって国民教育の重要な要素とし、これに国体観念の確立、国民思想涵養の任務を負わせた。従ってその大目的にそう史実を強調し、それに反する史実をかくす傾きがあった。学者は、これを応用史学といい、純正史学と応用史学とはおのずから別であるとして、学的良心を納得させた。たとえば『日本書紀』の紀年の不正確は那珂博士以来学会の認めるところであるが、初等中等の教育では神武紀元を正しいもののように教えたのである。この処置は、明治から大正をへ、昭和の初め頃まで、難なく行われた。けれど、満州事変の前後から、政府は強圧的に学問・思想の統制にのり出した。文部省が『国体の本義』を出して、神話を歴史事実の如く解釈することを強要するようになって、歴史は神がかりしてしまった。学者の自由な研究は学問上でもさし控えねばならなくなった。」

（坂本太郎著作集第5巻　日本の修史と史学　4　歴史学の成立した時代）

大正年間、日本にマルクス主義が定着するにつれ、マルクス主義経済学に付随して唯物史観も河上肇や大塚金之助など一部の学者により教えられるようになった。人類の歴史を階級闘争や生産力の向上により読み解く唯物史観は、自由主義教育と並んで農村や貧困地域の実情を知る人々に影響を与えた。教授を受けた一部の教師は既存の教育方針に反発して「新興教育」と呼ばれる反軍国主義的な教育方針を取り、共産党やその関係文化団体などと連携しつつ児童に実際に唯物史観教育を行い始め、長野県の「教員赤化事件（二・四事件）」など各地で検挙される例も多く発生した。（ただし特高月報の記載の事案にはバイアスが掛かっており、実情と異なる説明がされた可能性があるので注意したい）

南北朝正閏論

戦前の「史学史」において、天皇から庶民まで巻き込んだ一大問題と言えば、南北朝時代の認識＝南北朝正閏論が挙げられるだろう。南北朝時代（1336年～1392年）は、天皇家と日本史にとって非常にデリケートな問題であり続けた。

南北朝時代の発端は鎌倉時代中期の1272年、後嵯峨上皇崩御後に、生前からの皇位継承の混乱が発生したことによる。後嵯峨上皇は後継者を指名せず、ただ鎌倉幕府の意向に沿うように言い残して死去したため、後に残った持明院統の後深草上皇と大覚寺統の亀山天皇が次代の治天の君（政務の実権を握る者）を争った。鎌倉幕府は1275年に両側の血筋が交互に皇位を継承するように裁定し（両統送立）、一時は問題が収まったかに見えた。しかしその後、1321年に大覚寺統の後醍醐天皇は、中継ぎの天皇としての立場に不満を持ち、自身の立場の強化の為に鎌倉幕府の倒幕を志した。紆余曲折の末、鎌倉幕府が倒幕された後、後醍醐天皇の復古的な「建武の新政」は失敗し、倒幕に貢献した足利尊氏と後醍醐天皇は対立した。足利尊氏は持明院統の光明天皇を擁立し、後醍醐天皇は三種の神器を持ったまま吉野へ逃亡したため、天皇家が北朝（足利側・持明院統）と南朝（後醍醐側・大覚寺統）に別れ、日本全土で争うこととなる。そして幾多の争いの末、1392年に足利義満が室町幕府の権力で北朝の不満を抑えつつ仲介したことにより明徳の和約が成立し、両統送立を条件に、三種の神器は南朝から北朝へ渡され、南北朝が合一した。しかし、両統送立の約束が厳密に守られることは無く、反発した旧南朝・大覚寺統勢力は再び反乱を起こし、三種の神器も所在が度々変遷するものの、勢力を盛り返すことはできず、南朝勢力は1457年に実質消滅し、歴史の闇に消えていった。

南朝正統論の興隆

天皇家の系譜や権威の正当性が揺らぎかねない事態が相次いだこの時代に関し、江戸時代から多くの学者は様々な考察を行ってきた。天皇家自身は北朝の末裔であることから、北朝正統論が江戸時代の間揺らぐことは無かった。一方、水戸藩の『大日本史』では、南朝方の武将北畠親房の『神皇正統記』を評価し、後醍醐天皇が三種の神器を持っていたことなどから南朝が正統とする記述を行った。この為、後に大日本史が朝廷に献上される際に大きな問題となった。また、幕末には国学の影響を受け、多くの並立論者や南朝正統論者が現れた。この様に様々な勢力の思い入れや解釈が絡まった非常に複雑な南北朝の認識問題は、明治以後天皇家の正統性が世に広まっていくことで再び大きな議論となっていく。

「吉野朝時代」と呼べ

明治維新以後、南北朝時代に関する研究が進んだこともあり、教科書が国定化された1903年（明治36年）以後、国定教科書では南北朝を並立して書く等の対応がとられていた。しかし、1910年（明治43年）の教師用教科書改訂の際に解釈が問題となり、次いで大逆事件の裁判の最中に法廷において幸徳秋水が「今の天子は、南朝の天子を暗殺して三種の神器を奪った北朝の天子の子孫である」と述べた事が外部に伝わると、庶民から皇族まで巻き込んでの大きな騒ぎとなった。1911年（明治44年）1月19日には読売新聞が南北朝正閏論を取り上げ、国家の分裂した時代を認めることはできないという立場から南朝正統論を説明したことで議論が広がり、国会でも藤沢元造代議士が問題を取り上げて政府に質問書を提出した。南北朝正閏論は歴史学ではなく、政治的な問題となっていった。藤沢は後に桂太郎から圧力を受け、辞職を余儀なくされたが、議論は沈静化せず、山形有朋が南朝正統論の立場を取る立場を示した。ついに明治天皇の意向もあり、政府により南朝正統論が採用され（ただし明治天皇は北朝の扱いは従来のままにする意向であり、並立論に近かった）、教科書改訂の責任者喜多貞吉は休職処分となり、当該時代の歴史区分は並立的な「南北朝」ではなく「吉野朝」時代（南朝の所在地吉野から）と呼ばれるようになった。田中義成など一部の歴史学者はこの政治的決着に抗議し、以後も「南北朝」を使うなど抵抗したが、終戦まで南朝正統論は日本史を支配し、長く尾を引いた。

足利尊氏は戦前において逆臣として低く評価されていたが、1921年（大正10年）に中島久万吉男爵は足利尊氏所縁の清見寺（静岡県）にて足利尊氏自作の尊氏木造を拝観し感銘を受け、尊氏を再評価すべき旨の感想を俳句同人誌『倦鳥』に載せた。この時は騒ぎにならなかったが、1932年（昭和7年）に中島が斉藤実内閣において商工大臣に就任した後、1934年（昭和9年）に雑誌『現代』2月号に件の感想文が転載されるとにわかに騒ぎとなり、当時の政争（中島含む政友会・民政党は軍部抑制策を進めてい

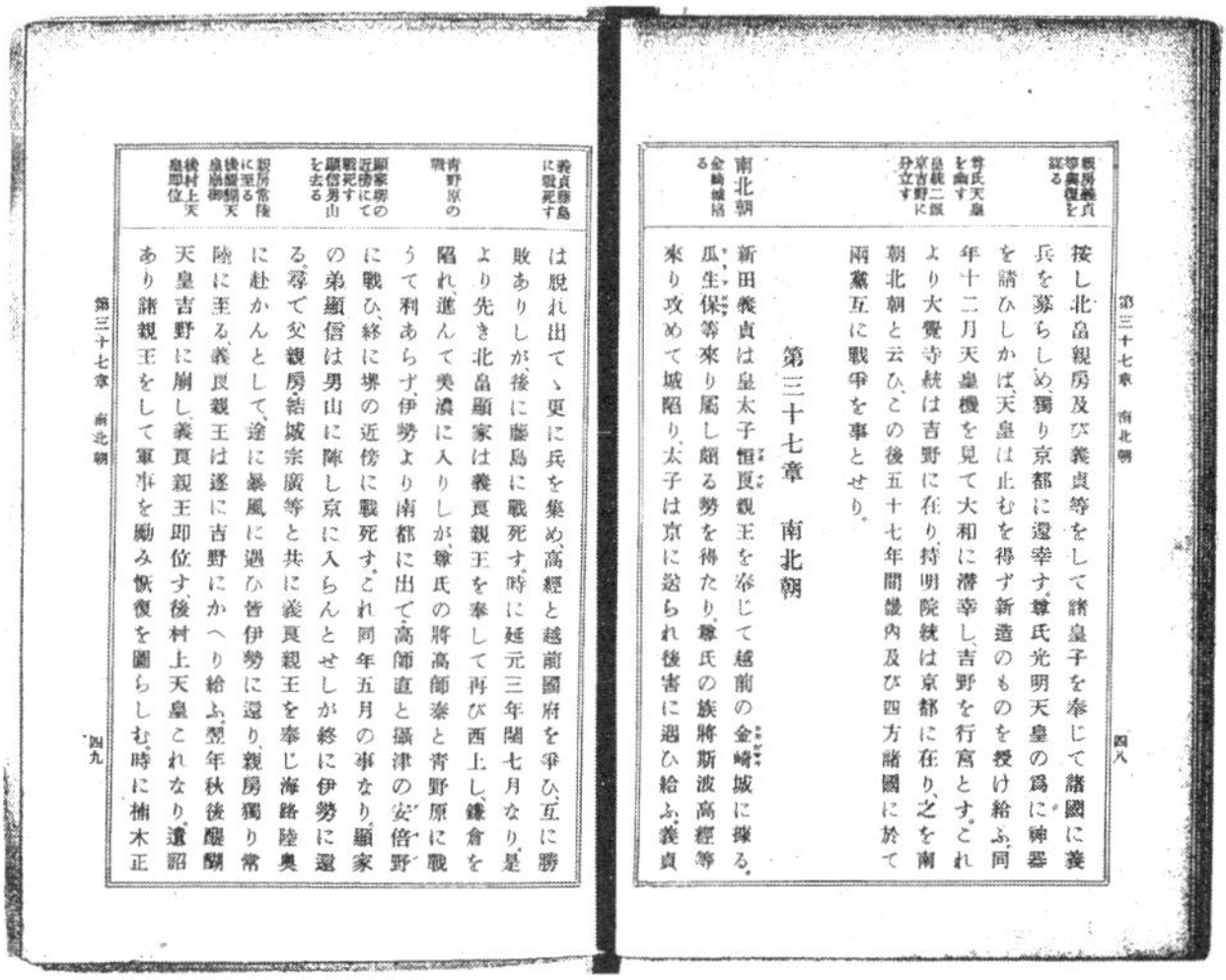
第三十七章　南北朝　四八

親房義貞等興復を謀る
尊氏天皇を幽す
皇統二派京吉野に分立す
南北朝
金崎城陥る

援し北畠親房及び義貞等をして諸皇子を奉じて諸國に義兵を募らしめ、獨り京都に還幸す。尊氏光明天皇の爲に神器を請ひしかば、天皇は止むを得ず新造のものを授け給ふ。同年十二月天皇機を見て大和に潜幸し、吉野を行宮とす。これより大覺寺統は吉野に在り、持明院統は京都に在り、之を南朝北朝と云ひ、この後五十七年間畿内及び四方諸國に於て兩黨互に戰爭を事とせり。

第三十七章　南北朝

新田義貞は皇太子恒良親王を奉じて越前の金崎城に據る。瓜生保等來り屬し頗る勢を得たり。尊氏の族將斯波高經等來り攻めて城陷り、太子は京に送られ後害に遇ひ給ふ。義貞

義貞藤島に戰死す
青野原の戰
顯家堺の近傍にて戰死す
顯信男山を去る
親房常陸に至る
後醍醐天皇崩御
後村上天皇即位

は脱れ出でゝ、更に兵を集め、高經と越前國府を爭ひ、互に勝敗ありしが、後に藤島に戰死す。時に延元三年閏七月なり。是より先き北畠顯家は義良親王を奉じて再び西上し、鎌倉を陷れ、進んで美濃に入りしが、尊氏の將高師泰と青野原に戰うて利あらず、伊勢より南都に出で、高師直と攝津の安倍野に戰ひ、終に堺の近傍に戰死す。これ同年五月の事なり。顯家の弟顯信は男山に陣し京に入らんとせしが終に伊勢に還る。尋で父親房・結城宗廣等と共に義良親王を奉じ海路陸奥に赴かんとして、途に暴風に遇ひ皆伊勢に還り、親房獨り常陸に至る。義良親王は遂に吉野にかへり給ふ。翌年秋後醍醐天皇吉野に崩し、義良親王即位す、後村上天皇これなり。遺詔ありて諸親王をして軍事を勵み恢復を圖らしむ。時に楠木正

第三十七章　南北朝　四九

1907年の第2学年用中等国史教科書　南北朝と記載されている

た）も絡んで菊池武夫議員（予備役陸軍中将）から激しく攻撃され、議員内外の批判も激しくなり、とうとう辞任を余儀なくされた。

津田左右吉への攻撃

１９３１年（昭和６年）の満州事変の勃発後、日本が世界的に孤立を深めて行く中で軍部及び右派が大きな発言力を持ち始めると、学問の自由が脅かされる事態が次々発生した。特に１９３５年（昭和10年）の天皇機関説事件以後、天皇が国家統治権の主体であるとする「国体明徴運動」により、学問的な論争ではなく、前述の南北朝正閏論のように政治的な圧力により、国の成り立ちに触れかねない史学も大きな影響を受けた。

邪馬台国論争で知られる歴史学者白鳥庫吉の弟子、津田左右吉は１８９１年（明治24年）に東京専門学校（現・早稲田大学）邦語政治科を卒業後、中学教員や南満州鉄道の満鮮地理歴史調査室研究員を務めつつ東洋史・日本史の研究を行った。１９１３年（大正２年）の『神代史の新し

讀賣新聞

論説

南北朝對立問題

（國定教科書の失態）

読売新聞一九一一年一月一九日朝刊に掲載された南北朝正閏記述問題の社説

い研究』を皮切りに、『文学に現われたる我が国民思想の研究』『古事記及び日本書紀の新研究』『神代史の研究』『日本上代史研究』など、日本の古代史やそれに由来する思想史を探り、日本書紀や古事記の記述に対する史料批判（一つの史料に対し様々な側面からその正当性・妥当性を調べること）を行った。津田は神話をそのまま史実として受け取らず、14代仲哀天皇以前の非実在した一方、日本への中国思想の影響は限定的であり日本文化は独自のものであるとも説いた。１９２０年の早稲田大学文学部教授就任を経て、１９３９年（昭和14年）には東京帝国大学法学部の東洋政治思想史講師を、南原繁の推薦により兼任した。

しかし１９３０年代においては１９３２年（昭和7年）の滝川事件（京大教授滝川幸辰がトルストイに関する講演を行った際、無政府主義的であるとされ、後に他教授や学生も巻き込み、学問の自由が争われた事件）や、１９３５年（昭和10年）の天皇機関説事件、１９３９年（昭和14年）の平賀粛学（東京帝大経済学部の河合栄治郎教授と土方成美教授の勢力争いに端を発し、平賀譲総長が両者を休職にしたため発生した騒動）など、政府及び右派勢力による学問の自由への介入が激しくなっていた。１９３７年（昭和12年）にはパンフレット『国体の本義』も出され、思想や史学の分野において自由はほとんど奪われていた。

そして１９３９年（昭和14年）11月２日に東洋政治講座が開講すると、それまでも度々あった津田の歴史観への批判がさらに激しさを増し、右派によって津田の排除を求める声明も出されるに

津田左右吉

至った。

（特高月報　昭和14年11月・12月分より）

「津田博士の著書糾弾運動

文部省に於ては本年度より東京帝大法学部に「東洋政治講座」を新設し、去る十月早稲田大学教授文学博士津田左右吉を同講座講師に選定し十一月二日より開講せる模様なるが、之を契機として予てより同博士の著書にして岩波書店発行の『古事記及日本書紀の研究』『支那思想と日本』『上代日本の社会及思想』『神代史の研究』の内容中『我神代史上代史を全然後世修史家の虚構、架空譚として抹殺し国体の淵源成立を否認せんとするが如き不敬思想あり』とし、その『不穏当なる学説』に対し反駁を試みつつありたる原理日本社主幹蓑田胸喜等は帝大粛正期成同盟及東大精神科学研究会等を動かして之が排撃運動を為すこととなりたるが、問題の性質上その取扱に慎重を期し大衆運動化せず急速に当局の善処方を要請しつつあるも最悪の場合は同博士を告発すべく意図しつつある模様なり。之等の情勢に鑑み当局に於ては十二月四日付津田博士の講師を解職したるが、事態の推移如何によりては、革新陣営を初め財界、学会方面にも相当の影響を与ふるものと予想せらるる情勢にあり。

帝大粛正期成同盟

十二月九日世話人会及十九日全体会議を麹町区内宝亭に於て開催し対策を協議したる結果『問題の重大性に鑑み、大衆には呼び掛けず当局を鞭撻して善処を要望すると共に有識者のみに訴へて問題を深く強く究明し、可及的に年内処理の方針にて進むこと』に意見一致し二十一日別記声明書を作成内、文、法各省に提出すると共に世話人井田磐楠、井上清純、蓑田胸喜の三名は内相及警保局長を訪問して急速に前叙諸著書の発禁処分を要請するところありたり。

原理日本社

同人松田福松は津田博士著『志那思想と日本』の内容は『列聖の万世に遺し給へる皇国統治の洪

範と先賢の実践究明せる人倫悠久の大道を滅却せんとする』なりとして、機関紙『原理日本』三、四月号に於て反省を促すところありたるが、同博士が東大講師として東洋政治学を講義することに決定するや、主幹蓑田胸喜は十二月十五日『津田左右吉氏の大逆思想』と題するパンフレット二百部を作成各関係当局其他に発送せり。

東大精神科学研究会

十二月四日東大第二十一番教室に於ける津田博士の講義を聴講せる会員はその内容中『我国神代史に関する言論が皇国体を認識せず古事記に顕現せる史実を擬制に出発せうものと断じた事は不都合なり』とし講義終了後痛烈なる質問を為したる後、更に今井善四郎、木野内為博、浜田収二郎等十名は控室に於て博士に対し国体没却なりと論難攻撃する所ありたるが、一方津田博士を招聘せる法学部南原教授の責任問題をも追及すべく対策考慮中なる模様なり。

声明書

早稲田大学教授・東京帝国大学講師文学博士津田左右吉氏の神代及上代抹殺論に就て本同盟は昨年八月二十五日付東京帝国大学前総長長与又郎氏に呈したる進言書中に、明治大正より昭和の現代に及ぶ同大学の非日本反国体学風と其れに基く幾多の不祥事件とを指摘し『国内における赤化容共の宣伝策源が帝大法経済学部に存在する』旨を警告して教学刷新の断行を要望したり。然るに次いで起りたる河合教授事件の如きもこの警告要望に客観的根拠を示したるものなりしに拘らず、同経済学部の粛学をめぐっての紛糾またその再建も粛正の本義を逸し、荒木前文相の改革措置も制度の問題に偏向しつつ教学内容の刷新に及ばずして止みたり。

本同盟は此処に改めて我が国教学市場全く未曽有の大不祥事実を指摘せざるを得ざるを衷心より遺憾とするものなり。即ち文部省本年度予算にて東京帝国大学法学部に最近新設せられたる『東洋政治学』講座の講師として早稲田大学教授文学博士津田左右吉氏の任命を見たるが、岩波書店より発行せられたる同氏の『古事記及日本書紀の研究』『支那思想と日本』『上代日本の社会及思想』『神代史の研究』等を一貫する著作目的は、『皇極紀までの部分に見へる詔勅が尽く編者の擬作である』（『上代日本の社会及び思想』二六八頁）『朝廷について歴史的事実として信憑し得べき事件は応神天皇以後にも殆ど見あたらず』（『古事記及び日本書紀の研究』六二九頁）といふ如きによりて其の全般を推すべく、要するに我が神代史及び上代史を『全然後の修史家の虚構』『全部架空譚』といひて抹殺せんとするい在り。其の暴悪無比の凶逆思想は此処にこれ以上其の文献引用を恐懼忌避せしむる如きものにして、尚祖先崇拝抹殺論より聖徳太子の憲法十七条擬作論、大化改新の国体明徴意義否認論また武家政治礼賛論等妄断濫説底止する所を知らず、遂に神道儒教仏教をも含めて日本精神及東洋文化の全面的廃棄論、即ち正真正銘の日本抹殺論、東洋抹殺論となり、日本及東洋の欧米植民地化論に帰着す。

これ実に、皇祖皇宗の遺訓を蔑みし奉り『天壌無窮の皇運』『万世一系の宝祚』を其の原頭に於いて断絶して国体の基礎を破壊し、また日本精神及東洋文化の全開展を挙げて之を滅失せしめんとする無条件欧米屈従思想にして、聖戦三年生命物心無量の犠牲を払ひつつある支那事変の意義をも空無化するものといはざる可らず。斯くも入念徹底的なる日本東洋抹殺論は今日悪意ある欧米人と雖も敢て為すを得ざるところ、況んや学術的良心を以て人道的貢献を志すものに於いてをや。この国体滅却人道廃欠の虚無主義的妄想は美濃部『機関説』も三舎を避くる気違ひ沙汰と断ずる外なし。

いま朝野全国民は斯くも甚だしき凶悪思想の抱懐者を早稲田大学より抜擢し東京帝国大学の行動に立たしめ其の著書を官許公認して、皇紀二千六百年を奉祝し東亜新秩序建設を云為すべくも非ず。斯くの如き重大不祥事実の累発はいふまでもなく歴代内閣政府当局が承詔必謹の臣道を遺忘し国体明徴教学刷新に志ざさりし結果にして、現日本内外情勢の急迫するところ思想的混乱将に正視に堪へず言ふに忍びざらんとす。

　本同盟は此処に阿部首相を始め小原内相、宮城法相、河原田文相の補弼の責任感に愬へ陸海軍当局の注意を喚起して本事件の急速処置と根源的全般的教学刷新の断行とを要請し、また大学当局並に著作発行者が進んで其の責任を明かにせんことを要望し、以って之を一般学会教育界朝野識者に檄して斯の如き赤化容共反国体思想の勦滅に奮起せられんことを期待して已まざるものなり。

　昭和十四年十二月十九日　帝大粛正期成同盟事務所　麹町区永田町二ノ六二井田方　電話銀座一三七〇番

　三室戸敬光　菊池武夫　井上清純　井田磐楠　小林順一郎　杉山謙治　藤沢親雄　三井甲之　江藤源九郎　建川美次 大倉邦彦 葛生能久 松本徳明 綾川武治 竹内賀久治 渡辺良三 入江種矩 池田弘 岩田愛之助 蓑田胸喜 中原謹司 香渡信 有馬成甫 橋本徹馬 小笠原長生 吉田益三　中山忠直　香椎浩平 林銑十郎 栗原美能留　二子石官太郎　安部秋彦 宮下善吉 大森一声　佐藤清勝　高山久蔵　三橋済　茂木謙之助 星野錫　頭山満 猪野毛利栄 柳原義光 佐伯正悌 小原正忠 今泉定助 末永一三 大竹貫一 大島健一 井上亀六 赤池濃 堀口九万一 一条実孝 佐藤忍 結城安次 山路一善 堀内文治郎 南郷次郎 森孝三 北昤吉 大蔵公望 天野徳也 副島義一 木村重治 谷十二　中川良長 隈川基 松江豊樹 福島繁三 加藤精神 田代二見 新井無二郎 赤尾敏 渡辺満太郎 松永材 永井了吉 内田周平 杉山得一　筑紫熊七 丸野勝喜 高木武 中河与一 坂本俊篤 皆川治広 松田福松 広瀬哲士 石井作次郎 等々力森蔵 大井成元 簡牛凡夫 松本勇平 岡野竜一 太田耕造 加藤咄堂 座間止水 武内紫明 高窪喜八郎 滋賀多喜雄 五来欣造 林逸郎 古屋美貞 高山公通 吉田茂 国分高胤 若生繁吉 建部遯吾 角岡知良 増田一悦 森栄一 小川喜一 （順序不同）」

　右翼の巨頭である頭山満、元首相の林銑十郎、吉田茂（戦後首相になる外交官ではなく、同姓同名で皇典講究所理事も務めた内務官僚か）、北一輝の弟である北昤吉、戦後に右翼の大物となる赤尾敏など、右派の様々な面子が並んだ声明書である。結局、圧力を受けた文部省は年明けの1940年（昭和15年）1月に津田を辞職させ、また2月10日には『古事記及び日本書紀の研究』『神代史の研究』『日本上代史研究』『上代日本の社会及思想』の4冊が発禁処分となった。その後、津田と、その著書の発行元である岩波書店の岩波茂雄（岩波も軍部に批判的な人物であった）は出版法違反で起訴され、太平洋戦争開戦を挟んで1942年（昭和17年）5月に津田に対して禁錮3ヶ月、岩波に対して2ヶ月、そして両者とも執行猶予2年の判決が下された。津田は控訴したものの、結果は1944年（昭和19年）に時効により免訴になるという歯切れの悪い終わり方であった。

津田による歴史研究、所謂「津田史観」は、他の学者から「主観的すぎる」「記録のみを重視している」など批判されることはあったが、この弾圧はその様な歴史学的議論ではなく、政治の都合により学問の自由が根本から否定される状況の一つであった。ただし、津田は皇室を否定する思想の持ち主ではなく、戦後もこの出来事を元に反天皇制論者として見られることを拒んでいた。また、1947年（昭和22年）に帝国学士院（同年中に日本学士院に改称した）会員に選ばれ、1949年（昭和24年）には文化勲章を受章するなど、その功績は広く認められていた。

昭和１５年（１９４０）

昭和14年12月　警視庁　不敬落書

客年十二月四日陸軍大臣官邸コンクリート塀に玩具用蝋石を以て「**天皇バカ**」と落書しあるを発見せり。（捜査中）

特高月報 昭和15年1月号

昭和15年2月　警視庁　不敬落書

本月八日大森区千束町一五八番地所在勝海舟記念碑入口正面木造右扉に鉛筆を以て、「日本人ハ天皇トイウヤツヲ崇敬シテイルガナゼ崇敬スルノダ　**ソンナ天皇トイウ奴ハナグリ殺シテ焼イテショウユデ食ッテシマエバヨイノダ**　ワシハ昭和十六年一月一日ノ朝ニ必ズ実行シテ見セル　ワシノ家来ハ千人イルゾ予メ知ラセテオク　★団」と落書しありたり。（捜査中）

※勝海舟はどう思うだろうか……。大森区は現在の大田区北部にあたる。勝海舟は維新後にこの辺り（現在の大田区南千束）に「洗足軒」を構えており、勝海舟ゆかりの史跡が多くある。

特高月報 昭和15年2月号

昭和15年2月　富山県　不敬言辞

上新川郡東岩瀬町大字西宮一〇五　日本曹達株式会社岩瀬工場　職工　目崎三朗（27）

本月十三日友人海沢松榮を富岩鉄道越中岩瀬駅に見送るに際し皇室に関し**不敬の猥談**をなす。（取調中）

※残念ながら詳しい内容は不明。

特高月報昭和15年5月分

四月十三日起訴猶予処分

特高月報　昭和15年2月号

昭和15年1月　北海道　不敬言辞

北海道空知郡岩見沢町　細川伊次郎（73）

一月二十九日夜銭湯にて浴客に対し、「木炭もない、**こんな世の中になったのもあの天皇陛下の為だ、あんなもの五、六人行って叩き殺せば楽になるかも知れぬ**」と不敬の言辞を弄す。（三月十三日不敬罪にて送致）

※裁判の際にどう説明して執行猶予となったのか気になる。平謝りでもしたのだろうか。

特高月報昭和15年8月分

四月六日札幌区裁判所にて不敬罪として懲役六ヵ月の判決確定せるも同月八日控訴、八月二十九日札幌地方裁判所にて懲役六ヵ月二年間刑執行猶予の判決言渡

特高月報 昭和15年3月号

昭和15年3月　北海道　不敬落書

帯広市内公衆便所に、「**今上天皇の金玉 天皇の金玉**」と落書しありたり。

（捜査中）

※見てみたい。

特高月報 昭和15年3月号

昭和15年3月　警視庁　不敬不穏投書

三月八日警視総監宛「前略　甲乙の殿様が戦争して相互の家来は二千五百名戦死し領民は大変な

苦しみを受けた、戦争が終って見たらその戦争は甲乙の殿様のめかけの取合だった、この支那事変も何が何だか分ったものでない、戦死するのは皆社会に無知の悲しむべき人間だ、我欲の為国民を苦しめる政府重臣こそ憎むべし、明治天皇は天皇としての力を備えて居たかも知れないが万世一系等と言って子供がそれを継ぐ必要が何処にある、力のない者を天皇にしておけば我国が亡びる、**実力のある者をドシドシ天皇にすべきだ**（後略）」と記載しある投書ありたり。（警視庁）（捜査中）

特高月報 昭和15年3月号

※それはそれで軍閥が蔓延るような気もする。

昭和15年2月　京都府　不敬並反戦言辞

京都市保健部清掃課　掃除夫　三宅芳一（34）

二月十五日同僚に対し、「秩父宮妃殿下は会津の松平家で官軍に反抗した賊軍である、秩父宮は国賊の娘を嫁に貰って居るから国賊や、**秩父宮は夫婦連れでスキーに行くなど助平や**、今度の戦争も日本が敗けたらよい、戦争に行って死ぬのは犬死だ、天皇なんかには何も恩は受けていない、あんなものあってもなくてもよい、皇后陛下は皇后になる資格はないがうまくごまをすって皇后になった、秩父宮妃殿下は人格品行が悪い人だったが秩父宮が洋行した時うまく取込んで妃殿下になった、子供がないのも何か病気があって出来ぬのだらう」等不敬反戦言辞を弄す。（三月九日不敬並造言飛語罪により送局）

※秩父宮はスポーツを愛好しており、またスキーも弘前連隊での勤務の合間に楽しんでいたという。

特高月報 昭和15年3月号

秩父宮夫妻

昭和15年2月　京都府　不穏投書

二月二十一日京都府保安課宛「聖駕奉迎の文字を見ると黒雲が舞降る感がする　七年前自身番の無法な割付出勤不当な足洗料理屋行其他雑費の割付　奉迎とは何事だ自身番に老人と婦女子の家を割前を搾取し現今の悪政府の見習が米がない炭がない生魚青葉が眼玉が飛出る高価是で思想が悪化せねば悪化する時なし（中略）政府のすることに思想悪化をせぬ事唯一つもなし（中略）自

身番の強制割付は絶対不都合同志六十八名以上は如何なる行動に出るも不計（後略）」と記載せる投書ありたり。（捜査中）

特高月報　昭和15年3月号

※皇族の行幸に関し何か相当嫌な事が有った様である。

昭和15年3月　兵庫県　不穏落書

兵庫県赤穂郡相生町　播磨造船所職工　野山正雄（28）

被疑者勤務工場内便所に三月初旬頃、「文明は人の個性をあらゆる限りの力を尽くして虎の如く猛らしめ発達せしめたる後これをあらゆる限りの方法に依って冷い艦の中に投げ込んで天下の平和を維持しつつある　これは真の平和ではない丁度動物園の虎が見物人を眺めて寝ころんで居るのと同様であるもし艦の鉄が一本でも外れたら世は目茶苦茶となるであらう」と落書す。（厳諭）

特高月報　昭和15年3月号

昭和15年2月　**福岡県**　**不敬言辞**

東洋経済新報九州支局長　三宅晴暉（45）

二月二十日福岡県二日市大丸旅館にて同家女中に対し、「朝香が来たか、何日泊まったか、**朝香はゴルフが好きだからなあ**、朝香も田舎に来ると几帳面だね。東京辺りでは芸者も買えば何でもするよ、陛下は別だが殿下なんてさう厳格に在るのもどうかと思う、**殿下なんて仕事の出来るものはないよ**」等々の不敬言辞を弄せり。（検挙送局、懲役一年、執行猶予三年の判決あり）

朝香宮鳩彦王

※朝香宮とは、朝香宮鳩彦王のことであろう。鳩彦王はゴルフ愛好家で「ゴルフの宮様」としても知られている。まるで悪友や近所の子供について語るような口ぶりである。

特高月報昭和15年5月分
五月十五日、福岡区裁判所にて懲役一年執行猶予三年の判決、同月二十三日に確定
特高月報 昭和15年3月号

昭和15年3月　沖縄県　不穏行為

本年三月竹田宮恒徳王殿下支那方面より御帰還の御途次沖縄県庁構内に御手植されたる「黒檀」を三月十一日防空演習中の暗夜に乗じ幹中央より切断せるものありたり。（捜査中）

※黒壇（コクタン）は主に南洋に生える銘木。皇族が植えた貴重な木を誰かが勝手に切ったようだ。

特高月報 昭和15年3月号

昭和15年4月　警視庁　不敬落書

四月六日、芝公園共同便所内に、「テンノーヘーカコロセ　**米内モコロセ**」と落書ありたり。（捜査中）

※米内とは、海軍出身でこの時期内閣総理大臣だった米内光政のこと。

特高月報 昭和15年4月号

📅 昭和15年4月　📍 京都府　☰ 不敬不穏投書

京都市京都郵便局四月二十三日付消印ある葉書で、「コノ頃ハケイサツハ良民ヲザイ人アツカイスル、コレハダレガオシエタカ、（中略）天皇ヲコロシテ小生モ共ニシスナリ。コクミンハミナヨルトカンシハオオスギルニツ目ニハバッキン又ハコウリウトカ。ケイサツカンヲカサニキテ、ジンミンオボロクソナリ云々。コノコロノケイサツハナッテナイ（中略）。天皇ヲコロシテ共シス」なる不穏投書ありたり。（厳探中）

特高月報 昭和15年4月号

📅 昭和15年4月　📍 大阪府　☰ 不穏文書

大阪市南区綿屋町、道仁高等小学校の掲示板に、「**我国は人間が多くに過ぎる**ぞ今政府は厄介な人間を滅しに滅亡を望んでいる、**定命に達した者は早く死ね**」なる文書の貼布ありたり。（捜査中）

※ひどい。

特高月報 昭和15年4月号

昭和15年4月　兵庫県　不穏文書

四月十八日、省線加古川駅構内に、「倒セ天皇、葬レ皇族　現在ノ同情ニ甘ゼザルモノヨ　革命ヲ起セ、物価ハ高騰、物質ノ欠乏之ハ軍意為政者ノ責任ダ　倒セ現状帝国主義ヲ、ソシテ起セ民主主義ヲ、吾人ノ生命ハ吾人ノモノナリ、生命ハ尊シ子孫ノ為ニ闘エ、帝国主義ヲ倒セ　一億民衆ノ為メニ闘エ、革命ハ近ヅケリ、帝国主義ヲ倒スハ今ダ、起テ、然シテ闘エ、倒セ天皇」なる内容の不穏文書拾得。同じく、省線明石駅構内にて、右と略々同様なる内容の文書拾得。（兵庫県）（捜査中）

特高月報 昭和15年4月号

昭和15年4月　群馬県　不敬文字

東京市城東区南砂町五ノ三〇四　武田文雄（24）

群馬県邑楽郡館林町字谷越三五四吉野旅館宿泊人届に、「華族公爵、**東京市赤坂離宮内天チャン**」と記載ありたるを発見。（厳重訓戒の上釈放）

※天チャンとは当然天皇のこと。当時、軍人などの間で内密に天皇をそう呼ぶこともあったとされる。

特高月報 昭和15年4月号

昭和15年1月　千葉県　不敬投書

一月三十一日、千葉郵便局消印の葉書にて東京刑事地方裁判所宛「昨昭和十四年日本天皇の写真のみにても数回の入替にて驚くべき多数の代用品（スフ）の存在を暴露せり云々」なる意味不鮮明なる投書ありたり、精神病者の所為に非ざるやと思料さる。（捜査中）

特高月報 昭和15年4月号

※何か陰謀論や電波系の手紙のようだ。

昭和15年4月　福島県　不敬落書

四月二十三日、福島県石城郡湯本町常磐線湯本駅構内便所に、「天皇コロセ　イクサヤメヨ」と落書ありたり。（捜査中）

特高月報 昭和15年4月号

昭和15年4月 **広島県** **不穏落書**

広島市下流川町一漫歳館花月便所並に同館近接便所に、「一、断じて資本家、戦（?）をすみする 二、天皇政治を清算せよ 三、資本家をほおむれ共産人よ立て 一、立てプロレタリヤ 旗を倒せブルヂアノ旗を 一、日本共産党広島支部 TASAKK」なる落書ありたり。（捜査中）

特高月報 昭和15年4月号

昭和15年1月 **広島県** **不穏言動**

広島県呉第一中学校国語科担任 豊田源之助

一月十六日、県立呉第一中学校職員研究会席上、「国体の本義は寔に古いことで神懸り式の事を事新しく可り立ててこれが国体だと説明している様だが新味もなく我々にはどうもピンと来ぬ」なる批判的不穏言動ありたり。（言動内査の結果、何等思想的容疑なきも引続き動静視察中）

※教育現場の本音である。「国体」「歴史」について教師としてもどう教えるべきか困る部分が多

かったのだろう。

特高月報 昭和15年4月号

昭和15年3月 **徳島県** **不敬言動**

徳島県美馬郡岩倉村川原柴一三二　西村秀明（23）

三月十五日、**部落民藤岡安太郎**出征の際青年団長藤浦元晴の指揮により天皇陛下万歳を三唱せんとする時、「**穢多が言う様なことを言うな**」と不敬言動を弄したり。（個人的感情に因るものなるが故に諭示釈放）

※差別である。

特高月報 昭和15年4月号

昭和15年5月 **警視庁** **不敬文書**

浅草区千東町二ノ三四　西ヶ谷方　小菅六生（17）

五月十二日、浅草区田中町巡査派出所前を、「今日同じ人間でありながらなぜ我等無産階級は働けど働けどなほ現実の生活にあえいで居るのであろうか。粗衣粗食に甘んじ牛馬の如くもくもくとして働き、しかも底知れぬ貧困にあえいで居るではないか。しかるに彼等資本家を見よ。絹布の衣を身にまとい、金殿玉楼に甘き美酒に妙かなる音曲の調に美妓の舞に陶酔として、怠弱三昧に日夜を送って居るではないか。彼等は我等無産階級の生血を吸い自由を抑圧する鬼だ。この奴隷的存在に甘んじて我等は生きて行かねばならぬのだろうか。共産党とは階級闘争に我等無産階級を代表して立つ所の正義の士だ。ここに及べば我国の天皇という存在も矢張り一種の資本家だ、彼は我等無産階級の悲さんなる実状を知って居るだらうか。社会の真の幸福は万人が平等に働いてこそ得られるのだ、「働かざる者は食うべからず」。現実の社会はかくあらねばならぬ。世の勤労大衆よ自由なる社会を建設しようではないか。」なる内容の不敬文書を所持徘徊中を逮捕せり。（送局の予定）

特高月報 昭和15年5月号

昭和15年3月　千葉県　不敬言動

千葉県印旛郡八街町八街イの二一五二　特要社乙　山本源次郎（45）

三月二十日、印旛郡佐倉町所在印旛乾繭組合事務所に於て、数人を前に、「日本の天皇等と言って居るが彼は年に三百万円の報酬があるからやって居るのだ、**やっこさん国で一銭も出さなければ誰もやり手はないいんだ**云々」同じく四月二十二日同町所在農会事務所に於て、技師等数人を前に、「皇室費を削減して農村方面に回し又総理大臣の年棒も多過ぎる故これ等を農村に振向けると農村は助かる云々」等の不敬言辞を弄したり。（五月一日検挙取調中）

※鋭い事を言っている。

特高月報昭和15年7月分
六月二十八日佐倉区裁判所にて起訴、七月二十七日懲役八月の言渡しあるも被告控訴の模様

特高月報昭和16年5月分
第二審にて一審通りの判決を受けたるが不服として上告、昭和十六年五月六日大審院にて上告棄却、原審通り懲役八月確定

特高月報 昭和15年5月号

昭和15年5月　富山県　不穏投書

富山県射水郡新湊町放生津　生駒清次郎（33）

五月十日、射水郡新湊町放生津、津田与作宛、富山連隊司令部付比土平少佐名を冒用して、「謹啓　時下夏の候と相成候今般○○兵は○○方面派遣であるから外国方面行きんず」なる不穏投書を為し、同郡同町生駒清次郎及行為者本人に対し右と略同様なる不穏投書を為したり。（陸軍刑

法第九十九条、及刑法第一五五条違反として送局の予定）

特高月報 昭和15年5月号

昭和15年5月　島根県　不敬字句

島根県那賀郡江津町　円覚寺住職　小笠原義雄（38）

五月四日より那賀郡江津町円覚寺に於て開催せられたる仏教婦人会主催の戦没者追悼会に於て、「導師本願寺**勅使**」なる記載ある張札を為したり。（厳諭）

特高月報 昭和15年5月号

※「勅使」が問題となったようだ。

昭和15年5月　広島県　不穏落書

広島市舟入町六一九先の電柱に、「犬が米食をすると身分がすぎる、天皇陛下の『アワ』食がこれに等分す」なる落書ある新聞紙貼付しありたり。（捜査中）

※天皇は粟すら食うなと言うことか。

特高月報 昭和15年5月号

昭和15年5月　山口県　不穏落書

下関市港町所在関麗連絡線待合室便所に、「下関市岬之町　支那事変は日本まける、昭和十六年四月七日にけっていす、ぶき皆支那にとられる、支那かつよをに、日本まけるように、おれは日本人だ、岡を返たいする、朝鮮どくりつばんざい、**日本天皇陛下バかやろ、しんでしまえ**、おれは日本の民ではあるが、みんなはんたいだ」なる落書ありたり。（厳探中）

※関麗連絡線は、日本本土の下関と朝鮮半島の麗水を結んだ連絡船のこと。麗水からは南朝鮮鉄道に接続した。

※昭和16年4月7日に何か重大なことが発生した記録はない。

特高月報 昭和15年5月号

昭和15年5月　警視庁　不敬落書

五月六日、芝区芝公園協調会館前便所に「テンノーヘイカコロセ　天皇陛下コロセ」と落書ある

を発見。（捜査中）

特高月報 昭和15年6月号

昭和15年6月　神奈川県　不穏落書

川崎市観音町二ノ一〇斉藤英雄方　小林勝（33）

川崎市港町七二東京コンヂット株式会社内に「国法と大日本帝国憲法とは勿論別にして全然相違す　日本は国家に非ず日本と称するは国家的専暴者の大群団と認む、嘉仁睦仁は大逆犯罪者と見做さる、昭和の裕仁は大逆犯罪を継続し居るもの（因に光厳院の血統である）世上或は君主と言うやも知らす（大審院判定に因る）これ等は死刑に処さるべきもの、国法（神州）本州、四国、九州、北海道を神州と呼ぶ、神州は皇帝を頂く（持久院の血統之なり）現今勅令は行われず　難波大助事件　為政的なる時と場合は　法令は無視せらるることあり（戸籍法上の死亡とは全く死したるに非ず）（適用されたるか否かを知らず）」なる落書を為したるを発見行為者は直ちに逮捕さる。（行為者取調べ中なるも、精神に異状を呈するものの如く精神病院の鑑定に付する筈）

特高月報昭和15年11月分

精神鑑定の結果心神喪失者と決定、十一月五日神奈川県立脳病院に収容

特高月報 昭和15年6月号

昭和15年6月 鹿児島県 不敬文字

鹿児島市上龍尾町九一田中方 七高学生 木原大次

始良郡日當山村日当山温泉旅館に投宿中、左の如き記載あるノートを携帯せるを発見せり。「俗物共は思切り馬鹿な遊びに夢中になるがいい、死んだら親も縁類も国家も天皇もあるものか天皇のバカヤロウどれ丈多くの人間が馬鹿な頭で貴様の為に死んだことだろう」（取調中）

※七高とは、鹿児島に所在した旧制高校、第七高等学校造士館のことであろう。

特高月報昭和15年12月分

精神鑑定の結果生来性精神欠陥状態にあるものと決定し、十一月三十日不起訴処分

特高月報 昭和15年6月号

昭和15年7月 福岡県 不穏落書

福岡市小鳥馬場福岡男子高等小学校道路側便所に、「無産党員喜べ／**大杉栄に大命降下す**」なる落書しあるを発見す。（捜査中）

※大杉栄は有名なアナーキスト。だが大杉はすでに関東大震災直後に軍隊により殺害されている。

特高月報 昭和15年7月号

昭和15年8月　大阪府　不穏投書

大阪市旭区蒲生町一二八六　金属職工　笹田仲蔵（40）

八月十九日、東区大手前町一船越尚義名義を以て小林商工大臣宛、「命　爾密ニ載仁親王ニ会イ文麿ノ施政ハ朕ノ不可トスル所ナルヲ以テ直チニ官ヲ辞サムベシ彼肯ゼザレバ誅スベシト告ゲヨ、他ノ者ニハ語ルナカレ爾行カバ相貌酷似ノ者ニ欺カレザルヨウ注意セヨ、皇太后、節子ノ名ヲ以テ朕ノ命ニ抗スルノ理由トナラズ何故朕ニ警護ノ士ヲ付セザルヤ、直チニソノ手配ヲナスベシ良子ノ生死ヲ確メ喪ヲ発セシムベシト語レ返事ハ上スニ及バズ。爾等相当ニ之ヲ秘セヨ　皇紀二六〇〇年八月十八日　天皇裕仁」なる不穏投書をなしたり。因に本名は精神病者なり。（精神病院に収容の予定）

特高月報 昭和15年8月号

昭和15年8月　愛知県　不敬不穏投書

八月二十九日、名古屋師団司令部宛左の如き投書ありたり。「命　爾等ノ中数名ノ者ハ窃ニ東上シ総理文暦ヲ誅スヘシ皇太后節子ノ命有リト難モ朕ノ命ニ抗スルノ理由トナラサルモノソ　皇紀二六〇〇年八月二九日　天皇裕仁　第三師団へ」

特高月報　昭和15年8月号

昭和15年4月　岐阜県　不敬言動

岐阜市弥生町五　長谷川方　小林清高

本年四月、長谷川方料理場に於て二名の家人を前に、新聞に掲載されありたる皇太子殿下の御写真を拝しつつ、「**こんな良い服や靴を着て何ぢゃ、我々国民があって初めてこんな良い服が着れるのだ、こんなものは何ぢゃ**」と言ひつつ該新聞紙をクシャクシャに丸め、これを以てストーブ上の油を五、六回拭き回したる後、「**こんな者は早く死んでしまえ**」とストーブの火中に投じ、遂に燃やしてしまいたるものなり。（七月三十一日、記録身柄共に岐阜地方検事局に送致せり）

羅府新報社　編『奉祝記念大鑑 紀元二千六百年』（1940）より　天皇皇后・皇太子

※新聞掲載の皇族写真の扱いは度々問題になったようだが、これはその中でもとても激しい部類だろう。

特高月報昭和15年9月分

八月十六日起訴、九月三日岐阜区裁判所にて不敬並に窃盗罪により懲役一年の判決、十一日判決確定服罪

特高月報 昭和15年8月号

昭和15年9月 **北海道** **不敬言辞**

小樽市色内町八丁目一一六　小樽艀合資　浦島忠太郎（55）

本月九日市内飲食店に於て飲酒中、偶々ラジオにて北白川宮殿下の御葬儀に関するニュース放送せらるるを聞きつつ、「**皇族なんか沢山いるんだから一人位死んだっていいぢゃないか**」云々の不敬言辞を弄せるもの。（十七日不敬罪として小樽区裁判所検事局へ送致）

北白川宮永久王

※北白川宮永久王の中国戦線での事故死について語っている。

特高月報昭和15年12月分

十二月十三日起訴

特高月報 昭和15年9月号

昭和15年8月 **警視庁** **不穏投書**

八月十五日警視庁宛深川局消印ある差出人「戦っているのは平民だ生」の内容左の如き投書ありたり。「**米が無い、炭がない、九・一八禁令だ、脚本の検閲だ、資沢するな、酒を飲むな、芝居もラジオも映画も歌謡曲も羽織袴はおろか鉄兜で武装した様なものでなくてはいかんという**、国民は鉄の肺男の様にシャチホコ張っていなければならない、糞面白くもねえ、親代々下積で来た国民の延びる芽を摘むどころか笑いさえ奪ってしまう新体制などぬかして華族階級の存在は何と説明するか、**軍人官僚撲滅の暴動を起すぞ。**」（捜査中）

特高月報 昭和15年9月号

※当時の庶民の娯楽のあり様と規制を見事に表している。

昭和15年9月　大阪府　不穏投書

福岡県鞍手郡西川村セスイ　辻本知良

大阪市西区京町堀上通四ノ四三岡田フサに対し、「大阪スパイ六十人バカシ這入ッテ居リマス、又コチラカラ近イ内ニ三十人組ガオ前ノ内ヲ警備シニ行キマスド、オ前ニ怨ミノアル人ガ殺シニ行キマスカラ、又天皇陛下モ皇后陛下モ殺シニ行キマス云々。」なる不穏投書を為したり。（本名の所在不明なるを以て捜査中）

特高月報昭和15年11月分

厳重将来を訓戒、身柄引取

特高月報 昭和15年9月号

昭和15年8月　香川県　不敬言辞

住所不定　中山金次郎（63）

八月六日、香川県綾歌郡坂出町中村武清方店頭に於て、「此頃は品物が悪いのに又品物が少いので皆困っとる、大体今の天皇陛下は遣り方が悪い、**大体天皇陛下が馬鹿だからこの様に皆が困るのだ**、天皇の遣り方が悪いからぢゃ、云々。」の言辞を弄したるもの。（九月二十四日不敬罪として送局せり）

特高月報 昭和15年9月号

昭和15年10月　兵庫県　不敬反戦落書

十月三十一日、神戸駅構内に、「天皇を殺してしまえ 反戦主義」なる落書あるを発見す。

特高月報　昭和15年10月号

昭和15年11月　**警視庁**　**不敬流言**

東京市牛込区新小川町三ノ八　高田猷　三浦郡三崎町花暮　高橋サヨ　同郡同町仲町
曽根正治　同　大竹はるゑ　その他三名

十一月十二日頃、高田の洩せるにより三浦郡三崎町一部に、「秩父宮殿下ニハ薨去遊バサレタノダガ紀元二千六百年式典ノ為公表サレナイデ居ル」との流言流布されたり。厳重探査の結果、思想的関係皆無と判明せり。（厳重戒飭を加へ始末書を徴したり）

※秩父宮はこの時期肺結核になっており、露出が減っている。

特高月報　昭和15年11月号

昭和15年11月　神奈川県　不敬不穏文書

十一月二十四日、横浜市中区末吉町四ノ八六道路上に「天皇必殺　内閣打倒　共産政権確立赤化云々」の記載ある文書二十枚の撒布しあるを発見せり。（捜査中）

特高月報 昭和15年11月号

昭和15年11月　茨城県　不敬言動

水戸市代官町四六六米雑穀商　川又泰（49）

十一月四日那珂郡柳川村、飲食店西山方に於て西山夫婦、沢田鋼太郎並に水戸市久保町一八五〇菊地常吉等に対し、「天照大神なんか俺には少しも有難くない、**天照大神は大嫌いだ、寧ろ天理教の方がましだ、今の階下は馬鹿野郎ぢゃないか陛下の祖先は馬賊ぢゃないか**云々。」の不敬放言をなしたり。（十一月十九日水戸刑務所に収容、同月二十八日水戸区裁判所に起訴せられたり）

※騎馬民族渡来説を先取りしている、訳ではないか。

特高月報昭和16年1月分

十二月二十七日水戸区裁判所にて懲役三月の判決、翌日被告控訴申し立て

特高月報昭和16年5月分

昭和十六年二月二十八日に原審通り判決あり上告を放棄、確定

特高月報 昭和15年11月号

昭和15年10月　富山県　不敬投書

十月二十日、富山県新川郡魚津町、魚津職業紹介所長宛、概略左の如き内容の不穏投書ありたり。

「いやしくも天皇陛下の赤子である国民を何故かくも無造作に扱うか、君等の心情は人間味がないではないか。国家の一部分たる農村の破壊して行く有様を見てここに愚書を呈する次第である。諸君の様な自己主義者が多いから、やがては農村が亡び、郡が亡び終には国が亡びるのだ。やがて農民と警官及び諸君と花々しく肉弾戦の開かれることだろう。でなくば、農村の農民の農を捨てることに懸命となるであらう云々。」（捜査中）

特高月報 昭和15年11月号

昭和15年10月　山口県　不敬言辞

徳山市都町　職工　中本栄（19）

十月十日、その職場たる徳山曹達株式会社灰工場に於て同僚四、五人と雑談中、議論となり、「皇室は倒れてもソ連はやっているではないか、それだから日本でもやって行けない事はない、共産主義の主旨たる皇室がいらんものなら日本も天皇陛下はいらんではないか。」と放言したり。取調べの結果、中本は他人の正論に対し徒に反駁する性癖あること判明せり。（戒飭に処す）

※酷い言われようである。

特高月報 昭和15年11月号

昭和15年11月　和歌山県　不敬投書

十一月二十九日、和歌山警察署長宛、「大阪朝日」記載の皇后皇太后陛下の御写真の切抜を同封せる左の如き投書ありたり。「署長以下署員皆様この御写真を見て如何に思うか新体制が叫ばれている折、今日この二方の服装はどうだ、上等の高価の毛皮の襟巻を着て堂々と新聞紙上に出すではないか、下人民の手本となるべき人はこの様な派手なことをするとは陛下の赤子として立腹の至りだ、現下の国民は如何なる苦難を忍びつつあるか、我々の生活の有様を推察せられ前記御二方へ厳重御意見を直接宮中へ出されよ、尚新聞紙に返答せられたし　一市民より」尚、同趣旨の反復記載あるも以下略。（行為者厳探中）

特高月報　昭和15年11月号

昭和15年12月　神奈川県　不敬演芸

神奈川県中郡秦野町字中野　三河屋円太郎コト浪曲師伊藤文助（44）

浪曲「出世の松本武四郎」と題する演芸口演中、竹田宮恒久王殿下が少年の頃御忍にて自転車を積古中松本が付添の者と誤り、「殿下は御利口か又は馬鹿で居られるか」「そうか馬鹿にも程度があるが天宝銭の方か」云々と不敬に渉る口演ありたり。（厳重論旨し誓書を徴す）

特高月報　昭和15年12月号

昭和15年11月　兵庫県　不敬不穏落書

十一月二十五日赤穂郡相生町播磨造船所工場内に「皇太子殿下　子供　陸軍大臣　重役は太る職工は」と記載せる落書ありたり。（捜査中）

特高月報 昭和15年12月号

昭和15年11月　富山県　不敬行為

富山県議　武部毅吉

十一月二十日県会開会に際し県護国神社参拝に武部県議のみ故らに参拝せざりし為不敬行為なりとして問題化したり。（富山憲兵隊と協力し真相捜査中）

※武部はこの後も地域の名士として活躍している。

特高月報 昭和15年12月号

昭和15年12月　富山県　不穏文書配布

富山市泉町　清水与八（41）　富山市総曲輪　印刷業　八尾一三郎（35）

十二月二十一日清水与八は八尾一三郎に命じ作成せる左の如き不穏文書を大政翼賛会富山支部幹部に対し密送す。「昭和十五年一月十八日「北陸日夕新聞」掲載記事（砂上語）近衛公の今次の政変に出馬しなかった事をもって怯懦だと罵る者もあるし又是に対立して、良心のある態度だとか声明が率直であるとか称賛の言葉もある、我等は一体その何れが正しくよろしいかを判断するよりもむしろ余りにも**近衛公なるものに無批判に多くの期待を持ちすぎている**のではないかを疑う、近衛公は藤原氏の流れで藤原氏は其の後鎌足公の忠誠とお天子様のために第一線に立ちたるの気迫を失いむしろ堕落して忠誠なりしや否やを疑問とする点さえ多かったのは争えない、即ちなるべく幼帝を擁立し詩歌管弦等の遊戯を専らとして天資の英邁を晦まさんとし、もって天下の政権を自己の掌中に握る努力につとめて来たことは史実の証する所だ、ところがこのミイラ採りが、ミイラになり、ついに彼等の策に彼等自らおぼれて文弱に流れ転覆したのである、我等は近衛公の血液の中に今もなお藤原氏の堕落した性格が脈打っていて自らお天子様のため第一線に立つの気力を欠きただいたずらに高踏して国家の高級評論家として自己の保身と偸安にふけているのではなきかと疑う、今度の政変に際しても経済的知識がないからとして出馬しなかった事は仮に良心あり率直なりとされても自ら経済的知識の無きを自覚しながら日支事変を起した**近衛公の責任と態度についても後世の史家を待たずとも断然追放さるべき**である、どうやら国民は近衛公を相手とせざることが賢明の様である。（以下略）」（不穏文書臨時取締法に依り検挙す）

※近衛への期待が依然あった中で、中々鋭い意見を呈している。

特高月報　昭和15年12月号

昭和15年12月　広島県　不敬言辞

呉市吉浦町西浜西町　西本繁登（36）

十二月十四日呉市新町遊郭にて、「幾等高位高官の方でも無理をすればよくない、難波大助の大逆事件も**今上陛下が大助の許婚の女に惚れられて侍従に取り持ち方を言い付けられたが侍従は許婚者があるからその様なことは出来ませぬとお断りしたのにも関わらず無理に望みを遂げられた**為その女は難波に済まぬと言って自殺して仕舞った為大助が怒ってあんな事件を起し死刑にされる時でも非常に怨んで居ったそうな、この事件の弁護士に選ばれたのが花井卓蔵で花井は難波の弁護を断って職を辞め一躍天下に有名になったのがその罰で照宮様は唖である云々。」と不敬言辞を弄したるものなり。（不敬罪にて検挙せり）

※当時よく出回っていたデマ。これはその中でも難波の恨みで皇族に病気が現れるバリエーションである。

特高月報　昭和15年12月号

不敬と顕彰の狭間　安徳天皇は死なず

安徳天皇

日中戦争の泥沼化や、欧州での第二次世界大戦勃発に揺れ動いていた1940年(昭和15年)3月8日。その日、第75回帝国議会の衆議院で開催されていた第7回請願委員会では、戦時中でも様々な請願が処理されていた。どこそこの施設を修築したいとか郵便局を設置したいという請願の他にも、青少年禁酒法の制定の請願、さらにそれに反対する請願、また目を引くところでは「信教の自由の限界」についての請願など多くの請願や質問が行われていた。しかしその中で目を引くのは、永田良吉議員による、「安徳天皇聖跡顕彰ニ関スル請願」である。

鹿谷の名士、永田良吉

永田良吉は鹿児島県肝属郡大姶良村(現在の鹿屋市)の出身であり、大地主という地盤を持って村議員から大姶良村長、県議会議員、そして1928年(昭和3年)の第16回総選挙において衆議院議員と出世を遂げた。永田は養蚕業を地元に誘致し、更には非常に早期から航空機の軍事的有用性に着目して後に鹿屋海軍航空隊の開設に導き「飛行機代議士」と呼ばれた。

永田良吉　1924

また、請願の件数も非常に多く「請願代議士」とも呼ばれている。大隅地方に多くの利益を誘導し、戦後は鹿屋市長を務めた。

「安徳天皇聖跡顕彰ニ関スル請願」は、まとめると「平家に連れられ壇ノ浦の戦いで入水した安徳天皇に関する生存説とその痕跡が九州各地にあるので、これを調査して顕彰して貰いたい」と言うものである。南北朝正閏論に端を発する歴史認識問題や、『源氏物語』の様な古典にも規制の手が伸びる様な時代で、この様な請願を行うに至った永田良吉の心境はどの様な物だったのかはよく分からないが、答弁内容は所謂「トンデモ」に片足を突っ込んでいる様な内容であった。答弁に応対した文部省の困惑の顔も思い浮かぶようなやり取りもされ、一旦後日に延期となった。そして、永田の熱意が実ってか、13日の第11回請願委員会において、この請願は採択されている。だが、具体的にどのような調査と検証が行われたのかは分からない。

ちなみに、答弁中に出てくる硫黄島の熊野神社は、戦後に神主の長浜豊彦がマスコミなどに安徳天皇の子孫であると称して知られる様になった。しかしこの様に戦前から地元では有名だったようである。

第75回帝国議会　衆議院請願委員会第7回
3月8日

一六　安徳天皇聖跡顕彰ニ関スル請願

○瀧澤委員長代理
日程第十六――永田君

○永田委員　本請願は初めてではありまするが、其の要旨を御説明申上げます、嘉永年間に平家の一族は安徳天皇を奉じまして、大隅の国に遁れたのであります、さうして同地の高山町波見浦に上陸をしまして、其の後吾平郷に居住し、其の後佐多村邊塚より種子島、屋久島、硫黄島に渡ったと言ひ伝えて居ります、さうして現に大島郡の十島村硫黄島大字宮ノ馬場と云ふ所に熊野神社と云ふ郷社があります、是は氏子が僅に七八十戸の郷社でありますが、この郷社の祭神は三種の神器と安徳天皇と明記してあるのであります、さうして起原を読みまするると、天暦二年種子島浦田港より当地御著、寛元元年五月五日に崩御云々と云ふ記録もあるのであります、尚又種子島の西ノ表町の伊勢神社と云ふ神社には九丈に余る枯木があって、此處にも古い鏡が二つもあると云ふ記録があります、尚又一面に於ては、此の硫黄島は俊寛僧都が流された云ふ記録もあるのでありま す、又成経が治承元年に流されたと云ふ記録もあります、佐多の邊塚には現在其処の神官の家に、開けずの箱と云ふ箱がありまして、それは現に私も十年ばかり前に行って見たことでありますが、鎧の直垂や、刀剣、掛軸、雁股の鏃等があるのでありまして、此の点を文部省の方で御調査になりましたならぱ、或は意外の発見がありはしないかと思ふのであります、無論日本の歴史には安徳天皇が壇ノ浦で三種の神器を抱かれた儘海中に云々と書いてありますけれども、能く考へて見ますと、吾々の祖先は皇室に対しまして、今も昔も変りはありませぬが、特に昔の人は強かったと思ひますが、水を潜っても岩を分けても陛下の御壽命を御救ひ申さなければならぬと思ふのであります、御承知の通り、昔から大名が戦争をする際にも、大将の代りになって臣下が腹を切って名を偽って遁れたこともある、況して一天萬乗の君を歴史には壇の浦云々と書いてあるが、私は此の大隅に今伝へられて居る此の事実は、或は吾々大和民族の伝統的の忠義に篤い精神から考へると壇ノ浦で入水説に囚はれてばかり居ないで、吾々平民共の家族が一寸居なくなっても、新聞に広告を出したり、友達を頼ったりして探すのですが、斯る一天萬乗の君のことに関しまして、斯う云ふ伝説や、記録がある以上は、文部省としましては、何卒此の機會に調査委員会を設置されて、此の請願の趣旨を詳しく御調査の上此の趣旨を貫徹して戴くやうに御願する次第であります、右の次第でありますから、此の際当局の御決心等も承りまして御採択あらんことを希望する次第であります

○仲井間政府委員

嘉永年間平家一族が安徳天皇を奉じて大隅の國に逃れんと云ふ伝説は今の所何等正史に見えないのでありまして、右は単なる地方伝説ではないかと見らるる点がありますので、篤と考へて見たいと思ひます

○永田委員

只今、当局の御説明を聴きまして洵に呆気に取られたのであります、私は左様なる研究心のない方が文部省の宗教局とか或は史蹟調査係か何かに居られると云ふことを、國家の一面から言ふと恂に心細く思ふのであります、幾多の国文学の大学もありますし、又今日伊勢の国学院の昇格問題も起って居る、斯様な研究所のあるに拘らず、昔は交通通信が不便であったからいざ知らず、今日は通信其の他色々な方面が便利になって居ります、若しさう云ふことが一部の傳説であるとしても、之を軽く聞捨てにすると云ふことは、甚だ不本意であると思ふのであります、当局がさう云っことを仰しゃいますならば、吾々は何かの機会に於て此の参考資料を持って参ります、左様な軽い態度を以て此の請願を御取扱にならず、もっと進んで御研究が欲しいと思ふのであります、今日は随分時間も経って居りますけれども、私共から見ますと参輿官ばかりでは——と言うては失礼ですけれど

も、其の御答弁には満足しませぬ、文部省、宗教局長のやうな方がなぜお出でになりませぬか、私は非常に不平を持って居ります、さう云ふ御答弁では余りに軽い御答弁であると思ふ、私は決して無い所の詰らぬことを書いて当局を困らせるやうなことは致しませぬ、之には一方に日本の有名な学者の研究に成る資料も私は持って居りますから、さう云ふことを仰しゃるならば、私は此の問題を十分討議して見たいと思ひます

○仲井間政府委員

　歴代天皇の聖蹟或は事績に付きまして、文部省としては決して之を等閑にし、軽視して居るのではありませぬ、何かの資料がありますれば、之を調査しまして、殊に国体明徴の為に之を顕彰致さなければならぬのでありますが、今の件に付きましても、或は宗教局長なり、或は文部省其の他の方面に於きましても、相当留意致しまして、答弁の資料と致した次第でありまして、決して怠慢なことはありませぬ、又或は人間の仕事でございますから、手が足りないやうな所もあるかも知れませぬので、さう云ふやうな立派な資料がございまするならば、御注意に依りまして、調査なり色々の手を進めさせる機会を作ることに付て考へて見たいと思ふ次第であります

○樋口委員

　一寸関連して……只今の御答弁で、是は伝説ではないかと云ふことは、調べた上のことであるか、唯書類を見ただけであるか、御調査になった其の程度を御伺致したい

○仲井間政府委員

　斯う云ふ史蹟に付きましては、先づ正しき歴史があるかないかと云ふことを調べるのでありますが、只今の請願の案件に付きましては、文書、歴史に見えないのであります、是は成程日本中にある歴史を皆隅から隅まで調べますれば、或は目に付くことがあるかも知れませぬが、先程申上げましたやうに、今の所正史に見えないのでありますから、或じゃ

地方的伝説ではないかと申上げた次第であります

○永田委員

大変奇怪なことを聴いて、恂に文部当局が斯う云ふ大事な史跡に付て如何に宗教局の連中などに熱がないかと云ふことを僕は悲しむ、日本の歴史は長慶天皇の史跡に付ても吾々が若い時はああ云ふことを知らなかった、それを段々文化の発達に伴って、色々な学者とか地方の人が研究の結果、斯の如く日本の歴史、一層明かになったのであります、斯る事実が苟も民間の民の声として請願委員会に出た以上は――無論今議論中でありますから、直ちにさう云ふ史蹟を大隅の方まで行って御踏査されることは無理だと思ひます、其の点は認めます、但しそれを今まで何もないのは放って置く、是では請願の趣旨に反する、当局者は月給取だから、或時まで仕事をして居たら宣からうけれども、此の大事なことを聴きながらそんなにして置くと云ふことは、甚だ私は不親切なやり方だと思ふのであります、斯う云ふ意味から、大変失礼だけれども、僕等は政治家からなって居られる参輿官の答弁を伺ふよりも、文部当局の実際の答弁を聴かんと欲する者でありますから、此の請願は延期せられんことを望みます

○坂東委員

延期を希望致します

○瀧澤委員長代理

日程第十六は次回文部当局者の出席弁明を求める為に延期致します

第75回帝国議会　衆議院請願委員会第8回
3月13日

文部省管轄　六　安徳天皇聖跡顕彰ニ関スル請願

○清委員長

日程第六、安徳天皇聖跡顕彰に関する請願、文書表第四七六号紹介議員永田良吉君

○永田委員

此の請願の要旨は此の間の委員会で申上げましたけれども、茲に場面が違ひましたから

もう一遍簡単に御紹介申上げます、壽永の四年三月二十四日壇ノ浦で安徳天皇は御入水遊ばして崩御のやうに伝えられて居るのでありますけれども、事実は然らずして、平家一族は其の後日向の方から大隅に逃れて参りまして、安徳天皇を奉じて大隅の高山町波見浦に御上陸を遊ばされて、それから吾平郷に暫く御行在の上、其の後大隅半島、佐多村邊塚と云ふ所から種子島に御渡りになりまして、それから、硫黄島にお出でになりまして、さうして六十何歳かまで御長命遊ばして云々と云ふことがあの地方に伝って居るのであります、それで是は今までの歴史上にあったことを覆すやうな請願でありますから、文部省の方も随分材料がなかった為に此の間しっかりした御答篇がなかったのかも知れませぬが、此の間の請願委員会に於きましては、何等諮るべき史料がないからと云ふやうな御答弁であったのであります、私も何等史料がない筈だと思ふ、文部省や此の辺にあるべき筈はない、但し書類はなくても、地方にさう云ふ色々な実在がある、それを此の請願の趣旨は、聖蹟を調査の上顕彰をして戴きたいと云ふ請願でありますから、吾々は地方から斯る請願をした場合には、それを御調査遊ばして、さうしてそれを顕彰するやうな途を文部省として探って戴きたいと云ふ趣旨でありましたが、比の間の参輿官の御答弁ではどうもはっきりしなかった、それで今日は改めて此の請願を紹介申上げて宗教局長の責任ある御答弁を願ひたいのでありまするが、尚ほ一寸此の問題の詳細を此の前に漏した点を茲に御参考の為に申上げて置きます、大島郡十島村硫黄島大字宮ノ馬場には郷社の熊野神社と云ふのがあるのであります、此の神社には三種の神器と安徳天皇を祭神として祀ってありまするが、其の神社の記録には、天暦二年種子島浦田港より平家の残族は硫黄島に渡ったと云ふことが書いてあります、さうして寛元元年五月五日に安徳天皇は此の地に於て崩御遊ばしたとあります、さうして現在此の熊野神辻の氏子は七十九戸位ありまするが、是は皆平家の残族が彼処に天皇を守護し奉って此処に今まで伝って居ると云ふことになって居るのであります、尚ほ此の途中の種子島に居られた場合に、西ノ表町の伊勢神社、此処には古い鏡が二面ありますし、尚ほ中種子村にも熊野神社と云ふものがあるのであります、此の史蹟を調べられるには、種子島の伊勢神社や熊野神社の調査が必要と思ひます、それからもう一つ看逃してはならぬ点は屋久島であります、彼処の宮ノ浦に盆救神社と云ふのがありますが、是は現在県社になって居ります、此の宮ノ浦の盆救神社の川上の方に平家の城址が今に歴然として残って居るのであります、是等の点と、もう一つ看逃してならぬ点は、大隅佐多村邊塚には平家の落武者が今でももう二百何十戸に殖えて居りまして、一つの小学校もありまするが、其処に行く途中には道もない、私も一遍行って見たことがありますが、其処には平家の落武者の鎧であるとか直垂であるとか刀であるとか掛軸等相当年代の、七八百年以上経ったかと思はれるものが澤山あるのであります、殊にあそこの神宮の家には開けずの箱と云ふ箱がありまして、其の庭に独立の一寸小さい神社があって祀ってあります、此の平家の落ちましたのは今から丁度七百五十年もなりますから、あの大隅の國の歴史、種子島の歴史、屋久島の歴史、硫黄島の歴史等を文部省の歴史に詳しい方が親しく御調査をなさいましたならば何か得る所がありはせぬかと思ふのでありります、歴史上に於ては壇ノ浦で終ったやうに書いてありますが、現に平家の落武者が熊本県の球磨郡の山奥にも今多数残って居る事実もありますし、鹿児島の薩摩半島の川邊にも此の史蹟が沢山ある、無論大隅には澤山あって、私の地方にもあるのでありますが、それは独り屋久島のみならず大島の本島までも延びて、史蹟が未だに残って居る所が沢山あるのでありますから、此の事は文部省としても唯聞き捨てになされずに御調査をされ、さうして若しさう云ふ事実があったとしますれば恐懼に堪へないことでありますから、斯う云ふ二千六百年の記念の際等に今まで田舎に埋れて居った聖跡が顕彰されることは恂に皇室の為にも國民としても結構なことと思ふのであります、長慶天皇の事蹟が吾々の若い時には分らなかったのが調査の結果分って斯る目出たいことになったのでありますから、一旦壇ノ浦で云々と伝へられた安徳天皇の聖跡が斯ふ云ふ薩摩の無人島みたやうな硫黄島あたりにあると云ふことが明になりましたならば、恂に結構なことと吾々は考へるのであります、尚ほ是等に付きましては、其の他詳しい史実の材料も、高山町の野村と云ふ人が調べて居りますから、此の人から材料を文部省の方に差上げても宜うございます、此の問題は決して唐人の寝言みたやうな話ではありませぬ、現在の大隅の田舎に斯う云ふ伝説や聖跡が明にあるのでありますから、文部省は積極的に之を御調査されたいと云ふ請願でありますから、何卒当局の意見を徴せられて御採択あらんことを希望致します

○**松尾政府委員**　仰せの通り壽永年間に平家一族が安徳天皇を奉じて壇ノ浦から逃れ、続いて此処に来た、彼処に来たと云ったやうな諸説は、是は只今の御話ばかりでなく、随分あるのであります、主として江戸時代の諸家の随筆に載せられて居るのでありますが、それ等に付きまして研究致しましても、所謂その伝説と云ふものは阿波とか備前、肥後、日向、因幡、対馬、摂津と云ったやうな国々に其の伝説が関係を持って居るのであります、申すまでもなく天皇を敬仰し奉る裏情から出でたものでありまして、其の点には深く敬意を表します次第でありますけれども、何分にも是が我國の正史に見えないと云ふ所が非常に遺憾な部でありまして、随て、冷ややかな学術的の結

論を申しまするとお気に触るかも知れませぬけれども、正史に見えないと云ふ立場から申しまして、やはり地方的の伝説として尊重して行くべきものではないか、斯う云ったやうな考を持って居る次第であります

○永田委員

私は其の冷やかなる点を実際残念に思ふ、是は遠く何千年昔の歴史さへも、それ等は分らぬのでありまするが、それ等は或は古墳の調査とか、出土品の勾玉であるとか、色々な刀、さう云ふ考古学上の知識とか、有ゆるものを総合しますと、今まで全く不明であった史蹟なども相当明瞭になって来ることは世間何処にもあるのであります、況して安徳天皇に関係のあることは僅にまだ七百五十五年の昔なのである、さう大したことではない、殊に此の大隅は其の当時肝付氏と云ふのが九百五十年昔から居った、其の時代の忠臣である、さうして其の後島津さんが来られたのであるが漸く七百年にしかならぬ、そこで七百年から八百年の間に行はれた平家の滅亡であるが、昔はあの通り大将が死ぬ場合、偽って大将の身替りになって本物は逃げたり或い逃がしたりして余命を他の地方に送った例が日本の歴史には沢山あるのであります、況して一天萬乗の僅か御歳七八歳にならせられざる幼君を如何に清盛の妻の二位の局が惨酷な人か知れませぬが、一天萬乗の君を抱いて入水すると云ふようなことは日本国民の伝統的な精神に是は悖るものである、吾々は天皇陛下に対し奉っては海の底を潜っても巌を分けても御救ひ申すと云ふのが日本国民の伝統的な精神になって居るのではありませぬか、然るに斯る無慈悲なことをして入水すると云ふことは是は決して受取れぬ、又源氏にしても如何に範頼や義経が勇猛であってもそんな乱暴なことをする筈はないと思ふのであります、私は斯う云ふ点から或いは文部当局が徒に記紀を重んぜられる、是も無論大事なことでありますけれども、今日学術が進歩し

て交通や色々な方面に於て、各種の事情が明になった以上は現代の学者はもっと進んで、殊に文科の人などは斯う云ふ問題に付ては身を粉にしても、自分は食はずとも之を研究して明にしたいと云ふ熱意が必要である、現在の役人と云ふものはどうも徒に旅費が云々とか、人が居なければ之を放ったらかして置く傾向があって、是は甚だ吾々は遺憾に思ふ、殊に文部省当局は斯う云ふ問題に向っては誰か一つ熱意を持った人に調査を命ぜられてやられなければいかぬと思ふ、今仰しゃいましたやうな御説明では大隅のことは隠れて届る、現に大隅に斯う云ふ史跡があった以上、平家が居って、斯う云ふ鎧、下垂、又三種肺器、さう云ふものを写真機を持ってどんなものであるか一つ行って写真に撮って来る位の熱意がなければならぬと思ふ、今の学者や役人が知らぬことが沢山ある、さう云ふことは進んで研究すれば今まで忘れられて居った史蹟に顕彰されるものが澤山あると思ふのであります、顕彰してそれが有ゆる国民の為に、国の為に悪いと云ふことならば吾々は何も請願は致しませぬ、確に国民思想善導の上に効果があると信じまじたから之を請願して居るのであります、それを此の間からの答弁に依りますと、如何にも呆気ないやうなそんなことは何も聴きもしなければ書いてもないから、俺等は知らぬと言って振放すやうな不親切な御答弁であったから、私等は此の請願を繰返して居るのであります、私はどうも分らぬからもう一遍尋ねますが御答弁を希望致します

○坂東委員　今専門の宗教局長が居られますから、進んで永田君からもう一度御聴になったらどうですか

○永田委員　ではもう一遍宗教局長、是はどうですか、冗談ではありませぬ、もう一遍答弁願ひます、さう云ふ冷やかな答弁で私は満足しませぬ

○稲田委員
宗教局長さんの御答弁に依りますと、正史にないから取上げない、賛成することが出来ないと云ふやうな御答弁でありますが、正史も人の作った正史でありますから、是が絶対性のものではないと思ふ、さう云ふ風な非科学的な御答弁でなしに、熱誠ある所の請願人なり、紹介人なりの意向を尊重せられまして――私は鳥取県であって、因幡にも安徳天皇の御陵もあるのですから、大いに調べて参りたいと思ふ、ですからさう云ふ正史にないからと云ふやうなことでなしに一つ文部省じゃ畏多くも上皇室に対する御陵のことでありますから、是は一つ慎重な態度を以て調査すると云ふことを決定あらんことを希望致します

○坂東委員
此の請願それ自体は安徳天皇で聖跡顕彰する請願でありますから、無論採択すべきものでありますと同時に、正史にないとは言ひながら、各地方で各種の伝説がある、或は何か事実があると致しますれば、政府としてはやはり調査する所の責任があると思ひますから、どうか適当な機会に於きまして、此の請願の箇所のみならず、全て伝説等がある所は十分調査せられんことを希望致しまして、此の請願は採択せられんことを希望致します

○清委員長
採択に御異議ありませぬか
（「異議なし」と呼ふ者あり）

○清委員長
採択に決しました、是で文部省関係は終了致しました

宮中某重大事件

宮中某重大事件

宮中某重大事件、と書くと少し不気味な感じがする。ここで、事件の内容の基本的な形を示す、一つの発言を見てみたい。

（昭和15年11月　高知県）

「聖上陛下皇太子殿下にまします御砌久邇宮良子女王殿下と御婚儀御内定の際良子女王殿下御母君の御先祖たる島津家に色盲の方御在す由を理由として山県公反対せしに当時皇太子殿下に帝王学の御進講を申上たる杉浦重剛は恐惶措く所を知らず山県公に反対す。頭山又杉浦の同友として山県公に反対せし為御婚儀は整ひ国家道徳の危機は目出度解決せり。……」

宮中某重大事件とは、つまりこの様な経緯を辿った皇族の婚姻スキャンダルのことである。皇族の婚姻と言うだけでも様々な噂が飛び交いそうなものだが、さらに政治・藩閥闘争まで絡み、外部に漏れ出たため大問題となり、戦前の日本では表立って口には出来なくともよく知られていた事件であった。

久邇宮良子

１９０３年（明治36年）、久邇宮邦彦王の長女として久邇宮良子は生まれた。明治維新に貢献した薩摩藩藩主の島津家が母方の家系だが、この家系が後に問題となる。良子は順調に成長し学習院にも通うようになる中で、しっかり者の性格が認められ、１９１８

香淳皇后

山県有朋

年（大正7年）1月に皇太子裕仁の妃に内定した。1919年（大正8年）には後に昭和天皇となる皇太子裕仁が成年したため、6月10日に正式な婚約内定となった。

しかし1920年（大正9年）に入ると、急に不穏な情勢となった。良子の兄・朝融王が学習院での身体検査で色弱と判定されたことが発端となり、当時診断を担当していた草間軍医が上層部へ報告した（また島津家の名前を伏せた上で色盲遺伝の論文を書いたとされる）ことで、明治以来政府内で絶大な権限を振るってきた元老・山縣有朋の耳に入ったのだ。その結果、山縣は婚約を問題視し、良子の母方である島津家に色盲の遺伝があるとして破棄を久邇宮家に迫ったのである。皇室に色覚異常の遺伝を持ち込ませないための措置というのが一番大きな理由であるが、実際は長州藩系人脈（長州閥）の山縣が、対立する藩閥の薩摩藩関係者を皇室に関らせたくなかった故にとった行動という見方も出来る。また山縣は軍との関係も深く、色覚異常者は軍人への路を閉ざされることを意識していたともされる。

山縣は9月頃から策動を活発化させた。皇后が参加する教育博覧会に知人の医者を送り込み、色盲の恐怖を煽る差別的な講演を皇后に見させることもあった。また、宮内大臣の中村雄次郎は宮内省侍医寮御用係の保利真尚に調査書を作らせた。調査書では、（当時の知見による）色覚障害の遺伝経路を考察した後、男系の半分に色覚異常が現れる可能性がある以上、現行の徴兵令ではその皇族を軍人に出来ないので改正する必要があると触れている。なお、良子は検査を受けたものの、色盲とはされなかった様である。

議論の沸騰

山縣の圧力以来、政府や皇族内では様々な動きが起った。政府内の派閥を見ると、当時の首相である原敬は立場を強く表明はしなかったものの、山縣と協調する立場にあり、基本的に山縣の行動を邪魔しなかった。元老の西園寺公望は当初山縣に同調していたものの、後に旗色が悪くなると実質反対派にまわった。内大臣の松方正義は元々良子女王の推薦人でもあり、辞退に強く反対した。そして東宮御学問所で裕仁の教育係を勤め国粋主義者でもあった杉浦重剛は、皇室の行事に山縣が干渉したことを強く非難し、「自分が裕仁に教えたことと一致しなくなる」「婚約破棄は人倫に反する」等として自分の職を辞し、反山縣の活動を始めた。特に彼の右翼人脈により、宮中某重大事件は外部に漏れ出したと見られる。

　天皇である嘉仁が病に臥せている中で、将来摂政となり、早くから次代を担う裕仁の婚姻問題ということもあり、皇室も震撼した。娘の婚約辞退を迫られた久邇宮邦彦王は一時山縣からの圧力に揺れ動いたものの、最終的に山縣の辞退要求に強く反発した。また、嘉仁に代って天皇家の中心的役割を担っていた貞明皇后は、邦彦王からの直談判を受けたこともあり、辞退に反対した。しかし山縣から根回しされた伏見宮貞愛親王の様に、辞退に賛成する皇族もいた。辞退の前例として、嘉仁が皇太子の頃に伏見宮禎子女王が妃候補となったものの、健康上の問題により辞退したことがあったので、単なる山縣の圧力とは受け取れない事情もある。

　山縣派で宮内大臣の中村雄次郎は、事態を収拾しようとしたが既に問題は政府内だけではなく、外部へと漏れ出ていた。頭山満や北

原敬

西園寺公望

杉浦重剛

一輝らを初めとする民間の右翼団体が山縣ら長州閥の横暴を非難し、国民運動を始めたのである。皇族の婚姻に対する同情や、皇室に圧力を掛けたことへの非難、藩閥政治への非難などが組み合わさり、民間でも広く「重大事件」の噂は広まった。

山縣失権、原暗殺

当時、政府内では婚約問題のみならず裕仁のヨーロッパ外遊（洋行）に関する問題もあった。この計画は山県有朋が将来天皇となる裕仁に見識を広めてもらおうと数年前から計画し、裕仁自身も望んでいたものであった。しかし皇太子妃問題や嘉仁の健康問題とも重なり、右翼勢力からは「天皇が病に臥せっているのに旅行など何事か」という批判から「皇太子を海外に送っている間に山縣が実権を握る気である」という陰謀を匂わす批判まで噴出しており、裕仁が外遊に出ないよう祈願する大会まで起きていたという。皇族の多くも嘉仁の病状の悪化など万が一の場合を気にして外遊に反対、ないし慎重な立場をとっていた。ここでも頭山満ら右翼勢力は山縣を攻撃する口実を得ていた。

婚約問題と洋行問題が重なったことにより、山縣ら長州閥勢力への批判は一気に高まった。１９２１年（大正10年）に入り、政界に『宮内省の横暴不逞』という題の怪文書がばら撒かれるなどしたため、原敬首相は皇太子妃問題に関する報道を禁止させた。また中村雄次郎のもとには「右翼壮士が刺客を用意し、婚約辞退派の政治家や宮家を襲おうとしている」との情報が入った。これを知らされた山縣らはこれ以上の行動を断念した。何より裕仁自身が婚約を望んだこともあり、婚約は無事内定のままとなった。一方、洋行計画は進められ、3月3日に裕仁は戦艦「香取」に乗り、ヨーロッパへ旅立った。

2月11日には右派により明治神宮で反婚約辞退・反洋行の大会が行われようとしていたが、その直前2月10日に中村雄次郎は辞職し、宮内省により「御

皇太子裕仁夫妻

婚約御変更無し」との発表がされた。この際、「……御内定の事に際し世上種種の噂あるやに聞くも右御決定は何等変更なし」としており、「何か」があったことは公に認めている。一連の事件後、絶大な権限を振るってきた山縣の権威は明らかに失墜し、山縣自身も爵位返上を申し出たが慰留され、翌年1922年（大正11年）に死去した。また、原敬首相も翌年に東京駅で暗殺されるが、遠因の一つとして、宮中某重大事件と洋行問題において山縣派の行動をとったために「皇室を蔑ろにした」と言う悪評が立っていたことがあげられる。

　1922年（大正11年）6月、嘉仁は結婚を認め、勅許を下した。1923年（大正12年）9月1日の関東大震災による延期を挟み、1924（大正13年）年1月26日、裕仁と良子は結婚した。1926年（大正15年）12月25日、嘉仁の死により、裕仁が天皇に即位、良子も香淳皇后となった。

バリエーション

　報道管制が敷かれていたにも関らず、関係者による外部への漏洩や右派による運動により、久邇宮良子に色盲の疑いがあることや、それにより皇太子の婚姻に支障があったことは広く知れ渡った。そこから様々な憶測が生まれ、都市伝説の様に蔓延していった。もちろんそれは不敬罪に問われる危険があった。

（昭和16年5月　大阪府）

　「……皇后陛下は色盲である、当時梨本宮

正子女王殿下がお妃になられる様になっていたので問題になった。皇后陛下にもしお子さんが生まれられなかったら「チャイ」される所であったが、生まれられたので「チャイ」されないで済んだ。」

（昭和17年3月　神奈川県）

「……皇后陛下は色盲だから色盲は系統を引くので矢張り皇太子様も色盲なさうですよ。」

戦後、「原啓日記」など関係者の各種資料が公開されるまで事件の真相は明らかにならなかった。それでも、色覚障害に対する差別も絡んでいるが、何より天皇家と言う「神聖」な家系の、皮肉な遺伝やゴシップ的悪趣味さは強く庶民をひきつけていたようだ。

秩父宮雍仁親王

秩父宮と革新派

特高月報の記録を見ていると、皇室の中でも天皇に次いで秩父宮雍仁親王には様々な噂がついて回っていたことが読み取れる。中でも「二・二六事件の黒幕だったのではないか」「結核による静養は実は政争的な隠蔽ではないか」という話は広く出回っていた。昭和天皇とはまた異なった「不敬」の対象である秩父宮雍仁親王はどのような人物だったのだろうか。

大正天皇の次男

十五人産んだ子供の内で男子が一人しか成人しなかった明治天皇と異なり、そのただ一人の男子である明宮嘉仁（後の大正天皇）は九条節子（後の貞明皇后）との間に四人の男子を設けた。

長男
迪宮《みちのみや》裕仁《ひろひと》親王（1901～1989）
第124代昭和天皇

次男
淳宮《あつのみや》雍仁《やすひと》親王（1902～1953）
秩父宮

三男
光宮《てるのみや》宣仁《のぶひと》親王（1905～1987）
高松宮

四男　澄宮崇仁《すみのみやたかひと》親王（1915〜2016）

三笠宮

雍仁は大正天皇の次男として生まれた。兄にして長男は後に昭和天皇となる裕仁である。雍仁は兄弟の中で最も活発であるとされていた。皇室の慣習により、裕仁と共に海軍中将川村純義の家に里子に出され、2歳までを過ごした。純義が亡くなってからは東宮御所の隣にあった皇孫御殿に移り、兄や後に生まれた弟の宣仁と共に東宮侍従長の木戸孝正侯爵や女官の足立たかに育てられた。裕仁は実直で冷静な性格であったが、雍仁は活発でかつ悪戯好きな性格だったという。室内遊びの最中に二人して障子を破ってしまい足立に叱られたとき、裕仁はすぐに反省して謝ったが、雍仁は更に障子に大きな穴を空けたとされる。また、祖父の明治天皇との関わりは私的にもほとんどなく、会う時にも形式が優先されたため、「こわい」「おそろしい」存在のように感じていたという。

大正天皇の４皇子　左から皇太子裕仁親王（後の昭和天皇）、澄宮崇仁親王（後の三笠宮）、光宮宣仁親王（後の高松宮）、淳宮雍仁親王（後の秩父宮）

1909年（明治42年）4月、雍仁は学習院初等科に入学した。勉学に真面目に取り組んだ兄とは反対に、体育や図画などを好む初等科時代を送っていたが、1912年（明治45・大正元年）7月に明治天皇が死去し、父が大正天皇となると、兄の裕仁は皇太子となり東宮御所へ別居となった。

秩父宮は戦後1951年（昭和26年）に書い

た随筆で、幼少期に過ごした明治の空気について
こう綴っている。

「明治という時代が近代日本の歴史上にもつ意義からして、たとえ、終末の一齣であり、その半分以上は物心もつかぬ幼年時代であったとはいえ、その空気を自分で呼吸し得たことは大きな喜びである。まだ子供のころよく「明治に生まれてほんとによかった。昔だったら僕などは坊さんにさせられたのだろうから」と、前者とは全く別の意味で明治に生まれたことを感謝したことを思い出さずにはいられない。」（『皇族に生まれて――秩父宮随筆集――　思い出の明治』）

明治天皇

軍人としての雍仁

学習院中等科で2年を過ごした後、明治天皇以来の皇室の慣習として秩父宮も軍人となる為、1917年（大正6年）に陸軍中央幼年学校予科2年に編入した。幼年学校でもスポーツに興味関心を持ち、また、同期生とも身分の関係なしに幼年学校の習慣に従い「貴様・俺」の関係で呼び合ったという。雍仁は特別扱いされる事に負い目を感じ嫌っていたため、訓練も食事も出来る限り周囲と合わせようとしていた。しかし、自動的に軍人になる皇族はやはり体格などにおいて周囲との差が大きく、秩父宮は度々病にかかり、静養することもあった。また、幼年学校では結核が流行ることがあり、後の秩父宮の結核発病に関連している可能性もある。

1920年（大正9年）に陸軍士官学校に入学すると、同期には後に北一輝と並び右派・革新

西田税 陸軍中央幼年学校卒業（18歳）

派のイデオローグとなる西田税がいた。西田は皇室と顔を合わせられるこの機会を利用し、秩父宮と何度か接触を持って将来の日本像について語る機会があったという。後に革新派に接近する秩父宮の思想遍歴は既にこの時点で始まっていた。また、皇太子として隔離的処遇を受けている兄の裕仁と違い、次男の雍仁の立場は周囲にとって接しやすいことや、後に天皇となる兄に子がない状態で万一のことがあった場合は雍仁が位を継ぐ点も、周囲の利用に繋がりやすかった。西田は後に朝鮮の羅南騎兵隊第27連隊、広島の騎兵第5連隊を経て予備役編入後は国家革新運動に邁進していく。

　1922年（大正11年）には成人を迎え、「秩父宮」家を創立した。同年に士官学校を卒業すると陸軍少尉に任官し、歩兵第三連隊（麻布三連隊と呼ばれていた）に勤めた。関東大震災を挟み1924年（大正13年）に士官候補生の軍事教官となった際、秩父宮は後に二・二六事件の首謀者の一人となる安藤輝三候補生と出会い、意気投合している。安藤はこの時点ですでに革新思想を抱いており、秩父宮と度々国家観について議論を交わしたという。秩父宮は明らかに青年将校たちの革新思想に親近感を抱いていた。1928年（昭和3年）には陸軍大学校に入学し、皇族としての勤務の傍ら戦術の学習に励んだ。同年9月28日には松平節子（その後、皇太后の九条節子に遠慮して「勢津子」に改名する）と結婚したが子は出来なかった。陸軍大学校2年の時には恒例の満州視察旅行に参加し、日露戦争の史跡や満州の地勢、朝鮮などを巡った。

　1930年代に入り、軍部内では様々な策謀と対立が繰り広げられていた。1931年（昭和6年）9月18日には関東軍の謀略により柳条湖事件が発生、その後、満州事変が勃発した。しかし幣原喜重郎外相は事変を解決させる方針を打ち出した。これを不服とした陸軍の革新将校らの集まりである「桜会」は北一輝や西田税、大川周明ら民間の活動家らと共に10月にクーデターを起こし、政権を樹立する計画を立てたものの、事前に発覚するという「十月事件」も発生している。秩父宮はこれらの動きに対し、明確な意思は示さなかったが、かといって革新派との交友を止めることもなかった。更に、本庄繁の日記の記述によればこの時期、秩父宮は天皇に親政の必要性を説いて拒否され、激論を交わしていたという。11月に陸軍大学校を卒業すると一年間の勤務規定のため再び歩兵第三連隊に関わることになり、第三連隊の第六中隊長となった。以前関わりのあった安藤や、彼の同志である菅波三郎中尉との交流も再び行われるようになり、秩父宮は度々革新思想について二人と話し込むようになった。安藤は非常に部下思いで知られており、部下の兵隊（＝国民）達の苦しい生活実情について秩父宮に説明を行った。また、北一輝との面識も得ていたとされる。その後、秩父宮は歩兵第三連隊を離れ、参謀本部の第一部第二課に配属された。

　1933年（昭和8年）12月23日には天皇に皇太子継宮（明仁上皇）が誕生し、秩父宮は皇位

雍仁親王妃勢津子 1926

継承順位第一位の立場を外れたが、それでも重要な立場に変わりはなかった。1934年（昭和9年）6月には、秩父宮は天皇の名代として、成立したばかりの満州国の皇帝溥儀に親書を渡すために満州に旅立っている。この時も、秩父宮は出国前に菅原に満州政策について質問を行っている。1935年（昭和10年）8月には青森県の弘前31連隊に転任し、第3大隊長を務めた。中央から離れたこの転任に関しては、秩父宮を革新派青年将校から遠ざけるための何らかの意図があったとも言われている。また、同時期には安藤輝三が、彼の思想を怪しむ上官に対し過激行動は行わないと誓約した上で、かつて秩父宮が務めた歩兵第三連隊第六中隊長となっており、秩父宮は安藤の昇進のために力添えをしていたという。弘前在住中はスキーを楽しむなどの余暇も楽しんでいる。

「二・二六事件」と秩父宮

秩父宮に関する様々な噂や伝説の中でもよく疑われるのは、秩父宮が二・二六事件に何らかの形で関与していたのではないか、という事である。ここでは二・二六事件の全てとか全側面を語ることは出来ないが、秩父宮と二・二六事件の関わり

二・二六事件　叛乱軍将校

に注目したい。

　前述の様に、秩父宮は明らかに革新派あるいは皇道派と呼ばれる軍部勢力に近い立場にあった。半ば隔離されている天皇と違い、秩父宮は実際に様々な要人や将校と関わり、またその影響を受けられる立場にあった。天皇に親政の必要性を説いて拒絶されるなどの経験や、安藤輝三や西田税らとは、親しく話すほどの関係もあった。二・二六事件を起こした将校達の間では明らかに秩父宮への期待感があった。

　1936年（昭和11年）2月26日未明、野中四郎、香田清貞、河野壽、栗原安秀、そして安藤輝三らを中心とする陸軍の青年将校は天皇親政の実現のため、「君側の奸」を討つなどとして指揮下の将兵を引き連れ、岡田内閣の閣僚邸宅や都内の各所を襲撃した。各地で警官の抵抗などを受けつつもこれを制圧し、永田町・霞ケ関・三宅坂付近の東京中枢を占拠した。これにより、高橋是清蔵相、斎藤実内相、松尾伝蔵内閣総理大臣秘書官、渡辺錠太郎教育総監、その他警官5名が殺害された。また、鈴木貫太郎侍従長も襲撃を受け、重傷を負ったものの、以前親交のあった安藤輝三により見逃された。岡田啓介総理大臣や牧野伸顕は襲撃を受けたものの、人違いと機転により生還した。その後、何度か折衝が行われたものの、天皇は青年将校たちの意思を拒絶して鎮圧する意向を固め、決起部隊は反乱軍、言わば「賊軍」となった。2月29日には多くの将兵が勧告に従って帰営し、首謀者たちは拘束または自決した……というのが二・二六事件の主要な出来事である。

　この日、秩父宮は朝に高松宮から連絡を受け、事件を知ったものの、平然と出勤した。秩父宮は倉茂周造連隊長に事件について報せ、驚いた連隊長は秩父宮に帰京の許可を出した。その後、秩父宮は特別に用意された列車に乗り込み、異変を知らせないためか遠回りのルートで東京に向かった。翌日27日の午後1時には群馬県の水上駅にて、何らかの命令で派遣された平泉澄帝国大学教授が秩父宮の車両に乗り、状況の説明を行った。そして午後5時前に秩父宮は東京へ到着し、高松宮と会合した後、皇居に向かい天皇に出会った。秩父宮はこの様に終始お膳立てされたルートで上京しており、青年将校達と何らかのやり取りを行えるような状況にはなかった。天皇は秩父宮・高松宮と会見した後、「高松宮が一番宜しい。秩父宮は五・一五事件の時よりは余程お宜しくなられた」と侍従次長に語っており、五・一五事件の際には何か皇族として過激なやり取りがあったこと、そして二・二六事件の時点ではそれが温和な方向に良くなっていたことを匂わせている。翌日28日には、秩父宮は歩兵第三連隊第五中隊長の森田利八大尉を呼び、これからの事件処理や、首謀者に自決を促すことについて語った。やり取りは森田により陸軍首脳部へ持ち込まれ、「令旨」として反乱軍を降伏解散させるために使用されるなどしたが、有効な活用はされなかった。

秩父宮は結局、二・二六事件に於ては常に天皇の側にあり、青年将校らの動きに全く乗ることは無かった。「秩父宮が上京した時に反乱軍の将校が非常に喜んだ」などの噂はよく知られているが、秩父宮はこれらに応える様な立場にはなかった。

首謀者の一人で秩父宮と関りの深かった安藤輝三は、計画を知らされても、将来の展望がない事から蜂起直前の2月22日まで反対していた。だが、説得と何らかの決意により参加すると決めた後は、かつて秩父宮も所属した歩兵第三連隊の大兵力を率いて二・二六事件の緒戦に貢献することとなる。また、自身が襲撃を担当した鈴木貫太郎にも、重傷を負わせたものの、鈴木夫人（かつて秩父宮を養育した女官のたかである）に命乞いを受け、安藤は礼をしてとどめを刺さずに去っていくなどしている。二・二六事件が失敗したと分かり諸部隊が次々解散していく中でも、安藤の率いた部隊は最後まで結束を維持し、安藤の自決未遂（喉を拳銃で撃ったものの生存する）にも付き添った。事件後の7月12日に反乱罪により処刑された際、最後に「天皇陛下万歳」と皆が言う中で、安藤はそれに加えて「秩父宮殿下万歳」と言ったとされている。

二・二六事件の参加者の一人、河野壽の兄である河野司は、『天皇と二・二六事件』にて秩父宮と安藤輝三の死後の交流エピソードを残している。安藤輝三は刑死の前夜、「夢に現につわものの夢　なつかしの歩三　故郷の丘　尊く清き秩父の峯」と書き残した。秩父の峯とは間違いなく秩父宮のことであろう。そして安藤の刑死後に秩父宮の使者が安藤家を訪れ、この遺書は遺族により秩父宮に密かに持参されたという。秩父宮が遺書をどのような心境で読んだかは定かではないが、遺書が返却されたときには、持参の際にはなかった立派な表装がされていたと言う。

その後の秩父宮

二・二六事件が終結した後、秩父宮は弘前へ戻った。10月3日からの陸軍秋季特別大演習では、天皇が観戦する中、秩父宮は部隊を率いて演習を行った。1937年（昭和12年）3月18日にはイギリス国王ジョージ6世の戴冠式に昭和天皇の名代として出席するため渡欧し、ロンドンでは戦後に総理となる吉田茂駐英大使と会い、これからの外交について語り合った。当時、中国問題を通して日英関係は悪化しつつあり、秩父宮は日本の代表として悪評の払拭に努める必要があった。しかし、戴冠式を終えた7月には盧溝橋事件が発生し、日中戦争が勃発、また秩父宮も病気に罹りスイスのチューリヒで静養するなど、公私ともに状況は悪化していた。

その後、当初の予定にはないドイツからの招待を受け、秩父宮は9月にドイツを訪問し、ニュンベルクでのナチス党大会に来賓出席した後、ヒトラーとの会談に臨んだ。雰囲気良く会談は進んだものの、国際情勢に話が及ぶと、ヒトラーがソ連のスターリンを罵倒し、秩父宮はそれに対して「お互いに一国の責任者として、民族を指導し、世界の平和に貢献しなければならない重大な責務のある貴方のような方が、他国の代表者を、そのように毛嫌いしたりまた憎んでもよいものでしょうか？」と英語で答えた。しかし全体的には会談は和やかに進み、秩父宮は後に親独的な姿勢を見せる様になった。後に日独伊三国同盟の締結の際には、秩父宮は何度も天皇に会い、同盟締結を進めたが、天皇はこの事について話すのを拒絶している。

結核による死と遺志

１９４０年（昭和15年）６月、体調を崩した秩父宮は肺結核と診断され、静養を余儀なくされた。太平洋戦争中も、静岡県の御殿場で妻と共に療養生活を続け、表立った活動は見せなかったが、この療養生活にも様々な噂が飛び交った。終戦後は「開かれた皇室」像に順応し、御殿場の住民と交流したり多くのエセーを著すなどしたが、病状が悪化し、１９５３（昭和28年）年１月４日に死去した。遺志により、死体は解剖に提供された。秩父宮家は子も無く、妻の勢津子がただ一人戦後長くに渡って家名を存続させたが、１９９５年（平成７年）８月25日に死去したことにより秩父宮家は断絶した。御殿場での療養生活中に過ごした邸宅は現在、秩父宮記念公園として整備されている。また、スポーツに関心を持ち提言も行っていたことから、秩父宮ラグビー場をはじめとして全国にその名を冠した競技施設や賞が多く存在する。

二・二六事件　流言

二・二六事件に関する流言記事
（特高月報　昭和11年4月分より）

反乱事件に関連する流言

　事件発生以来当局の善後措置により一般的には漸次事件に対する正確なる認識を把握しつつあるが如きも、一部に於ては真相発表せられざるに乗じ諸種の流言行はれ、中には所謂名士的人物にして尚且得々と虚妄の浮説を流布するものあり、其程度悪性にして治安を紊るが如きものに対しては仮借する所なく断固取締を加えつつあるが、之等流言の主なるもの次の如し。

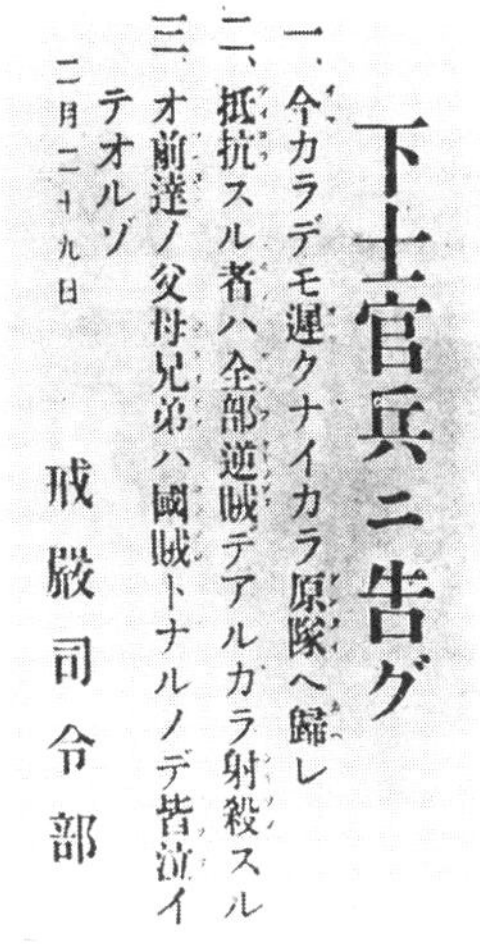
下士官兵ニ告グ
一、今カラデモ遅クナイカラ原隊ヘ歸レ
二、抵抗スル者ハ全部逆賊デアルカラ射殺スル
三、オ前達ノ父母兄弟ハ國賊トナルノデ皆泣イテオルゾ
二月二十九日
戒嚴司令部

二・二六事件当時に反乱軍将兵に撒かれた投降勧告ビラ

（1）戒厳令に関するもの

（イ）事件当時警視庁は拳銃百五十丁、爆薬類を軍人に押収され一物も残らぬ状態で、軍人は之を民間右翼団体員に交付し今尚拳銃の所在が判らぬ、戒厳令が解除にならぬのは拳銃の所在不明と地方蜂起を考慮してのことである。

（ロ）戒厳令が今尚解除されぬのは第二次決死隊を敢行しようとする矯激分子三十余名あるが為だと言はれて居る。

（ハ）反乱将校は戒厳令下で審理した上約四十名を代々木原頭で射殺し其後社会の状態を見て戒厳令は解除されるのではないか。

（ニ）反乱軍収容後其の部隊数を調べた結果多数の兵員が不足して居ることを発見して当局は驚愕し、直ちに逃亡兵の捜査をして居るが未だ判明しない為戒厳令は解除されぬのである。

（ホ）戒厳令が解かれぬのは陸軍青年将校があの

位のことは改革の過渡期にある日本としては当然のことで、より以上の大事件が起ると場言するので再発を慮って居る結果である。
(ヘ) 全国各地の連隊其他に勤務して居る青年将校等二百名位の間に極秘裏で血判申合せある同志があって、更に何時大事を決行するやも図り難い状態にあり此の不穏分子の一掃される迄当分戒厳令は解かれまい。

(2) 資金関係に関するもの

(イ) 久原は事件発生前非常に財政窮乏して居たが事件発生による財界の変動を利用して莫大な株の売却を既に終って四百万円内外の巨利を獲たと言ふことである。
(ロ) 少壮将校は真に愛国心からのことで之を利用したのが荒木、真崎である。夫れで真崎内閣を作り荒木は陸相となり対蘇関係を先鋭化せしめ、一面久原と連絡し同人の軍事工業を利用せしめ資金を真崎に提供せしめんとしたのださうである。

(ハ) 久原は陸軍の最高幹部と連絡があった為同人に対し検挙を逡巡した気風があったので、之を知った海軍側は憤慨して同軍の手によって検挙した。
(ニ) 事件当時反乱将校の手によって支払はれた紙幣は手の切れる様な折目の無いものばかりで其の出所は久原房之助等であるとのことだ。
(ホ) 久原の糾明に当っては非常に厳重を極め、ピストルを久原の胸に擬して遂に犯行の全部を自供せしめたと言ふことである。
(ヘ) 久原は五月一日午前一時市ヶ谷刑務所で自殺した。此の為日産系株は五十五円台に下落し更に本日中五円下落の見込。
(ト) 反乱軍に対し資金を送った者は南大将と東京在住の財閥である。其の為か反軍では十円、百円紙幣に折目の付かないのが沢山あったと言ふことである。
(チ) 反乱軍は三井財閥を襲ひ池田成彬を脅迫して多額の金を提供せしめ之を一般兵士に分配した為兵士は一人当り六百円位持って居たとのこ

とである。

（3）不穏的内容のもの

（イ）軍の内部には二大潮流があって之が為に東京衛戍刑務所の周囲には今尚機関銃を備えて軍人による奪還を防いで居る様な有様である。

（ロ）四月二十八日晩東京憲兵隊で今次の特別議会開会の際衆議院に集まる議員を予備役将校三十名位が手榴弾を以て鏖殺しようと企てて居たのを発見検挙されたとのことである。

（ハ）二・二六事件後一木前枢相が襲撃一歩前危く難を免れた模様である。

（ニ）馬場蔵相は永田拓相と共に現内閣の立役者故、右翼急進分子から狙はれて居る様だ。

（ホ）警視庁では今春外国から輸入した拳銃四百丁が事件前日盗み出された事実があって、之は反乱軍の事前工作と見られて居る。

（ヘ）爆弾機関銃等が相当多数反乱軍によって何処かに持出され、其兵器は京浜間の某所に隠匿してある模様で其の辺の警戒は目下極めて厳重である。

（ト）事件直接関係将校の外東京で調べられて居る地方青年将校八百余名に及び之等の一派は非常に憤慨して居るので再びあの様な事件を繰返すのではないかと警戒は益々厳重だ。

（チ）事件後真崎大将に対する東京の空気は非常に悪く佐賀出身の某中大生の如きは「真崎が総理大臣にでもなれば他県人の手を煩はす迄もなく僕等がやっつけて仕舞ふ」との口吻を洩らすものがある。

（リ）銃殺等に決定したら銃殺の命令を下した指揮官に銃口が向いて更に大変なことになると思ふ。

（ヌ）最近に於て一時撤退した戒厳部隊は密に増兵しつつあり代々木の練兵場に鉄条網を張り続らし其の緊張した状況は刻一刻急を告げつつあるかの不安を醸成して居る。

（ル）三月二十七日海軍青年将校が蜂起し様としたが当局に察知され品川から上陸を止められた。之を三・二七事件と言ふ。

(4) 其他

(イ) 野中大尉は自殺当時懐中に二万五千円の現金を持って居たさうである。
(ロ) 戒厳部隊が帰順勧告ビラを散布した時戦車から毒瓦斯を放射した。之が為反軍には相当被害を出した。発表せられないので一般では知られてないのである。
(ハ) 林前陸相は心配の余り目下狂人の状態である。
(ニ) 勅命は陛下が臣下を御召しにならず各宮様だけを御集めになって直ちに反乱軍なりとして御命令遊ばされたのである。
(ホ) 後藤内相は事件四日前石黒前農林次官から聞き(石黒は某軍医から聞く) 夜は官邸には泊らなかった。
(ヘ) 二月二十四日東京の某料亭で反乱を起した将校と真崎大将は訣別の宴を張ったそうだ。
(ト) 最近香椎中将は非常に人気が悪い、行動隊を反乱軍と呼ばしむるに至った事が悪いと言ふのであらう。あれは陛下の御意思を枉げられて居るらしい、又帰順により罪を許すとしたのは越権だ。
(チ) 西園寺、牧野が暗殺を免れたのは事件当時行動隊将校間に資金獲得を巡り内訌を生じた為統制を欠きたるに基因し、又北、西田等は金儲的に事件に関係したものである。
(リ) 被告将校は何れも死刑にはなるまい、之等が死刑にでもなれば関係者が全国に五千人も点在して居るから其の反響が更に大きくなるからであるらしい、尚取調に際し各兵卒は自己の意思に依って行動したのであると陳述して居るに拘らず取調官の方では兵卒の真意を書類に表はさず上官の命令に基いて行動したと書類に表はし調印させて居る。
(ヌ) 反乱軍は幸楽や山王ホテルで多数の婦女を強姦したとのことで今問題になって居るが軍首脳部でも之を承認して居る由である。
(ル) 岡田首相は官邸の押入に居た様に言はれて居るが実は側近の者がデッチ上げたデマであっ

て首相は赤坂の妾宅に居ったとのことである。
（ヲ）反乱軍の為に監禁されて居た各官衙の役人は三日間に握飯一ヶを貰って漸く露命を繋いで居たものがあったさうだ。

以上の外皇族に対し奉りて揺言を為すものも相当ありと雖も、此種言辞に対しては特に深甚なる留意を払ひ懇篤論旨を与え、或は悪質のものに対しては不敬罪を以て問疑する等適正なる取締を加ふるの要あるべし。

アドバルーン「勅命下る　軍旗に手向かふな」

皇室の尊嚴を犯す 古典文學の取締 方針いよく確立す

古典文學には皇室に關した事が多く中には不敬と思はれるものもあり又風俗、安寧の見地から遺憾に思はれるものも少くないがそれ等は從來古典文學としてほとんど世人の問題にならなかつた、しかし近年日本精神の作興が強調され社會思想も大分變化して來たところから古典文學に對する論議が喧しくなつたので內務省圖書課では古典物の徹底取締につき慎重考究の結果

一、純文學に對する取締 二、宣傳力のあるものに對する取締 三、現代文に翻案したものに對する取締

の三種に分ち三段構への取締方針を確立した、即ち

◇第一は萬葉集、源氏物語、平家物語等の純文學については既に數百年も文學物として何等問題にならず存續して來たもので、しかもその時代の文章を以て書かれてゐるのでそれ等に對しては從來通りとする

◇第二は皇室の尊嚴を傷ける恐れありと見られるものや風俗、安寧上面白くないと思はれる古典文學で宗教及び謠曲その他のうちに大衆に呼びかけるものがある、それ等の宣傳力のあるものに對しては自發的に不穩當と見られるところを削除させるか秘傳として公開を遠慮されることにしもし應じない場合は出版禁止等によつて嚴重に取締る

◇第三は古典文學を現代文に翻案したもので古典文學のまゝならばほとんど刺戟を與へぬが現代文とすると非常に惡影響を與へるものが少くないのでそれ等に對しては現行の取締規則に依つて嚴重な取締を行ふ

朝日新聞 1934 年 12 月 15 日朝刊 「不敬古典」の取締

「不敬」からは古典文学も逃れられなかった。例えば『源氏物語』も、光源氏と藤壺女御の関係など皇室への侮辱に当たる部分があるとして、原文は規制されなかったものの、該当部分の翻案やいわゆる二次創作を行うことは規制された。

昭和１６年（１９４１）

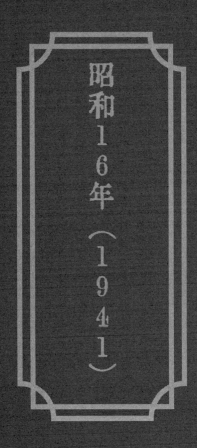

昭和15年10月　愛媛県　不敬落書

愛媛県北宇和郡岩松町七六五理髪業手伝　井上充弘（18）

十月二十五日岩松町小学校御写真奉安殿鉄扉に、「**センズリ**」と落書せり。（厳重戒飭）

※センズリとは男性のオナニーのこと。

特高月報 昭和16年1月号

昭和15年11月　高知県　不敬言辞

「東京朝日新聞」編集兼発行人　藤本尚則（52）　高知県中村町　新聞記者　阿部勇（40）

十一月十四日高知県中村町に於て演説会を開催せるが論旨中頭山満を称揚するに際し、「聖上陛下皇太子殿下にましまず御砌久邇宮良子女王殿下と御婚儀御内定の際良子女王殿下御母君の御先祖たる島津家に色盲の方御在す由を理由として山県公反対せしに当時皇太子殿下に帝王学の御進講を申上たる杉浦重剛は恐惶措く所を知らず山県公に反対す。頭山又杉浦の同友として山県公に反対せし為御婚儀は整ひ国家道徳の危機は目出度解決せり。長くも良子女王殿下に於かせられては当時**青赤黄等五色の御色紙に御染筆遊ばされて杉浦家へ御下賜せられ色盲に**

非らざる御表明遊ばされた云々。」と不敬に亘る言辞を弄せり。（検事の指揮により訓戒）

特高月報 昭和16年1月号

※「宮中某重大事件」の大筋をおおよそ正しく伝えている。

昭和15年11月 **佐賀県** **不敬言辞**

佐賀高等学校不知火寮便所に「天皇は現神と崇むけれども我々と同じ人間である事に変りはないのである**我々におとらぬ色欲を持っていたことは歴史に徴しても明か**である、忠は結局は我々を従順な服従者となす為の一手段に過ぎない」（捜査中）

特高月報 昭和16年1月号

昭和16年2月 **警視庁** **不敬不穏投書**

二月十九日付消印ある差出人大瀬克九三の内容左の如き投書ありたり。（警視庁）

「平沼サン　アナタノ友ノコノエノオッサンコトノホカオホバカデズルイ男デスネ（中略）アンナバカヤロウニ二度モ内閣ヲヤラセルナンテ天皇モ床ノ間ノカザリモノダナ！**天皇天皇ッ**

テナニヲイイヤガルクソッタレーアンナ天皇ナンテナイ方ガインダヨ　死ンヂマエ（中略）新体制新体制カケゴエバカリデナニモナラヌハッキリシメサナイト新体制ガアヤマラレテイルヨウダカラ国民ノ間ノ不満ワ大キクナルバカリデ終リニワ内乱ガハヂマルダロウ、ソノトキニナッテコウカイシナイヨウニハッキリシメシテクレタノムヨ　バカヨ　サヨウナラ　**アッソレカラ天皇ノバカニマンコバカリヤラズニ国民ノコトヲ考ヘルヨウツタヘテクレ**　オレハ共産主義者サ」（捜査中）

特高月報　昭和16年2月号

※昭和天皇の子どもの数（二男五女）と、側室を持たなかったことを考慮しても、そればかりしていたかは人によって意見が分かれるところだろう。

昭和16年1月　警視庁　不穏落書

一月十五日九段靖国神社境内裏門脇公衆便所扉内側に「打倒帝国　建設共産

昭和馬鹿野朗を殺せ

十八歳ノ女学生」と落書せるを発見す。（捜査中）

特高月報　昭和16年2月号

昭和16年2月　神奈川県　不敬不穏投書

一月二十九日横浜市中区羽衣町二ノ四六鈴木三郎二男鈴木敏夫名義を盗用せる為局より返戻せられたる左記内容の投書又他に脅迫文書一通を発見す。「天照大神は実在せず万民を迷わす偽神也国民よ自覚せよ、この世に神が居るか　自己の不遇を悲観す心、極悪警察機関撲滅／天皇皇后殺害　近衛内閣打倒必殺／万民共産、赤化確立　爵位廃止実行／天皇皇族必殺、天皇必殺／共産政権確立　内閣打倒　天皇は一個の人形なり、警察を恐れるな我等の任務は重い、天皇は一個の人形なり、国民よ自覚せよ、今の天皇は国賊の子孫だ神は実在せず、悪は栄えず、実行せん／天皇必殺　打倒近衛内閣打倒／爵位撲滅万民共産／実行天皇必殺　万民共有財産／真の幸福は共産政治確立に有り／日本は到底ソ連に敵せず　万民赤化」（捜査中）

特高月報 昭和16年2月号

昭和15年12月　大阪府　不敬言辞

大阪市東成区北生野町一ノ五六　浜野三五郎（36）

十二月二十六日大阪市東成区北生野町一ノ五六岡本往寿郎方に於て岡本が二十七日付「大毎」夕刊に謹載しありたる天皇陛下の御写真に対し「勿体ないなあ！」と述べたるに対し、**「何んだ**

天皇陛下も我々も一緒ぢゃないか機関銃でパチパチやってしまえ。」と不敬言辞を弄す。（二月十九日不敬罪として検事局へ送致）

特高月報 昭和16年2月号

※やって了へ→やってしまえ、とした。

昭和16年2月　大阪府　不敬言辞

大阪市住吉区住之江町二三　西村三作（51）

二月四日住吉区安立町安立北米穀共同販売所に於て、「天皇陛下も人間なら我々も人間だ　天皇陛下が米を食べられるのに我々国民が米を食べられない答はない　天皇陛下が米を食べられないのなら自分も食わずに辛抱する、我々は銃後の産業戦士だ　この様な事で銃後の治安もくそもあるか。」と不敬言辞を弄す。（二月二十五日不敬罪として検事局へ送致）

特高月報 昭和16年2月号

昭和16年1月　岩手県　不敬言辞

東京市小石川区原町一六　後藤善次郎（28）

一月十五日稗貫郡新堀村役場に於て、「近衛公は昭和維新を断行すべく先に内閣の首班として登場し着々内政を整え新体制を実践し国民の国内に於ける複雑なる事態に当面し収拾する事能わず辞意を洩したるを、秩父宮殿下が聞召し公を招致し公に対し時局は益々逼迫し、瞬時の倫安を許さざるの秋に当り辞意を洩すとは憂国の士の態度に非ず　あくまでも施政を遂行せよと剣を突付け若し翻意せざる場合は自決せよと仰せられ近衛公に迫られた由にてそれで公は辞意を翻し難局打開に努め翼賛運動に邁進することになったのであるが目下殿下に於かせられては御病気の為御静養の御趣なるも以上の事があった為謹慎被仰付れたものであって御病気にはあらせられぬとのことだ、云々」と不敬に亘る言辞ありたり。（科料十円）

特高月報 昭和16年2月号

※事実ではない。そのような事が有ったら大事件となるだろう。

昭和16年1月　広島県　不敬言辞

広島県豊田郡中野村　杉原静夫（40）

一月二十一日豊田郡豊浜港発尾道港行の定期船中に於て乗客に対し「コンナニ戦争が永引いては蒋介石も切腹せねばなるまい**蒋介石が切腹すれば日本の天皇陛下も切腹せねばなら**

ぬ」と不敬言辞を弄す（二月二十二日不起訴処分）

特高月報 昭和16年2月号

昭和15年11月 **大分県** **不敬言辞**

大分県玖珠郡森町大字森　森田直治（52）

客年十一月七日区長宅に於て開催せられたる紀元二千六百年奉祝行事打合会席上、「天皇陛下は二千六百年記念で御祝かも知れないが我々は今日の様に厳しい経済統制を受け営業は上ったりだ祝賀処ではない、そんな御祝気分にはなれぬ　天皇陛下は二千六百年続いたかも知れぬが**俺の方は三千年位続いているかも知れぬまた俺の方が祝をして貰わなければならぬ。**」（十二月二十八日不敬罪として検事局へ送致）

特高月報 昭和16年2月号

昭和16年12月 **熊本県** **不敬落書**

熊本市公会堂表玄関婦人便所内壁に**男女交接の絵を画きこれに不敬字句を記載**しある

を二月八日発見す。（捜査中）

※絵や写真がないのが残念である。

特高月報 昭和16年2月号

昭和16年2月 長崎県 不敬落書

長崎県北松浦郡鹿町村歌ヶ浦尋常小学校職員室に安置し在りたる御真影奉安庫前面扉外部に釘又はのみ様の金属を以て、「ザンネンニタエズ」と落書し且「ベンチ」釘抜等を用ひ奉安庫開扉の為め錠前破壊に努めたる痕跡あるを発見す。（捜査中）

※子供のかなり性質の悪い悪戯だったようだ。

特高月報昭和16年6月分

「北松浦郡鹿川村 字前加勢 歌浦国民学校 初等科六年生 森 敏美（12）同 西浦 正之（13）

窃盗の目的を以て御真影奉安庫を開扉せんとしたるも果たさず、不敬行為を敢行せるものなるが刑事責任無能力に付不起訴意見を付し、六月十七日一件記録のみ所轄検事局へ送致す。」

特高月報 昭和16年2月号

昭和16年3月　**茨城県**　**不穏落書**

三月二十三日水戸市泉町広小路電車停留所南側公衆便所内張板に黒鉛筆にて、「天皇をたおせ／日本の**天皇のヘノコは一尺五寸**／天倒せ」と落書しあるを発見す。（捜査中）

特高月報　昭和16年3月号

※一尺五寸は約45．45㎝。狙ったのだろうか。

昭和16年3月　**岡山県**　**不敬落書**

三月二十七日岡山県浅口郡長尾町山陽線玉島駅構内便所内側に藍色クレヨン様のものを以て、「**天皇大悪人／天皇大国賊**」と落書しあるを発見す。（捜査中）

特高月報　昭和16年3月号

昭和15年11月　**広島県**　**不敬言辞**

呉市翠町九三　佐々木克巳（35）

佐々木克巳は窃盗容疑に因り呉警察署に被検束中客年十一月三十日同署留置場監房内に於て同房中に、被検束中の西本繁登外五名に対し「ヨウ言ハンワ」と言ふ言葉の起りを教へてやると称し、「難波大助には別嬪の許婚があったんぢゃが今の天皇陛下が何処かへ行かれた時にその許婚に惚れられてその女を妻にする様にお付の者に言い付けられたがお付の者は臣下の者を左様な事は出来ないと断ったにもかかわらずとうとう腰元に上げられてその女を口説かれたんぢゃがその女は許婚がある言うて断ったんぢゃが今の天皇陛下が無理にやられたんぢゃ　それでその女は許婚の大助に済まぬ言うて自殺したんぢゃ、大助はこれを知って非常に怒って仇を討っちゃる言うて御前の前の松の木の陰に隠れて居って今の天皇陛下が御殿から自動車に乗って出られる処を待ち受けてピストルで撃ったんぢゃ　その時に弾丸が自動車の硝子に当って硝子の破れが陛下の額に当ったので今の天皇陛下の額には傷があるんぢゃ、大助が死刑になると照宮さんが生れると一時ぢゃったんぢゃが**照宮さんは大助の恨みがあって唖ぢゃ　唖言う事が解ったのもこの前照宮さんが桃山へ参られた時に皇后陛下が手県似でものを言う様にせられても照宮さんはうう言うてものを言われなかったのぢゃ**　それでお付のものがあれは「モノヲヨウ言ハンワイ」と言うたことからこの頃流行っているよう言はんわ言う言葉が出来たんぢゃ」と申向け畏くも天皇及皇族に対し不敬の行為を為したるものなり。（三月十八日不敬罪として送局す）

※デマだろう。「よう言わんわ」は関西弁で諦め・呆れのニュアンスを示す言葉とされる。また、

笠置シヅ子の「買物ブギ」でも連呼されている。

特高月報 昭和16年3月号

昭和16年3月　山口県　不敬不穏落書

三月二十七日下関市宮田町内三ヶ所に左の如き落書あるを発見せるが何れも同一人の所為と認めらる。　1　同町寿司店伊勢徳二郎方裏側板塀に「天皇陛下戦死地万歳々々　2　同町関門汽船々長関森国一方便所のトタン覆いに、「陸軍大臣安藤金次郎／天皇陛下戦死地万歳々々／岩村音松陸軍歩兵大尉精神病免役　3　右関森国一方裏側に通ずる板戸に「天皇陛下戦死地歳々々」（捜査中）

特高月報 昭和16年3月号

昭和16年3月　山口県　不敬投書

徳山市西沖原二九四五　山崎福子（14）

三月二十一日付日付印ある左の如き内容の投書を徳山市役所羽仁清宛に差出す。「天皇陛下の大ばかたれくそばかたれめ天皇の位を下がれ」（思想上の容疑及背後関係なく単なる怨恨によるも

のと認められ誓書を徴し実母に引渡す）

特高月報 昭和16年3月号

昭和16年4月 **警視庁** **不敬落書**

四月十一日浅草区松葉町公衆便所内に「天皇バカ、天皇ノバカ」と落書しあるを発見す（捜査中）

特高月報 昭和16年4月号

昭和16年4月 **京都府** **不敬落書**

四月十八日京都府南桑田郡篠村山陰本線馬堀駅待合所賃金換示表下部欄外に鉛筆を以て、「天皇を侵スベシ／皇族ハ国ノ厄介モノナリ」と落書しあるを発見す。（捜査中）

特高月報 昭和16年4月号

昭和16年4月　神奈川県　不敬言辞

横須賀海軍工員宿舎　志佐甚平（32）　同　井上七太郎（27）

上記両名は四月十三日公休日を利用し郷里に赴きその帰途列車中に於て、

「志佐　オイ皇太子殿下（子供の意）に会って来たか」

「井上　**皇太子殿下には会わんが皇后陛下（女の意）に会って来たよ**」

「志佐　やって来たか、シゲ（シテの意）帰ったっじゃもん」

と不敬会話を為し居たるを同乗の移動警察官に於て検挙す。（本件は徴用工員の事犯なるを以て憲兵隊に引継ぎ取調中）

※かなり奇妙な言い換えである。

特高月報　昭和16年4月号

昭和16年4月　警視庁　不穏落書

四月二十三日四谷区荒木町二七浴場営業長谷川庄方玄関コンクリート塀に白墨にて「共産◎午前六時半集合」と落書しあるを発見す。（捜査中）

特高月報 昭和16年4月号

昭和16年5月　警視庁　不敬落書

五月八日日本橋区馬喰町四ノ五地先左衛門橋際共同便所内天井白壁に黒鉛筆にて不敬猥褻なる事項を落書しあるを発見す。（捜査中）五月十八日江戸川区小松川三丁目五三映画館小松川電気館内婦人用便所内白壁に釘様のものにて不敬猥褻なる事項を落書しあるを発見す。（捜査中）

特高月報 昭和16年5月号

昭和16年5月　警視庁　不敬落書

五月二十一日小石川区丸山町三一番地先町会掲示板に半紙に毛筆を以て、「国民の生活必需品難渋し居る際皇室の御出まし多すぎる世論」と貼紙しあるを発見す。（捜査中）

特高月報 昭和16年5月号

📅 **昭和16年5月** 📍 **京都府** ☰ **不敬投書**

五月十九日付堺局消印、宛名京都市七条東本願寺大谷智子様、差出人住吉勢津子と記したる左記内容の投書ありたり。「支那事変ヲ即時打切レ／我々ニハ飯モ腹一杯食ワサズ／物見遊山の大名旅行ヲシテテヨイノカ　**コンナ悪政ハ中華民国ノ蒋政府デモヤラナイ**／日本ニ政治があるのか／コンナゼイタクスル金ハ我々カラ控リ取ッタ税金ダロ」（捜査中）

特高月報 昭和16年5月号

📅 **昭和16年5月** 📍 **大阪府** ☰ **不敬落書**

五月十三日南海鉄道高野線北野田駅構内便所に鉛筆にて、「**生めよ殖せよ陛下の様に**／**下手な鉄砲数打ちゃあたる**」と落書しあるを発見す。（大阪府）（捜査中）

※昭和天皇はそこそこ当てたようだ。

特高月報 昭和16年5月号

昭和16年5月　大阪府　不敬不穏投書

五月十日より同二十四日に至る間同一人の所為と認められる左記投書ありたり。

一、消印五月十日堺局、宛名三辺大阪府知事、差出人無名の四月二十六日付「大阪毎日新聞」夕刊聖上陛下靖国神社御親拝の御写真の切抜に左の内容記したる封書「コノツラヲ見テクレ　米ノ配給ハ甲カ乙カシランガブタノ如ク肥エテイル所ヲ見ルト二合二勺ノ口デハナイラシイネ　南京米ヤムギメシ食ッタトツラガチガウ　国民ノチヲススリ肉ヲ食ッタツラダネ　コンナゴマカシスルヨリ早ク戦争ヲヤメ支那事変ヲ即時打切、ソスレバ我等ハ税金安クナリ腹一杯飯ガ食エル様ニナル　コンナヤツガ靖国神社へ参ッタトテ戦死シタ息子ガ生キテクルカ」

更に五月八日付「大毎」夕刊皇后陛下日赤愛婦再総会に行啓の御写真の切抜に、「**コノ非常時ニ物見遊サンノ大名旅行トハ何事カ**コンナゼイタクスルオ金ハ我等国民カラシボリ取ッタ税金ノ金ダラー　**コノメンタモ米ノ配給ガヨイノカブタダネ**」

二、消印五月十九日堺局、宛名戎警察署長、差出人名松岡洋介の五月十八日付「大毎」朝刊皇后陛下仁孝天皇山陵より御退下あらせるる御写真切抜に左の内容を記したる封書「戦争ハ人類ノ敵ダ支那事変ヲ即時打切レ我々ニハ飯モ腹一杯食ワザズニヲイテ物見遊山の大名旅行ヲシテヨイノカ　**コンナ悪政ハ中華民国ノ蒋政府デモヤラナイ**　コレデモ日本ニ政治があるのかコンナゼイタクスル金ハ我等国民カラ搾リ取ッタ税金の金ダロ」（※以下略）（大阪府）（捜査中）

※メンタ＝家畜の雌。皇后をメスブタ呼ばわりである。

特高月報 昭和16年5月号

昭和16年5月 長崎県 不敬不穏投書

長崎市万屋町牟田口金太宛、唐津市山下町四丁目田口司郎名にて、「日本会社の天皇は専務……／押しのきかん天皇様だね……／天皇が今退位して十月三十日迄は大将軍家で持てる……／天皇も退く皇太子改めて天皇家を建て秩父摂政大元帥……／近衛声明は即ち革命体制が変化する以上憲法も変る云々」等内容不敬不穏に亘る葉書七通を投書す。（捜査中）

特高月報 昭和16年5月号

昭和16年4月 茨城県 不敬言辞

茨城県猿島郡長田村大字西泉田六八五 僧侶 鈴木民道（45）

四月二十三日猿島郡堺町料理店魚勘事高橋勘次郎方二階客室に於て同郡境町江田七郎外七名と会宴中座興として浪花節を演ずると称し、「つねりゃ紫、食い付きゃ紅よ、色で固めたこの身体、酸いも甘いもある蜜柑、色つきゃ女にとられ、皮をむかれりゃ丸裸　いくら学者か博士でも女の

ためにゃ丸裸　いくら博奕が上手でも時々とられて丸裸　いくら薬剤師が上手でも坊さん御経が上手でも御酒を飲むので丸裸　**畏れ多くも皇后様も箱入娘の令嬢様でもお湯に入る時は丸裸**」と口演し不敬の言辞をなす。（四月三十日不敬罪として送局す）

特高月報昭和16年7月分
六月六日起訴猶予処分
特高月報　昭和16年5月号

昭和16年4月　**茨城県**　**不敬言辞**

茨城県筑波郡田水山村大字水守一三六一地　大関亀三朗（37）

一、四月二十五日筑波郡北条町北条青物市場市場事務室に於て同郡田水山村田中遠藤高に対し、「この頃秩父宮殿下の御動静が新聞紙上に発表されぬ為判らぬが敵に捕虜されて居るとの説と病気されて居るとの二説があるがどっちが本当か」と尋ね、

二、四月三十日同郡田水山村屠殺場内居住の使用人山中淵次郎宅に於て同人外一名に対し、「**秩父宮殿下は**この頃新聞に少しも出ないでさっぱり御様子が判らぬが聞く処によるとノモンハンの戦闘に加ったまま帰って来ないが**捕虜になって彼の地に居る**のだそうで誠に気の毒な

ことだ一体それは本当だらうか」と付言し、
三、同日同村馬場之宅庭前に於て同人長男章に対し、「時に章様この頃暫く秩父宮殿下の御動静が新聞紙上に掲載されないのはノモンハンの戦闘に加わった時敵軍に捕虜になって居る為めだとの説がある」
と放言す。（五月三十一日不敬罪として送局す）

※内容は当然デマである。秩父宮はこの時期肺結核と診断され、静岡県の御殿場で療養生活を送っていた。

※六月号の処分表では「大渕亀三郎」となっている。

特高月報昭和16年6月分
六月十三日起訴猶予処分に付せられ同時に身柄釈放

特高月報 昭和16年5月号

昭和16年5月　警視庁　不穏落書

五月二十八日芝区高輪南町京浜電鉄品川駅構内便所内側壁に黒鉛筆にて「全国の警察を焼打せよ、品川警察署の警官に大泥棒あり、用心して下さい　腐はいせる警察を焼はらえ　盗られた者より　共産主義者」と落書しあるを発見す。（捜査中）

特高月報 昭和16年5月号

昭和16年5月　京都府　不敬落書

五月九日宇治町日本レイヨン株式会社宇治工場男子寄宿舎事務所控室窓硝子に指先を以て「天皇陛下　バカ」と落書しあるを発見す。（捜査中）

特高月報 昭和16年5月号

昭和16年5月　兵庫県　不敬落書

五月二十日神戸市下山手通七丁目三五九村田文次郎宅西側物置板塀に貼付しありたる演劇宣伝ポスターの空白の部分に青インク万年筆を以て「ヘイカヲコロセ」と記載しあるを発見す。（捜査中）

特高月報 昭和16年5月号

昭和16年5月　大分県　不敬通信

大分県東国東郡国東町北江　金沢チカ（36）

五月九日付在張家口交通旅館業情夫桑野浜治宛左記内容の不敬通信を為せるを張家口憲兵分隊に於て発見す。「世の中は様々ねえ　**金の苦などを知らぬ皇后様も三十九歳**　やつれて苦す千恵子も三十九歳」（逆境を訴へ送金を要求したる外他意なきこと判明戒飭す）

※何だか色っぽい手紙だが検閲は見逃してくれなかったようだ。

特高月報 昭和16年5月号

昭和16年1月　北海道　不敬言辞

北海道空知郡南富良野村字幾寅市街地　幾寅国民学校　小林剛助（43）

客年六月十二日より本年一月三十日に至る間自己担当の修身科及公民科の授業に際し受持児童に対し、「皇太子殿下（今上陛下）が御幼少の折御用邸より御付の役人の気付かぬ間に密に御遊出なされた、御付の役人は大変驚いて御探し出された。すると**殿下は街の果物屋から無断で「りんご」二個を御持ち帰りになった**。云々」と不敬なる言辞を弄す。（六月十三日不敬罪により送局す）

※出所もよく分からないデマだが、実際教師も話していないらしく、証拠不十分で不起訴となっている。生徒や父兄に嫌われて冤罪でもかけられたのだろうか。

特高月報昭和16年8月分

その後検事取調の結果証拠不十分なりとして七月二十四日不起訴処分

特高月報 昭和16年6月号

昭和16年5月　大阪府　不敬言辞

大阪府堺市南田出町一丁目一七　府立堺高等学校教諭　前田勇（38）

昭和十五年頃より昭和十六年五月までの間、自己担当の国語漢文の授業の際生徒に対し、

「（1）仁徳天皇は非常に御仁政を布かれたが大変精力絶倫な方で、御出ましの時は地方の美しい女を見付けて次々にお妾にせられた。それで皇后が「ヤキモチ」を焼かれた、**仁徳天皇と言うより仁徳さんと申上げる方が適当だ。**

（2）明治天皇は権の内侍と言うお妾の腹から生まれられたのである、何千と言う御製を残されたので知られる如く精力絶倫の方でお妾さんが大勢居られた。

（3）**今上天皇にはその様にお妾が居られんので皇后陛下は非常に幸福**である。

（4）**天皇陛下が夜皇后陛下の寝室に行かれる時はお付の医者が脈を取ってか**

ら行かれる。

（5）天皇陛下でさえお妾を持たれるのだから先生でもお妾を持って良い。

（6）皇后陛下は色盲である、当時梨本宮正子女王殿下がお妃になられる様になっていたので問題になった。**皇后陛下にもしお子さんが生まれられなかったら「チャイ」される**所であったが、生まれられたので「チャイ」されないで済んだ。

（7）天皇陛下は別に財産をお持ちでない　毎年近衛さんが計算して御渡しするので**年末にはお小遣いが無くてキューキューされる**。

（8）天照大神は馬来人の女酋長で当時日向に漂着したのである。神と言う言葉の起りは当時戦の時用いた「カ」「ミ」と言う合言葉からである。

（9）照宮さんは温室で生長した草花の様なものである。それでも御嫁入りせられるのだから**お前達も早く結婚して生めよ殖せよの国策に沿わねばならぬ。**」

等々の内容極めて悪質なる言辞を弄し以て天皇、皇后、神宮、皇族に対する不敬を敢行したるものなり。（堺憲兵隊に於いて検挙　六月二十三日不敬罪により送局）

※過激な発言の数々である。現代ならセクハラ、スクールハラスメントだろう。

※（1）は日本書紀にも記されている「史実」である。（2）は孝明天皇側室の中山慶子の事を指すか。（3）は大正天皇の代より側室は使われなくなった。（4）は不明。（5）はノーコメント。（6）は宮中某重大事件のことであろう。（7）は皇室経費のことだろうが、予算を管理する

のは総理大臣（近衛文麿）ではなく宮内大臣（松平恆雄）である。また大日本帝国憲法第66条により議会の監査を必要としない定額予算に加えてさらに御料収入、株による収入もあり、キューキューされる事は無かったと思われる。（8）は詳細も元ネタも不明だが少なくとも当時の公式見解には沿わないだろう。（9）は1941年（昭和16年）5月に東久邇宮盛厚王との婚約が決まったばかりの照宮成子内親王の事を指す。

※「チャイ」は「捨てる」ことを意味する幼児語。主に関西地方で用いられる。

特高月報 昭和16年6月号

仁徳天皇

昭和16年5月　神奈川県　不敬落書

五月二十日川崎市柳町東京芝浦電気株式会社マツダ支社柳町工場内男子用便所内壁に黒鉛筆にて**陰部露出の女性猥褻書に矢印を向け不敬字句を落書**あるを発見す。（捜査中）

特高月報 昭和16年6月号

昭和16年6月　静岡県　不穏落書

六月十三日磐田郡三川村見取七七産業組合内に於て五拾銭紙幣裏面に青インキにて、「天皇の御代皇紀二千六百年今将に過ぎようとして居る、俺は金はなしたったこのペーパーが一枚ああな避けない何が国民精神総動員だ このけつぬけ　昭和区市川内正市」と落書しあるを発見す。（捜査中）

特高月報 昭和16年6月号

昭和16年6月　山梨県　不敬言辞

中巨摩郡五明村戸田四四五五　野田春吉（64）

六月十五日中巨摩郡大井村酒類販売業志村義翁方に於て飲酒泥酔の上、居合わせなる長沼知良外二名に対し、**「徳川家康は天皇陛下より戦争がうまいから偉いのだ」**と放言す。（厳重戒飭）

※徳川家康が戦争上手だったたか、故に天皇より偉いかは皆さんの判断にお任せしたい。

特高月報 昭和16年6月号

昭和16年6月　福島県　不敬言辞

石城郡泉村大字泉字小山三九　仲仕　佐藤邑尹（23）

六月二十一日午後九時五十分頃常磐線泉駅構内下りホームに於て梨本宮守正王殿下北海道へ御成の為同駅御通過直前同僚三名と共に貨物列車に積込作業中同僚たる佐藤剛が「間もなく宮様が御通過になるので早くやってくれと駅で言っているから早くやろう」と話たるに対し本名はやや声高に「なあーに、宮様、今頃通るのは何処の野郎だ」と放言す。（厳重戒飭）

※会話の状況からするに「宮様」だけではどの皇族か不明な故に生まれた事例か。あるいは「早くやろう」にかけているのか。確かに「どこの野郎」かは気になるだろう。

特高月報 昭和16年6月号

昭和16年4月　和歌山県　不敬言辞

東牟婁郡西向町大字西向五五七　岡地市太郎（55）

四月二十七日午後六時頃東牟婁郡古座町大字中湊五三二古座川自動車株式会社乗客待合所に於て、同所に居合せたる同町東又蔵外四名に対し、「**天皇にでも鉄砲を向ける者がある**　俺の乾分にも二人や三人ある云々」と不敬言辞を弄す。（五月三日不敬罪により送局五月三十日起訴猶予処分に付せらる）

※乾分＝所謂やくざの子分。

特高月報 昭和16年6月号

昭和16年6月　熊本県　不敬落書

六月十六日熊本市花畑町所在熊本電気軌道株式会社乗客待合室大便所内壁に、図書用黒クレオン

を以て**男女交接の絵を書き不敬文字を以て説明**しある不敬落書あるを発見す。（捜査中）

特高月報 昭和16年6月号

昭和16年4月 **鹿児島県** **不敬投書**

姶良郡国分町向花一八三二　矢野静（35）

四月二十七日付警視総監宛及五月十二日付警視庁捜査部宛内容不敬猥褻なる投書を為す。（精神病者なること判明普要第三種に編入）

※読んでみたい。

特高月報 昭和16年6月号

昭和16年7月 **警視庁** **不敬落書**

七月五日雑司ヶ谷一ノ四五先雑司ヶ谷墓地のコンクリート堀に半紙一枚に毛筆を以て、「**皇室は『どこどこ参拝どこどこ旅行どこどこ墓参どこどこドライブ』等と称し絶えず出歩るきをしている。**誰れだって出歩るきは悪くない。一人息子を殺した自分はいつ

か日にも遊びに出た事がない（遺家族）」と記載貼付しあるを発見す。（警視庁）（捜査中）

特高月報 昭和16年7月号

昭和16年7月　警視庁　不敬落書

七月五日小石川区大塚坂下町五七先雑司ヶ谷墓地コンクリート堀に藁半紙に毛筆にて、「皇室は何処に参拝に行くとか墓参に行くとか称し絶えず遊んでいる　誰れだって……（不明）……自分は一人息子をなくして遊びに行けない（遺家族）」と記載し貼付しあるを発見す。（捜査中）

特高月報 昭和16年7月号

昭和16年7月　長崎県　不敬言辞

長崎市田中町三三　清水興業社　磯貝勲　溝口五郎

七月十六日より二十二日迄長崎市本石灰町劇場南座に於て開演中七月二十日午後七時頃本名等に於て演じられたる漫才中左の如き不敬に亘る言辞ありたり。

溝口「君の生れは何時か」

磯貝「明治二十七年九月四日之が僕の天長節だ」
溝口「何、君は朕○○として御出産に成ったんか」
磯貝「いや僕の命日だ」云々（厳重戒飭）

特高月報 昭和16年7月号

※この文からは詳しい筋が分からず、天長節（天皇誕生）から命日に繋がる笑い所も不明。明治27年9月4日には（日清戦争中であること以外）特に天皇に関するイベントはない。

昭和16年6月　愛知県　不穏落書

六月二十八日名古屋市東区白壁町四丁目女子専門学校裏門前路上に於て左記（1）の如く落書せる紙片（荷札）を更に七月三日名古屋市西区南外堀町六丁目一番地愛知県農会東側路上に於て左記（2）の如く落書せる紙片を発見せり。

「（1）打倒華族、華族を討て！　非国民な家族を滅ぼせ　打倒華族」

「（2）国賊華族、華族排撃」（捜査中）

特高月報 昭和16年7月号

昭和16年8月　警視庁　不敬落書

八月二日日比谷公園内日比谷門傍公衆便所前草地に原稿用紙の裏面に鉛筆にて「天皇ヲコロセ」と記載し小石を重しとして置きありたるを発見す。（捜査中）

特高月報 昭和16年8月号

昭和16年8月　京都府　不敬不穏落書

京都市上京区下鳥田町五六　京都市中央市場業務課雇　吉見巍（24）

八月十日京都府立図書館の貸出書籍中筧克彦著「大日本帝国憲法の根本義」第七頁に、「憲法の否定こそは合理的な革命を意味す／人間にとって人間が至上な存在だ／彼等は忠義の美名の下に／プロレタリアの血肉死をも要求す／めざめよ自由と批判をすてるな／天皇は日本の地主　資本家はプロの敵だ／たおせ　合理的な革命せよ」　第七頁の裏に、「特権階級の親玉　天皇／その下にある一部の不正階級をたおせ／天皇は神聖なりとは憲法条文ある故の言い草にしてその憲法は彼等一部分の権力者の彼等の保護手段として作れるものなり／たおせ高い木を　小さき多くの草の為に／革命せよ」と落書せる外同本中他に十六個所に亘り更に牧逸馬著「地上の星座」外十一冊に夫々国体変革私有財産制度否認、不敬等の字句を記入しあるを発見検挙せり。（八月二十五

日不敬罪並に治安維持法違反事件として京都地方裁判所に送局す）

特高月報昭和16年12月分

九月二十五日起訴せられ京都地方裁判所にて審理中の所十二月八日懲役二年の判決言渡あり被告は即時服罪せり

特高月報 昭和16年8月号

昭和16年8月　福岡県　不敬不穏落書

八月二十二日福岡市堅粕一丁目明光寺墓地北側道路上に「**照宮様を暗殺す** 十二月中旬」と落書しあるを発見す。（捜査中）

※仮に本気で計画していても太平洋戦争開戦でそれ所では無くなってしまったと思われる。

特高月報 昭和16年8月号

昭和16年8月　大分県　反戦落書

八月四日大分市荷揚町教育会館西側便所内に赤チョークにて、「近衛大臣ヲ暗殺セヨ　ソシテ戦争収納運動ヲ起セ　何の為にかかる苦しみを味わねばならないのか　生きる為めには泥棒もやれ

闇取引もやれ　革命団　天皇が何か　何ノ義理アッテ戦争デ命ヲ捨テナケレバナラナイノカ　我等ノ弟ヤ父ヲ失イシ諸君ヨ近衛ヲ暗殺シテ尊キ我等ノ同胞ノ人命ヲ助ケヨ神ハ必ズ御助護下サレルであらう、」と落書しあるを発見す。（捜査中）

特高月報　昭和16年8月号

昭和16年8月　大分県　反戦文書

八月二十一日大分市生石町野口春三郎方板堀に毛筆にて墨書せる左の如き文書を貼付しあるを発見せり。「**天皇ハ一介ノ「オメコ」スル動物ナリ**　父兄弟ノ尊キ生命ニ対シテ貧弱ナル動物ナリ　諸君一大奮起シテ反戦運動ヲ起セ近衛大臣ヲ暗殺セヨ　何故ニカクマデ人類ガ互ニ苦シキ生活ヲシナケレパナラナイカ　反戦運動ヲ起セ近衛大臣ヲ暗殺セヨ」（捜査中）

※「オメコ」＝関西弁でオマンコ、女性器。確かに天皇もするだろう。

特高月報　昭和16年8月号

昭和16年9月　警視庁　不穏印刷物

九月七日午後四時三十分頃浅草区浅草公園六区映画常設館二階客席より一階客席に向って藁半紙（四ツ切及八ツ切）塵紙（二ツ切）に謄写にて「将来ニ禍根ヲ残ス非科学的デタラメナ我国ノ歴史ヲ改メル必要有トアナタハ思ヒマセンカ」と印刷せる印刷物を百枚位撒布せる者あり（操作中）

特高月報 昭和16年9月号

※当時の日本の公的な歴史認識は神話を取り入れてしまっている為、確かにデタラメではあるが、改めるとはどう改めるのだろうか……。

昭和16年8月　静岡県　不敬落書

八月十九日東海道線熱海駅構内婦人用便所内に、「学生ダケガ兵隊ニトラレナイナンテソンナ馬鹿ナ事ガ在ルモノカ、帰ッテ来テモウ二度ト御国ノタメナンテ言ワヌ様ニナッタ銀座ヲ見ロ　商売人ハ一人ヅツ政府ノ要人ヲ殺セ」（捜査中）

特高月報 昭和16年9月号

昭和16年7月　鳥取県　不敬言辞

八東郡出雲郷村大字出雲郷六八八　阿太加夜神社々司　国民学校助教　佐草道夫（38）

（一）佐草道夫は本年七月二十四日頃の正午過ぎ島根県八東郡竹矢村国民学校教員室に於て同校職員たる訓導佐藤幸悦、同平井雅子及同村青年学校教論並同校訓導岸本キミ子の三名に対し、「**皇太子殿下の側近には多数のキリスト教信者が奉仕して居る**為真に日本的な御輔導を申し上げて居らない」と不敬言辞を述べ、

（二）更に前記日時場所に於て同校訓導佐藤幸悦に対し、「久邇宮殿下はかつて陸軍中佐安田鋹之助が御付武官として側近に奉仕して居る際あたかも陸軍省の回し者の様に思って居られたとのことであるが斯様に一般皇族宮殿下は臣下国民を御信頼になって居らない」と不敬言辞を弄し、

（三）昭和十六年七月二十八日正午過ぎ前記場所に於て同校職員訓導佐藤幸悦に対し、「**内務省辺りでは御真影を机の下に放り込んで居る**」云々と事実無根の不敬言辞を弄す。（九月五日不敬罪により所轄検事局に送致す）

※発言者が神道関係者であるため（1）の「多数のキリスト教信者が奉仕」「日本的な御輔導を申し上げて居らない」事については思い込みと不満が入り混じっていると思われるが、皇室とキリスト教の関係がそれなりにあることは事実で、戦時中においても皇后がキリスト教徒の野口幽香を宮中に招き聖書の講義を受けていた。また戦後には昭和天皇の希望により、明仁の個人教師

としてキリスト友会（クエーカー）のヴァイニング夫人が付けられており、ある意味予言かもしれない。（2）の安田銕之助は1924年（大正13年）から1927年（昭和2年）まで東久邇宮付武官として勤め、以後も秘書として関わった。後に神兵隊事件に関与して検挙され、禁固4年の刑となる。釈放後、1939年（昭和14年）に右翼団体まことむすび社を設立した。

特高月報昭和16年11月

九月九日不敬罪により松江地方裁判所検事局に送致審理中の所十一月二十四日不起訴処分

特高月報 昭和16年9月号

昭和16年8月　岡山県　不敬不穏投書

岡山市上石井一八六　共乙　山本克巳（34）

八月九日岡山局消印ある端書にて内閣情報部犬連中と宛名せる左の内容の投書ありたり「檄す、新体制ハ先害虫たる天皇を殺せ　次ハ役に立たぬ近衛文をウテ問答無用だ　来ル物ハ生糞と寺院ハテツ廃しろ　**天照大神ハ糞ツボへ**蒋カイ石を本尊とせろ　何が皇軍だ何が天皇だ何が大和魂だ笑すな犬め　米英・・・己下よ先ず右等をイ止めよ、先す本願寺のクソ坊主へ南無阿弥陀仏唱へさせ青龍刀でチョン切れ理論より実行へ移す　日本倒一軍」（容疑者として検挙目下取調中）

昭和16年7月　山口県　不敬不穏反戦言辞

玖珂郡新庄村一〇七八ノ三　森永恭輔（30）

七月二十二日午後六時頃居村理髪店守田耕作方道路に於てたまたま来合せたる友人鳶職守田登同竹本亀人の両名に対し自己の野戦従軍談を為したる際「一線ではとても不平が多い、皆が集りや不平ばかり並べるがそんな折に俺は発頭人になって『それは今制度が悪い戦争で一生懸命やって戦死しても天皇陛下へ忠義になりあせん、靖国神社へ祀られても金鵄勲章を貰っても何にもなるんぢゃない、天皇陛下はあってもなうても同じことぢゃ　国家の為と言う名目のお蔭で良いことをする者も居る』と言って兵隊等を煽ててやった　お前等が親分の為には命を投げ出すと言うがまだその方がましだよ、戦死する前に天皇陛下万歳と言うて唱えるちゅうがそんなこと言う暇はないあれは皆嘘ぢゃ、云々」と不敬不穏反戦言辞を弄す（九月十四日不敬罪並に陸軍刑法第九十九条違反として所轄検事局へ送致す）

特高月報昭和16年10月分

十月八日禁固三月の言渡ありたるが十月十四日控訴申立を為す

特高月報昭和16年11月分

十一月四日原審通り禁固三ケ月の言渡あり直に服罪即日確定せり

特高月報 昭和16年9月号

昭和16年4月 **和歌山県** **不敬言辞**

和歌山県海草郡和佐村大字和佐中三〇七 上野喜人（19）

（一）本年四月二十五日居村駄菓子商中村敏三方店舗に於て中村敏三外三名と共にラジオ聴取中たまたま当時執行の靖国神社臨時大祭に当り天皇陛下御親拝の実況を放送せらるるや前記四名に対し、「**御召車で行くとは勿体ない。天皇陛下も足があるのだから歩けばよい**」云々と放言し、

（二）本年七月二十日頃前記中村敏三方店舗に於て中村敏三外三名等と欧州戦局に関する交談中、「**ドイツが強いのはヒットラー自ら戦線に出て指揮をして居るから**だ。日本の天皇陛下は指揮も執らず何もして居らぬではないか、糞にもならん」と不敬言辞を弄す。（八月二十七日不敬罪により所轄検事局に送致す）

※ヒトラーがドイツ軍の前線視察を行っていたのは事実である。それがドイツの強さに繋がったかは疑問であるが……。

特高月報昭和16年10月分
九月十二日起訴猶予処分
特高月報 昭和16年9月号

昭和16年4月　熊本県　不敬言辞

住所不定　島田盛義（26）

四月十日頃熊本市七軒町土田伯及妻ミチノに対し三笠宮殿下の御写真を指し、「宮さんでん同じ人間だろうが、何でそぎゃん大切にする必要があるか、尻拭きでんせじ、云々」と不敬言辞を弄したる外三月二十七日前記土田伯及妻ミチノに対し軍事に関し事実を探究する事なく他より聞知したる事項に自己の憶測を付言し造言飛語をなす。（九月二日不敬罪並に陸軍刑法第九九条違反として所轄検事局に送致す）

※熊本弁の会話をそのまま書いたようだ。

特高月報 昭和16年9月号

昭和16年10月　北海道　不敬行為

北海道中川郡池田町　東台国民学校訓導　鈴木康（22）

本名は本年四月函館師範学校卒業と同時に赴任校長片寄健方に同居自炊生活中なる処、本名は校長と性格合はず職務上に於ても意見合はず最近青年訓練の査閲に関し意見衝突したる模様ありて、主として校長に対する反感より十月二十六日午後四時三十分頃校長片寄健挙家不在中其の居室柱に掛けありたる奉安所鍵を窃に持出し奉安所を開扉し箱中より今上陛下御真影及教育勅語を自己の居室に持ち帰り火鉢にて先づ**教育勅語に火を付け更に御真影を焼却したり。**（不敬罪として検挙取調中）

※新任訓導のキレっぷりが凄まじい。しかも、後の判決を見ると焼却だけでなく他の行為もしていたようである。

特高月報昭和16年11月分

十一月十九日不敬罪、飲料浄水毒物混入罪、並横領罪により起訴、同月二十九日第二回公判に於て検事求刑通り懲役三年の判決言渡あり被告は控訴権を放棄即日刑確定服罪せり。

特高月報 昭和16年10月号

昭和12年2月　新潟県　不敬言辞

新潟県西頸城郡根知村大字別府　吉田三代治（54）

昭和十二年二月一日西頸城郡根知村大字別所田原英二方に於て旧正月の年賀の為め部落民二十四名合同し祝宴を張りたる際偶々明治十八年同部落に御下賜の桐御紋章付木杯が本名に回るや盃が小なりとてこれを拒み同席者より御下賜品なる旨注意を受くるや、「アンナモノガナンダ／陛下ガナンダ／天皇陛下ガナンダ」と不敬言辞を弄せる事実あり最初窃盗横領被疑者として検挙に当りこれが取調中偶々関係人より本件事実を探知せり。（十月二十八日微罪処分）

※一体何を思って自分から話したのだろうか。

特高月報　昭和16年10月号

昭和16年10月　福岡県　不穏落書

十月二十日自正午至午後四時大阪市住吉郵便局の消印ある発信名義大阪市住吉区梅田町二五、中村健太郎宛名東京陸軍参謀本部の飴色封筒入にて七月十九日付大阪毎日新聞紙掲載の今上陛下の御写真を切り取り同封し別紙に毛筆にて「戦争ハ人類ノ敵ナリ、支那事変ヲ打切レ　**天皇ハ余リ戦争ヲ続ケテイルトドイツノ「カイゼル」ノ如キ最後ヲ遂ゲルゾ**　今ニ日本ニ

大阪毎日新聞

社説　新内閣の使命は何か

第三次近衛内閣成立

藏相小倉、内相田邊氏
外相に豐田海軍大將

昨夜、親任式を御擧行

不動の國策既に確立 急速果斷の實行のみ

首相談

エビシー インキ

文中「七月十九日付大阪毎日新聞紙」

モ革命カ起キ天皇ノ銃殺サレルノモ近イ内ダ　我々国民ハ戦争ニ勝ッテモ損得モナイ、得ヲスルノハ天皇ト少数ノ軍ノミナリ」と書きたる投書ありたり。（捜査中）

※元ドイツ皇帝のヴィルヘルム2世が1941年6月4日に死去したことを指すか。

特高月報 昭和16年10月号

昭和16年11月　北海道　不敬言辞

札幌市南五条東二丁目　漫才師　山尾正男　栗田ミサヲ

十一月十五日勇払郡苫小牧町王子製紙会社娯楽場に於て産報苫小牧産業戦士慰安演芸会席上漫才「お里、沢市」口演中、「モシコチノ人、昔桓武天皇様奈良ノ都ニマシマス折両眼共ニメシヒトナリ其ノ折此ノ観音様ニ祈願コメ両眼明カニナルトヤラ、モッタイナイガ天子様モ虫ケラ同様ノ私等デモ神ニ隔テハナイトノコト云々」と不敬

言辞を弄す。（厳重訓戒の上爾今之を訂正若は削除せしむ）

※漫才の詳しい筋は不明だが、眼病に効果があるとされ、桓武天皇も祈願したという西国霊場第六番の壺阪寺の逸話、「壺坂霊験記」を指すか。

特高月報　昭和16年11月号

昭和16年11月　警視庁　不敬言辞

東京市品川区坂下町二七七五　金属経済研究所長　常盤嘉一郎（29）外五名

被疑者常盤嘉一郎は十一月二日午前十時頃本籍地たる神奈川県藤沢市本町実父常盤仲方を訪れたる際父仲に対し、「**秩父宮は**病気で葉山に行って居られると言われて居るが実際の所は病気ではなくて**英国大使クレルギーの娘と関係して居る**事実がありその為め三国同盟には反対だったので近衛公が三国同盟を結んだので叱り付けられた　その事が閑院宮に知れたので閑院宮が秩父宮を叱って葉山に押し込められたのだそうだ」と語り畏くも皇室に対し奉り不敬の言辞を弄せる事判明、十一月十二日被疑者を検挙取調の結果之が不敬言辞流布者左記の通判明せるを以てそれぞれ検挙。（目下取調中）

クレイギー

※デマである。クレルギーは現代ではクレイギーと呼ぶ。（サー・ロバート・クレイギー）

特高月報 昭和16年11月号

昭和16年11月　長崎県　不敬言辞

長崎県壱岐郡沼津村字横内　刀剣磨業　原田政雄（63）

本名は日露戦争に従軍し年金三百五十円を得て生活を為し居るものなる所十一月四日所用の為め列車に乗車中三等車内多数乗客の面前に於て隣席者たる佐世保海軍工廠工員末次長多に対し、**「天皇陛下は「アマチャン」**で俺の如き者にも年三百五十円の金を毎年下さる　天皇陛下から渡される剣はあれは切れぬなまくらバイ、俺がとは二尺三寸の広忠の名刀で良く切れる云々」と不敬の言辞を弄し居るを移動警察官に於て発見す。（泥酔の結果の所為なること判明厳重訓戒）

※天皇から渡される刀とは「恩賜の軍刀」を指すか。

特高月報 昭和16年11月号

昭和16年11月　福島県　不穏文書掲出

福島県河沼郡野沢町　農　佐藤直吉（63）

本名は元肥料商にして肥料の合理化問題に熱中し居るものなる所十一月五日居宅付近井戸小屋に、「硫安施肥地の大減収を実地調査せよ、日本的肥料は減収せぬ事を、腐らかし（注、す）ような統制をやめよ　これなら増産の必要なす（注、し）十一月五日ヨミ売アイドク者くさる統制反対生」なる不穏文を認め掲出す。（内務省令警察犯処罰令に依り科料五円）

特高月報 昭和16年11月号

昭和16年6月　島根県　不敬言辞

島根県能義郡安来町　元栄勝蔵（62）　近江童吉（46）

被疑者元栄勝蔵は本年六月日不詳午後三時三十分頃能義郡安来町田中勇吉所有製材工場に於て同町近江竜吉と対談中同人に対し、「日本にも未だ赤があるだげな、大きい声では言われぬことだが、**秩父の宮も赤の系統だげな、昔でも南朝と北朝とあった様なものだ**」と不敬の言辞を弄し、被疑者近江竜吉は前示の事実を聞知し九月一日午前九時三十分頃同町内藤満良方に於て同人と対談中同人に対し被疑者は未だ多少は赤が居るだろうと前提し、「実は秩父宮殿下も赤のお方だそうで近頃新聞に出なくなったのもその為だそうだ」と不敬

の言辞を弄す。（十二月三日不敬罪に依り送局）

特高月報 昭和16年11月号

昭和16年11月　島根県　不敬言辞

松江市大正町　山陰新聞社　記者共乙　伊藤正彦（32）

本名は先に明治神宮外苑に於て開催せられたる体育大会に「山陰新聞」特派員として上京帰県後高松宮同妃両殿下の御事に於て十一月五日午後四時三十分頃より同午後六時頃までの間松江市白潟本町山陰新聞社二階編集室内に於て同社編集局次長荒野七重外六名に対し「**妃殿下は全員最敬礼して居るときでもニタニタ笑って居るんだよ、白粉なんかとても濃く口紅も真赤に着けてまるで女優の様なんだよ、そしてとてもすけべーらしいんだよ、**宮殿下とても顔色が悪く土色の様だ」と皇族に対する不敬言辞を述べ更に十一月六日午前十時三十分頃松江末次本町森永キャンデーストア階上客室に於て松陽新報社記者雲田兼吉外一名に対し、「**妃殿下はいつもニタニタ笑って全員最敬礼をして居る時でも心から好色らしい笑いをするんだよ、その笑い方と言ったら真にすけべーらしい笑いでほんとにすけべーに違いない、口紅を真赤に着けてまるでカフェー**

高松宮宣仁親王妃 喜久子 1930

の女給の様だ、宮殿下の顔色はまるで生色がない」と皇族に対する不敬言辞を弄す。（十一月十三日検挙取調の結果同十七日不敬罪に依り送局）

※こんなセクハラ発言が、このような形で現代にまで伝わることに数奇な運命を感じなくもない。

特高月報昭和17年1月分
昭和十七年一月二十三日松江地方裁判所にて懲役十月の判決言渡しあり同月三十一日確定す

特高月報 昭和16年11月号

昭和16年11月 **岡山県** **不敬行為並不敬不穏落書**

岡山県浅口郡玉島町　無職　小山猪平（31）

被疑者小山猪平は職工又は人夫として各地を転々したるも性怠惰にして生業に就き得ず自家に帰来したるも家財なく生活に困窮を来したる所より極度に厭世し這は政府の採りつゝある政策に欠陥ありひいては畏多くも天皇政治方式悪しきに起因するものにしてかかる天皇は存在不必要なりと思惟し天皇に対し奉り著しく憤懣を抱きたる結果本年十一月十五日午後八時頃拾も自宅居室の床に掛り在りたる大正天皇、皇太后陛下（被疑者は今上天皇、皇后陛下と確信す）の御肖像画の御肖像の首部を鉄を用ひ切取り以て不敬の行為を為したる外同画上部空所に万年筆を用ひ、「日米戦開戦／日本英米ノドルノタ／**全日本暗黒時代到来セン**」と不穏文字を記載したるものなり。尚本年三月二十七日同所山陽線玉島駅構内便所に於て発見したる不敬落書（三月々報参照）「**天皇大悪人／天皇大国賊**」は右被疑者の筆跡並前記事犯の情況よりして同人の所為と認められ目下取調中。（目下取調中）

特高月報昭和17年5月分

昭和十七年三月七日岡山区裁判所にて懲役一年の言渡あり、本名は控訴申立を為したるも取下服罪

特高月報 昭和16年11月号

※昭和天皇の顔をよく知らなかったようだ。そして一月足らずの後に日米は開戦した。

昭和16年11月　熊本県　不敬不穏落書

十一月十九日熊本市公会堂地下室男子便所内壁面に刃物様の物を以て、「独裁者タル天皇ヲ倒セ自由ダ／**天皇モ人間ダ糞ヲタルル**／何時カ○○ハ天皇ヲ倒ス／自由主義者集レ／永久ニ奴隷ニ非ズ／**天皇モボボサス**　皇后メロト／全国同志百名」と落書しあるを発見す。（捜査中）

※「ボボサス」のボボとは九州方言で女性器のこと。

特高月報 昭和16年11月号

昭和16年12月　警視庁　不敬落書

十二月二十九日練馬警察署管内板橋区練馬向山町遊園地豊島園内共同便所内白壁に青インキを以て「天皇を殺せ　日本は支那に敗けている」と落書しあるを発見す。（捜査中）

特高月報 昭和16年12月号

昭和16年12月　岡山県　不敬言辞

岡山県久米郡大井西村中北上七八六　北孟（53）

被疑者は村内に於て種々専断的行為あり信望薄きのみならず村内一流の資産並に地位を有しながら常に団体観念乏しく今次事変に際しても何等協力的態度なく国債購入、貯金其の他に於て反時局的態度を示しありたる処十二月二日午前九時半頃来訪したる同村福島直之と自宅台所に於て対談中あたかも家宅侵入（応召遺家族婦女に対する姦淫行為）及文書偽造罪に依り目下予審中なる同村書記清涼義道の身上に言及し福島は北に対し、「君は清涼の肩をして居るが人気が悪いぞ。」と言いたるに対し北は、「自分は厳正中立だ。」と答え更に福島は、「しかし村民は大部分そう思って居るぞ。」と応じたるに対し北は、「そうかも知れぬが良く考えても見い、**天皇陛下でもやる（姦淫の意味）んだ**、**大正天皇は梅毒**をやりそれが頭に上って死んだのだ、葉山とか言って天皇の行く所があろうが大正天皇が未だ皇太子の時葉山へ行き近所の娘をやりよった　その内誰が献上したか知らぬが酷いやつを献上してとうとう脳梅毒に罹り摂政迄置かねばならぬ様になったんだ　それだもの況や我々我民が坊主（清涼を指す）がやるのは当り前の事だ。」と不敬言辞を弄す。（十二月十四日検挙取調中）

※デマである。少なくとも大正天皇の病気は幼少期に遡る。皇后候補の色盲疑惑で大騒ぎする皇室が、脳梅毒の女性に気をつけない訳はないと思うが……。大正天皇が日本の各地を広く行幸したこと、さらにその際に蕎麦屋（当時は蕎麦屋の二階は連れ込み宿だと言う風評があった）に出入りしたことから広まったデマか。

特高月報昭和17年3月分

昭和十七年二月十四日津山区裁判所にて起訴猶予処分

特高月報 昭和16年12月号

戦前の都市傳説　大正天皇はバカか

大正天皇

大正天皇は頭がパーだったか

　不敬事件に関する記事を眺めると、大正天皇嘉仁のに言及する話がいくつか出てくる。端的に言うと、大正天皇を知的障害者や精神病者ではないかとするような話だ。嘉仁に関する場合、実際に幼少期と晩年が病弱だったこともあり、「宮中某重大事件」と並び話が膨らみやすくなるようだ。ここでは記事についての話も交えながら紹介したい。

生まれ

　嘉仁は明治天皇の第三皇子として1879年（明治12年）8月31日に生れた。母は典侍かつ側室・柳原愛子。

　史実の嘉仁は、確かに生涯健康に恵まれなかった。まず、明治天皇には皇子5人・皇女10人・計15人の子どもが居たが、嘉仁以外の皇子4人はいずれも出産直後か幼少時に死亡している。これについては、公家の女性が用いる白粉に含まれていた鉛の害を疑う説もある。そして皇子の中で唯一成人した嘉仁も幼少時から病弱であり、乳児の内から脳膜炎に罹っている。また、この後遺症が残ったとされることもある。命は取り留めたものの、その後も嘔吐や痙攣を繰り返すなど病弱な少年時代を過ごした。1887年（明治20

年）9月に学習院に入学したが、病気により学業の遅れが目立ち、とくに理数系が苦手だった。宮内庁により2015年（2008年に一部公開）に「大正天皇実録」の大半が公開され、それによると小学校2年の時に長期欠席を余儀なくされ留年し、6年にも長期欠席した。最終的には1894年（明治27年）に学習院を中退し、家庭教師による専門教育に切り替えさせられた。それでも乗馬や漢詩に興味を持ち、よく取り組んでいた。

十代後半になると健康は持ち直し、1897年（明治30年）には18歳を迎えて成年し、貴族院議員となった。1900年（明治33年）には15歳の九条節子（貞明皇后）と結婚し、4人の皇子も生まれた。皇太子時代の嘉仁は日本全国を行啓しては地元の人間に親しく話しかけ、保護国時代の朝鮮にも渡るなど、活発な動きを見せていた。

1912年（明治45年・大正元年）7月30日、明治天皇が崩御（死亡）し、嘉仁は跡を継ぐこととなる。明治から大正に改元し、新しい時代を迎える中で、嘉仁には重い負担が圧し掛かり始める。即位から数年のうちに健康を害し始め、原敬ら近しい者らにもその

柳原愛子

貞明皇后

様子は明らかになっていた。１９１９年（大正8年）には発語や歩行の障害により公務を全く行えなくなるほど病状が悪化し、摂政の設置が検討され始めた。嘉仁の容態が悪い事は国民にも明らかだった。「宮中某重大事件」や皇太子裕仁の洋行を挟み、１９２１年（大正10年）11月25日の皇族会議により、皇太子裕仁が摂政を務めることが決定された。以後大正天皇は政務に戻らず各地の御用邸で療養を続けたが、次第に脳貧血を頻繁に起こすようになり、１９２６年（大正15年・昭和元年）12月25日に崩御した。

大正天皇と「印象」

明治天皇に比べ、大正天皇は皇太子時代から行啓し国民に多く姿を見せていたため、その反動として様々な噂が立ったと言うことも出来る。大正天皇の行啓に関するエピソードはいろいろあり「人間味溢れる」と評されることが多いが、相手に好きに話しかけ過ぎて困らせたり、予定にないコースを取らせたりするなど「落ち着きのない」と言える部分も多く、新聞報道では幾ら美化されても、庶民からすれば奇異に見えるエピソードもあったのだろう。

大正天皇がその治世の後半において病弱であったと言うことは、摂政を立てられたことからも明らかであり、国民にも強く印象付けられていた。特殊な例を挙げれば、虎ノ門事件を起した難波大助は、病弱な大正天皇より摂政宮裕仁の方が標的に相応しいと考え、裕仁を襲撃している。

振舞い・病弱、この二つが組み合わさったとき、庶民が注目したのは、大正天皇の「脳」または「精神」だったようだ。しかしそれに言及することは「不敬罪」に非常に近付いていく、スリリングな話でもあった。それでも大正天皇の病気や「宮中某重大事件」の様に天皇と障害が組み合わさる話がウケて受け継がれてきたのは、「神聖であるはずの一族に薄弱児が生れた」と言う根本的な矛盾、そして皮肉や同情の入り混じった現代と変らないゴシップ的話題故かもしれない。

「望遠鏡事件」

　世代によって違いはあるだろうが、小さい頃、暇つぶしの手遊びで紙を丸めたような筒状のものを覗き込んで遊んでいたところ、親や先生から怒られた……そんな思い出がある人はいないだろうか。このようなことが言われるようになった所以は、恐らく大正天皇の「望遠鏡（遠眼鏡）事件」だろう。

　一般に広まった「望遠鏡事件」の大筋は「大正天皇が帝国議会の開院式に望んだ際、詔書をくるくる丸めそれを望遠鏡の様に覗いて、議員達を見回した」というものである。さらに「その後、隣の議長をポカッと叩いた」と言うパターンもあるがここまで来ると冗談だろう。

　この様な話がいつから広まったのかは定かではない。しかし、天皇が開院式に出ることは確かであり、侍従の黒田長敬や、女官の山川三千子らによって（擁護的に）事実として言及されたこともあり、この様な話が生まれる素地自体はあるため、真偽入り混じっている状況が伺える。事件が起きたのは黒田によれば1920年（大正9年）、山川によれば1912年（大正元年）に起きたと推測されるように、時期は明らかではない。「望遠鏡事件は戦後から広まった」とされることがあるが、特高月報を見る限りこの話（また大正天皇の薄弱説）は戦前から口述ではそれなりに伝えられていたようだ。

特高月報　昭和19年2月分　長崎県

「「……大正天皇は議会開院式の時勅語を御読みになる際クリクリット巻いて遠眼鏡の様にして眺められたそうな、少し頭が悪くあられたそうな。云々」と不敬の言辞を弄したる……」

　事件が実際に起きたとする上で、「脳膜炎の後遺症により手が不自由で、詔書をうまく巻けたか心配で確かめた所そう見られてしまった」「以前詔書が上下反対に巻かれていたことがあり持ち直すのに恥ずかしい思いをしたので、事前に確かめた」と言った擁護的解釈も行われることもあるが、いずれにせよ真相は闇の中である。

梅毒

　不敬事件には皇族に関する猥談を取り締まったものも存在する。大正天皇も猥談からは逃れられなかった。

特高月報　昭和16年12月分　岡山県

「天皇陛下でもやる（姦淫の意味）んだ、大正天皇は梅毒をやり夫れが頭に上って死んだのだ、葉山とか言って天皇の行く所があらうが大正天皇が未だ皇太子の時葉山へ行き近所の娘をやりよった其の内誰が献上したか知らぬが酷いやつを献上してとうとう脳梅毒に罹り摂政迄置かねばならぬ様になったんだ夫れだもの況や我々我民が坊主がやるのは当り前の事だ。」と不敬言辞を弄す。」

　葉山御用邸は1894年（明治27年）に建てられたので時期的には合っていなくもないが、信憑性は無さそうだ。「裕仁が難波大助の許婚を強姦した」伝説に似たようなものだろう。皇族が性病にかかっていたと言う都市伝説は、明治天皇・昭和天皇・秩父宮などにも存在するが実態は定かではなく、恐らくこれからも明らかにはならないと思われる。

現代は？

　これらの話は戦前においては不敬罪などにより当然取り締まられ、戦後においても人権意識の高まりもあり、「障害」を露骨に取り上げて話されることはあまり無くなった。しかし、「皇族の心身」への感心自体が衰えたわけではなさそうだ。平成時代における例を挙げれば、皇太子妃雅子に対しては精神的問題や露骨な「不妊」問題、愛子内親王の不登校問題なども盛んに報道された。以前より皇族に関する報道が開かれていることもあり、これからも新しい「皇族と心身」の伝説は生まれてくるかもしれない。

戦前の都市傳説　難波大助仇討物語

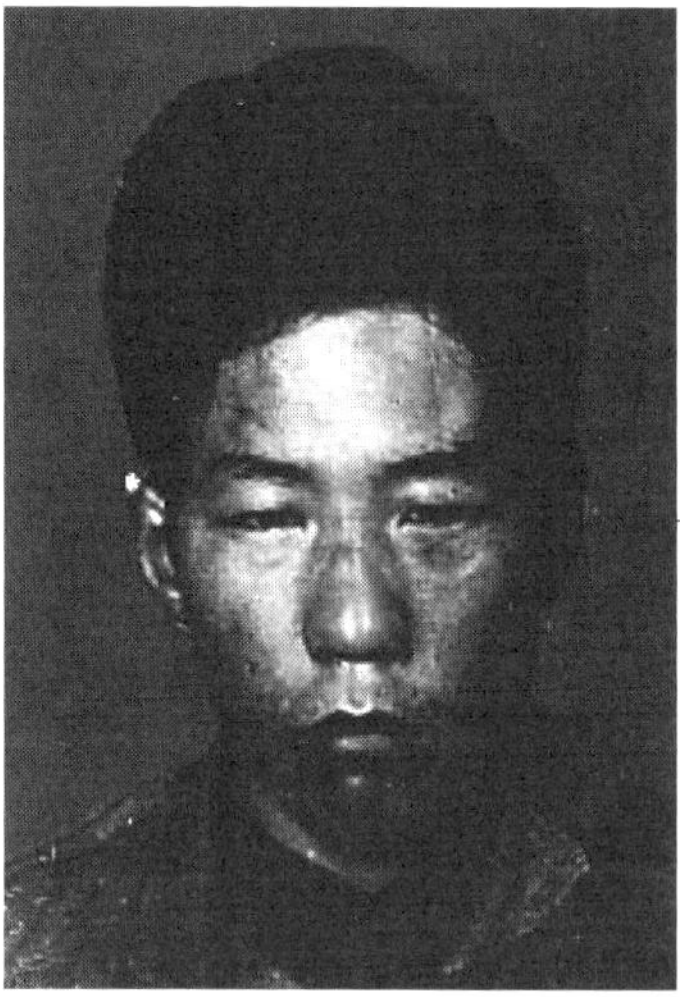

難波大助

1923年（大正12年）12月27日、難波大助は虎ノ門において摂政宮裕仁（後の昭和天皇）の車列に飛び出し、摂政宮の乗った車をステッキ銃で銃撃した。

「山口県の名門難波家の子息が摂政宮を殺害しようとした」事件は、公衆の面前で起きたこともあり、民間においても大騒ぎとなった。難波大助が銃撃に至った経緯は思想的なものであり、大助自身は最後まで自分が精神病者として扱われないように振舞い、一共産主義者として刑場に消えた。だが、極めて政治的な「大逆事件」の為に報道は統制化に置かれ、また関東大震災後の混乱も完全に収束したとは言えない時代である。市井の人々はほとんど事件の正確な状況を知る事は出来なかった。しかし今も昔も、真相が明らかにされない大事件には、噂や都市伝説が生れるものである。そして後に公の発表がされても、市井に染み付いた噂や都市伝説は簡単には消えない。どんな都市伝説が生れたのだろうか。

虎ノ門事件直後の警察側の記録には、市井に何かの噂が広まったという記録は見られない。事件翌年の1924年（大正13年）11月16日、文豪永井荷風は日記（『断腸亭日乗』として知られ、戦前の風俗を知る上で良い記録となっている）で、難波大助の死刑判決に触れ、事件その物は冷ややかに記している。

「十一月十六日。日曜日。快晴。都下の新聞紙一斉に大書して難波大助死刑のことを報ず。大助は客歳虎之門にて摂政宮を狙撃せんとして捕へられたる書生なり。大逆極悪の罪人なりと悪むものもあれど、さして悪むにも及ばず、また驚くにも当らざるべし。皇帝を弑するもの欧洲にてはめづらしからず。現代日本人の生活は大小となく欧洲文明皮相の模倣にあらざるはなし。大助が犯罪もまた模倣の一端のみ。洋装婦人のダンスと何の択ぶところかあらんや。」

ただ、荷風は欄外に朱筆である噂を書き加えた。

「難波大助死刑大助ハ社会主義者ニアラズ摂政宮演習ノ時其処ノ旅館ニテ大助ガ許婚ノ女ヲ枕席ニ侍ラセタルヲ無念ニ思ヒ復讐（ママ）ヲ思立チシナリト云フ」

（岩波文庫版『断腸亭日乗』や岩波書店版荷風全集ではこの欄外の部分は多くが×で伏せられている）

つまり、「摂政宮裕仁が難波大助の許婚の女を、彼女の勤務先の旅館で犯した為、大助は復讐を思い立ち虎ノ門事件を起した」と言う噂が、事件から一年経たない内に広まっていた。しかしこれはあくまで基本形であり、次第に尾ひれを付け様々な形で広まっていく。ただ、この都市伝説には重大な問題点があった。その内容が当時においては不敬罪に直結していたのだ。その為、特高月報にはこれに関連する発言を幾つか収録している。

「不敬言辞
呉市吉浦町西浜西町
西本繁登（36）

十二月十四日呉市新町遊郭にて、

幾等高位高官の方でも無理をすればよくない、難波大助の大逆事件も今上陛下が大助の許婚の女に惚れられて侍従に取り持ち方を言ひ付けられたが侍従は許婚者があるから其の様なことは出来ませぬとお断りしたのにも不拘無理に望みを遂げられた為其の女は難波に済まぬと言って自殺して仕舞った為大助が怒ってあんな事件を起し死刑にされる時でも非常に怨んでおったそうな、此の事件の弁護士に選ばれたのが花井卓蔵で花井は難波の弁護を断って職を辞め一躍天下に有名になったのが其の罰で照宮様は唖である云々。

と不敬言辞を弄死たるものなり。

不敬罪にて検挙せり。」（特高月報昭和一五年十二月分）

この話の内容を見ると、侍従が止めたのを退けて裕仁は大助の許婚を無理やり犯し、更に犯された許婚は自殺してしまっており、裕仁は完全に悪役と化している。さらに殺害できなかった大助の恨みにより子孫に障害が残るという結末。大逆犯とはいえ、大助にはある種同情的な視線が寄せられており、講談の様な敵討ちの物語が出来上がっていた。捜査が進展すると、西本がどこでこの話を知ったのかが判明した。

「不敬言辞
呉市翠町九三　佐々木克巳（35）

佐々木克巳は窃盗容疑に因り呉警察署に被検束中客年十一月三十日同署留置場監房内に於て同房中に、被検束中の西本繁登外五名に対し「ヨウ言ハンワ」と言ふ言葉の起りを教へてやると称し、

難波大助には別嬪の許婚があったんぢゃが今の天皇陛下が何処かへ行かれた時に其の許婚に惚れられて其の女を妻にする様にお付の者に言ひ付けられたがお付の者は臣下の者を左様な事は出来ないと断った不拘至々腰元に上げられて其の女を口説かれたんぢゃが其の女は許婚がある言ふて断ったんぢゃが今の天皇陛下が無理にやられたんぢゃ其れで其の女は許婚の大助に済まぬ言ふて自殺したんぢゃ、大助は之を知って非常に怒って仇を討っちゃる言ふて御前の前の松の木の陰に隠れて居って今の天皇陛下が御殿から自動車に乗って出られる処を待ち受けてピストルで撃ったんぢゃ其の時に弾丸が自動車の硝子に当って

硝子の破れが陛下の額に当ったので今の天皇陛下の額には傷があるんぢゃ、大助が死刑になると照宮さんが生れると一時ぢゃったんぢゃが照宮さんは大助の恨みがあって唖ぢゃ唖言ふ事が解ったのも此の前照宮さんが桃山へ参られた時に皇后陛下が手真似でものを言ふ様にせられても照宮さんはう言ふてものを言はれなかったのぢゃ其れでお付のものがあれは「モノヲヨウ言ハンワイ」と言ふたことから此の頃流行ってゐるよう言はんわ言ふ言葉が出来たんぢゃ

と中向け畏くも天皇及皇族に対し不敬の行為を為したるものなり。

三月十八日不敬罪として送局す」（昭和十六年三月分）

大よそ、先の西本が話した内容の元となっているが、「よう言わんわ」と言う関西弁の言葉（呆れ、諦めなどの表現）となぜか結び付けられている。また、摂政に一応危害を加える事が出来た事になっている。外にも、数件この様な話が報告されており、非常に広まっていた話である事が伺える。

「不敬不穏言辞
名古屋市南区曽池町三ノ五五地　小川一雄方
製靴職人　吉田則明（40）

被疑者は本年一月十六日名古屋市熱田区尾頭町一三番地露店商人取締園政五郎に於て同席者数名に対し、

（一）天皇陛下ガ何ガ偉インダ天皇陛下ハ九州デ難波大助ノ女ヲ強姦シテ其ノ事ヲ知ッタ難波ガ怒ッタラ其ノ大助ヲ捕ラマヘテ死刑ニシテ仕舞ッタンヂャナイカ

（※中略）

二月二十七日不敬造言飛語罪被疑事件として身柄共名古屋区裁判所検事局に送致」（昭和十七年三月分）

「不敬言辞
埼玉県浦和市高砂町三ノ一五　読売新聞社
浦和市局長　山本剛（37）

本名は二月二十一日午後五時頃より同七時三十分迄の間読売新聞社浦和支局二階に於て支局管下通信員中野実外十九名を召集し先に

開かれたる支局長会議に於ける指示注意事項の伝達を行ひたる後談偶々正力社長の一身上の問題に転じ、
　正力社長が警視庁官房主事をして居た時例の虎の門事件が起り其の責を負って官界を退かれたが官界に居られたならばとうに大臣級の男だ当時自由主義的思想が国内に漲り国の上層部の間にも陛下の行幸の際に於ける取締の如きは寛大にせよとの意見があり社長は警視庁の責任者として之に反対したが用ひられず結局あの如き畏れ多い事件が起った、あの虎の門事件は世間では思想関係だと言はれて居るがあれは事件の主人公難波大助の許婚に陛下がお手を付けられたことを大助が知り之を憤ってあの大逆事件を起したのだ云々。
　と不敬言辞を弄す。
　五月十九日不敬罪により送局す」（昭和十七年五月分）

　反骨的ノンフィクション作家であり評論家としても有名であった牛島秀彦は、事件から54年後の１９７７年（昭和52年）にも、難波大助について調査した際に未だ多くの人がこの都市伝説を信じていた事を記している（現代の眼一九七七年二月号『虎の門事件の風聞と真実』）。牛島が宿泊した山口市の旅館の女将も、難波大助の生家に当時住んでいた板前の兄弟（当時の家主は作之進長男正太郎の妻黒川ヤスだが別所に在住）も、難波大助が許婚のかたき討ちの為に天皇を殺そうとしたのだと信じていたと言う。牛島はこの伝説について、大助が自身を精神異常と見られないように苦心した経緯や、奥崎謙三による天皇ポルノビラ事件への権力の対応などを踏まえ、「難波大助の『兇行』は、確とした主義に基づいたものではなく、愛人をとられた田舎の若者の血迷い的『私憤』だという〝風聞〟をネツ造したのは、『天皇』に刃を向ける者は、誰一人ないことを願う当局が流した苦肉の『作品』だったのである」と結論付けている。もっとも、その様な証拠記録は残っておらず、また権力が以上の様にこの伝説を不敬として取り締まっていたのを見ると、この意見は肯定しにくい。

ちなみに牛島が例として取り上げた奥崎謙三が出版した著書の一つである『宇宙人の聖書!?』には、奥月宴なる謎の作家(正体は不明)により各方面へ送付された地下出版の不敬小説二篇『天皇裕仁と作家三島由紀夫の幸福な死』『天皇裕仁は二度死ぬ』が付録として掲載されている。『天皇裕仁は二度死ぬ』で(前作において暴走した三島由紀夫にヘリで誘拐され、東京タワーに激突死した)昭和天皇の葬列が襲撃される様子を興奮して眺めている名家出身の老アナキスト壮治郎は、若い頃、裕仁に恋人を強姦され、更に恋人は自殺してしまった為、アナキストになったという設定であり、この設定は難波大助に関する都市伝説を踏まえていると見られる(ただし壮治朗は難波大助より後の人間として書かれており、事件も起こしていないが)。内容だけに妙な繋がりを感じなくもない。

昭和17年（1942）

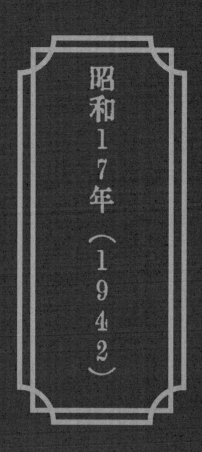

📅 昭和16年12月 📍 大阪府 ☰ 不敬落書

客年十二月二十四日大阪市住吉区浜口町二丁目二七番地先電柱及大阪市住吉反住吉神社五月殿宮柱西より二本目乃至四本目に左の如き落書しあるを発見す。

（一）電柱に白墨を使用し一字の直径約二寸大にて、「日本ノ天皇ヤ皇族方ハ何姓カ何氏カ歴史ヤ皇統譜ニハナイ」

（二）住吉神社五月殿北側宮柱西より二本目の柱に白墨にて、「皇統譜とは皇族方の戸籍なり良く見よ」

（三）右同所西より三本目の柱に、「天皇天皇皇族方ハ／氏何姓か何氏か／天皇と言う姓なしうその天皇なり／支那開闢初歴史ヤ皇統ニハナイ」

（四）右同所西より四本目の柱に、「公に発表せよ／**天皇という姓氏は日本にはない／うその天皇では国は滅ぶ**」（捜査中）

※歴史の授業においては神話的記述や天皇家の系譜も事実として教えられていたため、南北朝正閏論にせよ陰謀論にせよ、皇族の正統性に疑問を持つことはあってはならない問題であった。

特高月報 昭和17年1月号

📅 昭和16年12月 📍 神奈川県 ☰ 不穏不敬落書

横浜市鶴見区生麦町三三〇　職工　金子新次（22）

客年十二月二十四日横浜市所在日産自動車株式会社第一機械工場男子便所内に黒鉛筆にて、「今に飯が食えなくなるぞ／産業戦士とおだてられ良い気になってる馬鹿野郎　戦争に勝っても負けても俺達の生活に変りない／戦争をやめろ（職工）／ブルジョアを増長させるばかりだ（プロレタリア）」と落書しあるを発見捜査の結果犯人金子新次を検挙せるが同人は更に昭和十五年度日記帳十月十九日記載欄に、「天皇トハ何ゾヤ国民アッテノ天皇カ天皇アッテノ国民カ　天皇トハ国民ノ信仰ニ対スル偶像トシテアルノデアル」と不敬字句を記載せる事判明せり。（取調中）

特高月報昭和17年5月分

三月三十日横浜地方裁判所にて不敬罪並に言論出版集会結社等臨時取締法違反により懲役十ヵ月の判決、四月二日判決確定

特高月報　昭和17年1月号

昭和16年12月　新潟県　不敬言辞

新潟県西蒲原郡漆山村大字馬掘五〇四九　農　外山虎平（43）

被疑者外山虎平は居村中流の農家に生れ地主として字民指導の地位に在りながら昭和十六年

十二月十二日夜居字中組総代伊藤辰次郎方に於て国債購入割当に関する協議会に出席居字梨本曽一郎外六名会合の席上たまたま参会者より中組の金属製品回収の成績の良好ならざる旨の話が出るやこれに関連して総代伊藤辰次郎が、「天皇陛下さえも御手持の銅製品を御出しになって居るから我々国民は国策に則って大いに金属回収に応じなければならない。」と主張するや外山は、「天皇様のものは皆んな上りものであるから国家の所有物と同様である。我々は相当の金を出して買ったものであるから立場が違う、中には相当美術品もあるから潰し値段では仲々供出する訳には行かぬ。」との言辞を弄す。（一月二十九日刑法第七四条該当犯罪被疑事件として送局す）

※1941年（昭和16年）9月1日に施工された金属類回収令（昭和16年勅令835号）のことを指す。

特高月報 昭和17年1月号

昭和16年10月　福岡県　不敬投書

本籍大阪市南区日本橋一丁目　福岡市西堅粕二丁目簡易宿木原静馬方止宿　易者　妙中英三（49）

客年十月中旬より本年一月二十六日に至る間左記内容の不敬不穏投書を東京市両国国技館藤島親方執事宛外約五十名に宛投書を為す。「拝啓酷作益々加ワル天皇様ヲ信奉スルコト他ノ何者ニ

モ裏ラヌ　ボクモ下賤ナ奴ガ大政翼賛臣道実践ト言ウヲ笑ウ　北畠某ノ神皇正統記全然虚構、所謂明治維新ハユダヤ系壬生徳川（十六、七ダケ前ナシ）閑院ドノ陰謀ダ明治天皇ナル者三名以上アル一号安政ノ怪盗デ死刑シタ花崎薫ノ倅デ今近衛文麿の父幼名千代麿孝明天皇ヲ名乗ッタ奴、二号ソノ甥デ大正天皇ノ父幼名美彌麿ノ三條実美ダ、三号純ユダヤ、毛利元昭ダ、徳大寺モ一時ソノ地位ニイタ、乃木ト言ウ奴一タイ誰ノアト慕ッタノダ、何ガ神ダナニガ不敬ダ、所謂皇族華族デ不敬罪デ死刑ニ処スベキ奴タントアル、所謂明治以後ノ**皇室ノエロ的乱脈ハ穢多非人ヨリ劣ル**　八州香」（取調中）

※デマ、電波、陰謀論の類いである。日本にユダヤ系陰謀論が本格的に入ってきたのはシベリア出兵の頃、ロシアの白軍（反革命軍）から反ユダヤ主義の影響を受けてからのことだと言われている（日ユ同祖論は明治維新直後からスコットランド人宣教師ノーマン・マクラウドによって「イスラエルの失われた十支族」論と絡めて唱えられていた）。

特高月報昭和17年5月分

一月二十六日検挙二月二十五日福岡地方裁判所検事局に送致し審理中の所五月二十日懲役一年六か月の判決言渡あり被告は上訴権を放棄し即日確定

特高月報 昭和17年1月号

昭和17年2月　大阪府　不敬反戦投書

二月五日大阪市西淀川区浦江北通二丁目竹内清一宛左記内容の不敬並反戦的激越なる不穏投書の郵送越あり。「記　拝啓弘君の戦死誠に目出度存ますよく死ンでくれました。マレーの作戦は有力な敵の主力にむりから我々が突撃しましたがナニシロ厳重なしかも近代的装備を誇るトーチカ陣で、ゆけば死ぬ事はわかっているのにむりからとつげきナント約二万五千の我軍は其の九パーセント迄戦死あとは失明者が大半です。実にザンコクです今回の東亜戦で日本の戦死はもう十二万七千余となっている。ムツも長門もげきちんせられ、海底のもくづとナリマシタ。海南島では支那人を飛行場の工事に、日給九十銭で酷使し、ヒミツ厳守の為にこれを射殺している。二・二六、五・一五事件内容ヲ知ッテイルカ。支那侵略の内容も知っているか、非人道的な日本の政略は半スウジク国の民衆は断じて許せぬとオソロシイ決心ヲシテイルノダ。日本軍の一名デモ多ク死ヌル事が我々日本人の幸福ダ。**トモカク天皇ノ如キハふみ殺して便所ニデモナゲ込ムがよろしい。ドコノ、クサレガキともわからぬ奴ヲ、コウトウ、レンメン、万国無比などと勝手な名ヲ付ケクサッテ、何事ダ。米はビンボー人には、死ナス程度に食わせ、生み増やせと、センデンシ、二十にナッタラ、マニラの、サトウカンショの肥料にしてやる天皇陛下の御為に命ヲステテ、ハタラケ、アリガタイシアワセと思え。ヨクモ吐せた言葉ダ。**英米ゴウ、ラン支那、ナカナカ八年や十年の戦でクタバル様ナ弱国でない。今に日本は国民から火の手があがるぞ。金サエアレバいくらもぜいたくし、無い者は今迄の通りとはどこが新体制ダ。旧態依然タリだ。オレ等はトナリ組常会かて、かつて行った事がない。アホーラシウもない　しかしわたしは一個人としては弘君に表心から弔意を捧げます。今迄御両親の懐にそだてられようやく一人前に、ナッタ一家の柱石であるから、わたし等も親の心はみな一つ、なんで非人道的な事が申せましょう。けれども大東亜戦と言うのが、アノ帝都の動乱の始末からボツボツ始った戦争で日本のビンボー人なかせの深い訳のある戦争です。コレ等の侵略戦争に我々は大反対であるこの戦に加わるやつは皆我々の敵ダ。ソレデ、貴殿は、四師団の司令部に行き、佐官、将官級は一人のこらず第一線の一番キケンナ戦死のまちがい無イ所へ進出サセルヤウ交渉シロ、それしか出来ネバ近イ内に家の西側から赤い、けむりの立つ事がアル。シカシ保険ヲ付ケタラ又大事件が起るから、そう皆迄死ナイデモ息子一人の戦死でけっこうでアロう。」（捜査中）

※マレー作戦の日本軍参加兵力は約35000人とされており、そのうち戦死1793人、戦傷2772人となっている（尚、参加兵力の一部である第五師団はマレー作戦を想定し、環境の似た海南島で訓練をした）。第四師団はこの作戦には参加していない。陸奥、長門は未だ健在である。あくまで一番都合の合う状況を考えた臆測であるが、手紙の主は訓練の際に海南島の実情を見、その後、マレー作戦に参加した一関係者かもしれない。それでも情報の誤りと、遺家族に対し悪質な内容を含む手紙ではあるが……。

特高月報　昭和17年3月号

🗓 昭和17年2月　📍 大阪府　☰ 不敬反対通信

二月四日差出人大阪市東区東小橋東六町二ノ五九本革新党首領山田源二名義を以て支那重慶政府蒋介石に充てたる左記不敬反戦的通信あるを大阪東淀川局にて発見せり。

記

支那三民主義賛美　日本資本主義壊滅必迫　**日本東京、大阪東京空爆即時断行希望**。無産者生活益々窮　富豪逐日繁栄。政府、国民思想に憂慮、日本松岡前外相ソ連モロトフ、スターリン首相秘密会見難願中立泣訴、貴下ソ連ヲ援助、本年四月頃大編隊日本本土爆撃、数十万大軍以、満州国、並日本守備隊全滅的激破全殺して日本本土要圖作成何時何時送送成可。支那駐屯日本軍対領民疑装隊依而、西瓜、氷菓子等細菌混入販売全殺、小生日本天皇関西旅行待必殺現在現在日本国民思想八%大悪化。

（二月二十二日大阪逓信局長より大阪地方裁判検事局に対し告発あり　調査中）

特高月報　昭和17年3月号

🗓 昭和17年3月　📍 神奈川県　☰（記載なし）

三月十一日藤沢市江ノ島電鉄藤沢駅附属便所扉内側に白墨を以て「**皇后陛下ハ助平**

ナリ」と落書しあるを発見す。（捜査中）

特高月報 昭和17年3月号

昭和17年1月　愛知県　不敬不穏言辞

名古屋市南区曽池町三ノ五五地　小川一雄方　製靴職人　吉田則明（40）

被疑者は本年一月十六日名古屋市熱田区尾頭町一三番地露店商人取締園政五郎に於て同席者数名に対し、「（一）天皇陛下ガ何ガ偉インダ**天皇陛下ハ九州デ難波大助ノ女ヲ強姦シテソノ事ヲ知ッタ難波ガ怒ッタラ共ノ大助ヲ捕ラマエテ死刑ニシテ仕舞ッタン**ヂャナイカ

（二）天皇陛下ハ俺達カラ高イ税金ヲ取ッテ盆正月ガ来テモ下駄一足モ買ッテクレタ事ガナイヂャナイカ

（三）戦死シタ人モ気ノ毒ダ　遺族ニ対シテ千円ヤ千五百円バカリヤッタトテ何ニナルカ戦死シタラ五千円位ノ値打ガアルゾ

（四）日本ハアメリカト大キナ戦争ヲブッ始メヤガッタガ小サナ国ガ何デ勝テルモノカ　第一アメリカヤイギリスノ様ナ大金持ト日本ノ様ナ貧乏国ト戦争シタッテ何ガ勝テルモノカ　ソレガ証拠ニ日本ハ支那ト五年モ戦争シテ居テモヨウ勝タンヂャナイカ」（二月二十七日不敬造言飛語罪

被疑事件として身柄共名古屋区裁判所検事局に送致）

※（1）はおなじみのデマである。（4）は戦争の実情をよく説明している。

特高月報 昭和17年3月号

昭和17年4月　兵庫県　不敬言辞

兵庫県出石郡合橋村水石四七　農　岸本良夫（31）

四月十九日午前十一時頃自宅に於て実母岸本カイ及び実妹年枝に向ひ「働け働けと言う時に天皇陛下も働かんと言う規則はない　二、三時間働いたら国民はどんなに喜ぶだろう」と不敬の言辞を弄し実母の制止にも拘らず更に同日午後五時頃出石郡出石町理髪業水島英方に至り同人に対して「**天皇陛下もちっと百姓の仕事をしなはっても好い**じゃけど」と不敬の言辞を弄す（検挙取調中）

※昭和天皇の代から、皇居内で小規模な稲作を行っている。

特高月報昭和17年8月分

四月十九日検挙不敬罪として五月二十六日神戸地方検事局に送局せるが精神鑑定の結果精神分裂症と鑑定、八月十日起訴猶予処分となる

昭和17年3月　**茨城県**　**不敬言辞**

茨城県東茨城郡石崎村大字上石崎　農兼漁業　長谷川好之介（39）

本名は曽て農民運動を通じ無産階級解放運動に専念したる前歴を有する者なるが三月六日居村藤枝誠造に於て漁業組合総会開催され会員約三十名出席会議中南鳥島爆撃の記事掲載しある「朝日新聞」を閲読中の藤枝誠一と右記事に関し二、三問答の末席上一般会員に聞ゆる言口を以て、**「宮城に爆弾が二つ三つも落っこったら奴等大騒ぎして面白かんべな」**と放言す。（四月十七日送局五月一日不敬罪にて起訴せらる）

朝日新聞
南鳥島で敵の七機撃墜
約卅機、わが鐵の布陣に潰走
バタビヤの猛攻開始
隨所に敵防備陣を蹂躙
米に攻勢論横行
米油槽船を撃沈

長谷川が眺めた新聞（朝日新聞　一九四二年三月六日夕刊）

※3月4日に南鳥島が（東京府内で始めて）米海軍による爆撃を受けた。

特高月報昭和17年8月分
五月十九日懲役四月（求刑六月）の判決言渡あり控訴権放棄の結果同月二十一日刑確定せり
特高月報 昭和17年4月号

昭和16年9月　岡山県　不敬言辞

岡山県児島郡福田村福田六六七　藺草屑仲買業　中村増治郎（42）

客年九月二十八日頃居村福田公会堂に於て開催せられたる戦死者遺家族方に派遣せらるる陸軍大臣代理用問使の歓送迎準備の為の隣保班協議会場に於て司会者岡部勝一外九名の専断的態度に反感を抱き同人等に対し、「**ナアー二弔問使も天皇陛下もお互い我々も皆同じことぢゃないか　コレをして出来たんじゃもの大したことはない**　皆同じことだ　そう勿体ぶらんでもよい」と**手指を以て男女交接の形を示し**つつ放言せる事実あるを最近傷害並恐喝事件被疑者として取調中発覚す。（二月二十六日送局、四月十一日起訴猶予処分）

※手をグーにして指と指の間から親指を出すしぐさと思われる。

特高月報 昭和17年4月号

昭和17年1月　大分県　不敬言辞

宮崎県延岡市　材木商　吉岡猪太郎

約三、四個月前本名の下請人夫として稼働中の後藤米太郎同人長男後藤豊の両名に対し前記後藤米太郎方に於て、「天照大神に対する種々な憶説は確証のないにもかかわらず歴史家が想像を逞しうした挙句天の岩戸の無形なることや女神等の事を担造してそれを我国の祖先として崇め今日に至って居る　しかし常識から考えても**三千年の昔の事が我々に解ける答もなく証拠もないのに神代なるものを強調する歴史家程無責任極るものはない**と言わねばならぬ云々。」と不敬言辞を弄す。（厳戒処分）

特高月報 昭和17年4月号

昭和17年3月　**警視庁**　**不敬不穏投書**

東京市渋谷区八幡通二ノ一〇　都新聞社　校閲係　荒井雄藏（32）

本名は都新聞社に入社後同僚たる田辺裕、武井俊次の両名が自己より優位の部署に就きたるのみならず私交的にも両名が急速に接近せるに対し不満を抱くに至り不満はやがて反抗心と変り両名を中傷して何等かの苦痛を与えんと企図するに至り其の手段方法を考慮の結果不敬投書を為すべく決意し三月六日退社の帰途左記内容の不敬投書を警視総監宛為したるものなり。「私は今度のシンガポールの陥落こそは日本の大勝ではなくてむしろ負け戦であろうと思う。今の日本の国情を見るに米はなし、食糧品はなし、国民は塗炭の苦しみに端いでいるぞ（中略）**天皇陛下なんてあんな広い屋敷にのさばって避暑とか避寒とか勝手気儘な熱を吹かしている、**こんな人間共を整理しなくてはなんで米英に勝てるものか　負けるのは当然の理なりもう少し食い物を出して人民を優遇しろ楽寝をしている者や上の奴らにはひばしにしても国民に食べ物を出さなくば最後の手段あるのみだ。」（四月八日不敬罪にて送局五月五日起訴収容せらる）

※太平洋戦争開戦以後、日本軍は猛烈な勢いでマレー半島を進撃した。ブキテマ高地での戦いを経て、シンガポールの英国軍は2月15日に降伏し、世界に衝撃を与えた。

※聽て→やがて、とした。

特高月報 昭和17年5月号

昭和17年4月　警視庁　不敬演説

神奈川県逗子町　代議士　尾崎行雄（84）

本名は今回施行せられたる衆議院議員総選挙に際し東京第三区より立候補せる田川大吉郎の応援弁士として四月十一日より同十三日迄の前後五回に渡りて応援演説を為したるがその論旨中左記の如き不敬言辞を弄したり。「優れた御方が出ればその一代の間は日本は大層よかった後に優れない陛下が御出になると全然違った北条の時代が出来たり、足利の時代が出来たり、徳川の時代が出来たり、その前には藤原の時代があった、蘇我の時代があったと言うが如く大層下々は苦しんで……後略　前略……その次は命も財産も権利もなしで犬猫同様に搾られて居るのを救って人間並の権利と自由を与えなければならぬと御考えになったものと見えて例の明治維新革命の時に五ヶ条の御誓文を天地神明に誓って居られます……後略　前略……憲法が出来た後は政治の根本が決って居ります……後を継ぐ御方が出ても政治のやり方については変らないから**明治天皇に較べれば大正天皇も今上天皇も劣った処があるかも知れませぬが**（注意）……後略　前略、優れた天皇陛下がお出になってもそのお方が御在世の間は実に良い仕事が出来ますがその次のお方が必ずしも同じ様でない時には今度は度々悪くなります（注意）……明治天皇陛下程の聡明な御方が御崩れになって今日は二代目三代目（注意）……後略（四月二十三日東京地裁検事局にて起訴前の強制収容を為し翌日起訴決定し目下予審取調中）

特高月報　昭和17年5月号

※尾崎行雄の有名な不敬事件。詳細はコラムを参照。

昭和17年2月　埼玉県　不敬言辞

埼玉県浦和市高砂町三ノ一五　読売新聞社浦和支局長

山本剛（37）

本名は二月二十一日午後五時頃より同七時三十分頃迄の間読売新聞社浦和支局二階に於て支局管下通信員中野実外十九名を招集し先に開かれたる支局長会議に於ける指示注意事項の伝達を行いたる後談たまたま正力社長の一身上の問題に転じ、「**正力社長**が警

正力松太郎

視庁官房主事をして居た時例の**虎の門事件が起り**その責を負って官界を退かれたが官界に居られたならばとうに**大臣級の男だ**　当時自由主義的思想が国内に張り国の上層部の間にも陛下の行幸の際に於ける取締の如きは寛大にせよとの意見があり社長は警視庁の責任者としてこれに反対したが用いられず結局あの如き畏れ多い事件が起った、あの虎の門事件は世間では思想関係だと言われて居るがあれは事件の主人公**難波大助の許嫁に陛下がお手を付けられた**ことを大助が知りこれを憤ってあの大逆事件を起したのだ云々。」と不敬言辞を弄す。（五月十九日不敬罪に依り送局す）

※正力松太郎が虎ノ門事件で引責辞任をし、後に読売新聞の経営者となったことを指している。ただし虎ノ門事件の内容についてはお馴染みのデマである。

特高月報昭和17年6月分

五月二十一日浦和区裁判所検事局へ移送同月三十日起訴以来審理中の所六月十九日懲役一年の判決言渡あり、山本は同月二十二日上訴権放棄し服罪

特高月報　昭和17年5月号

昭和17年4月　千葉県　不敬言辞

千葉県香取郡吉田村吉田四〇二四　医師　平山精一郎（66）

四月二十七日午前十時頃居村役場内に於て同所に居合せたる同村々長、助役外四名に対し四月十八日の敵機の本土空襲に関し、「何と言っても呆んやりして居て本土に敵機を入れたのは失敗である、余り防空関係の事は話せないがとにかく**現在の時局に宮様を防空司令官にして置くのは間違い切っている**、云々。」と不敬の言辞を弄すると共に空襲に関し流言飛語を為す。（不敬罪並に言論出版集会結社等臨時取締法違反事件として五月十九日送局す）

※ドーリットル空襲の事について話している。当時の防衛司令官は東久邇宮稔彦王大将。

特高月報 昭和17年5月号

昭和17年1月　大阪府　不敬不穏言辞

大阪市淀川区十三西之町一ノ一三六　職工　三溝周吉（21）

本名は本年一月十八日高山市外原山スキー場に来遊を事由に単身高山市に来り同月二十二日迄同市本町一丁目平野屋旅館に投宿中中学校時代の学友二名に対し又同月二十五日より吉城郡河合村の知人宅に於てたまたま仏事に来合せたる僧侶山越周鳳等に対し、「聖戦の美名を以てする大東亜戦争は資本主義末期に於ける帝国主義戦争でありかつこの戦争過程に於て天皇の実権は無力化し且日本の資本主義社会は戦争に因る疲弊の為め必然的に崩壊し共産主義社会の実現は不可避なり。」との反国体的言辞を弄すると共に、「**日本が倒れて共産主義社会になれば俺等**

が天皇に代って政府をやる様になるそうしたら伊勢神宮門番にする考えだ　日本の歴史は皆んな作り事で伽噺の様なものだ応神天皇の后神功皇后は応神天皇崩御後三年にして仲哀天皇を生れた、**人間は生理上十個月かせいぜい十一個月しか腹に子を持って居らぬので三年も腹に子を持っていると言う様な事は生理学上不可能**の事だ、云々。」と不敬の言辞を弄したるを以て相当左翼的意識分子と認められ厳重取調を為したる所其の動機たるや浅薄皮相なる階級理念に基き低劣なるヒロイズムに駆られ地方山村人をして驚愕畏敬せしめ自己の優越感を満足せしめんとしたるに過ぎずマルキシズムに対する透徹せる認識なく共産主義運動等の容疑事実発見せず。（五月十三日不敬罪並時局に関する造言飛語被疑事件として送局す）

※他の共産主義者の発言よりは天皇を穏当に扱っている。

特高月報　昭和17年5月号

昭和17年4月　熊本県　不敬言辞

熊本県阿蘇郡草部村　阿南トラヱ（57）

四月二十六日被疑者方屋根替に際し近隣の加勢を受け同日午後九時三十分頃自宅十畳の居間に於て雑談中談偶、皇室の御事に移るや被疑者は加勢人阿南鶴義外七名及家族の面前に於て「**今の皇后陛下も梨本宮様の奥様も己に操は破れて居ったげな**」と不敬の言辞を弄す。

（不敬罪に依り五月三十一日送局す）

※初夜の時に処女ではなかったということか。事実かどうかは永久に不明である。

特高月報 昭和17年5月号

昭和16年12月　宮崎県　不敬言辞

宮崎県延岡市岡富　材木商　吉岡猪三郎（44）

昭和十六年十二月十七日正午頃大分県南海部郡直見村字千又山林山小屋の休憩所に於て自己の使役せる人夫後藤米太郎、後藤豊外六名に対し対談中

「1　天照大神は南洋のフイリッピンから黒潮に乗られて南九州の南岸の鹿児島の沖に着かれたと思う、南の方から来られたと言う証拠には黒潮の潮流に乗って材木や人間も流れて来た事がある。**鹿児島方面の人の顔は瓜種顔で高貴の方に似た容貌を備えている**点が見受けられる　また南洋の土人で我日本の皇祖の系統の民である優秀な日本人と気性の似て居る点がある　それで**結局天照大神は南洋のフイリッピン人である。**

2　神代のことは判らぬのが本当だ、天照大神は実際おられた人か男か女か判らぬ　日本の歴史が間違っている。」と不敬言辞を弄す。（不敬罪により六月一日送局す）

※神話による歴史観よりはまだ科学的な考え方である。

特高月報 昭和17年5月号

昭和17年2月　北海道　不敬言辞

旭川市八冬通八丁目右十号　旭川森林事務所雇　掘川一郎（31）

本名は昭和七年頃より叔父に当る元社会民衆党及日本農民組合員たりし弁護士堀井久雄より左翼思想の啓蒙を受けこれと並行して自ら左翼文献を漁読研究してこれに共鳴し、現下我国の資本主義社会制度に対して極端なる不満を包蔵するに至り、反国体的不逞思想を抱懐するに至りたるが本年二月二日午後十時三十分頃旭川市四条通七丁目カフェー旭川会館森内竹次郎方階下客席に於て同僚横堀信一郎と飲酒中女給及遊興客多数密集せる面前に於て時局問題を論じ、大東亜戦争に及びたるや、「俺は召集されても天皇陛下の為めに死ぬのは嫌だ　日本は皇室を倒さんとほんとうの幸福は来ないのだ　**天皇陛下はユダヤ財閥の傀儡だぞ**」と公然不敬の言辞を弄す。（厳重取調たるも思想的容疑事実発見に至らず二月二十八日不敬罪に依り送局、四月十八日懲役一年の判決言渡あり服罪す）

※蝟集→ハリネズミの毛の様に大勢の人が密集していること、から蝟集→密集とした。

※ユダヤ陰謀論は当時から人気だったようだ。

昭和17年6月 熊本県 不敬不穏投書

六月一日大阪南郵便局消印ある宛名熊本駅熊本駅長、熊本機関庫長、熊本省線車掌室、差出人大阪市大阪駅内国鉄従業員倶楽部国鉄全革新連盟支部名義の封緘葉書を使用せる左の内容の投書ありたり。「五月三十日「朝日新聞」夕刊投書欄声に御投稿の「横柄な人達」を拝読、全く同感に御座候、しかも彼等は軍部及び地方視察の主務省官吏に軍需工場成金連中、地方長官、警察部長等々およそ指導階級の人間共は益々増長するばかりにて大衆官業従業員たる我等は実に反国家思想を命々助長致すのみに候　ことに先般の空襲は（東京、名古屋、四日市、和歌山、神戸）東条の逆賊奴が国民を脅かしたるニセ空襲である事は全国民に伝わり、神戸で六十名程流言で拘引されたり、大阪でももはや誰一人として東条奴を信ずるものなく、選挙は自発でなく、隣組で無理に命令投票であり、米、砂糖は大阪は腐敗する程倉庫にありて、しかも食わさず、東京では一町内に不食のストライキあり、生活の不公正に「内乱だ、革命だ、東条必殺だ」大衆は今や東条内閣打倒を計画中にして、**中野正剛も三十万円で翼政会に買収された。**大阪は外米ばかりでまずくて食えず、石鹸もなく、餅もだんごもあづきもなく、配給菓子も一寸（月に三十銭〜五十銭）その上着もなく、野菜も立並んで買い、しかも軍需工場はどんどん儲け全く警察官も居眠り　天皇の大馬鹿者は軍部に空襲を許し東京で最初空襲を見物に行った群集を機関銃射撃で二三百名の死傷者を出し尾崎行雄、北令吉もこれを演説して流言造言罪で引かれ全く日本も闇の国家で商工農林軍首脳部の人間共は御用商人から収賄し天皇の大馬鹿者故に早く日本の戦敗々々を祈る祈る」（捜査中）

特高月報 昭和17年6月号

※ドーリットル空襲はニセ空襲ではない。

昭和17年6月　長野県　不敬不穏落書

六月十日長野県北佐久郡軽井沢町夏季大学内便所に於て左記不敬不穏落書を発見す。

「一、天皇ハ天上一、一高ハ天下一、天上一ト天下一トドチラガ偉イ
一、兵隊トハ殺人器具ヲ持テイル、人格ナンテドコニアル、馬鹿ラシイ一層ノコト自殺セン
一、軍人ガ胸ニ大キナ玩具ノ様ナ勲章ヲツケテオルアノ馬鹿サ
一、学生ガコンナツマラヌコトヲ書クカラ陸軍ノ馬鹿共ニイバラレル」（捜査中）

※天上一と天下一どちらが偉いかはなかなか難しい質問である。

特高月報 昭和17年6月号

昭和17年7月　北海道　不敬言辞

札幌逓信講習所　生徒　竹内現照（19）

梨本宮守正王殿下には北辺民防空の状況御視閲の為七月十九日北海道に御成り遊されたるが同月二十日午前十時頃被疑者は札幌市北一条西二丁目札幌郵便局保険課出入口前道路に於て梨本宮殿下御成遊さるる豊平館を望見しながら同僚岩崎宏文に対し、「梨本君未だ来ないのか」と放言し畏くも梨本宮殿下に対し不敬の言辞を弄す。（七月二十四日不敬罪として一件記録のみ送局）

※11月号では名前が「竹田現照」となっている。11月号の方の記述が正しい。なお、彼は後に日本社会党の参議院議員となっている。

特高月報昭和17年11月

その後札幌地方裁判所にて取調中の所八月十九日起訴猶予処分

特高月報 昭和17年7月号

昭和17年1月　岩手県　不敬言辞

岩手県二戸郡福岡町字五日町二九　元県議　小保内樺之助（49）

本名は本年一月五日二戸郡爾薩体村国民学校に於ける部落常会の時局並に精神修養に関する講

演終了後昼食及飲酒を為し帰宅の途次午後五時頃福岡病院に立寄り同病院事務室に於て居合せたる同病院外科医小川実男、同事務員横山知一に対し左記の如き言辞を弄し皇族に対し不敬の行為を為す。「現在の非常時局に当って皇族の方が奮闘されるなら都合がよいが秩父宮殿下は御病気にあらせられ為に天皇陛下は御心配であらう、従来宮様達が外国に旅行されると向うではユダヤ人が網を張って居るため陰謀に引込んで仕舞う、この事は非常に考えなければならぬ事だ、ユダヤ人は女政略が人を苦しめる事は英国の前皇帝とシンプソン婦人との問題でも判ると言われて居る　従って欧米に行くにも支那に行くにも国家として注意しなければならぬ、秩父宮殿下も万一其の罠に掛っては取り返しの付かぬ病気に罹られたとすれば憂慮に堪えない、東京辺りでは色々なデマが飛んで居て秩父宮は花柳病に罹って居るとまで言われて居る、又加世田と言ふ海軍中佐が不敬事件で検挙されその判決が一昨年二月東京であったが其の不敬に問われた理由は中佐がパンフレットの中に於て日米問題が斯様に進捗しないのは皇室に於ても親英米主義の方が居られる為である　これは昔吉備の狐が皇室を悩ました事があり、今もその亡霊が皇室を悩まして居る為であると言う点にある、**秩父宮妃殿下も最初は山口子爵の令嬢がなられる約束になって居た**所秩父宮が米国に滞在せられて居る間に駐米の松平大使の令嬢節子姫と相知る様になられて御帰朝後御結婚されたと聞いて居る、その結果山口子爵は非常な不平を以って居たと言う事である　これが吉備の狐の亡霊が節子姫に乗移って秩父宮を親英米派となし皇室を悩まして居るのだと東京辺りでは言って居る。」（二月十日検挙、八月十三日盛岡地裁にて懲役一年）

※ユダヤ陰謀論と日本の宗教観の奇妙な合体デマである。「英国の前皇帝とシンプソン夫人の問題」とは英国国王エドワード八世とウォリス・シンプソンの恋愛スキャンダルのことであろう。狐の亡霊についてはデマであろう。

特高月報昭和17年12月

八月十四日控訴申立以来宮城控訴院にて再審理中の所十一月十八日懲役八月の判決言渡あり同月二十五日判決確定

特高月報 昭和17年7月号

昭和17年6月　宮崎県　不敬言辞

延岡市大字櫛津土々呂七二　文具商　若松実（49）

六月四日午後五時頃より同午後八時頃迄の間延岡市大字櫛津土々呂御番所飲食店営業高木善吉方に於て同市藤本八重吉及玉井正巳と共に飲酒雑談中たまたま税金の話に移るや被疑者は、「税金を納めるのは当然で我々が税金を納めて居るから国家は立って行き、ひいては陛下も立って居るのではないか　**我々が税金を納めねば裕さんは何にも出来ない**人である。」と言いたるに対し藤本が、「今裕さんと言ったのはどう言うことか」と反問したるに対し、「**天皇陛下の名が裕仁親王であるから裕さんと言った**」と不敬の言辞を弄す。（六月二十五日不敬罪により送局）

特高月報 昭和17年7月号

昭和17年8月 大阪府 不敬不穏投書

八月二十二日大阪市港局消印ある大阪府警察部度量衡器課宛差出人港区千舟橋八幡亀町五丁目四六、横田四五六名義の官製はがきを以て左の如き内容を記したる投書を発見す。「(前略)・・・いままで三代四代とつづいた伝統の商売もこんどの戦争でふいになりました。もういくらやったて、駄目だ。こんなむじゅんしたことない。天皇なんか殺せ。ヒミツはみんな英米蒋に知らせ、オレは極力治安のハカイに部下を使って努力している、おまえたち自殺する自分ダケ死ヌナ、知事大臣コの戦争をしかけて、よろコンデル奴を殺し放方もうんとせ」(捜査中)

特高月報 昭和17年8月号

昭和17年8月 大阪府 不敬不穏文書貼布

八月二十二日大阪市南区難波新地四番町二番地市電戎橋停留所東南側町会掲示板に便箋用紙に左の如き内容を記入し貼付あるを発見す。「民族の至上　貴きは民族であって政党、国家、軍隊、経済、その他のあらゆるものは民族が生存を遂ぐる手段に過ぎない、皇室が国民の尊敬をかち得るのも国民の福祉を資する所あるがためである、国民の進運を阻むような皇室が国民に縁の薄いものとせられるのは当然の事である「そもそも皇室は国民のために存するものであり、国民は皇家のために存するものでない」もし国民が皇室のために存するものとせば君主は如何なる秘政をなしても差支えないと言う事になる、世の中にそんな不合理な事はない故に　天皇があって国家があるのでなく、国家民族があって　天皇があるのである、貴きは民族である。**故に君主も国家も共に民族に隷属すべきものである。**　ＴＨ」（捜査中）

特高月報　昭和17年8月号

※抑も→そもそも、若し→もし、とした。

昭和17年8月　兵庫県　不穏落書

八月二十二日神戸市三菱重工業株式会社神戸造船所製鋼工場北側便所扉内側に白墨を以て「政府倒せ　賃金ハアがるど」と落書しあるを発見す（捜査中）

特高月報　昭和17年8月号

昭和17年8月　和歌山県　不敬言辞

和歌山市芦原高千穂橋西詰　古物商　西村方　竹田菊松（63）

八月十八日午後八時頃より和歌山市手平昭和通り二丁目山田古物店に於て競市を開店中同八時三十分頃　両陛下の御尊影を納めたる額縁を糶売中「この中身は売られない、こいつを売ったら叱られるのだ」と多数民衆に対して不敬言辞を放言す。（厳重訓戒）

※糶市↓競市、とした。

※うっかり言っちゃった感が強いが、当時御真影の扱いはエスカレートし続けていたようだ。

特高月報 昭和17年8月号

昭和17年7月　広島県　不敬言辞

広島市京橋町三〇　広島県砂糖卸商組合専務理事　和田佐太郎（41）

七月三日本名の勤務所たる広島市十日市町広島県砂糖卸商業組合事務所に於て理事長以下七名の事務員雑談執務中談偶々隣組常会の事に及び理事松永文一が本名に対し、「君の方の常会はそう言ふ風にやるのか　やはり東方遥拝をして協議に移るのであろう」と語りたるに対し本名は、「**東方遥拝なんかあまげったらしい（注、馬鹿らしいの方言）**出来るもんか、**寧**

ろ西の方に向って蒋介石を拝む、自分は常会の司会者だから自分がそんな事をせねば皆んなの者もしはせぬ」と不敬の言辞を弄す。（取調中）

※矢張り→やはり、とした。

特高月報 昭和17年8月号

昭和17年6月　茨城県　不敬言辞

茨城県多賀郡多賀町大沼　日立製作所多賀工場　旋盤工　佐藤富雄（19）

本名は本年五月三十一日国民徴用令に依り肩書工場に新規徴用せられ旋盤工として稼動中なりしが、かつて窃盗被疑事件により東京蒲田警察署に留置取調を受けたる際、同房中の某より大東亜戦争は日本帝国主義戦争なりとの説明を受くると共に生来の不良、怠惰性並従来の放縦なる生活環境とにより、漸次徴用並会社の処置に対し反感を高め、この責は上御一人にありと憶断し本年六月十二日頃より八月二十日迄の間、工場教室乃至工場寄宿舎に於て同僚工員岩井昇外七名に対しそれぞれ、「徴用は兵隊と同じ様に天皇の御召になった等と体裁の良い事を言うがとんでもない。**第一今の天皇は万世一系の天皇ではない。**それに推古天皇は女帝であると小学校で教って居ったから判ろうが、**元来日本の皇統は男が継ぐべきであって女が継ぐべきでない**にかかわらず、推古天皇は女であるのだから此処で万世一系は切れて仕舞って居る。だから日本の天皇は万世一系の天皇でないのだ。その理由は**女は常に男の下に居るもの**でその最高の地位は常に男が執るものであるからだ。従って女帝が独身の時は問題はないが、もし年齢に達して結婚すれば最高の地位は男に譲るもので一生独身で暮さない限り女で終ると言う事は考えられない。当然男の方に位は譲られるのであるにかかわらず一代を女帝で終られたのであるから独身で暮らした事になる。さすれば次の皇位を継ぐ王子と言うものはない故に仮にその後を女帝の兄弟なり、その他の者が継いだとしても真の万世一系既にその時に亡くなって居る。だから日本天皇は万世一系の天皇ではないのである。」と放言し畏くも天皇に対し奉り不敬の行為を為す。（八月二十九日検挙、九月七日不敬罪として送局す）

※男尊女卑的な考えが述べられているが、彼が本気でそう思っているというより天皇家の仕組みを説明しているに過ぎないようだ。

特高月報昭和17年12月分

十一月五日水戸区裁判所検事局にて起訴猶予処分

特高月報 昭和17年9月号

昭和17年8月　**島根県**　**不敬言辞**

住所不定　万年筆修繕業　祖父江正直（34）

祖父江正直は幼にして父母の許を離れ店員、船員、沖人足、ダンサー其の他各種職業を為し転々各地を放浪し不良の徒と交り前科四犯を重ね社会のドン底生活を為す内極端なる個人主義的拝金的思想を抱懐し且つ個人を離れて国家なく天皇陛下も普通人と何等差別なしと思推し居りたるものなるところ本年八月十一日午後三時頃っより同三持三十分頃迄の間安濃郡久手町柳瀬海岸に於て同町山田剛之佑外約二十名の青少年に対し、「天皇陛下は人民がなくては何にもならない、丁度床の間の置物の様なものだ」と不敬の言辞を弄す。（島根県）（九月二十五日不敬罪に依り送局）

特高月報 昭和17年9月号

昭和17年9月　大分県　不穏不敬落書

九月七日速見郡杵築町梅園文庫右側道路に面せる板塀外二箇所に「語り伝えて後世に伝えよ　昭和十六年夏以降の仕事は天皇の仕事ではない　新時代の幕府の仕事である、東亜に於ける兵火の未だ治まらざるは一に天皇の恥を知らざる邪魔の為である　新時代に生を享くる者真にその真相を理解せよ」と落書しあるを発見す。（捜査中）

特高月報 昭和17年9月号

昭和17年9月　警視庁　不敬落書

九月四日麹町区飯田町駅貨物扱所二十一番のコンクリート荷物扱場に木炭の破片様のものを以て「京城府南大門通街一ノ五〇　李王皇帝陛下　京城府忠義洞一〇〇番地　**李王皇帝陛下**」と落書しあるを発見す（捜査中）

※1910年（明治43年）に朝鮮が併合されて以来、旧大韓帝国皇帝の李王家は「王公族」とされ、皇族に次ぐ扱いを受けていた。このことから李王家を皇帝と書くことはこれに反する意味（恐らく朝鮮独立あるいは李王家復古）を持つとされたのだろう。

特高月報　昭和17年9月号

昭和15年11月　京都府　不敬言辞

京都市右京区嵐山中尾下町二六　京都市主事　間島正好（39）

昭和十五年十一月十七日頃京都市役所吏員等の発起に依り京都市左京区黒谷光明寺に於て開催せられたる新体制問題講演会に立越したる際同寺応接室に於て松島吉之助外一名に対し、「新体制とは何のことか訳がわからぬ／皇室は資本家の中心であるから／天皇は国民を擁取して居る」と放言す。（七月二十三日検挙、八月二十六日不敬罪にて起訴）

特高月報昭和17年11月分

以来京都区裁判所にて審理中の所、九月七日懲役六月三年間執行猶予の判決確定す

特高月報 昭和17年10月号

昭和17年10月 **大阪府** **不敬不穏反戦投書**

大阪市浪速区恵美須町四丁目四五近藤梅一宛十月十七日付浪速局と推定せらるる消印ある発信人名大阪市南区日本橋筋五丁目二四六番地寿コーヒー店隣石田甚作と記載せる左の如き投書ありたり。「(前略) アシタ天皇ガカシハラニ来クサルアレを殺セ。アンナ奴のためにわしたちは三回も支なや、ソ連にやられて、少しばかりのくサレかねをもらって、このビンボウ人ナカセの日本の政治に協力スルコトはなんと考えてもばからしくてかなわん。オレトコのとなりなど二人も戦死してもうおやたちいきてたてそのかえがないと言うてるのだ、コンナにして、たいせつないのちすてて、戦ってみたて、けっきょくすえはザイバツ軍バツのおもうままにせられてビンボー人はなににもならない。大正十二年の東京ぢしんに、英米からよせられた、同情はどうだ。**欧州文明が日本文化の進展をどれだけたすけてるか**。幾多の過去の歴史が証明するのだ。その恩を忘れて今英米に刃を向けるとはなんだ。(中略) キノウ、ヒロヒトとそのかかとがヤスクニ神社にまいったとのこと、アタリマエダ。ハダシマイリを百日セヨと申し送れ。(中略)海軍、

陸軍に志ガンシタ家の人はコロセ。マイアサ軍事放送する奴はヤミウチに殺セ。」（捜査中）

※内容は苛烈だが、欧米との関係を記述するなど視野は広い発言である。

特高月報 昭和17年10月号

昭和17年5月　大阪府　不敬反戦反軍言辞

大阪市東成区北生野町一ノ六一　鉄工仕上工　南方孝（20）

五月十四、五日頃本名の職場たる大阪市住吉区桑津町大久保機械工場に於て同工場製図工兒島善五郎に対し「子供が早産死亡したのも物が無く大勢の人が行列買いをしているからその為に冷え込み早産した、物資の配給のことに付ても政府は何を考えて居るのか、だから戦争は嫌だ早くやめたらよい」と放言し次いで六月中旬頃同工場製図器組立場に於て前記兒島善五郎外七、八名に対し「こんな戦争は勝っても決して我々労働者には何の得にもならぬ、お上の人は闇をしてはならぬと強調しているがその人達が何をして居るのか判ったものではない」と公言しらる外「戦争は多くの人や惜しい人が沢山殺傷される惨酷なものである故戦争はするものではない　何の為に戦争をして居るのか戦争は誰がして居るのか、それは天皇陛下がしているのである　**天皇陛下が無ければこんな戦争をやる必要はない**」等の反戦不穏言辞を流布す（九月二十一日大阪地裁に送致十月四日言論出版集会結社等臨時取締法第十八条違反として略式命令に依り罰金

五十円に処せらる）

※無論戦争に至る過程の全てが天皇によっている訳ではないが、最終的には天皇の詔勅で戦争が始まる以上、一般庶民として戦争に反感を覚え、責任を問うた時にこの形になるのは仕方のないことと言える。

特高月報 昭和17年10月号

昭和17年3月 **神奈川県** **不敬言辞**

横浜市鶴見区鶴見町二一四 天王院内 大陸主婦学寮寮長 生方忠子（49）

本年三月十四日午前十時頃寮内六畳の茶の間に於て寮生内海八重子外一名と対談中偶々照宮成子内親王殿下御成婚に関する新聞記事を読み終りて右両名に対し、「照宮様は小さい時から行儀が悪くて教室で後を向いたりなんかして勉強を怠けて不良なそうです。**秩父宮様は肺結核で病気の為近頃一寸も世間に顔を出さないと言うのは嘘で実は女が二、三人有ってその女と心中をして女の為に咽喉を突かしてその為に世間に顔を出さないの**だそうです。**北白川宮様が戦死されたのは宮様がオチョコチョイだから部下の言う事も聞かずに飛び出すから戦死をした為に部下の人達は申訳が無いと言うので切腹をするやら処罰をされるやら大変迷惑をした**そうです。皇后陛下は色盲

だから色盲は系統を引くのでやはり皇太子様も色盲なそうですよ。」と不敬の言辞を弄す。（九月十八日不敬罪により送局す）

※照宮の下りは幼少期に里子に出されず、昭和天皇夫妻の元で育てられたことを揶揄しているのか。秩父宮の記述はデマである。北白川宮の下りは北白川宮永久王の中国戦線での事故死（不時着した戦闘機のプロペラに巻き込まれる）についてであろう。そして最後は宮中某重大事件の記述である。皇太子（明仁上皇）が色盲かは不明である。皇室はいつの世もゴシップの種である。

特高月報昭和17年12月分

所轄横浜区裁判所にて審理中の所十一月十九日懲役十月（求刑同上）五年間執行猶予の判決言渡あり同月二十五日判決確定せり

特高月報 昭和17年10月号

昭和17年8月　岩手県　不敬言辞

釜石市　釜石第十二地割一〇〇　平松栄助（40）

八月十二日午後七時頃盛岡市志家第五地割字八幡町カフェー山鳩事柴田義男方に於て飲酒中同家女中桝家キヌに対し、「北海道のあるカフェーで酒を飲んで居た処をの場にに居合せた者がおい若者相当いけるなと言うので**生意気言うな老耄と言うて向うとしたら傍に居た人**

が無礼なことするなこの御方は梨本の宮様だと言うので止めた、すると梨本の宮と言う人は不断使って居る盃を出して記念にお前に遣ると言ふのでそれを貰った。」と不敬の言辞を弄し、更に同日午後七時三十分頃同町料同町料理店開花事高橋トメ方に於て飲酒中同市志家第三地割字松尾前石川金治外一名に対し、「この間北海道に行った時あるカフェーで老耄親父が威張って飲んで居たのでぶったぎって仕舞うべとしたら傍に居合せた陸軍中将の人が止めなさい、このお方は梨本の宮様であるからと言うので止めたが大したことだった。」と不敬の言辞を弄す。（九月十五日謙虚、九月十八日不敬罪に依り送局す）

※ほぼ、あり得ない。

特高月報昭和18年1月分

昭和十七年十二月二十六日盛岡地方裁判所にて懲役六月の判決言渡あり即日確定

特高月報 昭和17年10月号

昭和17年11月　大阪府　不敬落書

十一月十三日大阪市東成区片江町関西急行電鉄片江駅構内大便所内壁に色鉛筆を以て、小男ニ小男ノ大マラノ代表閉院宮　皇族ノボンクラノ一人トシテ正人間ラシキヤツヤナシ　**助平ノ代表久ニノ宮ナリ**　曰ク皇后ノ親父」と落書しあるを発見す。（捜査中）

※片江駅は1929年（昭和4年）に今里駅と改称しているが、ここではなぜか旧名のままである。
※適当に書いた内容であろう。まさに便所の落書である。

特高月報 昭和17年11月号

昭和17年10月　兵庫県　不敬落書
姫路市吉田町九番地　パルプ検査工　大島長蔵（39）

十月二十四日午後七時頃姫路市光源寺前町料理店「福亭」に於て飲酒の際店主より交付を受けたる勘定票の裏面に鉛筆を以て、「天皇の日本国にあらず／少数財閥の日本にあらず／国民の大多数我々の大日本国なり／天皇は絶対権力者か？／国民皆兵―総動員下令／決死抜刀隊志願―勇躍征途へ／百八十度の転換」と落書し以て不敬の行為を為す。（十一月十一日検挙、目下取調中）

特高月報昭和18年2月分
昭和十八年二月六日神戸地方裁判所姫路支部にて懲役一年六月の判決言渡
特高月報 昭和17年11月号

昭和17年7月　京都府　不敬言辞
佐世保市杉山町六二六　松尾擎（18）

本名は本年四月十五日国民徴用令に依り徴用せられ佐世保第二十一海軍航空廠に於て稼働中七月八日逃亡したるものなるが、以来鷹司公爵家の嗣子鷹司裕実その他三条裕嵩、望月隼人等と詐称して京都、岐阜等の各府県下を転々とし、七月二十二、三日頃京都市左京区南禅寺内金地院僧侶柱川秀観に対し、「今年の正月には公爵である父に連れられて参内し天皇陛下に拝謁し直々御祝を言上したが、宮中を退下するとすぐ各皇族の御殿へも挨拶回りをせねばならぬから窮屈である。来年正月参内の際は皇太子殿下より内命を受けた下情調査状況の今年分を報告せねばならぬ。」云々と申向けたるを手始めに京都市在住天主公教司祭森五百枝、多治見市神言修道院々長ヨワネス・ボンセット、同修道女河地光子、岐阜市天主公教会司祭グドルフ・コンスタンチン等に対し前記と略々同様の荒唐無稽なる不敬言辞を弄す。（十一月二日不敬罪並国家総動員法違反被疑事件として送局す）

※爾来→以来、とした。

※内容はデタラメだが、話している相手が宗教関係者ばかりなのはどうしたのだろうか。

特高月報 昭和17年11月号

昭和17年10月　佐賀県　不敬言辞

本籍奈良県生駒郡安堵村大字東安堵　住所不定無職　胡内治良三（41）

本名は十月十二日より杵島郡武雄町旅人宿営業山崎イト方に投宿、同月十四日午後十時半頃同旅館帳場に於て旅館女将山崎イト外四名と雑談中たまたま各地の名所旧跡の話題に移り、山崎イトが東京の話を為したるに対し被疑者は、「いや丸ノ内より佐賀の貫通道路が余程よい、私は明治神宮や靖国神社には頭が下るが二重橋には頭が下らない。」と申向けたるに対し山崎イトはその理由を反問するや被疑者は、「明治神宮は明治大帝が偉かったし靖国神社は国の為め戦死した人を祭ってあるから頭が下るが二重橋には頭は下らない、人々が頭を下げて居るので私も下げて居る。」と答えたるに依り再度反問したる処被疑者は、「あそこの中は人だから、」と申向け現人神の至尊に対し奉りあたかも普通人の如く不敬の言辞を弄す。（十一月七日検挙目下取調中）

※安偖村→安堵村か

特高月報昭和18年1月

詐欺罪とともに送局中の所本名は思想的関係なくかつその動機極めて稚戯に類するものなるにより昭和十七年十二月二十九日佐賀地方裁判所検事局にて不敬罪に対し起訴猶予処分に付し詐欺罪のみ起訴せらる

特高月報 昭和17年11月号

昭和16年6月　神奈川県　不敬言辞

神奈川県高座郡寒川町倉見二三三二　農　藤沢房吉（49）

被疑者藤沢房吉は昭和十六年六月十七日神奈川県高座郡寒川村寒川国民学校に於ける故陸軍兵長佐藤不二男の村葬に参列し葬儀終了後葬列の一員として寒川国民学校裏門より出発埋葬に赴く途中同日午後三時三十分頃国民学校より寒川神社に通ずる道路の中間地区に於て寒川村長にして同葬儀委員長広田孝基に対し、「国家の為戦死された英霊を何故国民学校の裏門より出発せしむるか」と質したるに対し広田孝基は「国家の為戦死されたとは言えども国民学校正門には御真影奉安せられあり恐れ多いから臣下として御遠慮申し上げる」旨答えたるに対し、「**恐れ多い恐れ多いと言ったって天皇は我々が食わせて置くのではないか** 遠慮なら仕方がない」と不敬の言辞を弄す。（所轄署に於て探知之を検挙し十二月十六日不敬罪により送局す）

※コラム「抗弁　被害者たちは語る」を参照のこと。

特高月報　昭和17年12月号

昭和17年11月　兵庫県　不敬言辞

神戸市葺井区南本町三丁目七一飯田權一方　住福丸船長　平井久市（59）

十一月二十九日午後八時頃神戸市葺井区八雲通一丁目春日薬局力武正治方に於て同人の妻力武ミチに対し、被疑者が日露戦争に従軍したる際の体験談より日本歴史に言及し「日本の天皇様は歴史から言うても南朝のお血筋でなければならん、それなのに今の天皇さまは北朝お血筋だから神武天皇の正しい御血筋ではない今神武天皇の正しい御血統でしかも南朝のお血統を継いで居られるのは閑院の宮様である、だから本当は閑院の宮様が天皇の御位にお即きになるのが本当である　昔の様に強い者が力で天下を自由にする事が出来たら自分も一奮発して沢山の乾分を作り自分が天皇を倒して閑院の宮様を天皇に立てる様にするのだけれども今の時代ではそれが出来ない、**今の天皇は北朝だから神武天皇の正しい御血統ではない**」と不敬の言辞を弄す。

（十二月十六日検挙十二月二十三日不敬罪に依り送局す）

※現代では南北朝時代の話題は単なる歴史ロマンだが、戦前においては国体を揺るがしかねない話題だった。

特高月報昭和18年2月分

昭和十八年二月十八日神戸区裁判所にて懲役五月三年間執行猶予の判決言渡

特高月報 昭和17年12月号

昭和15年4月　愛知県　不敬通信

名古屋市昭和区広路町字北畑一番地ノ二　愛知時計事務員　武藤孝（26）

本名は昭和十四年一月十日現役兵として出征、昭和十七年五月一日内地帰還満期除隊となりたるが、当時次兄幸蔵又海軍一等兵曹として現役にあり、留守宅の事を案じたる末、昭和十五年四月九日部隊内より本名自宅隣家なる佐藤美代子に宛て家族の面倒を依頼する通信文中、「亮治は遠い所へ行ってしまい、兄としては淋しい、父母は心配していると思うと僕は軍隊に居るとは言え非常に心配して居ります、父母が頼んだら手紙など書いてやって下さい御願いします　**兄弟二人が軍隊とは　天皇陛下の大馬鹿野朗腹が立って来ます、一人位家に残して置いてもよさそうだのにね**……云々」と記載し発送せる手紙を本年九月十二日名古屋市昭和区広路町路上に於て所轄署員が拾得捜査の結果九月二十二日これを検挙す。（不敬罪として送局す）

※親思いの優しい手紙だが、これも特高の目を潜ることは出来なかった。それにしてもなぜ道に落ちていたのだろうか。検閲行為をぼかして記述しているのだろうか。

特高月報昭和18年1月分

検挙取調の上刑法第七十四条該当被疑者として一件記録のみ名古屋区裁判所検事局に送致以来同検事局にて取調中の所客年十二月二十七日起訴猶予処分

特高月報 昭和17年12月号

昭和17年10月　静岡県　不敬言辞

東京市世田谷区若林町五四五　教育勅語遵守連盟常務理事　諏訪部一之輔

十月二十六日沼津市の招聘に応じ来沼、同市常会席上に於て時局公演を為したるが、その公演中左記の如き我が国典を紛更し不敬に亘る言辞ありたり。「天照大神は女の神様であらせられ、夫と申上る神様がおいでにならない、つまり女の神様御一人で御子を御産になる道理はない、皆不思議に思われるかも知れないがこれは天照大神は御養子をお迎へになっておいでになるのである、それは御弟須佐之男神があらわれて出雲の国の簸ノ川に於て八俣比蛇を退治し、足名椎平名椎と言う者より奉られた椎名毘売命との間に御生になった御子を御相談の上御自分の御御子と言うことにして御養子に御迎になったのであるこの神様を天之忍穂耳命と申上げるのであるこれが日本で養子と言ふことの起った一番初めである。」（所轄検事局の指示を受け厳重警告す）

※天照の話はそれはそれで突っ込むのも野暮な気がするが……。日本神話の解釈については、例えそれが日本民族を激しく称えるものであっても、独自解釈を弄する事には危険があった。大きな例は大本教や天津教への弾圧であろう。

特高月報 昭和17年12月号

昭和17年10月　山形県　不敬言辞

山形県西村山郡柴橋村大字松川三〇六　農　佐藤治兵衛（49）

十月九日午後八時頃同村大字木ノ沢一〇五二地、羽柴権蔵方に於て開催の金属類回収に関する臨時部落常会に出席したる際、同村役場書記渋谷勝寛より金属類回収に関する講和を開き土蔵の金格子類をも供出せられ度き旨申開けらるるや突如としてこれに反対し、同部落会長佐藤広治等十七名の面前に於て、「土蔵の金格子を取外し修理するには二、三百円はかかる、宮城の二重橋もそのままになって居る、皇族の野朗ベラもサッパリ鉄を出して居ない、俺達に許り金属類を出せと言うのはそう言うものか役人の野朗ベラも出して居ない役人共は皆借家住いの者許りだから自分達が痛むところがないから斯様なことを言うのだ。」と不敬の言辞を弄す。（十一月五日検挙同月十一日不敬罪に依り送局、同月二十一日起訴公判請求せらる）

※金属類回収令は1941年（昭和16年）8月に公布され、以後全国各地で様々な金属が回収されていった。

特高月報昭和18年1月分

昭和十七年十二月十六日懲役六月の判決言渡あり被告人は翌十七日上告申立を為したるも二十三日申立を取下即日判決確定す

特高月報 昭和17年12月号

昭和17年10月　鳥取県　不敬言辞

鳥取県気高郡大和村大字赤子田　農　有田実亀雄（24）

十月二十日警察官を装ひて東伯郡倉吉町越殿町酌婦置屋業光島よね方に登楼、酌婦下川静枝に対し、「臨検でくたびれた、三朝（三朝温泉の意）に来るたらず子がさいさいで邪魔になる」と語り十月二十二日より御来県御予定なりし朝香宮鳩彦王殿下に対し奉り不敬の言辞を弄す。（不敬罪として検挙送局、鳥取区裁判所に於て審理中の処十二月二十一日懲役五月に処せられ服罪す）

特高月報 昭和17年12月号

昭和17年11月　和歌山県　不敬不穏言辞

十一月二十六日田辺市湊田辺駅構内公衆便所扉の内側に四B鉛筆を以て「天皇オコロセ」と落書しあるを発見す。（捜査中）

特高月報 昭和17年12月号

昭和17年12月　佐賀県　不敬落書

佐賀市松原町中ノ小路　佐賀合同新聞社記者　横山国勢（23）

十二月十三日（日曜日）午後二時五十分頃佐賀県警察部庁舎内階段昇降口右側壁に掲備せる告知板へ白墨を以て「**秩父宮殿下　狂人だ**　倉田賀代子」と落書す。（十二月十六日検挙目下取調中）

特高月報昭和18年3月分

被疑者の近親者中精神異常者ある関係上検事は念の為九大病院に精神鑑定を求めたる所正常なりとの鑑定を得たるを以て昭和十八年一月二日起訴二月八日懲役六月三年間執行猶予の判決言渡あり即日服罪

特高月報 昭和17年12月号

夕刊
朝日新聞
両陛下英霊に御拝
光栄さらに輝く新祭神
忠霊に捧ぐ一億の敬礼

昭和17年「猥褻なる字句」を落書された尊影記事

昭和17年10月　警視庁　不敬

反戦投書

十月二十七日付内閣総理大臣東条英機閣下宛本郷区帝国大学英文科二年矢野修平名義を以て昭和十七年十月十七日付朝日新聞夕刊（東京市内版）第一面天皇皇后**両陛下御尊影の個所に毛筆墨書にて左の如き反戦字句を記載**し、更にペンにて青黒色インキを用ひ両陛下の御尊厳を冒流する猥褻なる字句を記載したる投書ありたり「戦ッテイルカ何ヲ目的ニ支那米英ト正義ハトンナ物カ意義ヲノベヨ　侵略主義ノ日本ヨ」（捜査中）

特高月報　昭和17年12月号

尾崎行雄不敬演説事件

明治時代の議会黎明期からから戦後に至るまで、議員として当選25回・勤続63年を誇り「憲政の神様」と呼ばれた尾崎行雄。その長い議員生活の中で、前半は政府の弱腰外交に憤り、タカ派的言動も見せた元・民権運動の闘士として、後半は軍縮や護憲を訴え、軍部の圧力と戦った議員としてという二つの姿が見られ、様々な逸話を残しているが、その中でも1898年（明治31年）の「共和演説事件」、晩年の1942年（昭和17年）に発生した「不敬演説事件」は特に有名である。尾崎の生涯を追いつつ、「不敬演説」とはどのようなものだったか見てみよう。

尾崎行雄

半生

尾崎行雄は1858年（安政5年）12月14日に相模国津久井県又野村（現在の神奈川県相模原市）で生まれた。父親の行正は明治維新において板垣退助率いる官軍土佐藩迅衝隊に関係して戊辰戦争を戦い抜き、戦後に地位を得ている。明治維新後、尾崎行雄は各地を転々として英語などに関する見識を深めた後、慶応義塾童児局に入塾し、福沢諭吉にその才覚を認められ、最上級生となった。その後も様々な学校を巡ったり新聞に対し、藩閥批判の投書を行うなどして次第に政治的活動を始めるようになる。新聞の編集活動や演説なども盛んに行い、議員として重要な意識はこの時代に培われた。

1881年（明治14年）には統計局の職を得るものの伊藤博文らによる明治十四年政変の影響を受けて退職。1883年（明治16年）に最年少で東京府会議員となり、政治活動をスタートした。その後、自由民権運動にのめり込み、帝国議会開設に向けた自由民権運動統一の動き（大同団結運動）にのめり込むが、政府に危険視され1887年（明治20年）に制定された保安条例により東京から追放され、三重県に移動した。そして1890年（明治23年）の第一回衆議院議員総選挙において出馬し当選、以後三重県を強固な地盤として63年間に及ぶ国会議員生活を始めることとなる。

尾崎は議会において、諸外国に対し軟弱に見える政府の対応を批判し続け、民間やタカ派の人気を博した。日清戦争においても戦争支持の世論を推進した。そして1898年（明治31年）6月30日、日本史上初の政党内閣（憲政党）である第一次大隈内閣（板垣退助を含め隈板内閣とも）において、行雄は40歳の若さで文部大臣となった。尾崎は非常に注目され、「政界の麒麟児」とも称された。しかし、それは反対勢力に強く目を付けられているということでもあった。8月21日、帝国教育会の茶話会において尾崎は、アメリカの大統領選挙の平等なシステムについて言及し、対する日本の政治状況における金権政治を嘆いて「仮に共和政治が日本で行わるという夢を見たとしても三井・三菱が候補者となる」と語った。しかし共和政治に言及したことが不敬とされて批判の声が広がり、尾崎は10月24日に文部大臣を辞職した。彼の後任を巡って混乱も発生し、第一次大隈内閣は総辞職に至った。

1903年（明治36年）、尾崎は東京市長に就任し、首都の電化や交通の整備に努めた。1912年（明治44年）まで勤め、もっとも長く勤めた東京市長となった。同時に、混乱する政界においても尾崎は影響力を発揮し、1912年には藩閥政治を非難し憲政擁護と民主的制度の整備を求める「憲政擁護運動」の中心人物となって長州閥の桂太郎首相を攻撃、大正政変のきっかけを作り出し日本中に名声が広まったが、尾崎自身は自らの所属する政友会の金権化する体質に馴染めず、以後様々な政党を転々とした。

戦間期

第一次大戦後、尾崎は田川大吉朗、望月小太郎とともに大戦の災禍に見舞われたヨーロッパを巡りその惨状を目の当たりにし、軍縮論者となった。また、普通選挙運動、婦人参政権運動にも賛同し、民主的制度を擁護し軍国化に抵抗する議員

尾崎行雄氏起訴さる

尾崎行雄の起訴を伝える、朝日新聞
一九四二年四月二五日朝刊

となったが、日本国内における潮流に逆らう尾崎は次第に議会内で孤立化し、最後に所属した政友会も離脱すると以後は無所属議員として約30年を過ごすこととなる。それでも三重県における支持は衰えず以後も当選を続けた。

１９３０年（昭和7年）の五・一五事件で護憲派の犬養毅首相が海軍青年将校らに殺害され、政党政治が終焉する。満州事変の勃発などにより加速する軍国化に尾崎は強い危機感を抱き、度々議会で反軍的演説を行ったり、西尾末広ら他者のそれに同調するなどしたが、戦争への道を食い止

田川大吉郎

めることは出来なかった。

1940年（昭和15年）に結成された大政翼賛会にも尾崎は加わらず、尾崎は独自の行動をとっていたが、次の選挙が迫っていた。1941年(昭和16年)12月8日の太平洋戦争開戦を挟み、1942年（昭和17年）4月に第21回衆議院議員選挙が開催されたが、大政翼賛会が推薦する「翼賛候補」に対し、尾崎ら「非推薦」候補は選挙活動においても様々な圧力・妨害を受けていた。その中で、事件は起きた。

不敬演説事件

4月11日から13日にかけ、三重二区から出馬していた尾崎は自身の選挙活動の合間を縫って、かつて東京市長時代に助役を勤め、同じく非推薦候補であった田川大吉朗の応援演説を行った。しかし、「国体」に沿わない民主主義者である尾崎や平和主義者であった田川の行動は監視されていた。尾崎の演説の様子は予審終結決定書及び特高月報に記されている。

一　予審終結決定書

昭和十七年予第八〇号被告人　尾崎行雄殿

予審終結決定

本籍　三重県度会群城田村大字川端八十二番屋敷

住所　神奈川県三浦郡逗子町

著述業　尾崎行雄　当八十四年

右の者に対する不敬被告事件に付予審を遂げ決定すること左の如し

主文

本件を東京刑事地方裁判所の公判に付す

理由

被告人は帝国議会開設以来、引続き衆議院議員として憲政の為尽瘁し来り、其間二回国務大臣に親任せられ、其の功により正三位に叙せられ、勲一等旭日大綬章を拝受し居るものなるところ、昭和十七年四月三十日施行せられたる衆議院議員総選挙に際し、東京府第三区より立候補したる田川大吉郎の為、選挙応援演説を為すに当り

第一、同月十二日夜、東京市日本橋区蠣殻町有馬国民学校に於ける、同候補者の政見発表演説会に於て、約三百人の聴衆に対し

「明治以前の日本は、大層優れた天皇陛下が居っても、良い御政治は其の一代だけで、其の次に劣った天皇陛下が出れば、ばったり止められる。所が良かった為に明治天皇が御崩れになって大正天皇となり今上陛下となっても、国は益々良くなる許である。普通の言葉では、之は世界を通じた真理でありますが「賣家と唐様で書く三代目」と申して居ります。大層偉い人が出て、一代で身代を作りましても、二代三代となると、もう折角作った身代をも家も売らなければならぬ。併ながら手習だけは流石に金持の息子でありますから、手習だけはしたと見へて立派な字で「売家と唐様で書く三代目」実に天下の眞理であります。例へば獨逸の国があれだけなったのは、丁度此の間廃帝になって御崩れになった人のお爺さんの時に、獨逸帝国と云ふものが出来たのである。三代目にはあの通り、イタリヤが今は大層宜しいけれ共、今のイタリヤの今上陛下が、矢張り此の三代目位でありまするが、未だ皇帝の位にはお座りになって居られますけれ共、イタリヤに行って見れば、誰も皇帝を知らず、我がムッソリニーを拜して居ります。イタリヤにはムッソリニー一人ある許である。皇帝の名すら知らない者が大分ある。之が三代目だ。人許りではない國でも三代目と云ふものは、余程剣呑なもので、悪くなるのが原則であります。然るに日本は三代目に至って益々良くなった。何故であります、明治天皇が「萬機公論に決す」と云ふ五ヶ條の御誓文の第一に基いた掟を据へた。夫を今の言葉で憲法と申して居ります。其の憲法に依って政治をするのが立憲政治である。立憲政治の大基を作るのが、今日やがて行はれる所の總選である」旨「売家と唐様で書く三代目」

なる卑俗なる川柳を引用し、畏くも天皇陛下が右川柳に所謂三代目に当らせらるるかの感を与ふるが如き言を為し、

第二、前同日夜、同市浅草区向柳原町柳北国民学校に於ける、同候補者の政見発表演説会に於て、約四百人の聴衆に対し

「明治天皇以前には、大層優れた天皇もおいでになりますけれ共、如何に優れて居ても、憲法がない時代は 御精神は常に脅かされ、お苦みになって居られたが、憲法が出来た後は、人民の生命財産の根本も決って居りますけれ共、陛下の勝手に自由にしないと決められて、全国人民の権利を決めてある。そして政治をされるのでありますから、後で違ったお方が出ても、政治の遣り方に付ては変らないから、明治天皇に比べれば或は大正天皇も今上陛下も劣った感があるやも知れませぬ」旨畏くも天皇陛下の御徳を批判し奉る言辞を為し

第三、翌同月十三日夜、同市京橋区港町鉄砲洲国民学校に於ける、同候補者の政見発表演説会に於て、約四百名の聴衆に対し

「明治陛下程の聡明な御方がお崩れになって、今日は二代目三代目。此天皇陛下の聡明であることは疑を容れませんけれども、併ながら明治天皇だけに御聡明でありや否やと云ふことは何人も云ふ訳にはいかない」旨畏くも、天皇陛下の御徳を批判し奉り以て犯意を継続し天皇陛下に対し奉り不敬の行為ありたるものなり。

被告人の扱上の所属は、刑法第七十四条第一項第五十五条に該当し、公判に付するに足る犯罪の嫌疑ありと思料するを以て、刑事訴訟法第三百十二条を適用し主文の如く決定す。

昭和十七年七月四日
東京刑事地方裁判所
予審判事 玉井又之烝

昭和17年4月　警視庁　不敬演説

神奈川県逗子町　代議士　尾崎行雄（84）

「本名は今回施行せられたる衆議院議員総選挙に際し東京第三区より立候補せる田川大吉郎の応援弁士として四月十一日より同十三日迄の前後五回に亘りて応援演説を為したるが其の論旨中左記の如き不敬言辞を弄したり。「優れた御方が出れば其の一代の間は日本は大層よかった後に優れない陛下が御出になると全然違った北条の時代が出来たり、足利の時代が出来たり、徳川の時代が出来たり、其の前には藤原の時代があった、蘇我の時代があったと言ふが如く大層下々は苦しんで……後略」「前略……其の次は命も財産も権利もなしで犬猫同様に搾られて居るのを救って人間並の権利と自由を与へなければならぬと御考へになったものと見へて例の明治維新革命の時に五ヶ条の御誓文を天地神明に誓って居られます……後略　前略……憲法が出来た後は政治の根本が決って居ります……後を継ぐ御方が出ても政治のやり方については変らないから明治天皇に較べれば大正天皇も今上天皇も劣った処があるかも知れませぬが（注意）……後略」「前略、優れた天皇陛下がお出になってもそのお方が御在世の間は実に良い仕事が出来ますがその次のお方が必ずしも同じ様でない時には今度は度々悪くなります（注意）……明治天皇陛下程の聡明な御方が御崩れになって今日は二代目三代目（注意）……後略」（四月二十三日東京地裁検事局にて起訴前の強制収容を為し翌日起訴決定し目下予審取調中）

尾崎は「売家と唐様で書く三代目」と言うことわざと絡めながら、政治の現状を批判した。1890年の帝国憲法公布から約50年、人の世代でいえば三代目という状況で立憲主義が廃れ、翼賛政治に成り代わってしまったことを批判する演説であったが、天皇に言及した部分が天皇裕仁（明治天皇から見て三代目）を揶揄するものと見られ、不敬罪に相当するとされた。また、尾崎は何度も「注意」を受けながらも演説を止めなかったという。後述の様にこれらの演説記録は権力側に歪められている可能性が高いが、趣旨については尾崎も認めていた。

4月20日に尾崎は三重県で遊説中の所に出頭命令を出された。4月23日、尾崎行雄は一時拘束され拘置所に送られたが、翌日釈放された。なお、この逮捕に際し、日本の新聞各社は小さく報じたものの、蒋介石政権ではこの事件を伝えるラジオ放送が行われるなど、海外では広く報じられたという（尾崎咢堂全集　第九巻　第一編　『不敬事件』の真相　4P）。尾崎は選挙においても非推薦候補でありながら当選したが、応援した田川は落選した。

その後、裁判が行われることとなり、10月26日に第一回公判が行われた。尾崎は反戦論を曲げずに主張し続け、また警察官の速記や行動には誤りや不審点が多いことを述べた。例えば演説の速記者による後からの訂正が非常に多いこと。計5回似たような演説を行ったが、その内最初の2回には臨席の警察官に全く注意を受ける事は無かった。ところが3回目から急に注意が入る様になったので、これは国家による命令があったと捉える他ないこと。「売家」の川柳は昭和天皇の教育に関わった杉浦重剛も御進講の時に使っていること。また東京や三重県の演説において聴衆は誰も自身を不敬だと非難しなかった点などを突いた。尾崎は裁判も論争の場としたが、12月21日に懲役8ヶ月・執行猶予2年の判決が下った。

尾崎は判決に納得せず、戦時中の特例により裁判が簡略化され、控訴が不可能だったためにそのまま最高裁へ上告した。1943年（昭和18年）6月28日に上告審が認められ、三宅正太郎裁判長のもとに裁判が行われた。そして1944年（昭和19年）6月29日、三宅大審院裁判長は尾崎に対し、無罪判決を言渡した。尾崎の演説を記録した速記が不確かであること、尾崎は明治天皇を称えており、皇室を貶す意図が見られないとすることなどがあげられた。さらにその上、尾崎の50年以上に渡る議員生活を労ってさえいる。

その後

1945年（昭和20年）8月15日の敗戦と、連合国軍の進駐により、日本にようやく外からの民主主義が持ち込まれた。尾崎は執筆活動や憲法案の構想を行い、新しい世の中を80代の老体ながらも見守った。1947年（昭和22年）の第23回衆議院議員総選挙でも尾崎は当選を果たしたが、健康が優れなくなり、1953年（昭和28年）の第26回衆議院議員総選挙で落選したのを機に引退した。この時、尾崎は94歳、当選25回、議員勤続63年という日本史上最長の記録を打ち立てていた。1954年（昭和29年）10月6日、明治から戦後まで駆け抜けた「憲政の神様」尾崎行雄は死去した。

尾崎の業績を記念し、1960年に国会前庭内に尾崎記念会館が建設され、これを母体に1972年に憲政記念館が開館した。

憲政記念館の尾崎行雄像　筆者撮影

コラム

天皇機関説事件

明治維新以来、天皇が近代国家においてどの様な位置を占めるかは、度々問題となった。最初期は、理想の国家を築こうとした、幕末の延長と言える志士達によって。その次は、西洋的な国家体制を築く過程の憲法制定や教育などの問題として（これらについては皇国史観コラムも参照のこと）。そして１８８９年（明治22年）の大日本帝国憲法制定後は、憲法内における天皇の位置付けについて。そして１９３０年代に至り、学問への圧迫が強まる中で、有名な天皇機関説事件が発生することとなる。

大日本帝国憲法の軌跡

明治維新以後、近代国家としての形を持つために、憲法を制定することは早急の課題であった。

維新直後から、天皇と維新の元勲たち以外の国の機関は定まらず、様々な部局が成立しては廃止・吸収されることが相次いでいたものの、西洋を模範とした国家作りを行う中で議会及び憲法の重要性は早期から認識されていた。各藩から藩士を派遣して欧米の議会の様に議論（公儀輿論）させようと１８６８年（慶応４・明治元年）６月に設置された議政所及び議政官は３ヶ月後に廃止された。その後１８６９年（明治２年）４月に公議所（すぐに集議院に改名）が設置され、各藩から１名ずつ派遣された代表が政治に関する議論を行った。版籍奉還により全国の藩が消滅し、天

「憲法発布式」聖徳記念絵画館蔵 和田英作

皇による支配に一元化されて以降は、太政官官制となり、正院（天皇の輔弼）・右院（各省庁の連絡）と並び、集議員は左院に引き継がれ、最終的に１８７５年（明治8年）4月には元老院となった。そして１８７６年（明治9年）9月8日、元老院議長の有栖川宮熾仁親王と岩倉具視の工作により国権草案起草の勅命が下り、憲法及び諸法律の作成に向けた動きが始まった。１８８０年（明治13年）には、ベルギー憲法や旧プロイセン王国の影響を受け、議会の権力が強く設定された『日本国国憲按』が元老院より提出されたが、皇帝の権限が強いドイツ式の国作りを目指していた伊藤博文と岩倉具視はこれを拒否した。１８８１年（明治14年）の「明治十四年年の政変」を経て、実権を握った伊藤博文らは独逸学協会を設立し、ドイツ式の国家像による立憲体制を推進した。10月には、１８９０年（明治23年）を目途に国会の開設を目指すことや、憲法を政府が制定するという『国会開設の勅諭』が発布され、自由民権運動の鎮静化も図られた。

大日本帝国憲法と天皇の地位

ドイツ帝国のビスマルク憲法などを参照しつつ伊藤博文らによって成案化された大日本帝国憲法は、東アジア初の近代憲法とされ、１８８９年2月に明治天皇により黒田清隆首相に憲法が発布されると、多くの民衆はこれに沸き立ち祝った。ただし、民権活動家の中江兆民や、当時東京医学校で医学を教えていたドイツ人エルヴィン・フォン・ベルツは、憲法の内容を詳しく知りもしないのに祝っている民衆の姿勢に疑問を呈すなどしている。

大日本帝国憲法の告文では、天皇の万世一系の地位と徳が称えられた上、第一条では「大日本帝国ハ万世一系ノ天皇之ヲ統治ス」とあり、また第四条では「天皇ハ国ノ元首ニシテ統治権ヲ総攬シ此ノ憲法ノ条規ニ依リ之ヲ行フ」とある。その他にも立法権、行政権、司法権も天皇に結び付けられていた。また、天皇には皇室の家長としての皇室大権や祭祀の主としての祭祀大権といった、憲法外の大権も有していたと解釈される。だが、天皇が国家より上位または別格にあり、議会に左右されない立場なのか（天皇主体説）、国家の一部であり、その力の行使に制限がある立場（天皇機関説）なのかは解釈が定まっていなかった。（ただ、どのような立場にあっても天皇の存在を否定する思想には当然結びついていないが）

法学者の宮沢俊義（美濃部達吉の弟子）は著書で両者をこう説明する。

（天皇機関説）

「国家学説のうちに、国家法人説というものがある。これは、国家を法律上ひとつの法人だと見る。国家が法人だとすると、君主や、議会や、裁判所は、国家という法人の機関だということになる。この説明を日本にあてはめると、日本国家は法律上はひとつの法人であり、その結果として、天皇は法人たる日本国家の機関だということになる。………

これがいわゆる天皇機関説または単に機関説である。…天皇機関説は、主権または統治権、すなわち、国土・国民を支配する権利は、法人たる国家に帰属する、または、国家がその権利の主体である、と説くから、国家主権説、または国家主体説とも呼ばれることがある。」

（国家主体説）

「それに対しては、天皇機関説に反対する説は、主権または統治権は、法人たる国家ではなくて、天皇に帰属する、または天皇がその権利の主体である、と説くから、天皇主権説または天皇主体説とも呼ばれる。」

（宮沢俊義『天皇機関説事件　上』有斐閣Ｐ６）

早くも憲法発布直後には、論文『帝国憲法ノ法理』で天皇は憲法に拘束されない「天皇即国家」とする立場をとり、生来貫いた穂積八束（法科大学教授、主体説側）と、それを批判した有賀長雄（元老院書記官・官僚、機関説側）の論争が起きるなどしていたが、１９００年代に入ってからは機関説が解釈の主流となった。

美濃部達吉

美濃部達吉は1873年（明治6年）、兵庫県高砂町の漢方医美濃部秀芳の次男として生まれた。第一高等学校を経て、1894年（明治24年）には帝国大学法科大学に入学し、機関説論者の一木喜徳郎の講義を受け、生涯にわたる交流を深めた。良好な成績で卒業し、内務省地方局に勤

美濃部達吉　1908年頃

めるものの法学者の道を志し続け、一木の推薦もあり、比較法制史研究者として1899年（明治32年）にドイツ・フランス・イギリスに留学した。この時、美濃部はドイツの法学者ゲオルグ・イェリネックの影響を受け、国家法人説の立場をより強めた。帰国後は法科大学教授となり、比較法制史講座を担当する。以後順調に高等官として昇進する中、1911年（明治44年）に美濃部と天皇機関説を結びつける最初の論争が起きた。

一木喜徳郎

1911年、文部省主催の中等教員夏期講習会において、美濃部は憲法に関する講演を、ゲオルグ・イェリネックの国家法人説と天皇機関説に依りつつ10回に渡り行った。そして翌年、それをまとめて補正したものを『憲法講話』として出版した。しかし、同時期に同じく講習会に出ていた主体説論者の法学者・上杉慎吉がこれに目をつけ、『国体に関する移設』と題する文章を雑誌『太陽』に載せて美濃部の学説を批判した。この批判は、当初から学問的議論ではなく、天皇の扱いの不敬さと言った情緒に重点を置いていた。これは後に起こる機関説に対する攻撃の予兆とも言える物であった。

「即ち天皇は国家の機関なり、団体の役員なり、団体は人民全体なり、天皇は之が為めに働く所の使用人として存在すと云うもの、実に美濃部博士が諸説なり。嗚呼之果して我が建国の体制なるか。又果して国民の確信なるか。帝国憲法第一条の万世一系の天皇国を統治すると謂うは、如何の解釈法に依りて斯の如きの意義たりと為すことを得るか。」

(宮沢俊義『天皇機関説事件　上』有斐閣P15)

美濃部と上杉は雑誌『太陽』や『国家学会雑誌』を舞台に論争し、後にそれは法科大学学生の星島次郎によりまとめられ、『上杉博士対美濃部博士最近憲法論』として1913年（大正2年）に実業之日本社より出版された。この論争は世間でも評判になったが、第一次護憲運動により桂内閣が倒されるなど自由主義が強まる世間において美濃部の冷静な議論は優位だった。上杉の論調が攻撃的かつ論理的でない部分が多いことが明らかだったこともあり、この時は浮田和民や市村光恵など、美濃部に同情的で上杉の論調を非難する人々が多かった。ただし当時の検事総長で後に首相となる平沼騏一郎や当時の元老である山形有朋は機関説を敵視していた。宮沢はこの議論をこう説明する。

「この論争では、次のような方式の論法が行われた。

攻め手の論法。――お前の意見は、国体に反するものだ。それは、日本人にとっては、国民道徳上許されない。

守り手の論法。――わたしの意見は、国体に反することはない。わたしも国体を尊重する。わたしの意見は、日本人として許される。

つまり、この論争では、国体は最高価値としてすべての批判の外にある、という国民道徳上の原理が、論争の双方の当事者によって、承認されていた。「お前の意見は、国体に反するぞ」という批判に対しては、「国体に反するとしたら、どこが悪いか」と反論することは、許されなかった。したがって、この論争は、くり返していうように、天皇機関説という憲法学説が、「学説」として正確かどうか、それが学問的に成り立つかどうか、という論争ではなくて、それが日本人として守るべき国民道徳則に反するかどうか、の論争であった。」

この時点では機関説は優位であり、以後もその地位を保っていた。何より、大正・昭和天皇自身も天皇機関説を受け入れていたのである。しかし、法学説の議論ではなく、国体そのものを尊重しているか・愛しているかといった議論へ人々の目が誘導されがちなことは、この時点で明らかであり1935年（昭和10年）の天皇機関説事件で繰り返されることになる。

機関説への攻撃

美濃部はその後も法学者として活動を続け、1932年（昭和7年）には貴族院議員に任じられている。また、勲一等瑞宝章や金杯も授けられており、その社会的地位は非常に高く認められていた。美濃部は1930年代の軍部の伸長に対し批判的であり、ロンドン海軍軍縮条約に端を発する統帥権干犯問題（海軍軍令部の意向に反し浜口内閣が条約を批准した事件）では軍部ではなく内閣が責任を持つことを支持し、また滝川事件

菊池武夫

においても学生を検挙したことを著書『現代憲政評論』で批判し、官憲や軍部の伸長を戒めている。1934年（昭和9年）には東京帝国大学名誉教授となっている。

しかし、社会不安を背景に、力を強める軍部と右派勢力は、次々と様々な大学・学問に対し圧力をかけていった。天皇親政を求める右派にとっては天皇機関説は冒涜的で到底受け入れられるものではなく、歴史認識（皇国史観）の問題と並んで排除すべき問題の一つであった。天皇機関説が「日本的でない」として、天皇機関説を支持する政府内の穏健的な要人らを排除し、皇道派の軍部と天皇親政を達成する（そうなれば諸問題が一気に解決する、と彼等は考えていた）ことが右派の大まかな目標であった。1933年（昭和8年）には、30年代を通じて多くのリベラル派をやり玉に挙げ弾圧に導いていた原理日本社代表の右翼・蓑田胸喜が「斎藤首相への公開状」を右派新聞『日本』紙上で公開し、美濃部博士が国体を尊重せず天皇を冒涜しているとして、その処分を求めている。

蓑田胸喜

しかしこの時点では表立った動きはなかった。

　1934年2月、陸軍中将・男爵で、南朝の武将菊池武時の子孫を称する菊池武夫議員は、商工大臣中島久万吉が以前（当時逆賊視されていた）足利尊氏を讃えていたことを掘り返して攻撃し、後に中島は商工大臣辞任を余儀なくされた。

中島商相辭職す
後任松本烝治氏
今朝親任式を擧行
辭職を政府要望
閣僚は冷然靜觀
母屋へ「類燒」防止工作
任商工大臣　松本烝治
依願免本官　中島久萬吉

中島の辞任を伝える朝日新聞　一九三四年二月九日朝刊

　この時、菊池は文部大臣鳩山一郎に対し、憲法認識の問題（高等文官採用試験に機関説の説明が取り上げられていること）も持ち出していたが、鳩山が曖昧な答弁に終始し、この時も表立った問題にならなかった。しかし、鳩山一郎が1927年に台湾銀行や財界人と組んで帝国人造絹絲株式会社（帝人）の株価操作に加担したのではないかという疑獄事件（帝人事件）により、鳩山一郎は辞職を余儀なくされ、斎藤内閣も7月に総辞職した（帝人事件は、五一五事件で暗殺された犬養毅の後継を狙っていた平沼騏一郎が、そのファシズム的志向を嫌った西園寺公望及び立憲政友会主流派の妨害により首相になれなかったことに端を発する、立憲政友会に対する復讐劇であるとの見方もある）。

　この時、美濃部は帝人事件における検察の強権的捜査を批判しており、事実その後の1937年には帝人事件で起訴された16人全員が無罪となっている。元老・西園寺公望は高齢によりこれまでの元老会議（その時点で元老と呼ばれるのは西園寺一人であったが）による次期首班の奏薦を取りやめ、重臣らの協議による次期首班の選出に切り替えた。斎藤内閣に続く挙国一致内閣（この場合、「難局を乗り越えるため」軍部出身者を総理として、与野党関係なく閣僚が選ばれる内閣）として元海軍大臣の岡田啓介が首相に選出されたものの、衆議院にて最大勢力を持ちながらも「憲政の常道」（天皇による組閣大命降下において、衆議院での第一党党首が総理大臣として組閣されるべきこと・与党が倒れた時には野党第一党に下されるべきこと等）通りにならず頭越しに首班を決定され、与党になれなかった「野党」政友会はこれに対立して岡田内閣に抵抗し（閣僚に選ばれた山崎達之輔・床次竹二郎・内田信也らは除名、後に蔵相となった元総裁高橋是清も「別離」扱い）、政党が存在しない貴族院にも対立が飛び火していた。

綱紀思想問題と
怪文書の横行
菊池男、政府に質す
貴族院本会議

岡田首相
土方寧君
大角海相
林陸相
菊池武夫男
二つの思ひ入れ
児玉拓相

朝日新聞　一九三五年二月一九日夕刊

菊池武夫との対決

翌年1935年2月18日の貴族院本会議において、菊池武夫議員は帝人事件を持ち出して「国体に反する著書の出回りや教育の悪化がこの様な事態を招いた」という趣旨の発言を行った後、憲法認識問題を掘り返し、天皇機関説論者の末弘厳太郎、美濃部、及び枢密院議長になっていた一木喜徳郎を名指しし、彼らの著書が国体に反していると攻撃した。これらの著書が発禁されず出回り、また機関説が教えられているために不祥事が相次ぐとも読み取れる。子爵の三室戸敬光と井上清純陸軍大将もこれに加勢し、岡田首相の答弁を求めた。岡田は「美濃部の著書は国体に反しないが用語が穏当ではない」「学説の議論は学者に任せるほかない」旨を答弁している。美濃部達吉はこれ以上問題が広がるのを防ぐため、弁明を行うことにした。

2月25日の貴族院本会議では、美濃部が演説を行うと聞いて多くの傍聴人が詰めかけていた。美濃部達吉は議事日程の最初に答弁を行いたい旨求めて許可されると登壇し、「一身上の弁明」と呼ばれる演説を行った。法律の専門家や学生でない者が聞くために、演説には分かりやすい用語や例えが多用されている。自身の学説が反逆思想・反天皇ではないことや、学匪呼ばわりされる言われはなく菊池武夫が理論を理解しているのか怪しいこと、天皇機関説においても天皇は尊重されていることを説明し、菊池武夫もこれを一旦認めて、その場では議論が収まったかのように見えた。普段静かな雰囲気の貴族院では珍しく美濃部の演説に拍手が送られた。しかし、議論は場外に移りつつあった。

ASAHI SHIMBUN (火曜日) 昭和十年二月二十六日

東京朝日新聞 夕刊

片言隻句を捉へて
反逆者とは何事
美濃部博士諄々憲法を說き
貴院で一身上の弁明

機關說を說明
「萬能說は西洋思想」

朝日新聞　一九三五年二月二六日夕刊

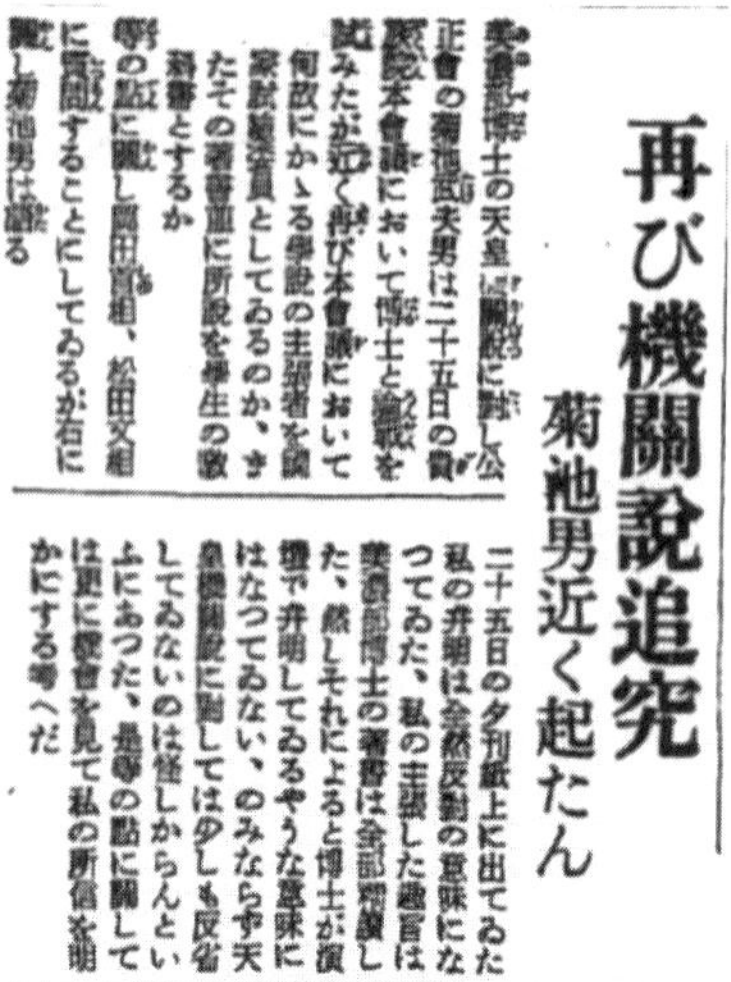

再び機關説追究
菊池男近く起たん

美濃部博士の天皇機關説に對し公正會の菊池武夫男は二十五日の貴族院本會議において博士と論戰を試みたが近く再び本會議において何故にかゝる學説の主張者を國家試驗委員としてゐるのか、またその著書並に所説を學生の教科書とするか等の點に關し岡田首相、松田文相に質問することにしてゐるが右に關し菊池男は語る

二十五日の夕刊紙上に出てゐた私の弁明は全然反對の意味になつてゐた、私の主張した趣旨は美濃部博士の著書は全部精讀した、然しそれによると博士が演壇で弁明してゐるやうな意味にはなつてゐない、のみならず天皇機關説に關しては少しも反省してゐないのは怪しからんといふにあつた、是等の點に關しては更に機會を見て私の所信を明かにする考へだ

朝日新聞　一九三五年二月二七日朝刊

美濃部の演説が外部に報道されると、右派はむしろ攻撃を強めるようになった。戦後に首相となる芦田均や片山哲、自身も弾圧を受けていた河合栄治郎といったリベラル系人士は機関説に対する擁護を行うなど活動したが、右派の様々な攻勢に抗うことはできなかった。各地の右派団体や在郷軍人会により機関説を攻撃するパンフレットが多数濫造され（現在、多くを国立国会図書館デジタルコレクションで閲覧することができる）、機関説に同調ないし擁護するメディアにも非難や脅迫が行われた。そして議会においても、依然機関説への攻撃は続いた。衆議院にて３００議席の安定多数政党でありつつも野党だった政友会は、一木喜徳郎が枢密院議長にあるなど機関説論者が穏健な政府要職に多いことを知っており、これらを攻撃することで岡田内閣を打倒することをもくろんでいたとされる。一旦議会内で再び収まったかに見えた機関説議論はすぐに蒸し返される形で再燃した。３月８日の本会議において菊池武夫は再び機関説を取り上げて大臣たちの答弁を求め、陸軍大臣林銑十郎は海軍大臣大角岑生が揃って「（詳しいことは分からないが）軍人の信念として機関説は承服できない」旨の答弁を行い、岡田総理もとうとう「何らかの処置が必要」と認めるに至った。

国体明徴運動、天皇機関説の終焉

以後、機関説は学説ではなく政治問題として処理され、排除されていく。４月９日、美濃部の著

東京朝日新聞 夕刊
不穏矯激の徒に
彈壓を徹底せよ
警察部長會議 内相訓示
訓示要旨
出版物取締り
完璧を期せ
非常時の警察部長會議

朝日新聞　一九三五年五月一七日夕刊

書のうち『憲法撮要』『逐条憲法精義』（以上、有斐閣）『憲法の基本主義』（日本評論社）を出版法に基づいて発禁処分にし、『現代憲政評論』は字句を変えての改版命令を出した。これらは何版も重ねて多くの学生や法務関係者に読まれてきた本である。更に文部省は全国の大学初め高等教育機関に「国体の本義について疑惑を生ぜしむる言説」つまり天皇機関説を排除するよう通達した。江藤源九郎により不敬罪で告発された美濃部は4月7日に検事局に召

東京朝日新聞 夕刊
國體明徵の聲明
政府公式に發表
聲明全文
陸軍尙監視を緩めず
海軍も同時聲明

国体明徴声明を載せた朝日新聞　一九三五年八月四日夕刊

朝日新聞　1935 年 9 月 18 日朝刊

朝日新聞　1935 年 9 月 22 日朝刊

喚され、戸沢重雄思想検事に取り調べられたが、戸沢始め検事には美濃部の学説で勉強したものが多い有様で、結局美濃部は不敬罪での起訴は見送られ、出版法も起訴猶予となった。

全国の右派及び在郷軍人会により機関説排撃運動が続く中、8月3日に政府は（第一次）『国体明徴声明』を公表し、天皇機関説は国体の本義に反すると解釈されることが公になった。国体を明らかにするという文字通り、国家における天皇の在り方についての学説は排除され、ただ天皇の存在だけが称揚され、軍部は天皇による統帥権（＝外部から左右されない）を盾にますます政府内の立場を強めていく。美濃部は依然反発し、弁明演説の意義を否定しない声明を記者達に語るなどしていたが、圧力には抗えず、9月18日付で貴族院議員を辞した。しかし美濃部はそれでも、自著の問題での辞任ではなく「貴族院の空気」による辞任であるという声明を出し、右派はますますいきり立った。強まる運動を受け、政府は10月15日に再度（第二次）『国体明徴声明』を公表し、第一次より進んで機関説の排斥を唱えた。昭和天皇は美濃部の学説を受け入れており、鈴木貫太郎侍従長に対し「美濃部を不忠とは思わない」と擁護するような素振りを見せていたが、対外的には傍観に徹している。ただし、美濃部は勅選議員であり、建前上天皇は以前の美濃部の業績を承知して議員に任命しているので、これを突き詰めることは非常に複雑な問題となりかねなかった。

「天皇機関説と天皇現神説（昭和七年）〔正しくは昭和十年〕

斎藤〔実〕内閣当時、天皇機関説が世間の話題となつた。私は国家を人体に譬へ、天皇は脳髄であり、機関と云ふ代りに器官と云ふ文字を用ふれば、我が国体との関係は少しも差支ないではないかと本庄〔繁〕武官長に話して真崎〔甚三郎・教育総監〕に伝へさした事がある。真崎はそれで判つたと云つたそうである。

又現神〔現人神と同意味。あきつかみ〕の問題であるが、本庄だつたか、宇佐美〔興屋〕だつたか、私を神だと云ふから、私は普通の人間と人体の構造が同じだから神ではない。そういふ事を云はれては迷惑だと云つた事がある。」（『昭和天皇独白録』文春文庫、P36～37）

（斎藤実内閣と岡田啓介内閣を記憶違いしている可能性があるとの注がある）

翌年2月11日、美濃部は警官に警護されて自宅にいたところを、偽称で面会に来た右翼の小田十壮に銃撃され足に重傷を負った（ただし小田の銃撃には不自然な点が多く、他の犯人がいる可能性も示されている。小田は懲役三年の刑を受けた）。その直後には二・二六事件が起きている。また、一木喜徳郎も3月23日に右翼から襲撃を受けた。二・二六事件により総辞職した岡田内閣の後を受けた広田弘毅内閣は１９３７年（昭和12年）５月に『国体の本義』というパンフレットを発行した。この冊子は民主的な体制や社会主義を否定し、ただ天皇の主権や神話を史実として考える世界観のみを称揚しており、「国民の必読書」として盛んに利用され、天皇の地位そして軍部の専横は著しくなった。直後、盧溝橋事件により日中戦争が始まり、国内では軍部による統制が進んでいった。天皇機関説排撃を足掛かりにした右派は帝大粛正期成同盟を結成し、全国の大学に圧力をかけ、学問の自由を封じた。国家総動員法と新体制運動そして大政翼賛会へとファシズム及び戦時体制が急速に結実していく中で、美濃部はこの時期隠棲を余儀なくされた。

戦後の美濃部

戦後、連合国の占領下にあって新憲法制定が求められた際、天皇機関説は一時的に再評価され、美濃部も内閣の憲法問題調査会顧問・枢密顧問官として憲法制定に関する業務に携わった。天皇機関説を取り入れた草案も多く作られたものの、それらは全て旧憲法の影響下にあると見られており、ＧＨＱはこれらを取り上げなかった。美濃部は占領軍による憲法制定に否定的な見方を示していたが、国民主権による日本国憲法が新たに発布されたため、天皇機関説はその学説としての生命を終え、終焉を迎えた。美濃部は以後も憲法の研究を行ったが、１９４８年（昭和23年）５月23日に死去した。

国体明徴声明

国体明徴に関する政府声明（第1次国体明徴声明）

1935年（昭和10年）8月3日

「恭しく惟みるに、我が國體は天孫降臨の際下し賜へる御神勅に依り昭示せらるる所にして、萬世一系の天皇國を統治し給ひ、寶祚の隆は天地と倶に窮なし。されば憲法發布の御上諭に『國家統治ノ大權ハ朕カ之ヲ祖宗ニ承ケテ之ヲ子孫ニ傳フル所ナリ』と宣ひ、憲法第一條には『大日本帝國ハ萬世一系ノ天皇之ヲ統治ス』と明示し給ふ。即ち大日本帝國統治の大權は儼として天皇に存すること明かなり。若し夫れ統治權が天皇に存せずして天皇は之を行使する爲の機關なりと爲すが如きは、是れ全く萬邦無比なる我が國體の本義を愆るものなり。近時憲法學説を繞り國體の本義に關聯して兎角の論議を見るに至れるは寔に遺憾に堪へず。政府は愈々國體の明徴に力を效し、其の精華を發揚せんことを期す。乃ち茲に意の在る所を述べて廣く各方面の協力を希望す。」

国体明徴に関する政府声明（第2次国体明徴声明）

1935年10月15日

「曩に政府は國體の本義に關し所信を披瀝し、以て國民の嚮ふ所を明にし、愈々その精華を發揚せんことを期したり。抑々我國に於ける統治權の主體が天皇にましますことは我國體の本義にして、帝國臣民の絶對不動の信念なり。帝國憲法の上諭竝條章の精神、亦此處に存するものと拜察す。然るに漫りに外國の事例・學説を援いて我國體に擬し、統治權の主體は天皇にましまさずして國家なりとし、天皇は國家の機關なりとなすが如き、所謂天皇機關説は、神聖なる我が國體に悖り、其の本義を愆るの甚しきものにして嚴に之を芟除せざるべからず。政教其他百般の事項總て萬邦無比なる我國體の本義を基とし、其眞髓を顯揚するを要す。政府は右の信念に基き、此處に重ねて意のあるところを闡明し、以て國體觀念を愈々明徴ならしめ、其實績を收むる爲全幅の力を效さんことを期す。」

1943年（昭和18年）7月1日、東京府より改称し東京都が誕生した。東京に特別な行政を望む声は戦前から何度もあり、戦時の行政効率化・権力の集中化が進む中で東京の都化も進められた。初代都長官は、内務官僚で占領下シンガポール（昭南島）市長も務めた大達茂雄であった。これは東京都35区の区割り地図である

昭和18年（1943）

昭和17年10月　京都府　不敬行為

京都市上京区衣笠街道町七ノ三 刺繍業 中島竜三（55）

被疑者は家族と共に刺繍職を営む傍ら独特の神代観忠孝論に基き各種の国粋的思想運動を主宰没頭し来り特に戦時下に於ける国内思想悪化傾向を憂え速かに一切の米英的なるものの払拭に運動目標を集中狂奔し来れる者なる所、昭和十七年十月十三日自宅に於て同日付大朝紙上に靖国神社臨時大祭第二日たる十月十二日長くも天皇皇后両陛下御親拝あらせられたる御写真を拝し、**皇后陛下の御洋装こそ戦時下に有間敷き米英思想の表現にして国内思想悪化の根本的原因を為せるもの**と断定、更に仇敵米英打倒の為めに尊くも戦死せる靖国の神々が国母陛下の英国式洋装を拝し断腸の思いを為せるものと独断し、即日自己所有の日記に「**いと高き国母陛下を迷わせる　悪魔は洋装の姿なりけり**／日の本の女性の道は何処かな　国母陛下の姿拝して／日の本の国母陛下の御姿　今は何処に在しますらん／近づきていさめまつらむすべもなし　神にすがりて泣くぞ悲しき／国民の迷える事の無理もなし　上の姿に心うつして／すめらぎの国の憂は一億の　民の心の嘆きなりけり／日の本の神代ながらの姿にも　洋装の為にかたむきにけり／み姿を拝して泣くや血の涙だ　皇御国の末を思ひて／洋装の国母陛下を拝しては　義憤の涙かれはてにけり／日の本の国母陛下の御姿　もとめて迷ふ靖国の神」なる和歌並に、「慨嘆久国是全得　豈図七十五年非　万死以皇恩答奉　自刀以君側奸失」なる漢詩を創作記入し、**以来国母陛下の洋装廃止は大東亜戦争下思想戦完遂の絶対必須の前提条**

件なりとしてこれが実現方法等考究中客年十二月八日所轄署特高視察員の来訪を受けたる際同人に対し、「国母陛下の靖国神社に御親拝の御姿を何と見るか、あの姿が思想戦に負けて居る最も大きな現れである云々」と申向け、畏くも皇后陛下に対し奉り不敬の行為を為す。（客年十二月九日検挙、同月二十四日不敬罪に依り所轄検事局に送致す）

※国粋主義と、皇室の意思とでもいうものが必ずしも一致しない（むしろその方が多い）ことの一例である。

特高月報 昭和18年1月号

昭和17年12月　京都府　不敬反戦日記

東京市大森区大森四ノ一一〇　職工　長沢徳博（22）

客年十二月十一日午前八時頃京都駅前付近を徘徊中を所轄七条署に挙動不審者として同行取調中本名所有の日記帳に左の如き不敬反戦字句を記入しあるを発見す。「何の為に兵隊に行くのか／何の為に教育が必要なのか　何の為大学あり政府があるか／そして天皇があるか／何を大臣しているか　何の為に戦争をするか／何の為に一つの地球上にすんでいながら争そうのか／何の為に生きているのか」（厳戒）

※悩める青年の日記はこうして後世に残った。

特高月報 昭和18年1月号

📅 昭和18年1月　📍 大阪府　☰ 不敬不穏投書

大阪市北区曽根崎上四丁目大阪新聞社編集局気付時事春秋係宛、一月十五日大阪港局消印志乙発信人名義大阪市港区九条中通日本新正政治研究会大阪支部西大阪班の左記内容の投書を発見す。

「一、狎妓を宴席に侍らせて酔中明日の胸算用に微笑みて、社員工員の苦労も知らばこそ金に物を言はせて贅沢の限りを尽して居る彼等産業経済界の社長重役連を何たる事か、東条の馬鹿者は四百名の彼等を宮中に参内せしめその帰りに御紋付菓子を土産に持たせまたその夜に晩餐会だ懇談会だと狎妓を侍らせての大散財とは一体世の中はどうなっているのか。天皇も馬鹿者だから陸軍々部の意の如くならざるはなく明治大帝の如き威厳もなく国民も又現在新聞紙幾度皇族の写真等掲載されても最早敬慮の念等毛頭持ち居らず。「民心は意気に感じ知遇に捕えられるのだ」というを知らざる。**天皇は八丈島へでも行って死んでしまえ**

二、統制計画日々何々経済やれ配給だ、何が当らずと大根一本求むるに一時間二時間寒中何が天皇だ皇室だと言う反感が漸次農民にまでも及ぼし法律の為やむをえず、服従しているのが実状である

三、**東条の馬鹿者が子供の頭や馬力引や炭小屋を覗いて乃木将軍やヒットラー**

の真似をして見た所で国民は断じてついて行かない。東条には総理の貫禄なく徳望なく品位なく民心収攬するの人望なし。朝日に中野氏も一月一日付に非常時宰相論にも暗に東条に鶏冠を提示していた（以下略）」

以下四十二項に亘り東条首相始め政府要路者並に上層軍人の振舞は専横しかも常に遊興三昧に耽りつつありとし、あるいは内地各地特に大阪の物資欠乏、闇取引横行の為国内に不平不満充満し内乱の前夜なりとて皇室と人民との離間を云為し更に民衆の政府軍部に対する信頼薄らぎ「大朝」「大毎」「東日」「読売」の各新聞を政府の御用新聞視し、僅に「大阪新聞」のみが国民新聞なりと賞揚する等不敬不穏の事項を記す。（昭和十六年五月以降数次に渉り同一犯人の反復行為と認めらるる事犯の発生あり、鋭意犯人捜査中）

※戦前の著名なジャーナリスト・議員である中野正剛は、1942年から反東条運動を始めた。1943年元旦には東条首相を暗に批判する「非常時宰相論」が朝日新聞に掲載されたが、東条により出版差し止め処分を受ける。特高警察により10月21日に拘束され、25日に釈放されるが、二日後に自殺した。

※不得止→やむをえず、とした。

特高月報 昭和18年1月号

中野正剛

昭和17年12月　富山県　不敬不穏言辞

富山県西礪波郡赤丸村赤丸六五九七　農業　奥田三朗（42）

客年十二月十二日午後十一時頃警戒警報発令せらるるや他の団員と共に之が勤務に従事中翌日午前五時半頃より同六時半頃迄の間に於て赤丸国民学校の炊事室に於て団長池田佐八外四名の面前に於て「詔書や勅語は皆下の者が作って、天皇はそれを見て判を押すだけで何も判らぬのだ天皇も人間であって生れた所が良いから、天皇となっただけであってそれより下の方にもっと偉い者が居るでないか、**ヒットラーやムッソリーニの様な下から出た者の方が良い**」と不敬の言辞を弄し更に捕虜の話になり消防部長中山安一は「日本人ならそんな敵の下で働かず腹を切るなりして死ぬだろう」と語りたるに対し被疑者は「そんな事をする者は百人に一人も居るか、何つせ食べて行かれれば戦争に負けても勝ってもどうでも良い云々」と放言す。（十二月二十四日検挙目下取調中）

特高月報　昭和18年1月号

昭和18年2月　大阪府　不敬不穏投書

二月二日付天下菊屋局消印にて官製はがきに毛筆墨書にて大阪府知事並警察部長宛発信人名義

悪政改革党亡国憤慨生と記せる右の如き内容の投書ありたり「国民をばかにするな正直に発表せよ　数月前家内が婦人会の常会に参った所丁度来合わせていた大阪新聞の部長加藤紫雲記者よりその席上に於てこれは新聞に発表は差止められているがこんな事実があるからこれから我々はどうなるか分らんから今の内にそれだけの用意をしておかねばならん左のような談話があったと家内が帰って言ったが新聞記者の確実な言ではあるが半信半疑でいた所昨日北浜方面では加藤記者の談話と同じ話が彼方此方で出ているのでやはり本当のことであったかと驚いているし街の話題になってえらい評判だが当局はなせ国民に左の重大なことを隠しているのか　即ち　天皇伊勢参宮の途中戦死遺族は猟銃で狙撃されて負傷したこと　東条英機が病気といってたのは嘘でこれも戦死家族にピストルで撃たれ軽傷を負ったこと。」（捜査中）

※翌年、この送り主の事情が明らかになる。

特高月報 昭和18年2月号

昭和18年2月　三重県　不穏落書

二月九日関西線伊賀上野駅構内便所板壁に鉛筆にて「百姓を泣かすな 農相を葬れ　井野農相を殺せ」と落書しあるを発見す。（捜査中）

特高月報 昭和18年2月号

昭和18年1月　宮城県　不敬言辞

宮城県遠田郡涌谷町本町一〇〇　洋服仕立職　松井三治（31）

一月二十五日午後四時二十五分頃遠田郡涌谷町本町九六番地薬種商平塚定八方に於て同店薬剤師平塚定男、所轄署巡査山下忠夫外一名と対談中たまたま東久邇宮殿下の事に及ぶや被疑者は対談者の制止にもかかわらず

「あいらが皇族だか馬鹿だか判らぬ

あいらが居なかったら経費が大部違うだろう」と不敬言辞を弄す。（二月三日不敬罪により送局す）

特高月報昭和18年3月分

三月八日仙台区裁判所にて不敬罪により懲役六月の判決言渡、即日服罪

特高月報 昭和18年2月号

昭和18年2月　京都府　不敬不穏落書

客月二十八日京都駅構内乗客用東便所扉内側下部に鉛筆にて「行こうよ 呪って 今の世を 心あ

る人々よ　一番大切だ？　俺は命が　あるものか　国家も　天皇も」（行為者捜査中）

特高月報　昭和18年3月号

昭和18年2月　**神奈川県**　**不敬不穏言辞**

本籍　北海道茅部郡森町字柳原五〇　住所　横須賀市汐留町四一　吉田盆蔵方　理髪職　砂子正吾（26）

客年十三日午後九時三十分頃頭書吉田盆蔵方階下四畳半の間に於て家人四名が新聞を閲読しつつ大東亜戦争戦況に就て雑談中外出先より帰宅せる被疑者は「日本は正義の国だと言っているが**宣戦布告前にハワイを攻撃したことは卑怯だ**　だから日本は戦争に負ける　日本は勝った勝ったと言っているが**ノモンハンでも負けている　加藤清正が朝鮮征伐に行った時も負けて帰って来ている**　お前達は歴史の表だけを見て裏を知らないだろう　日本は神代から昂騰連綿として続いていると言うが**弓削の道鏡の時代に当時の皇后陛下が道鏡に強姦されたことがある**　だからほんとうの万世一系とは言われない」と虚構の言辞を流布し皇室の尊厳を冒涜する不敬言辞を弄す（客月十四日検挙不敬並造言蜚語被疑事件として取調中）

※前半はおおよそ正しい。後半の道鏡の記述は、孝謙（称徳）女帝と肉体関係にあったとか巨根であったという伝説について話しているが、史実的には不明である。

特高月報昭和18年6月分

横浜地方裁判所にて不敬並流言飛語事件として取調中の所、五月二十八日懲役六月の判決言渡

特高月報　昭和18年3月号

昭和18年2月　三重県　不敬言辞

本籍　津市北町一、一四二　住所同市相生町六三八　獣肉商　岸田菊次郎（45）

被疑者は客月十三日午後一時頃津市下部田四六八津市立屠場職人部屋に於て同僚たる山田清之助が被疑者に対し「貪欲と言う欲だけは止めてくれ」云々と発言せるに対し「何を言うのや、欲せいじゃ**天皇陛下でも欲の為に大東亜戦争をやっとるやないか**、おいら欲するのは当り前や」と怒号し天皇陛下に対し奉り不敬の行為を為す（検挙取調の結果不敬罪として所轄検事局に身柄送致）

※注意したどころかますます酷いことになってしまった。

特高月報昭和18年7月分

四月十二日起訴猶予処分
特高月報 昭和18年3月号

昭和18年2月　秋田県　不敬言辞

本籍秋田県平鹿郡黒川村黒川字落合四九　住所同右忠吉妻　農　赤川キクエ（42）

被疑者は客月十二日居村赤川良正方勝手十畳間に於て「天皇さんて良いものだ、皆に有難いと拝まれに良くて、是等のために戦争して居るから米を出させられたり物が不足になったりして生活に苦しまなければならないのだ」と不敬言動を為す（不敬罪及言論出版集会結社等臨時取締法違反として検挙送致す）

特高月報 昭和18年3月号

昭和18年4月　警視庁　不穏投書

三月六日東京市京橋区築地二ノ一二小林竹治宛官製ハガキを以て左の内容の投書ありたり。「赤色ロシヤ以上ノ暴政ニ国民ハ奮然ト起テ　軍人官吏ノ成金簇出東条首相ハ三十万円ノ邸宅ヲ新築セリ」（捜査中）

特高月報 昭和18年4月号

📅 昭和18年3月 📍 大阪府 ☰ 不敬落書

三月二十四日大阪市港区九条通二丁目六七三番地九条第一劇場便所内に黒色鉛筆を以て、

「**皇后陛下ノオメコワドンナオメコヤ！**」と落書あるを発見す。

（直ちに抹消、行為者捜査中）

特高月報 昭和18年4月号

📅 昭和17年12月 📍 新潟県 ☰ 不敬不穏言辞

👤 高田市本町五丁目二六番地 高田高女教諭 山岸光尚（43）

被疑者は新潟県立高田高等女学校教諭として勤務中、昨年十二月頃同校四年生ホ組生徒に対し生物学の授業中「生物の進化に就て」と題し、「一、我が国は万世一系天壌無窮の皇室を戴いて居ると言うが天皇も一ヶの人間である以上斯様な事は一度は切れる時が来るから天壌無窮など有り得ない 二、我が国は目下米英排撃で大騒ぎをして居るが**我国の文化は米英より受けた**

恩恵が非常に大きい今更米英排撃思想などを国民に普及することは間違いだ」として天皇の尊厳を冒涜し、時局に関し人心を惑乱すべき言辞を弄したるもの。（不敬罪、言論出版集会結社等臨時取締法違反として四月十八日検挙）

※戦時下でこのようにはっきり言う勇気、またそれがマルクス主義ではなく自由主義から出ている点でも注目に値する。

特高月報昭和18年6月

新潟地方裁判所長岡支部にて不敬罪として審理中の所、五月三十一日懲役六月三年間執行猶予の判決言渡あり、本月六日確定

特高月報 昭和18年4月号

昭和18年1月　愛知県　不敬不穏言辞

本籍　静岡県浜名郡白須賀町字白須六一一地ノ二　住所　愛知県豊橋市東田町字東雲四三地　野菜乾燥工場運搬夫　広間良哉（23）

被疑者は本年一月中旬前後数回に亘り職場に於て同僚に対し、「戦争で国民は苦しんで居るが戦争など負けても別に国民は亡びる訳では無いから国民をそう苦しめる必要はない。日本は天皇制で皇統連綿と言うけれど日本には昔から推古天皇を始め女の天皇が二、三人あるが女ばかりの天

皇では子供は出来ないから外の血液が混っていると思う。皇統などはこの点から言っても既に断絶している。第一天皇制度が気に入らん。天皇は偉いと言うけれど**国民の中には天皇より偉い人物は幾らでもあるが如何に出来る人物でも天皇がある為に総理大臣にしかなれない**。大体天皇を倒すことに難波大助が失敗して居るが我々はアンナ「テロ」行動はとらぬが我々同志はゲリラ戦を今計画している。今政府と我々とは食うか食われるかの戦であって天皇を倒す位のことは訳はない云々」と不敬言辞を弄したるもの。（一月二十八日検挙、三月三十一日送致）

特高月報 昭和18年4月号

※徐々に不穏な内容になっていく。見栄を張ったのだろうか。

昭和18年3月　香川県　不穏言辞

本籍　広島県広島市西九軒五五地ノ一　住所　高松市南新町六三地　広島中央放送局高松出張所長　川口政秋（42）

被疑者は三月十日香川県綾歌郡坂本村国民学校に於て開催せられたる「講演と映画の夕」の講演を為すに当り船舶輸送問題、南方作戦等に言及したる後皇室の御模様に関し、「宮中の一番前を表御座所と言います。次は中御座敷と言ひその奥を奥御座敷又は大奥の間とも申します。表御座所には侍従長その他の侍従が執務して居り中御座敷には七、八歳から十二、三歳位迄の童子が奉仕して居ります。大奥には陛下が居られて女官や奥女が御仕えして居るのであります。これはどう言う訳かと申しますと表御座所に執務して居られるものが陛下に御取次をするのに中御座敷に居る童子を通じてなされるのであります。**何故十一、二歳の童子を通してなされるかと申しますと重要書類の機密が洩れるのを防ぐ為と若し陛下が奥女に御手を触れて居られるとき御取次に参る様なことがあってはなりませんので色気のない童子を通じてなされる**のであります云々。」と不敬言辞を弄したるものなり。（四月十七日送局す）

※皇室と性の話題には事欠かないが、真偽は不明であるとしか言いようがない。ここで言う宮中とは戦災で焼失する前の明治宮殿のことであろう。

📖 特高月報昭和18年10月

九月二日刑法第七十四条第一項並に言論・出版・集会・結社等臨時取締法第十八条違反により懲役一年（未決交流二十日通算）の判決言渡しあり服罪

特高月報 昭和18年4月号

昭和18年5月　警視庁　不穏投書

四月頭山頭名義、麹町区永田町総理大臣官舎東条英機閣下宛「桃の節句に日泰婦人の交驩」と題し東条、賀屋、八田各大臣夫人写真の登載ある新聞紙の切抜を添付したる、「**大臣の嬶は食物が宜いからよく肥えて居るなー**、国民の大多数は食料不足で顔面菜色を呈す、砂糖一貫匁十五円、醤油一樽十五円、米一俵六十円他は知るべし、これでは重慶政府を笑うわけには参りません云々」の不穏投書ありたり。

特高月報 昭和18年5月号

昭和17年8月　栃木県　不敬不穏言辞

栃木県芳賀郡益子町大字益子三五七八　特要共甲　磯部常雄（37）

昭和十七年八月二十八日栃木県芳賀郡益子町大字益子字道祖土警防団詰所に於て道祖土隣組長大曽根市郎外二名に対し、「真珠湾の九勇士が命を捨てて国を護ったことは立派だが銃後の一部では闇行為をやっているものがある実情だがこの点を見ると命を捨てる者は馬鹿げて見える。天皇の御為と言って死んで行くと日本の国民が無くなって仕舞う、天皇陛下だって同じ人間ではないか云々。」と不敬言辞を弄したるもの。（三月四日検挙、海軍刑法第一〇〇条、言論出版集会

結社等臨時取締法第一七条違反として取調中）

※特要共甲＝この場合、共産主義者として監視されている状態。「真珠湾の九勇士」とは真珠湾攻撃の際に特殊潜航艇に乗り込み、未帰還となった9名のことである（この時、酒巻和男が一人生存し、太平洋戦争における日本軍側捕虜第一号となっているが、情報は隠蔽された）。

特高月報昭和18年6月

宇都宮区裁判所にて言論・出版・集会・結社等臨時取締法違反として審理中の所、五月二十日略式命令にて罰金五十円、確定

特高月報 昭和18年5月号

昭和18年3月　和歌山県　不穏言辞

和歌山県有田郡湯浅町大字湯浅五三八　漁夫　阿波功吉（40）

三月二十三日和歌山県湯浅町旭劇場に於て映画上映に先立ち国民儀礼の際本人のみ宮城遥拝を為さず。「ソンナウルサイ事センナンノカ」と不穏言辞を弄す。（飲酒泥酔し居りたること判明、厳重訓戒）

※五月蝿→ウルサイ、とした。

昭和17年6月　兵庫県　兵庫県に於ける不敬事件検挙状況

兵庫県飾磨郡広畑町所在日本製鉄株式会社広畑工場内　車両工　北山幸男（20）ほか

右者等はいずれも第一次徴用に依り昭和十七年四月十九日以来前記広畑製鉄所運輸車両工ないしは剪断工として就労中のものなる処客年六月下旬以降最近に至る迄の間同工場所属第二寄宿舎及び竹の本寮等にしばしば会合し相互に、

「(一) 日本の皇室は万世一系と言うが皇祖天照大神は女の神様で婿さんがあったと言うことは明でない。婿さんのなかった人から子供が生れる筈がない。故に今の天皇が天照大神を皇祖とした万世一系等と言うのは嘘だ。

(二)今上天皇は北朝の後小松天皇の系統であるから万世一系でない。北朝に味方して南朝と戦った足利尊氏は賊軍ではない筈であるからその子孫を華族にしてやれば良い。

(三) 仲哀天皇の皇后であった神功皇后は竹内宿禰を連れて三韓征伐に三年も朝鮮に行って居た。日本に帰ると間もなく皇子が出来たのが応神天皇だ。応神天皇は竹内宿禰の子であって従って今上陛下は万世一系の天皇ではない。

(四) 露西亜革命の際**露西亜の皇帝は革命軍の手に依って雪の中に捨てられた**。日本も天皇を中心にして現在の資本家が労働者農民等を苦しめて居るのであるから農民や労働者が自由平等の天下を作る際は**不必要な天皇を露西亜の皇帝の様にシベリヤの雪の中へでも捨ててしまえ**ば良い。」

等の不敬言辞を浅しつつありたる事実を探知し本月四日各々検挙目下取調中なり。

※孰れ↓いずれ、とした。

※日本書紀によると、応神天皇の母の神功皇后は征伐の間、石をさらしで巻いて腹を冷やして出産を遅らせたのだと言う。

特高月報 昭和18年6月号

昭和18年5月　京都府　不敬投書

京都市上京区宝町通り上御霊前上ル竹園町六　伝七長女　福井秀子（25）

五月二十一日京都府中立亮警察署宛本年五月六日付「朝日新聞」紙上に謹載の天皇、皇后両陛下の御写真切抜に「**バカホロビヨ**」と不敬字句を記載し、本年五月十九日付「朝日新聞」謹載の「皇后陛下東京慈恵会総会に臨御」の御写真切抜に「バカ」と記載せるものを封入投書を為し、更に本年四月三十日付「朝日新聞」に謹載されたる天皇陛下の御写真切抜に「**バカヘイカ**」と不敬字句を記載したるものを封入、京都市上京区役所宛投書を為す。

（五月二十四日検挙、三十一日不敬罪として送局す）

大元帥陛下の精鋭御閲兵

代々木原頭 天長節観兵式に親臨

大元帥陛下の御英姿　代々木原頭にて

「バカヘイカ」と書かれた　朝日新聞　1943 年 4 月 30 日朝刊

皇后陛下　東京慈恵会総会に御臨

バカと書かれた　朝日新聞 1943 年 5 月 19 日朝刊

特高月報昭和18年7月
七月八日懲役六月の判決言渡しあり同十日確定
特高月報 昭和18年6月号

昭和18年5月　兵庫県　不敬投書

大分県北海部郡上北津留村大字米店一四九九　住所　姫路市東雲町四丁目一ノ三　日鉄社員　少年保護司　糸永求（47）

五月二十四日大阪朝日新聞社編集部広告係宛、兵庫県飾磨郡広畑町日鉄工場内山川新名義を以て左記内容の不敬投書を為したるものなり。（左記は別添記載）
「前略この度例によって妃殿下が各地へ慰問に来られるそうだが、それは真平御免被ると御社より言上されたい、何となれば彼等の来訪は百害あって一利なし、多勢の供をつれて美衣をまといゾロゾロ来られるのを見て非常時下慨嘆せざるものなし、その上出迎えのためあらゆる部面から多数の人力を無為に費す、傷病兵の言をかりるならあいつは一番苦手なりという。かかる大戦争中彼等一族は何をなしたるか社会の外に美衣美食なすところなく、稀に戦場に有る者を見るに血を流して占領した後をフラフラうろついて視察するのみの芸なり。中でもうすのろは航空機の翼にかかりて死んだという、金枝玉葉の御身を以てという。何が金枝玉葉か、今の時代に天孫降臨を信ずる者がある筈はないが部省を始め皇室を尊べと一心なり、笑止千万日本人は何時まで間抜けにあらず既に我等と志を同じうする者甚だ多きことを知られよ、我等の志、そは一日も早く三千年日本を我物として君臨せし彼等一族特権階級を亡して新日本を建設するにあり、平民日本を建設するにあり、彼等を今日まであらしめたものは平民の人のよさにあり文物の進歩は文盲の平民を開眼せしむ思え平民の如何にしいたげられしを……、青によし奈良の都をうたいし奈良朝に桜かざして太平をうたいしかげにありし悲惨なる平民の姿を、平安、鎌倉、戦国、徳川時代と時代はうつれどその間奸知に長けし彼等は無知なる平民も今は営む、彼等に何の能やある、当り前に行けば一人前に扱うことの出来ない者の寄りあいではないか、日本は神国なりという誠なりや、今や我等は神の存在を信ずる程無知にあらず天照大神が何何の神何の神と神の多き神社の多きこれらを破壊せんか全国に広大なる耕地と人と物が得られん。皇大神宮の広き人の多き、実にいらざることに土地と人と物を使う無駄我等は神社仏閣の不用をいう。三千年五千年の昔人類地球上に棲息を始めしより日本にも土着の民あり、そこへ大陸より神の選民と称する天孫族渡来し次々と土着民を征したり、この国は我が子孫の君たるべき国なり……など何という厚顔、それを一づに信ずる者の人のよさ、土民の中には出雲族あり、土蜘蛛あり、熊襲あり蝦夷あり皆併合或は征服さるそして極めていやしめらる、彼等天孫族は何れから来たるや、元より知るべくもあらざるが太古猶太の首長モーゼは部下をひきいて東に西に放浪、遂にエジプトに至りそこをも脱出してイスラエルに帰るその中最も精猛なる部族は同族と別れて東漸又東漸支那に至りて消息不明となる。日本に来りし天孫族は彼等なりと信ぜられるる点多し、我等は日本を愛す、この国土を愛す、故に大東亜戦にはあくまで戦い勝つ、勝たねばならぬ、さりながら猶太人の子孫たる天孫族、猶太の子孫にはあらざるも三千年尊大を極めし彼等をして尚安眠さす余地は持たざるなり。同志の多くは社会の各層にあり教壇より児童の迷妄をはらすべく、工場より平民の起たんことこそうながすべくあらゆる部面より努力しつつあり、近き将来に実現されん。我等人民戦線の闘士にあらず、コミンテルンの手先にあらず、日本人を愛し祖国の土と富を歪食する輩を按ずるものなり。天孫降臨の事実を証されよ、科学的に、百千の国体明徴運動も尊いが故に尊べでは合点せられず、高天原の天下りは三つ児しか信ぜざるなり、言論機関よ、よろしく我等に協力せよ。兵庫県山寫郡穢多村非人乞食」（本月十日検挙取調中）

※途中出てきた「航空機の翼にかかりて」云々の皇族は北白川宮永久王と思われる。途中からユダヤ陰謀論が入り混じっている。

特高月報 昭和18年6月号

昭和18年6月　兵庫県　不敬投書

六月十八日神戸林田局の消印ある官製葉書を以て兵庫県知事宛、神戸市兵庫区切戸町三丁目二五七則田つね名義の左記内容の不敬投書ありたり。「梨本の宮か柿本の宮か李か朴かは知らね共大東亜戦争下衣生活の云々とヤカマシク言って居る今日アのヤンキ風を見よ丸で米英のヤンキ婦人でないかヤンキ風を見せに来て居此奴らこそヤンキ崇拝の日本女性の心を忘れてしまっている奴だモンペで来いモンペで来いで入らぬ帽子まで冠ってこのザマで戦争を勝ちぬくか下々国民はヒモシ目にあって居るのに早くウセあがれよ」（捜査中）

特高月報 昭和18年6月号

昭和18年6月　愛媛県　不敬落書

六月五日西条市国鉄西条駅構内便所内壁板に、「**天皇ノ頭切った者二千円皇后------------者二千円アゲル**」と不敬落書あるを発見す。（行為者捜査中）

特高月報 昭和18年6月号

※現代だと一千万〜二千万円の間か？

昭和18年6月　大阪府　不敬投書

本年六月二十九日京都加悦局に於て発信人京都府与謝郡加悦町森島峯雄名義の左記不敬投書を発見し、本月十日大阪逓信局長より大阪地方裁判所検事局に対し郵便法違反被疑事件告発あり。

記「東京府宮城へ　天皇様　アホタレエ　天皇はきらいですからやめて下さい　うちのはりこも

んですから天皇になりたいです　そんな天皇はやめてしまったらよいぞあほたれ」（京都府と連絡捜査中）

特高月報　昭和18年7月号

※これの顛末は9月号に載る。

昭和18年3月　兵庫県　不敬反戦言辞

明石市弓町一三九ノ二　ワイシャツ　製造販売業　斎藤博己（47）

本年三月より五月頃迄の間自己の職場たる居町所在共同ミシン加工所に於て工員多数に対し、「今に天皇陛下なんか無くなるよ、その時には俺も市会議員になるよ、日本は戦争に勝った勝った言って居るが実際は戦争に負けて居るんだ、ガダルカナルでもアッツ島でも、五十六さんの作戦が悪いからだ、こんな戦争は早く済めばよい云々。」と不敬、反戦言辞を弄す。（取調中）

※山本五十六は4月18日に海軍甲事件で搭乗機を撃墜され、戦死しているが、5月21日までその死は隠されていた。彼は多分五十六が生きているつもりで悪口を言っている。

特高月報昭和18年8月分

八月十四日神戸区裁判所にて不敬並言論出版集会結社等臨時取締法違反により懲役二年の判決言渡

アサヒグラフ　1943年6月9日号　山本元帥死去記事

特高月報 昭和18年7月号

昭和18年6月　兵庫県　不敬不穏投書

六月二十七日付兵庫伊丹局消印ある封書を以て兵庫県刑事課長宛左記の如き不敬投書ありたり。「中央工業伊丹工場員一同ヨリ　現在自分達ノ考エテヲルコト　1、最近皇后ラノ田舎見物ヲ一切ヤメルコト　長着物ハ見トモナイ　2、低級ノ者ニバカリ正義ヲ強制セヌコト（中略）ドウモ世ノ中ハムジュンダラケダ早ク皇貴族ヲ葬リ**米国ノ領土ニシテホシイ**　一日モ早ク皇室ヲ破カイスルコトダ云々。」（捜査中）

特高月報 昭和18年7月号

昭和18年6月　兵庫県　不敬不穏投書

六月二十二日兵庫伊丹局消印ある封書を以て警視総監宛左記の如き不敬投書ありたり。「記　警視総監閣下、東条閣下、宮内大臣閣下に反省をのぞむ　最近宮妃連中ことにこの間は**皇后までぶらぶら出歩きして体裁の良い増産奨励だとか屁にもならぬことをしている**があんな馬鹿なことをせぬ方がよい、一体この戦時下に皇室や有産階級位甘い汁を吸ってをるものはない、労働者や月給取には法律や規則だというてしぼれるだけしめてその上税金までとってをるではないか、上にたつものだけうまいことをするのはけしからん、早い話が工場でも工場長は工員の配給米を一ぺんに二斗もぬすんだり養成工の寄宿舎で舎費も払はずにその上配給米を無料で重役と食うてをるではないか、今日の政府位ばかなものはない、**早く米国の領地にしてほしい**。皇后など長いかん単服をきているがまじめな早乙女はもんぺで田植をしてをるではないか、十町位歩いたとてそれが何だ、われわれは自転車がこわれてのれぬから毎日遠いみちを歩いている、今後は皇后などあんなだらしないみなりで出あるきせぬことだ皇族の大馬鹿！！」（警視庁と連絡捜査中）

特高月報 昭和18年7月号

兵庫県　不敬不穏投書

本月二日兵庫伊丹局消印ある封書を以て伊丹警察署宛、発信人イナ寺村行田一郎名義の左記投書あり。

記「ボーナスモ上役人バカリヨクテ下級人ニハスクナイ、大倉ハ国賊デハナイカ、（中略）悪ノ種ヲマイタ工場長ハ不正ノコトヲシテ涼シイ気分デイル、ケイサツノ取シマリガ徹底セヌカラコンナコトニナル、法律ヤキ則ハ何ノタメニアルカ、**皇族ハ低脳者ノ群デアル**速ニ

殺害スベキダ」（犯人捜査中）

※前々事例・前事例が全て同一の人によって行われていると仮定した場合、書き主は大倉財閥系の軍需企業であり、著名な銃器開発者の南部麒次郎が経営していた中央工業（新中央工業を経て現ミネベア）に勤めていたのかも知れない。

特高月報 昭和18年7月号

昭和18年4月　栃木県　不敬言辞

本籍　栃木県足利郡山前村大字山下一三五三　住所　東京都荒川区町屋三ノ一一六八
鉞力職　木闇英（42）

本年四月二十四日群馬県新田郡尾島町浴場営業大竹はつ一方に於て入浴中浴客十数名に対し、「天皇陛下ナンカ馬鹿デモナンデモナレルンダ／事実馬鹿ナ天皇陛下ダッテ居ル**俺ハ馬鹿ナ天皇陛下ヲ見タ／大正天皇ガソウダ**」と不敬言辞を弄す。（五月八日検挙取調の結果不敬罪として本月六日送致）

※バカと言うよりは病弱と言った方が優しいかもしれない。

特高月報昭和18年8月

八月十日前橋地方裁判所にて不敬罪により懲役六月の判決言渡

特高月報 昭和18年7月号

昭和18年6月　徳島県　不敬言辞

本籍　徳島県美馬郡脇町字猪尻二三七　住所　徳島市中佐古町一四　郵便集配人　高木幸盛（20）

六月二十七日徳島市内東宝両国館に於て映画（日本ニュース）観覧中、「**皇后陛下別嬪デナイデナイカ**云々。」と不敬言辞を弄す。（不敬罪として検挙、本月七日送致）

※1943年6月の日本ニュース　第159号では、「皇后陛下行啓　光栄の銃後農村」として香淳皇后が東京府南多摩郡七生村を行啓した映像が扱われている。これを見ての発言だろう。

特高月報昭和18年8月

七月二十一日徳島区裁判所にて起訴猶予処分

特高月報 昭和18年7月号

昭和18年5月　徳島県　不敬言辞

本籍　徳島県勝浦郡小松島町大字中郷字桜馬場一七　住所　徳島市八方町法花一四三

度量衡器製造工　井内利平（37）

五月二十七日隣家川野増満方に開かれたる常会に出席し其の席上「遥拝々々て何処へするんなら、そんなに言うたって天皇陛下は今頃云々。」の不敬言辞を弄す。（検挙取調の上六月二十九日送致したるが本月十六日徳島裁判所に於て懲役八月の判決言渡あり）

特高月報　昭和18年7月号

昭和18年7月　北海道　不敬落書

本籍北海道虻田郡狩太村黒川一六二　住所　同上　農　大場勇（20）

七月六日虻田郡狩太村字宮田、宮田国民学校御真影奉安所に、「私が兵隊に行っているとき天子を二重のドブの中へほりこんでやろうと思ったよ。」と不敬落書を為す。（七月二十一日検挙、不敬罪として送致）

※「ほうりこんで」ではない。

特高月報昭和18年11月分

十月十五日小樽区裁判所にて公判開廷、同月二十二日懲役十月三年間執行猶予の判決言渡あり同月二十八日確定

特高月報 昭和18年8月号

昭和18年3月　兵庫県　不敬言動

本籍　新潟市西大畑町六二一　住所　尼崎市昭和通一丁目三四　写真業　遠藤信一（36）

本年三月十日尼崎市北大物町安達貞穂方に於て開催せられたる翼賛壮年団班常会の席上、岡島忠知より新聞紙に掲載さるる御真影を切抜き適当なる方法により奉安申上げる運動を提唱するや、「天皇陛下の御写真は新聞に幾等でも掲載されるから、そんなものを奉安して居ては際限がない、大体皇族は我々の様に配給米で生活はして居られないぢゃないか、困って居るのは我々だ、そんな写真を奉安する必要はない。」（不敬罪として七月二十七日検挙取調中）

※御真影、皇族の写真は度々新聞に掲載されている。

特高月報 昭和18年8月号

昭和18年7月　栃木県　不敬言辞

本籍　住所　埼玉県北葛飾郡彦成村大字番匠免一四九四　農　篠田松五郎（32）

七月二十六日仙台よりの帰途東北本線上り列車に乗車、東那須駅に停車中折柄交換せられたる義宮正仁親王殿下、那須御用邸に御成被遊御召車を天皇陛下御保養の為御幸被遊るものと誤信し乗客に対し、「親父の野郎何処へ行くんだ、野郎暇だから云々」と不敬言辞を弄す。（即日検挙不敬罪に問疑取調の上送致、八月十四日宇都宮区裁判所検事局に於て起訴猶予処分）

特高月報 昭和18年8月号

昭和17年12月　山口県　不敬言辞

本籍住所山口県玖珂郡鳴門村大字大畠一四一　無職　末広シゲ（68）

昨年十二月頃居村居住土井多兵衛に対し国債消化、国民貯蓄等に関し、「もしアメリカ等がこんな有様になったら直ぐ天皇陛下に銃を向けるのだが日本も向けたら良い云々。」と不敬言辞を弄す。（本名は老齢にして加うるに病弱なる為検事局と協議の上厳重訓戒）

特高月報 昭和18年8月号

昭和18年9月　秋田県　戦死者遺族の不敬事件検挙状況

本籍並住所　秋田県平鹿郡横手町平城二四　無職　小島リヱ（明治元年6月生）

右者の長男吉太郎（明治三十八年生）、次男徳太郎（明治四十五年生）の両名は相次いで今次戦争に応召し、長男吉太郎は昭和十二年十二月二十四日西安に於て、次男徳太郎は昭和十七年五月四日ソロモン海戦に於てそれぞれ名誉の戦死を遂げたるものなるが、本名は長男戦死後より兄嫁等との折合悪く為に兄嫁サダヱは子供三人を連れ生家に帰り、本名一人肩書住所地にありて扶助料を兄嫁と折半、これにより孤独の生活を為し居るものなる所、次男徳太郎戦死の発表に接するや深くこれを憤り「二児を失いたるは天皇陛下の為なり」とて畏くも陛下の御肖像及掛軸等を取外しこれを足蹴にしたりとの風評ありたるを以て鋭意真相内偵中の所、たまたま所轄署視察員に対しこれを息子の友人と誤信せるものの如く雑談中「**天皇様の為に二人も殺されたがその為に貰った金では暮して行くことが出来ない、余り腹が立ったから写真や掛物等を皆集みて雨の降る時焼いてしまった**、天皇様も無情なものだ、云々」と不敬行為の事実を洩せるが、いやしくも名誉ある戦死者遺家族にあるまじき言動にして無智なる一老母の所為としてこれを放任し得べきに非ず、断固検挙の上厳重処分の要あるものと思料せられ所轄検事局指揮の下に九月二十七日検挙せるが、戦争の苛烈化に伴い今後益々出征並に戦死者増加の趨勢に鑑み出征家族並に戦死者遺家族の動向については格段の注意を払う要あるものと認める。

※苟も↓いやしくも、とした。「名誉の戦死」と称える戦死者遺家族ばかりが報道される中、実際にはこのような人々もいたのだろう。

特高月報昭和18年12月分

十一月十二日所轄検事局にて起訴猶予処分

特高月報 昭和18年9月号

昭和17年12月 **北海道** **不敬行為**

室蘭市輪西町二二三九　潜水夫　吉田藤兵衛（51）

吉田藤兵衛はかつて妻との間に二男三女を挙げたるが何れも幼少の頃相次いで病死せる処より神に対する偏見を抱き、昭和九年二月自宅に奉斎しありたる神棚を踏潰してこれを川に投棄しその中に奉祀しありたる皇大神宮大麻その他神札をストーブにて焼き捨て、以来神に対する尊崇の念を欠き自宅には奉斎せざりしものなるが、昭和十七年十二月頃及十八年二月頃自宅に於て頒布を受けたる皇大神宮大麻をストーブに入れて焼き捨て神宮に対する不敬行為を為す。（取調の結果戦時強姦未遂並に殺人未遂被疑事実も発覚せるに依り不敬事件と合せ八月十九日送局す）

※ここで言う神宮大麻は、気持ち良くなる草としての大麻ではなく所謂お札のことである。

昭和18年6月　京都府　不敬投書

京都府与謝郡加悦町字加悦　森島峰雄（15）

本名は不良生徒と交友し漸次不良化の傾向に在りたるが、昭和十七年八月頃天ノ橋立遊覧協会行の私製はがき約百枚を拾得し同年十一月頃右私製はがきを利用して、自宅に於て友人達と郵便ごっこの遊びを為して以来郵便に対する興味を覚へ、本年六月二十七日午前十時頃冒険的心境より自宅玄関四畳半の間に於て官製はがきに鉛筆を以て、「天皇はきらいですからやめて下さい／うちのはりこもんですから天皇になりたいです／そんな天皇はやめてしまったらよいぞ／

あほたれ天皇へ

みねお」と記し表紙に、「東京府宮城へ　天皇様アホタレへ　京都府与謝郡加悦町字加悦　森島峰雄」と記し、一時机の引出し中に蔵し居りたるが同月二十九日午後一時頃自宅より約二丁余隔りたる加悦郵便局に至り投函す。（取調の結果満十四歳未満の者なるを以て書類のみ送局し訓戒釈放す）

※ずいぶん過激な郵便ごっこである。

特高月報 昭和18年9月号

昭和18年9月　兵庫県　不敬言辞

兵庫県飾磨郡広畑町広畑七九六　農業　町会議員　福井正次（43）

九月六日前広畑町長香山忠好の辞任に伴いその後任町長推薦を繞り二十四名の町会議員中、地元派輸入派の二派に分れ論争中被疑者は地元派の立場に於て、「町長は阿呆でも賢うても良いではないか皆が一致してやれば良いではないか、だから地元派から出て貰って置く方が一番良い」旨主張したるに対し輸入派議員より反駁ありたるに対し、「阿呆でも賢うても良いと言う事は何も阿呆を推薦すると言う意味ではない、町会議員が一致協力して助けてやれば町長は阿呆でも出来ると言った意味で言ったのだ、どんな人でも陰では悪口を言っているものもある。**天皇陛下でも外国人は馬鹿だと言っている**ではないか」と放言しこれに対し反対派議員の面罵、自派議員の発言取消の慫通にもかかわらず議席に於てただ冷笑を浮べ黙殺的態度に終始したり。

（検挙取調中）

特高月報　昭和18年9月号

📅 昭和18年9月　📍 兵庫県　☰ 不敬言辞

👤 神戸市神戸区下山手通三丁目三三ノ七　社長　三島森太郎（68）

被疑者はかつて前後十七年間滞米生活を為しかつ今日に至るまで二十数年間対米貿易等を通じ極度の親米思想を堅持し居る者なるが、九月八日午後八時より開催せられたる自己所属の隣組常会席上に於て今次の対米戦争は今日まで**経済的に文化的に多大の援助貢献を受けた米国に対する忘恩行為**にして、我が国が米国に対し好戦意図の下に戦端を開きたるかの如く暗示を放言し、更に、「詔勅の中に『万邦をして各々その所を得しめ兆民をしてその堵に安んぜしむる』と天皇陛下は仰せられて居るにかかわらず支那や米英と戦争をする事は無意味であって巧言令色となりはせぬか　詔勅には美辞麗句を連ねてあるが世界は相手にしないではないか」と不敬の言辞を弄す。（九月二十二日検挙、九月二十八日不敬罪並に言論出版集会結社等臨時取締法違反に依り送局す）

※戦時下においてはこの様に在米経験のある人々は肩身の狭かった事だろう。

📖 特高月報昭和18年11月

十月十三日不敬並に言論出版集会結社等臨時取締法違反として起訴神戸区裁判所にて審理中の所十一月九日懲役一年三年間執行猶予の判決言渡あり十一月十日確定

特高月報　昭和18年9月号

昭和18年7月　兵庫県　不敬言辞

兵庫県揖保郡龍野町日山　県立龍野中学校教諭　鈴木秀雄（31）

被疑者は本年七月二十四日香川県多度津工業学校より龍野中学校教諭に転じ、現に国史科を担当中の者なるが、七月二十七日同校に於て第一学年生徒に対する国史の授業に際し、道鏡に論及し「この本には道鏡の悪逆無道と書いてあるがこれは本が違っている、道鏡は初めは天皇になろうと言う様な悪い心は持っていなかったが宇佐八幡の神官があなたは偉い政治家だと言って褒めるし皆も立派な政治家だと言って褒めるので天皇になろうと言う気持ちになったのだ、決して道鏡は悪い人物ではない、自分は道鏡についてトコトン迄調べた事があるから良く知っている、道鏡が天皇になりたいと言った事は最も偉い考えである、道鏡は今の東条さん以上の大政治家だった、道鏡が阿呆であったら、天皇になりたいなど言う考えは起さなかったであろう、**自分の考えでは道鏡は天皇になるべき人物であった　僕も天皇陛下になれんことはない　僕も始めは天皇になろうと思って居た誰でも天皇にはなりたいものだ**」と申向け更に

「日本の歴史には良い事をした者の名前も残っているが悪い事をした者の名前も残っている　今**僕が天皇陛下にピストルを撃ったとすればこの歴史の本に長く長く僕の名前が伝えられるだろう**、そんな悪事でも名前は残る云々」と不敬の言辞を弄す。（検挙取調中）

※道鏡が実際に即位しようとしたかどうかについては議論がある。当時道鏡は一般的に逆賊扱いされていたので一石を投じようとしたのだろうか。

特高月報 昭和18年9月号

昭和18年5月　埼玉県　不敬言辞

埼玉県南埼玉郡蒲生村大字蒲生二〇六二　農業　清村勇（27）

蔣介石は世界で一番偉い人だ

本名はかねて蔣介石・ヒットラーの如き所請独裁政治家に心酔し居りたる処、たまたま昭和十八年五月十五日午前九時頃埼玉県南埼玉郡蒲生大字蒲生三一九九洋品商中野末吉方に於て、同人外二名と対談中大東亜戦争の戦果に及ぶや同人等に対し、「俺の考えでは何と言っても蔣介石それに比べると日本の天皇陛下は下に付人が付けてあってそれが皆仕事をやって居るおっ立て棒の様なものだ　立てて貰えば誰にも出来る大して偉いものではない」云々と放言し不敬の言辞を弄す。（不敬罪に依り八月三十一日起訴せられ、九月二十二日浦和区裁判所に於て懲役六月の判決言渡あり確定す）

※予て→かねて、とした。

特高月報 昭和18年9月号

昭和18年6月　埼玉県　不敬文書

埼玉県浦和市常盤町一丁目四七　飯田織物株式会社取締役　高橋已之助（51）

被疑者はかねて自己勤務会社々長飯田忠雄の家庭紛議に介入し、飯田忠雄の妻の離婚問題をめぐり妻とよに加担し策動しつつありたるが、本年六月六日飯田は親族会議を招集し妻の離婚問題を提議せる事を聞知せる本名は飯田に対しその仕打を警告すべく、同月十五日会社事務室に於て会社専用の便箋紙に万年筆を以て米英に対する宣戦の詔書中の一部を改竄し、左の如き文章を作成し飯田とよ及同会社専務取締役菅金太郎等に読聞かせ、詔書の尊厳を冒涜し、天皇陛下に対し奉り不敬の行為を為す。

「あまつさえ親族を誘いとよの周辺に於て論議を増強して我に挑戦し更にとよの平和的交渉に有ゆる妨害を与え遂に経済断行を敢てしとよの生存に重大なる脅威を加う、とよは高橋をして事態を平和の裡に回復せしめんとし隠忍久しきに弥りたるも彼は毫も交譲の精神なくいたずらに時機の解決を遷延せしめてこの間却って益々経済上の脅威を増大し以て我を屈従せしめんとす、かくの如くにして推移せんか飯田家の安定に関する我の積年の努力は悉く水泡に帰しとよの存立又正に危殆に瀕せり、事既にここに至るとよは今や自存自衛の為決然起って一切の障害を破砕するの外なきなり　皇祖皇宗の神霊上にありとよは汝有衆の忠誠勇武に信倚し祖宗の遺業を恢弘し速に禍根を芟除して飯田家永遠の平和を確立して以てとよの光栄を保全せんことを期す。」（八月五日検挙、九月十五日不敬罪に依り送局す）

※剰へ→あまつさえ、とした

特高月報昭和18年10月

十月二十一日懲役八月の判決言渡あり即日服罪

特高月報 昭和18年9月号

昭和18年7月　栃木県　不敬言辞

栃木県足利郡三和村大字板倉一一二三　岡部トウ（42）

被疑者は昭和十八年七月上旬頃足利郡三和村大字板倉の自宅前道路上に於て雑談中知人たる同村の木村ミセ（五九）に対し、「子供を育てても昔だったら幾らか家の役に立ったのだが今は戦争中だから尚更大変ですよ。子供が多いと全く骨が折れますよ、こんなに骨折って子供を育てても**大きくなると天皇陛下の子だと言って持って行かれて仕舞う**のだもの嫌になって仕舞いますよ、子供を育てても別に天皇陛下から一銭だって貰う訳でないのに大きく育ててから持って行くなんてことするんだもの天皇陛下にだって罰が当るよ」と不敬の言辞を弄す。（検挙取調中）

特高月報 昭和18年9月号

戦時国債

昭和18年3月　栃木県　不敬言辞

宇都宮市小幡町三〇七〇　農具職工　玉森信一（48）

被疑者は極端なる自由主義、個人主義を抱懐し居り、常に国策に非協力的態度を持し居りたるが昭和十七年八月下旬、同年十二月下旬及本年三月中旬隣組組長等の債権購入方慫慂に対し、常にこれを拒否し更に、「戦争は陛下が勝手にやっているのであるからやるなら市民大会でもやってから始めるべきであるのに勝手にやっているのだから債権は購入することが出来ぬ。」と放言し不敬の言辞を弄す。（九月一日検挙、九月二十三日不敬罪に依り送局す）

特高月報昭和19年2月分

昭和十九年一月十三日懲役一年四年間刑執行猶予の判決言渡あり同月十九日確定す

特高月報　昭和18年9月号

昭和18年9月　福井県　不穏落書

福井県足羽郡麻生津村浅水二日町　青年学校一年生　鈴木秀男（15）

九月二十三日麻生津村浅水二日町一四ノ二九高畑甚之助方前及同所より約一町程離れたる吉川肇宅前の二ヶ所にある電柱に白墨を以て「**大本営発表　東條さんは右足一本しかない**」と落書す。（厳戒）

※そのような事実はない。適当に書いたのだろう。

特高月報　昭和18年9月号

昭和18年7月　徳島県　不敬通信

徳島県勝浦郡小松島町大字小松島字外開五〇　徳島中学四年生　高倉利親（19）

昭和十八年七月二十二日当時満州国新京市に滞在中の母高倉クワン宛左の如き不敬通信文を郵送せるを七月二十六日下関郵便局検閲課に於て外国向郵便物検閲中発見せり。「何が天皇陛下の赤子だ赤子だったら天皇陛下はこのあわれな不幸な子供をたすけようとはしないのかそれは天皇の赤子だとうそをいって自分の下におこうとするのに他ならないのだ何が天皇だ天皇が何か現人神だよくまあこしらへたものだ学校の修身の時間ふき出さずにはおれないよ**自由主義**

を世界に啓めるのは我々の力だそれを何にも天皇なんかに圧迫せられる必要があらうか天皇などは死んでしまったらいいのだ何が天皇だ。」（九月一日検挙、九月十一日不敬罪に依り送局す）

特高月報昭和18年12月分

十二月十三日懲役一年四年間執行猶予の判決言渡あり服罪

特高月報 昭和18年9月号

昭和18年8月　愛媛県　不敬不穏落書

八月十日温泉郡久米村大字南久米所在久米村米穀配給精米所北側戸板に「**天皇様もうございませぬ**」と落書しあるを発見す。（捜査中）

特高月報 昭和18年9月号

昭和18年9月　**北海道**　**不敬落書**

九月八日釧路市大町一丁目文洋堂印刷所片垣長は自宅金庫内に在りたる現金を整理中五十銭紙幣一枚の表面菊御紋章に「バカ」と記載しあるを発見せり。（捜査中）

特高月報 昭和18年10月号

昭和18年9月　**北海道**　**不敬言辞**

北海道上川郡多寄村第七部落　昭和クローム株式会社木原組飯場内

鉱夫　平松平吾（50）

加藤建夫陸軍少将

被疑者は性粗暴言動過激なるところよりてかねて注意中の処九月二十五日午後六時二十分頃北海道雨竜郡幌加内村字朱鞠内飲食店「サロン」こと森川ハヤミ方に於て飲酒中たまたま隣席に於て飲酒中の者より軍神加藤少将云々の断片を聞くや、「加藤少将は何が偉い、あれは結局運が良かったのだ、俺だってあの位の事はして見せる、東条首相も何も偉くない、この頃の戦争や政治のやり方は何だ、**俺も総理大臣にして見ろ、もっと上手にやって見せる**、天皇陛下が何だ、何も尊敬する必要はない、**俺が打殺してやる**」と不敬の言辞を放言す。（検挙取調の結果、十

月十日不敬罪により送局す）

※加藤少将とは、「加藤隼戦闘隊」で有名な陸軍航空隊のパイロット、加藤建夫のことだろう。1942年（昭和17年）5月22日にビルマで戦死しており、帝国陸軍史上初となる二階級特進と異例の功二級金鵄勲章拝受の栄誉を受けている。また、1944年（昭和19）年3月には映画『加藤隼戦闘隊』が公開されている。

特高月報 昭和18年10月号

昭和17年12月　神奈川県　不敬言辞

横浜市港北区小机町七六三　農業　神本佐一（50）

被疑者は高等小学校卒業後本籍地に於て農業を営み昭和十六年一月以降居町第三十隣組の組長となり現在に及びたる者なるが常に大言壮語を為す癖を有し、昭和十七年十二月中旬居町七七八市川吉之助方に於て開催せられたる右隣組常会の席上談中五箇条の御誓文に及ぶや組員たる羽島喜助外九名に対し「勅語は大臣が作って天皇陛下は目を通すだけだ、**天皇陛下は飾り物でこんな物は穀潰しだ**」と放言し畏くも天皇陛下に対し奉り不敬の行為ありたるもの。（本年九月十二日上記事実を探知し同月十六日検挙同二十八日不敬罪により送局す）

昭和18年7月　岡山県　不敬言辞

岡山県真庭郡勝山町大字勝山一、四七四地　看護婦見習　初本百々世（18）右同　農業　初本清孝（59）同郡同町一、三一〇　町役場書記　浅野義夫（36）同郡同町一、四七七　農業　初本一郎（48）同郡同町一九三　町役場書記　堀周次（60）

初本百々代は本年七月五日上京東京都城東区亀戸町六丁目産婆栗原ハヤ方に見習産婆として住込み居りたるが健康勝れざる為七月末頃帰郷し自宅に於て家事手伝を為し居りたるものなるが、本年八月八、九日頃自宅八畳の間に於て隣人たる初本作太郎・百々代実父初本清孝その他と対談の際、「**秩父宮様が気が狂って日本刀を持って東條さんを追い廻し東京市内を暴れまわって困るので東條さんは逃げまわって居るのだそうだ、今は秩父宮様は病院に入って居られるが病院からお出になるとまた暴れるので困られるそうだ**」と申向け皇族の御尊厳を冒涜する不敬の行為を為したるがこれを聞知せる初本清孝・初本一郎・浅野義夫・堀周次等は何れも右不敬事実を知人或は隣人等に流布す。（不敬罪並に言論出版集会結社等臨時取締法違反事件として九月二十日送局す）

※デマの中のデマである。しかしなぜ秩父宮が狂って日本刀を振り回す話が出来上がったのか、

その経緯や元ネタは全く不明である。

特高月報昭和19年2月分

昭和十九年一月二十九日初本一郎は津山区裁判所へ公判請求、初本百々代は広島少年審判所へ送致、初本清孝、浅野義夫、堀周次の三名はそれぞれ起訴猶予処分

特高月報 昭和18年10月号

昭和18年8月　石川県　不敬不穏言辞

金沢市池田町一番町二　荒木勇次郎（62）

被疑者は昭和十七年四月以来居町会庶務部長として現在に及びたるが本年八月末頃同町会役員会の席上に於て町会役員数名に対し、「天皇陛下は宮殿下に羽二重を御下賜になったと新聞に出て居るが天皇陛下からになると羽二重が自由に手に這入るから結構なものや、衣料切符はどんなになって居るのかなあ云々」と不敬の言辞を弄したる外七、八月頃の役員会席上に於ても時局に関し人身を惑乱すべき言辞を弄す。（九月三十日検挙取調の上、本月十二日不敬罪及言論出版集会結社等臨時取締法違反として送局す）

特高月報 昭和18年10月号

昭和18年2月　岡山県　不敬反戦言辞

岡山県浅口郡大島村大字中七、九一五　農業　岡田音五（47）

被疑者は性極めて狡猾凶暴にして酒を好み、時々矯激の言動を為し村民より蛇蝎の如く嫌忌され居るものなるが、昭和十八年二月中旬の正午頃居部落有岡恵方門前に於て同所今城逸夫外一名に対し「時局が何だ、日本が悪いんじゃあ、**日本は英米の盗人をしているのじゃ**　戦争も早う止めればよい　**天皇陛下はイラヌものじゃ、鉄砲を持って来い撃ち殺してやる**」と不敬言辞を弄したる外本年七月中旬頃より十月十二日に至る間前後七回に亘り十二名に対し不敬並に時局に関し人心を惑乱すべき事項を流布す。（十月十六日検挙不敬罪並言論出版集会結社等臨時取締法違反により送局）

※堂々とした発言だが、性格について酷い言われようである。

特高月報昭和18年12月分

十月二十九日不敬罪並に言論出版集会結社等臨時取締法違反として岡山地方裁判所検事局に送致し審理中の所、十二月二十二日懲役一年六月の判決言渡あり、服罪

特高月報 昭和18年10月号

昭和18年9月　北海道　不敬反軍言辞

●小樽市色内町七ノ三二　土木請負業菅原組事務員　河岸政夫（37）

九月二十二日付「北海道新聞」第二面に「不敗の国民兵動員体制確立、第二国民兵の召集、昭和五年以前受験、満四十歳迄延長」なる記事掲載せらるや九月二十一日午前九時二十分頃事務室内に於て菅原組小樽出張所主任谷津義男外七名に対し、「ああこれは大変な事になった、俺もいよいよ兵隊に行かねばならなくなってしまったなあ、日本の国もいよいよ困って来たなあ、こんな新法令が出たのでは日本の男子は恐慌を来たしているだらう。誰が兵隊に行きたいなんて考へている奴があるものか、」云々。」と人心を惑乱すべき反軍的言辞を弄したる外十月三日午前九時二十分頃前記事務室内に於て主任谷津義男外七、八名に対し「読売新聞」十月二日付第一面に「照宮成子内親王殿下東久邇宮盛厚王殿下きょう御納采の御儀」と題する記事並に御写真掲出されあるを見て、「照宮は唖だと言うデマもあったがなあ、結婚する様になったなあ、親にして見ればうれしいだろうなあ、本人も満足だろう、この

照宮成子内親王殿下　東久邇宮盛厚王殿下
けふ御納采の御儀
幣贄捧じ御使參內
寿ぎ奉る 竹の園生の彌榮え
兩陛下の御滿悅
けふ御揃ひの御祝膳

読売報知　一九四三年十月二日朝刊

写真を見ると**照宮は助平顔しているなあ**、年も年だから云々。」と不敬の言辞を弄す。（検挙取調の結果、十月二十二日不敬罪並言論出版集会結社等臨時取締法違反に依り送局す）

※1943年10月には兵役法が改正され、徴兵の年限が拡大された。

特高月報昭和19年2月分
昭和十九年一月三十一日小樽区裁判所にて懲役八月三年間執行猶予の判決言渡あり、被告人は上訴権を放棄し確定

特高月報 昭和18年11月号

昭和18年11月　京都府　不敬言辞

京都市上京区小山下内河原町六六　鍼灸按摩マッサージ業　長谷川幸次郎（55）

十一月六日午後六時四十分頃京都市東山区東大路通り松原上ル辰巳町一一一医師青地正徳方に於て開催せられたる京都府鍼灸按摩マッサージ師連合会幹部会に出席し会場たる同家三階西側八畳の間に於て幹部役員六名会合せる席上時局談に関連し、「皆聞いたことないやろうけれどわしはこんな事を聞いたんやがな、思想が悪いと言うのは**秩父宮様と陛下さんが腹が違うんで俗に我々で言えば意見が合わんと**言うことや、秩父宮様は平民的なお方や！秩父宮様

にカタする者があってそれが北朝とか南朝とか言う流れがあるらしい、こんなことで思想が悪くなっていると言うことや、秩父宮様と陛下やら高松宮様やらが同じ本腹と違うんで皇太后陛下はよけ子達をお生みにならなかったそうな、秩父宮様は御病気だと聞いているがある人の話によると達者で満州にいやはるらしい」と不敬の言辞を弄す。（十一月十日検挙取調の上、十一月十八日不敬罪に依り送局す）

※ほぼデマである。本条繁の日記によると、1931年（昭和6年）から32年（昭和7年）にかけて秩父宮が革新将校の影響を受け、昭和天皇と国家観について議論したことがあるとされるが、長谷川はそれを考慮して発言したわけではないだろう。

特高月報昭和19年2月分
昭和十九年一月二十二日京都区裁判所にて懲役五月、二年間執行猶予の判決言渡あり、服罪
特高月報 昭和18年11月号

昭和17年5月　新潟県　不敬言辞

新潟県南蒲原郡大面村大字帯織　農業　梨本喜与平（48）

被疑者は客年五月十二日居字通称苗代垣部落内路上に於て肥料分配の為部落民十名が参集したるがあたかも当日は御来県中の朝香宮鳩彦王殿下に於せられては信越線帯織駅を御通過遊さるる

日に相当し、肥料分配の為量目作業に従事中の部落民より「宮様がお通りになるので停車場へ出なければならない」旨発言を為すや、「宮様であろうが、**天皇様であろうが俺等がこうやって一生懸命に働いて居るから生きて居られる**のだ、こんな忙しい時は停車場へ出なくとも良い云々。」と不敬の言辞を弄す。（所轄署に於ては上記事実を探知し十一月十日検挙、十一月二十五日不敬罪に依り送局す）

※戦争により肥料も手に入りにくくなっている中、肥料分配は農民にとって重要な作業であった事だろう。

特高月報昭和19年2月分

昭和十九年二月四日新潟地方裁判所にて懲役六月四年間刑執行猶予の判決言渡あり被告人は上訴権を放棄し同月十一日確定

特高月報 昭和18年11月号

昭和18年10月　福島県　不敬言辞

福島県信夫郡野田村大字笹木野字西萱場一六　野田村産業組合書記　角田惣七（44）

十月十五日午後七時頃居村公会堂に於て農事実行組合坪刈慰労会開催せられたる席上飲酒雑談中同席上に会同せる赤間又造外七名に対し、「昨夜聞いて来た話でおそれ多い事だが秩父宮様は病気でなく噂に依れば謹慎させられているそうだ、これは**秩父宮様が米国や英国に御出張なされたから、英国や米国に親しみがあらせられる**ためそんな噂があるのかも知れない。」と不敬の言辞を弄す。（十一月四日検挙、十一月八日刑法第七六条違反事件として送局す）

※デマである。秩父宮も昭和天皇も英米を訪れたことはあり、それだけで謹慎させられるということはない。

特高月報昭和18年12月分

十二月六日起訴猶予処分

特高月報 昭和18年11月号

昭和18年3月　京都府　不敬通信

京都市下京区八条大宮西入ル京都専門学校睦寮炊事室内　大毎京都支局連絡員　大西久義（16）

被疑者大西久義はたまたま昭和十六年頃当時東京都板橋区各和製作所給仕として勤務中同製作所事務員山田次子を知るに至り同人の恩情を受くるやその関係を継続する為自己の身分を伯爵なりと詐称し、昭和十八年三月某日午後七時頃山田次子にスイスに留学すると称し自己の勤務先たる大阪毎日新聞社京都支局の長距離電話を利用し、「**自分は今スイスに留学する途中満**

州の新京に居るが丁度三笠宮殿下が御滞在遊ばされておるのでお別れの挨拶をした。」旨通話せる外本年九月頃に至る間数回に亘り書面を以て、出鱈目の文句を書き綴り天皇陛下、皇族殿下に対し奉り不敬の行為を敢行する外時局に関し造言飛語を為す。（十二月二日検挙、十二月十六日不敬並言論出版集会結社等臨時取締法違反被疑事件として送局す）

※なぜすぐバレそうな嘘をついたのだろうか……。

特高月報 昭和18年12月号

昭和18年10月　山形県　不敬言辞

山形市六日町三四七ノ一　華道教師　岩田もと（41）

被疑者岩田もとは本年十月十七日午後〇時三十分頃自宅階下に於て山形第一高女五年生庄司律子外一名に対し、華道教授中当時夢去せられたる柳原二位局の新聞報道記事を閲覧するに及び「**二位局は**大正天皇の御生母だ新聞で見ると**余り綺麗でもないね。**」と放言し次で洋装の事に関し談話中、「洋装する人は首が短い、もっと長いとよい、**三笠宮妃殿下は首が短い**、もっと長いとよかった、皇后陛下も外国風の洋装でなく日本風の服装にされたらよろしいと思うんだけれど。最近秩父宮殿下は新聞に出ないが高松宮殿下だけが沢山出る、秩父宮殿下は御体が悪くて御静養なすって居ると言うが御快方に向はわたとか国民に知らせれば安心もするし知らせるのが当然だと思う。**秩父宮殿下は親英米思想を持って居るとかで誰かに撃たれた**とか言う話もある。」云々」と虚構の事実を担造放言し皇族に対し不敬の言辞を弄す。（十一月二十五日検挙、同月三十日不敬罪として送局す）

※柳原二位局は、明治天皇の側室（大正天皇の生母）である柳原愛子のこと。10月16日に亡くなっている。

※戦時下でもこんなおばさんはいたのだ。

特高月報昭和19年2月分

昭和十九年一月八日起訴猶予処分

特高月報 昭和18年12月号

昭和18年9月　岡山県　不敬反戦言辞

岡山県真庭郡久世町大字草加部六一六農業製炭業　前田兼太郎（55）

被疑者はかつて農民組合運動に没頭し執拗なる闘争を展開し居りたる者なるが、現在に於ても依然として階級的観念を脱却せず反国体的思想を抱持せるものなる所、本年九月十日居町定方義人が応召するに際し九月七日夜同家に於ける出征祝に招待され戦局に対する雑談より同席者二十数名に対し、「下手な戦争じゃから長びくのじゃ、外国では統領が陣頭に立っての戦争のに日本では上御一人じゃと言っても何も知らぬ者が大本営に控えての戦争じゃから解決はつかぬのじゃ、上御一人というものはいらぬものじゃ、無くして仕舞えばよい」と申し向け更に同日午後十時過頃前記定方義一方表庭**先に於て小便中**の同町高井貞之助に対し、「ああ戦争は長びくぞ、召集は何ぼう来るかも知れぬぞ、ソ連を見い強いものじゃ、国家的の共産じゃけん、統領が先頭に立っての戦争のに日本では上御一人御一人と言っても何も分らぬ者が東京の大本営に控えての戦争じゃから早く解決がつかぬのじゃ　日本の家族制度では戦争は出来ぬ、**ソ連の様な共産制にして仕舞わねば戦争に勝てるものか**、この戦争が済んだら何もならぬ上御一人を養う必要はないのでいらぬものじゃからやり替えて仕舞えばよい」と不敬の言辞を弄す。（不敬罪に依り十二月五日送局す）

特高月報　昭和18年12月号

昭和18年3月　高知県　不敬反戦言辞

高知市塩谷崎町二〇七　農業　溝淵恒喜（49）

被疑者はかねて社会主義ないし無政府主義思想抱持者の著書を繙読してこれに共鳴し、左翼実践運動に参画せる事実無きも常に反国体的思想を抱持し居るものなる処、本年三月下旬居町農事実行組合長山中真幸方に於て開催せられたる米穀供出に関する割当協議舎に出席対談中組合員約十九名に対し、「法律上認められた百姓の保有米迄取上げられて百姓がやれるか、こんな事では百姓をした甲斐が無い、戦争に勝てるか、**俺は日本の国に生れた有難味がない、日本に生れた事が情無く思う**斯様な事だったら俺は天皇を恨む。」と申向け更に本年八、九月頃の夜間居町稲荷神社通夜堂にて開催の農事実行組合の会合席上数名の出席者と対談中、「兵隊は人殺ぢゃ、青訓の生徒は人殺の卵ぢゃ、兵隊は戦地で天皇陛下万歳と言って死んで行きよると言うがそうぢゃ無い、必ず恨んで死による」と申向け、更に本年九月二十八日夜前記通夜堂に於ける米穀供出並麦作付反別割当協議会席上組合員十数名に対し、「斯様な不公平極る割当をして作れるか、実績に依って作るなら俺は今迄麦一つも作って居らぬから作れぬ、こんな不当な割当をして作らぬと言って警察へ座らされるなら俺は幾日でも座って見せる、こんな不公平な割当をすりゃあ農区もいらぬものぢゃ、天皇もいらぬ。」と不敬の言辞を弄す。(検挙取調中)

※供出が半ば強制される状況は、ブラック企業ならぬブラック農業である。

特高月報 昭和18年12月号

昭和17年6月　鹿児島県　不敬言辞並行為

鹿児島市上竜尾町九六　西日本新聞鹿児島通信支局記者　中村大海（29）　宮崎県宮崎郡清武村大字上今泉　無職　川井博（26）

被疑者中村大海は昭和十七年六月満州国中央警察学校在学中同校洗面所に於て同僚たる被疑者川井博に対し、「天皇の奴は暑い目知らずに山海の珍味を並べ国民を奴隷扱いにして太え面しやがってしゃくに障って仕様がない、何時かは政体が変る、道理から言って大統領政治が正しい、一国の長に立つ者はそれだけの学識と才能を兼ね備えたものが立つのが当り前だ、**人民の総てがこの人ならと思う人を大統領に立つべきだ**、大統領になる人も一年毎に変えなければいかぬ、あれがこの世の本当の穀潰しだ天麩羅で似合って居る」と申向け、本年七月初旬鹿児島市冷水町三二有馬ヒサ方に於て同宿者三好光雄に対し、「**天皇の奴も今頃は皇后陛下とテクテクして居る事だろう。**」と放言し、本年八月中旬午後三時頃鹿児島駅前仮便所内東側奥の厠内板壁に、「天皇はゴクツブシダ」と鉛筆にて落書し、同月下旬午後八時頃鹿児島市冷水町二九坂元マサヨ方に於て被疑者川井博の面前に於て新聞紙を取り上げ、同紙に掲載されありたる**皇族の御写真に対し唾を吐き掛け**、これを畳の上に置き更に足にてその御写真の個所を踏み、同年九月七日午後十時頃被疑者の下宿先鹿児島市竜尾町一二野田フミ方に於て川井と明日の照国神社境内に於ける決戦大勝大会を前にして悪戯せんと相謀り、同神社境内に標示しありたる「皇族不乗」の立札に赤インクを以て之を汚流し、同年九月日不詳午後九時頃鹿児島市山下町所在日本武徳会鹿児島支部武徳会正門左側閑院宮殿下御手植になる楠樹の傍に標示しありたる「閑院宮殿下御手植樹」と墨書せる立札を撤去、下宿先に持ち帰り翌日午後十時頃同所に於て川井博と共に焼却し、同年九月日不詳下宿先たる野田フミ方に於て川井博に対し、「皇室の経費も我々国民から出す税金から四百万円も費って居る、皇族は我々が養って居る様なものだ。」と放言したる外取調の結果両名共右の外、外患陰謀、造言飛語等に関する被疑事実をも摘発するに至れり。(十月十五日検挙取調の結果、中村に対しては刑法第七四条、同第七六条、同第八八条、川井に対しては刑法第八八条、陸軍刑法第九九条を夫々適用十一月二十四日送局す)

※他にも激しい暴言を吐くなどの人物はいるが、この時期にここまであちこちに実際の反天皇の爪痕を残した者はいないかもしれない。

特高月報 昭和18年12月号

松根油を増産しよう　写真週報　1944 年 11 月 29 日号
松根油（しょうこんゆ）とは、マツの伐根を乾溜することで得られる油のこと。太平洋戦争の戦局が悪化し、南方からの原油輸送が滞るようになると、1944 年 10 月から政府は松根油の生産を奨励した。しかし油の質はとても低く、軍事用燃料に耐えるものではなかった。松の油を頼らねばらならぬほど日本はひっ迫していた。

昭和19年（1944）

📅 昭和18年1月　📍 大阪府　☰ 大阪府に於ける不敬不穏投書犯人の検挙状況

大阪府にありては客年一月二十四日以降同年三月二日に至る間四回に亘り官製葉書あるいは台湾蕃人風俗絵葉書を使用し、不敬かつ不穏文言を記載したる発信人無記名の同一犯人の所為と認めらるる投書十四通をそれぞれ大阪憲兵隊、大阪府知事、警察部長、大阪地方裁判所検事局或は大阪市内所在の著名なる株式店、料亭、社交倶楽部、銀行等に発信したる事件あり。以来鋭意捜査中の所客年十二月十六日犯人大阪市生野区勝山通九丁目七二、著述業野津義大（52）を検挙し、取調の結果人心惑乱罪（刑法第一〇五条ノ二ノ第一項）被疑事件として一月十五日大阪地方裁判所検事局に送致せるがその状況左の如し。

（一）事案の概要　客年一月二十四日官製葉書を以て発信人無記名、大手前憲兵隊長宛に、「本真の事は新聞に書かれへんと「大阪新聞」の加藤紫雲先生が次のようの事実を非公式に発表せられたが、これは新聞に発表して国民に知らす事にせよ、**昨年天皇が伊勢へ行く途中列車に猟銃で天皇を撃ったが、右手にガラスで負傷したが撃った者は三人の子を戦死さした親で天皇をかたきと思ったた**こと。朝鮮で食料難で大暴動が起り、警察官千七百、兵隊四百名全滅のこと。北海道で空襲がされ六千三百名死んだこと。十二月に台湾に四十回も空襲あり、一万二千名死傷のこと。戦闘艦九隻アメリカに撃沈されてあること。東条首相がピストルで撃たれ風を引いたと言って国民をだましていること。紀州の白浜沖で汽船がアメリカの潜水艦に十二月十八日に五隻やられたこと。」の内容を記載したる投書を為したる外大阪府知事その他大阪市所在の著名なる株式店、料亭、社交倶楽部、銀行等に対し前後四回に亘り十四通の同様趣旨内容の不敬不穏の投書を為したり。

（二）検挙状況　大阪府に在りては第一回事案発生と共に直に捜査を開始し、引続き頻発せる投書事案は何れも同一犯人の所為と断定し、しかも回を重ぬるに従いその内容極めて悪質なる流言にして、その上その発送先が当初主として取締官憲なるを一変し、経済の中枢地たる大阪市内北浜株店街或は流言流布の危険性多き遊郭、料亭を狙いたるにより、その治安に及ぼす影響の甚大なるに鑑み本件犯人の速かなる検挙を期し、投書記載の大阪新聞社記者加藤紫雲に何等かの直接或は間接的関係を有するものとの推定の下に捜査方針を樹立し、加藤紫雲を中心に内査の結果加藤紫雲は実在人物にして画家出身の大阪新聞社美術記者なる事判明せるも投書記載の事実に関係なく、更に加藤を中心とする知人友人関係特に美術評論家、画家、画商等に就き精密内査を続行の結果、美術雑誌「新美」の発行人たる兵庫県西宮市今津二葉町三三画家山下正直及同雑誌の関係者に対し客年一月以降数回に亘り脅迫的投書ありたる事実を探知し、該投書四通を入手検討の結果右投書は本件不敬不穏投書と同一犯人の所為なりとの確信を得るに至れり。そして右山下正直は客年一月前記「新美」の前発行人たりし神戸市須磨区離宮前山下広洋より継承せるものなるが、該雑誌の継承をめぐり他に継承希望者ありたる旨の聞込ありたるを以て、新に犯人は山下正直等の新美社及加藤紫雲等の大阪新聞社関係者に極度に反感を有ししかも新美社継承の野心を有し居りたる美術評論家なる認定の下に鋭意捜査の結果、客年十二月十六日本件犯人、大阪市生野区勝山通九丁目七二著述業野津義大（52）を検挙せり。被疑者は大正五年頃「大阪新日報」創立と同時に同社美術部記者として入社、以来昭和十五年八月同社閉鎖に至る迄約三十年間勤続、その後美術雑誌「大章」の編集発行を為し来りたるが、右新聞社退職以来生計意の如くならず、新聞記者を退職するの己むなきに至りたるは結局今次支那事変並に大東亜戦争勃発に依るものなりと盲断し、反戦思想を抱懐するに至りたるが、更に生計不如意の打開策として画策したる雑誌「新美」の継承も遂に失敗に帰したる所、これが原因は予て自己の知人たる前記加藤等の策謀に依るものなりとし同人に対し深く憎悪の念を抱くに至り遂に加藤の名義を用い平素抱懐する反戦的反政府的憤懣を払拭すると共に加藤に対する私怨を晴す為め事案の如き犯行を敢行するに至りたるものなり。

※加之→その上、とした。実際に野津が罪を犯したかには疑問がある。

※コラム「抗弁　被害者たちは語る」を参照のこと。

特高月報　昭和19年2月号

昭和18年12月　北海道　不敬言辞

函館市日乃出町一番地　漁夫　小山内作藏（37）

客年十二月二十一日実兄宅にて焼酎二合余を飲酒し帰途同日午後四時頃亀田郡七飯村内函館駅待合室に於て隣席者と対談中他の一般待合客にも聴取し得る如き大声にて、「明治天皇が妻十二人持って道楽したって子供が一人より出来なかったではないか。俺も若い時は妾五、六人も持った事がある、云々」と不敬の言辞を弄す。（検挙取調の結果、不敬罪に依り二月十二日送局す）

※「子供が一人より出来なかった」の一人とは大正天皇を指すのだろう。ただしこれは男子だけを指しているようだ。明治天皇は5男10女を儲け、そのうち男子は大正天皇のみが成人し、女子は4人が成人している。

特高月報 昭和19年2月号

昭和18年8月　長崎県　不敬言辞

長崎市伊良林町一ノ七九　食糧営団　主事補　甲斐一（46）

客年八月頃長崎市伊良林町一ノ七九富永秀雄方に於て同人に対し、「二・二六事件には秩父の宮様が関係して居られたそうな。大正天皇は議会開院式の時勅語を御読みになる際クリクリクリット巻いて遠眼鏡の様にして眺められたそうな、少し頭が悪くあられたそうな。云々」と不敬の言辞を弄したる外同年十一月下旬頃及十二月九日の両回に亘り、同様趣旨の不敬言辞を弄す。（二月六日検挙取調の上、同月十二日不敬罪に依り送局す）

※秩父宮の話はデマであろうが、大正天皇の遠眼鏡事件は有名な話、といったところだろうか。大正天皇の開院式遠眼鏡事件は「どうやらそんなことがあったらしい」という話であり、デマともあるいは本当に知的障害があったとも言いにくい。

特高月報 昭和19年2月号

昭和18年7月　群馬県　不敬言辞

群馬県碓氷郡豊岡村大字下豊岡三二〇　元国民学校助教　小林鉄一（25）

客年七月頃宿直勤務当日夕食等の為遅参したるを同校小使戸塚りやうに詰問せらるるや、「宿直宿直と言うが宿直などしなくも同じ事だ、御真影など何でもない、御真影は只の紙でしかない、宿直などする必要はない。」と不敬言辞を弄す。（十二月十七日検挙、本年一月六日不敬罪として送局す）

※人名解説及びコラム「抗弁　被害者たちは語る」を参照のこと。

特高月報昭和19年2月分

二月十三日起訴猶予処分に付せらる

特高月報 昭和19年2月号

📅 昭和19年1月　📍 和歌山県　☰ 不敬言辞

👤 和歌山市小松原通五丁目一番地　小割製材商　根来共治（33）

一月二十一日自己経営の小割製材原料たる木皮を購入すべく奈良県宇陀郡内牧村大字檜牧池田万二所有製材工場内に於て和歌山市所在和歌山県小割材生産株式会社監査役等と対談中談たまたま知名人士の批評及び東条首相の事に及ぶや、「そらそうやの、今天皇陛下と東条さんがもし病んだら皆平癒祈願をするやろうが、平癒祈願をするとしたらどちらが多いやろうかのー、恐らく東条さんの方が多いやろうのー。云々」と不敬言辞を弄す。（一月二十一日検挙取調中）

※どうだろうか……。

特高月報　昭和19年2月号

📅 昭和19年1月　📍 大阪府　☰ 不敬反戦投書

一月四日付大阪堺局消印、発信人名義堺金岡陸軍病院一廃兵よりとし、三重県宇治山田市伊勢神宮社務所宛、昭和十九年一月一日付「毎日新聞」第一面天皇陛下御尊影の周囲に左の如き不敬不穏文字を毛筆にて記したる投書ありたり、「日本ガ負ケ天皇ガ米国ノホリョトナリドレイトナッタ時ノカオガ見タイ戦争好キノ

毎日新聞
決勝の第三年を迎ふ
大元帥陛下御精勵
畏し 深更までも萬機御統帥

御真影が掲載された毎日新聞昭和19年1月1日

天皇・マッカーサー会見　1945年9月27日

日本ノ運命ハ天罰デ必ズ負ケル即時米英ト手ヲ握リ一億国民ヲ戦争ヨリスクエ、サスレバ我子良夫父戦地ニ送ル事ハイラナイ又空襲ヲウケル心配モナク飯モ腹一杯食エル日本ガ負ケタラ天皇ハ何処ニ亡命スルノカ、新京カ南京カ又伯林カ、寺内、杉山、長野三元帥製造スルノタメ何十万人廃兵ヲ製造シタ事カ思エバ戦争ハイヤダ東条英機ハ平清盛ノ再来カ」（捜査中）

特高月報　昭和19年2月号

※「米国の捕虜となり奴隷となった顔」に相当するのは、戦後マッカーサーと一緒に写った有名なあの写真かもしれない。

昭和17年12月　三重県　不敬言辞

三重県南牟婁郡相野谷村大字大里一六一三　久保はつ（49）

昭和十七年十二月十二日天皇陛下伊勢行幸に際し、同月十日頃隣人に対し「今度天皇陛下が伊勢へ来るそうながそれは戦争も一年になるし東京が空襲でもあると危ないと言うので家内や子供を連れて伊勢へ逃げて来る　駐在さんも天皇陛下を護るために伊勢へ行ったそうだ」云々と不敬言辞を弄したる外二回に亘り同様の不敬言辞を弄す。（本年二月十二日不敬罪に依り送局す）

※実際にはそのようなことは無い。

特高月報　昭和19年2月号

昭和19年1月　愛知県　不敬反戦落書

愛知県中島郡起町大字起天満町　徴用工員　足立敘雄（22）

一月二十二日午前六時五十分頃名古屋市所在三菱重工業名古屋発動機製作所第二工作部第三工場や記録場内壁に掛けある黒板に白墨にて、「大本営特報　我軍ハ本日米英ニ対シ降伏セリ／ヨッテルーズベルト及チャーチルハ我帝都ニ入城セリ／階下（陛下の誤記）ハヨッテタイホセラレタリ」と落書す。（憲兵隊に於て取調中）

※皮肉なことに、日本の終戦時にはルーズベルトもチャーチルもどちらも元首ではなかった（アメリカはハリー・S・トルーマン、イギリスはクレメント・アトリー）。

特高月報 昭和19年2月号

昭和19年1月　岩手県　不敬言辞

盛岡市仁王新築地一二八　骨董商　西村恒（49）

一月二十日午後二時頃自宅店舗に居合わせたる岩手郡西山村大字長山第二十三地割字野中谷地三十三番地ノ三、同村組合長村上三郎外二名に対し、「上村松園は十九年度一杯は一般の注文は受けないそうだ、それは何でも**宮内省の御用命で照宮様の注文で春画を御上げする為**なそうだ。」云々と不敬の言辞を弄す。（一月二十一日検挙取調の上、二月八日不敬罪により送局す。）

※上村松園は戦前活躍した有名な女流日本画家。上村松園が春画を描いていたかは不明。

特高月報 昭和19年2月号

昭和19年1月　島根県　不敬行為

島根県邑智郡日貫村　国民学校五年生　原田達真（13）

一月二日正午頃日貫村道路上に於て新聞紙に謹写掲載しある**天皇陛下の御写真を二つ折とし、これを首に吊し友人二名と共に遺骨帰還を模倣する悪戯**を為しつつあるを発見せり。（本人及保護者に対し訓戒すると共に学校当局の注意を喚起せしむ）

※よりによって天皇の写真を使うところが最高である。

特高月報　昭和19年2月号

昭和18年12月　島根県　不敬言辞

島根県安濃郡川合村村長　僧侶　斉蔵竜童

客年十二月八日午前十時居村国民学校に於て開催せられたる男女青年団動員大会に講師として出席参会者七二三名に対し講演中、「一つの白布でもある物はその寸法により褌ともなればまた雑巾ともなる　これをそのままにして置く時は褌は何時迄も褌であり雑巾は何時迄も雑巾であるがこれも一度形を変えて紙ともなればあるいは伊勢神宮の神札にもなるかも判らない。」云々との不敬の言辞を弄す。（厳重訓戒）

特高月報 昭和19年2月号

昭和18年7月　大分県　不敬不穏言辞

大分県佐伯市汐貝区第三班二〇八　木材搬出業　後藤義雄（52）

昭和十八年七月末日頃より同年九月十四日に至る間数回に渡り知人その他に対し、「皆んな貯金貯金と言って貯金をして何になるか、戦争にでも負けたら返って来るか判らない、それより俺に預けて置いた方が利子も多くなり間違いない。近頃は酒どころぢゃない、米もろくに食えぬ様になったし鍋釜迄売って戦争をせにゃならん様ぢゃ日本も負けぢゃ、大体政府のやり方が悪い、無能ばかりぢゃ、又**天皇陛下は道を歩くにも一人歩きはせぬ、雨が降っても自分で傘もさしきらず人にさして貰う、こんなものこそ飯を食わんでも良い、国賊だ。**」云々と不敬不穏の言辞を弄す。（客年十二月三十一日不敬罪並言論出版集会結社等臨時取締法違反に依り送局す）

特高月報 昭和19年2月号

昭和18年11月　鹿児島県　不敬文書

鹿児島市武町四一三　国民学校訓導　瀬口美代志（37）

昭和十八年十一月五日より同十九年一月二十九日迄の間自己の日記帳に殆ど毎日の如く「天皇くそくらえ」なる不敬文字を記載しつつあり本年一月二十七日には「**天皇くそくらえ、何年間と毒薬で俺は苦しめられている、警察を押える力のない天皇くそくらえ俺は毒薬でひどく苦しめられた。**」と記載せる如く斯種不敬行為を敢犯続行しつつありたり。（一月二十八日検挙取調の結果被害妄想的精神障害に基因するものと認められ訓戒の上保護者に引渡すと共に学校当局に於ては即日罷免す）

特高月報 昭和19年2月号

※毒電波ならぬ毒薬妄想である。天皇も一臣民にそんな嫌がらせをする暇はなさそうだが。

昭和18年2月　警視庁　反戦不敬言辞

東京都豊島区巣鴨六ノ一三六〇　元日除職　渡辺安次郎（63）

二月五日所用の為め静岡市に来り同日午後七時頃静岡駅待合室に於て待合中同席者に対し、「昔は政党と言うものがあって、政府を攻撃したので良かったが、**今は政党を解消して仕舞ったので政府を攻撃するものがないから、東条内閣は勝手な事をしている。**それで世の中がこんなに暮し難くなったのだから、東条内閣なんか潰して仕舞わなければ駄目だ。この戦争も初め米英が蒋介石の尻押して日本と戦争を開かせ十分疲れた頃を見計って今度は米英と開戦したのだから苦しい訳だ。東条首相も今となっては大東亜戦争を開いたことを後悔しているだらう。戦争をやっているからこんなに苦しいのだから戦争は早く止めて貰わなければならない。世の中を悪くするのは検事と巡査だ、こう言う人達は皆何か物を貰ったりしている。大きい声では言われないが明治天皇は実に偉かったが**今の天皇陛下はお坊ちゃんだから人によってどうにでもなるから駄目**だ。」と不敬反戦言辞を弄す。（検挙取調の結果、二月十五日言論出版集会結社等臨時取締法違反として送局す）

※1944年に入り、戦況の悪化が誰の目にも明らかになる中、反東条の動きも激しくなっていった。政府上層のみならず一般民衆にもその空気は感じられたようだ。

特高月報 昭和19年2月号

昭和19年2月　警視庁　不敬投書

二月二十八日付軍需大臣宛、南多摩郡町田町原町田一二二七渋谷重郎名義の左の如き不敬投書を発見す。「戦争苛烈ノ今日目下原町田駅ニ工事中ノ行幸駅ノ如キ甚ダ恐レ多キ事ナガラ不急ノ事業ハ方ニ国家ノ頭上ニ振リ掛ル大刀ヲ如何セン云々。」（捜査中）

※原町田駅は1980年に町田駅に改称している。

特高月報 昭和19年3月号

昭和19年2月　北海道　不敬言辞

本籍福島県石城郡赤井村大字高萩家前一六　住所不定無職　草野彌一（48）

二月二十二日午後五時頃亀田郡大沼駅待合室に於て鹿部行電車待合中同待合室中の乗客約四十名に対し、**「日本で最も偉いのは関白秀吉なり」**と不敬の言辞を弄す。（二月二十二日検挙取調の上訓戒処に付す）

※単にそう言っただけとしか読めないが、恐らく「最も偉い」と言う部分が引っかかるのだろう。

特高月報 昭和19年3月号

昭和19年2月　群馬県　不敬言辞

群馬県桐生市境町七六四　無職　中原幸治（34）

二月二十六日午前十時頃被疑者の元雇主黒沢儀次郎方に於て同人並に同僚と談話中「音羽侯爵の戦死」の新聞報道に関する話題に進むや、**皇族殿下の御戦死や上級将校、貴族等の**

戦死は国民の負担を軽減するものなりとし、皇族に対し奉り不敬の言辞を弄す。（三月十八日不敬罪として送局す）

※文中の音羽侯爵とは、朝香宮鳩彦王の次男で1936年に臣籍降下した音羽正彦のこと。海軍大尉として南太平洋のクェゼリン島に勤務していたが、1944年1月30日から2月6日までのクェゼリンの戦いで戦死した。コラム「抗弁　被害者たちは語る」も参照。

特高月報 昭和19年3月号

昭和19年3月　静岡県　不敬不穏言辞

静岡市井宮一一一　靴修繕業　大石俊二（36）

被疑者の下宿先なる洋服商夏目四郎その他に対し、天皇陛下に対し奉り不敬の言辞を弄したる外、「**計画経済はソ連が一番良い**、だから計画経済をやるならソ連の様にしなければならない、今に敵国の為に日本国民は死刑にされて仕舞うぞ、だが俺はもう少し我慢して居れば北から兄貴が迎えに来る、その時こそ俺は幸福になるのだ。」等不敬不穏言詳を弄す。（二月二十五日不敬罪並陸軍刑法、言論出版集合結社等臨時取締法違反事件として送局す）

※「ソ連が良い」かはともかく、北から兄貴（＝ソ連か）が本土に迎えに来ることは無かった。

特高月報 昭和19年3月号

昭和19年6月 栃木県 不敬言辞
栃木県栃木市万町三ノ三九五 理容術 福島ハナ（59）

被疑者は浴場脱衣場に於て知人三名に対し、「**天皇陛下と賭けて何と解く／喘息持ちのお爺さんと解く／ゼイゼイ（税々）で苦労する**」と放言す。（不敬罪として送局）

特高月報 昭和19年6月号

昭和19年1月 岡山県 不敬言辞
岡山県岡山市東田町一四飲食店業 高旗稔（37）

被疑者は予てより生産機関の国営その他により擁取欺瞞なき共存共栄の理想社会を建設せんとする思想を抱持し居たるが本年一月中旬頃知人に対し、「日本の天皇を天津日嗣と言うて居るが日嗣の日は誤りで燃える火を書くのが正しい。それは原始時代には酋長の様なものが火を扱うて居てそれが一番偉かった。そこで火を扱う者で男を火子と言い女を火女と言うて居たのが転化して現在の彦とか姫とか言うことになった。その火を扱うて居た酋長の様な者が皇室即ち代々の天皇の御祖先である。従って天皇を天津日嗣とか日御子とか言うならその日は燃える火が正しいのである。然るに日という字を使うて居るのは全く国民を欺瞞して居るのである。」と放言す。（五月二十六日起訴）

※少なくとも現代では彦・姫の語源を「火子・火女」とする説は見当らない。彼の独自解釈と考えた方が良いだろう。

特高月報 昭和19年6月号

昭和19年6月　警視庁　不敬不穏投書

六月十二日付官製はがきを以て警視総監宛左記投書を為したる者あり。「大衆よ産業戦士諸君よ聞き給えそもそも下は巡査から上は大臣までの俸給は我々勤労階級の血税なのだ。然るに彼らは支配階級の様な顔をして手当だなんだと御手盛で湯水の如く費っている。大きな顔をしている。そして終身恩給にありつくなんてそんなベラ棒な話が今日あるものか。大衆よ我々はあまりにお人よしだぞ。ゴマ化されているのだぞ我々は左の要求をしよう（1）官吏月俸ニ割減（2）賞与全廃（大体官吏が賞与を貰うなんで図々しい）（3）恩給廃止（恩給などよく図々しく貰える）以上実行せざれば税金は納めるな。国債は買うな。官吏の月俸は我々大衆の血税なるを牢記せよ。恩給廃止せざれば官吏の親玉〇〇を殺せ。（犯人捜査中）

㊾ 昭和19年5月 📍北海道 ☰ 不敬不穏反戦投書

五月十三日管下川上郡弟子屈村出征遺家族経営の五月女旅館宛左記内容の封緘はがき投書あり。「私は平和を愛する日本人が真に幸福を願うならアメリカ人のもとで幸福になると思います。**アメリカ兵の北海道上陸を助けましょう**。古賀元帥の戦死 これを見て戦争は日本は負けて居る事が分る。皇室の専制政治は全く国民の福利を破ることになります。五月女ホテルの皆様アメリカの共和自由義民のために努力して下さいませ。政府の国民の食料にたいすることは国民を愛して居るとは思われない**台湾にはアメリカが上陸しておる**この戦争は二三軍人の道楽仕事である吾人は我が軍人を戦争の受負人足として見る。云々」（犯人捜査中）

古賀峯一

※北海道・樺太ではまずソ連を念頭に考える所だと思うが、米軍の上陸を望んでいる辺り書き主は本当に親米的だったのかもしれない。文中の「古賀元帥の戦死」は、1944年3月31日に連合艦隊司令長官の古賀峯一海軍大将がパラオからフィリピンのダバオへ飛行艇で移動中に行方不明となり、殉職（戦死ではない）した海軍乙

事件のことだろう。山本五十六の時と同じく、古賀の殉職はしばらく国民に伏せられて5月5日に発表され、古賀は元帥の称号を与えられた。当時の最新ニュースだったのだろう。

特高月報 昭和19年6月号

昭和19年4月　長野県　不敬言辞

長野県下高井郡中野町字西条一八　農業　阿部愛作（56）

被疑者は四月中旬頃より五月中旬迄の間知人数名に対し左記不敬言辞を放言す。「どうだ今日もでかく新聞に戦死者が発表になったではないか。こんなに毎日戦死者が発表になるようでは初めからではどれだけの数だか知れないぞ。**天皇陛下もこんな心算ではなかっただろうが宣戦の詔勅に判こを押してしまったんだから仕方がない**。（中略）今では、天皇陛下もこんな戦争になってこんなに戦死者を沢山出して国民に面目ないと思って居るに違いない。しまいには、天皇陛下も二重橋へ出て国民に手をついてあやまらなければならないようになる。云々」（七月十日不敬罪として起訴）

※実際には戦後は国民が一億総懺悔するように仕向けられてしまった。開戦に至る経緯がどうであったにせよ天皇が認可しなければ開戦しないので、反戦的な一般人が天皇に責任を問うのは

誤っていないだろう。

特高月報 昭和19年7月号

昭和19年2月　北海道　不敬言辞

北海道石狩郡当別村字青山沼ノ沢　農業　島中与三兵衛（65）

被疑者は農事実行組合長の地位にありながら二月三日自宅に於て所属組合員常会（二八名）を開催せる席上、左記不敬言辞を放言す。「**天皇陛下さえ煙草を闇で売っている**もの俺等が闇で売るのは当り前だ。云々。」（六月二十七日送局）

特高月報 昭和19年7月号

※流石に天皇が文字通り直接タバコを闇販売することは無い。恩賜の煙草や値上げのことを皮肉っているとも読めそうにない。

昭和19年6月　北海道　不穏落書

六月二十九日函館市函館船渠寄宿舎に左記不穏落書あるを発見す。「二度くるなよ 函館ドック」（捜査中）

特高月報 昭和19年7月号

昭和19年7月　京都府　不敬言辞

京都府葛野郡小野郷村字小野一九　農業　橋本新治郎（42）

被疑者は七月八日頃知人に対し左記不敬言辞を放言す。「そんなに心配しなくてもよいではないか。**向うだって日本人を皆殺ししてみた所で仕方がなかろう**しそんなことはせまい。実際我々は戦争に負けた所で勝った所で心配はないが負けたら困るのは天皇陛下位だわいな。」（七月二十九日送局）

特高月報 昭和19年7月号

昭和19年6月　京都府　不敬不穏言辞

京都市右京区西院南花田町八　鋳掛職　佐久谷源兵衛（57）

被疑者は六月上旬頃自宅前に於て知人に対し左記不敬言辞を放言す。「近頃はろくでもない雑炊を食べようと思って行列を作って居るがあれでは腹はふくれないし仕事も出来ん。こんなひもじい目をするのなら戦争は負けても勝ってもどうでもよいのだ。天皇陛下や東条の奴は常と変らぬ生活をしているのだから一層のこと〇〇〇や東条の奴をやってしまえばよいのだ。云々。」（七月五日送局）

特高月報 昭和19年7月号

※〇〇の中身は「天皇陛下」と思われるが、そうだとするとなぜ既に名前が出ている天皇を隠すのかは不明。

昭和19年7月　兵庫県　不敬言辞

兵庫県武庫郡本庄村川西航空甲南製作所内　徴用工　大和田宏一（19）

被疑者は七月八日川西航空甲南製作所に於て大詔奉戴式を挙行宮城遥拝最敬礼の号令あるや大声にて左記言辞を放言す。「馬鹿野郎止めとけ」（取調中）

特高月報 昭和19年7月号

昭和19年7月　兵庫県　不穏投書

七月十日姫路市御幸通り所在御幸郵便局前ポストに左記不穏文書投函しあるを発見す。「国民ノ生血ヲ取ル　殺セ東条　将校、警官ヲ殺セ」（捜査中）

特高月報 昭和19年7月号

昭和19年7月　奈良県　不穏落書

七月九日奈良県吉野郡大淀町大字下淵近畿日本鉄道下市駅構内大便所内に左記落書あるを発見す。「電燈節減の八カマ敷時電熱器を使うやつは巡査だ、食糧を沢山持つやつは巡査だ、今に反セイセズバ軍セイを引くより国民を救う手がない。」（捜査中）

※八カマ敷時＝やかましきとき?

特高月報 昭和19年7月号

昭和19年7月　北海道　不敬言動

本籍　北海道網走郡女満別村　住所　同上岩見沢市西六丁目　古物商　山中寿男（65）

被疑者はかねてより戦争の長期化と国民生活の窮迫は偽政者に人を得ざる為なりと信じ居りたるところ七月二十日居住地青木毛一を訪問対談中東条内閣辞職に関連し、**「天皇は人を見る目がなく馬鹿だから東条に内閣をやらせて居た**のだ、云々。」と放言せり。（七月二十五日所轄警察署に於て検挙、不敬罪にて送局）

特高月報 昭和19年8月号

※現代でも閣僚が不祥事などを起こした際に任命責任が総理大臣に問われるが、そのもう一段上を問うているようだ。

昭和19年7月　樺太　不敬反戦投書

七月十六日付消印にて樺太恵須取郡塔路町杉田光一（又は俊夫）名義発信、東京拘置所田中庄吉名義宛、「日本はいまけいくさでつぶれます。**てんのうはのたれ死にます。**だいじんはあわれな死にかたになります。こどもまでくるしめたやくにんはいきのねをとめてくびをつって死にます云々。」の投書あり。（犯人捜査中）

※大臣や役人の何人かは戦犯として「あわれな死にかた」になったかもしれないが、天皇は野垂

れ死なず、また相当数の政治家は戦後逆コースの中で復権を果たしていった。

特高月報 昭和19年8月号

昭和19年8月　山口県　反戦不穏投書

八月十日付山口市小郡郵便局消印にて同市大付町山平十四夫名義発信、山口警察署長宛列車指定制に極度の反感を述べて官吏を誹謗したる上、「国民は全部が**米英の属国になる事を喜んで希望して居るのだ、負けよ日本！勝て米英！**」と書きたるハガキの投書あり。（犯人捜査中）

特高月報 昭和19年8月号

昭和19年7月　広島県　反戦不穏投書

七月二十六日尾道郵便局に於ては尾道市土堂町三五二**米食糞太郎**発信名、東条前首相宛官製ハガキに赤インクにて、「コラ英機ノ馬鹿野郎　五十万人ノ兵隊サンヲ殺シテオキナガラ其ノ結末ヲツケズニ大臣ヲヤメテオメオメ生キテイルノカ、何故軍人ラシク腹ヲ切ラヌカ　中野正剛氏ヲ切腹セシメヤガッテオノレ生キル法ガアルカ　馬鹿野郎死ネ」と記載しあるものを発見

し郵送停止せり。（犯人捜査中）

※凄まじいペンネームである。文中の「中野正剛ヲ切腹セシメ」は、人物事典の中野正剛を参照。

特高月報 昭和19年8月号

昭和19年7月 大阪府 不敬反戦言辞

大阪市西成区所在 西成重工業株式会社社長 谷口優（38） 同上監査役 垣浦俊（42）

被疑者等は本年七月頃以降八月下旬頃の間肩書会社事務所に於て泉谷善吉外数名の社員と雑談の際再三に渡りて左の如き不敬敗戦的言動を弄したり。

「一、「日本も永い事もたん負けるぜ」「そうやな日本が負けたら天皇陛下はどうなるやろう」「**天皇陛下はまあ淡路島でも貰うやらう**」「そんなことないぜ　どこか南洋か外国へ連れて行かれるのやないか」云々。」

「二、「国民は何時も麦の入った飯を食べて居るが、天皇陛下は内地米を食べているやろう」云々。」

「三、「我国は今後一年と戦争を支える事が出来ん、だから自分とこの仕事も米国の仕事をして居る様なものだ、今に米国から金鵄勲章の様な勲章をくれるだらう」「日本が負けてアメリカ兵が上陸して来たら儂は一番先に逃げらるだけ逃げる」「この戦争は初めから勝目がないのに何故戦争を始めたのだろう」云々。」
「四、「日本は近い中負けるに決って居るから昭和二十年はありゃせん」「……独逸も必ず負けるだらう、そしたら日本は反枢軸国の総攻撃を受け負けるに決って居る」「**アメリカ人やイギリス人は親み易いし感じがよい**、アメリカのなんば下層階級でも月給日には自家用の自動車で月給貰いに行く、日本人とはえらい違いや」「**アメリカ人はとても文化程度が高く衛生的**であるが日本人は不衛生でアメリカ人に較べたら野蛮人に等しい」云々。」（十一月七日送局）

特高月報 昭和19年10月号

※迚も→とても、とした。当時の素朴な考え方が見て取れる。昭和20年は存在したが、そのことによりなおさら「反枢軸国の総攻撃」が酷くなった。

昭和19年8月　石川県　不敬言辞

金沢市愛宕三番地三六　保険外交員　竹田常作（62）　同市愛宕区三番地三五　職工　奥村理吉（40）

被疑者等は本年八、九月頃秩父宮殿下の御病気に関し畏くも左の如き不敬言辞を流布したり。

「一、**秩父宮様はイギリスの御即位式に行って御出でから何んでもシモの病気**

をうつって来て今は病気が頭へ来て脳梅毒になって居るそうや云々」

「二、秩父宮様はどーも御病気らしい何んでも下の病気らしい云々。」（十月四日送局）

※脳梅毒ではなく肺結核である。同じ三文字でも全然違う。

特高月報 昭和19年10月号

昭和11年7月　栃木県　不敬言動

栃木県足利郡菱村大字黒川一一七九　旅館兼湯屋　栗原セン（38）同上内縁の夫　赤石只雄（47）

被疑者等は昭和十一年七、八月頃より本年九月下旬頃迄の間養子栗原義樹（9）があたかも皇族の御血統を継ぎ居るが如く世間を瞞着し以て自らの虚栄欲を満たさん為十数回に渡りて受持巡査知人等二十余名に対して左の如き不敬言動を弄したり。

「一、天皇陛下には梨本宮方子女王殿下（現李王妃殿下）との間に二十四、五になる子供が居るのです……本当はその人が皇太子殿下で日本の国を継ぐ訳だそうです。梨本宮家にその人が居るそうです。　天皇陛下が未だ十八、九歳の時御忍びで梨本宮家に行き堀を乗り越して通ったさうです。その中に梨本宮方子殿下は御妊娠ということになり調べたら男の子と言う事が判ったが秘密に済ませたのだそうです。云々」

「二、**これは秘密ですが私の所に居る九つになる坊やは秩父宮様の子供ですよ。**学問も出来るし一般平民とは全てが違って居ります云々。」

「三、……何と言っても秩父宮様が一番頭がよいそうですね。義樹ちゃんも引上げられて御位につく日が一番楽みですよ。秩父宮様は御一人の時は御忍びで平民の様な気持ちで何処にも御出掛けになり民家に出て遊ぶことが好きだそうです云々。」（十月二十九日送局）

※大嘘だろう。多分。

特高月報 昭和19年10月号

昭和17年6月　茨城県　不敬言動

茨城県那珂郡勝山町東石川一四三三　左官職　坂本栄（34）

被疑者は昭和十七年六月頃内縁関係の戦病者遺族松本はると痴情口論中、畏多くも同名が掲出し奉らんとして取出したる靖国神社より拝領の**天皇皇后両陛下の御尊影を奪取し、「こんなもの外聞が悪くて飾れるか」と放言しつつ破棄**したり。（検挙送局）

※余程凄まじい喧嘩だったのだろうか、御真影を放り捨てるに至るまで何があったのか気にな

る。

特高月報　昭和19年11月号

昭和19年11月　栃木県　不敬言辞

栃木県上都賀郡日光町大字細尾社宅七ノ一八　精銅所工員　斉藤彌一（20）

被疑者は昭和十九年十一月七日古河電気工業株式会社日光電気精銅所第三工場電気作業場に於て同僚工員たる石井武吉他四名と共にたまたま皇太子殿下行啓に関し雑談中畏多くも「あんな小僧ッ子は三万円の金はあるまい、俺はこれから病院に行くからそこで皇太子殿下を掻払い連れて来てそこらの戸棚へぶっこんで置いたら皇太子殿下が居なくなったと言って大騒ぎをすんべなその時拾って来たんだと言って届けてやったら面白かんべ」と放言したり。（検挙送局）

※狂言誘拐である。実際にはすぐバレそうだが……。

特高月報　昭和19年11月号

アサヒグラフ　1944 年 7 月 5 日号　ヒロポン
主成分はメタンフェタミンであり、覚せい剤の代名詞でもある。戦前は副作用なども知られておらず除倦覺醒劑、強壮剤として同類の薬剤が多数売られており、軍民問わず多く使用されていた。戦後、備蓄されていたものが出回ると中毒患者が大量に発生し、また使用時に不衛生な注射器を使い回すことにより肝炎も蔓延した。1949 年にはヒロポンは劇薬指定され、1951 年に覚せい剤取締法が施行された。

東京（東部）憲兵隊資料に見る
不敬・反戦的な流言飛語
憲兵司令部資料に見る不敬・反戦的な流言飛語

1944年11～12月中？　海軍航空廠第二作業場工員（27）　千葉県

東京へ出張中知人より聞知せりと称し同僚五名に職場にて流布す

（概要）数回に亘る**東京の大空襲で大部分の妊婦が流産をしたので東京では今避妊法が流行し軍需工場でも秘密に教育しているそうだ**

※空襲が流産の原因になるかについては、例えば空襲を「ストレス」とした場合、流産とストレスの因果関係については結び付けられるほど科学的根拠がない、とされている（もちろん空襲はさまざまな戦災を複合的に引き起こすが）。様々な要因により1945年（昭和20年）に出生数が前年度より30万人落ち込んでいる（44年：2，274，000人）（45年：1，902，000人）。第一次ベビーブームが訪れるのは敗戦後すぐの1947年（昭和22年）からである。戦時中も避妊具の製造は行われていたものの、有名な「突撃一番」など軍隊用の避妊具が最優先であり、一般人は1941年1月22日に閣議決定された「人口政策確立要綱」、いわゆる「産めよ増やせよ」の国策に従って避妊や堕胎を制限されていた。

東京（東部）憲兵隊資料　昭和十九年　流言蜚語流布状況ニ関スル件（十二月分）

1945年11～12月中？　千葉県　国民学校六年生（13）

印旛飛行場大森燃料庫付近を徘徊しありたる常人一を同所衛兵に於テ不審尋問為しありしを見これを臆測し近隣に流布す

大森町燃料庫付近を徘徊して居た「スパイ」が捕ったそうだ

※憲兵隊資料にも同様のことが記載されている。

東京（東部）憲兵隊資料　昭和十九年　流言蜚語流布状況ニ関スル件（十二月分）

空襲　**一・一五**　**千葉県千葉郡津田沼町谷津二四〇四　無職　伊藤栄子（19）**

省線電車内にて未知の客より聞知せるを憲兵に好意的に洩せるもの

松戸町付近の山林に焼夷弾が数回落ちたが此処には敵は欺むかれて焼夷弾を落す様に偽装飛行場が出来て居る為だそうだ

憲兵厳諭

東京（東部）憲兵隊資料　昭和二〇年　流言蜚語流布状況ニ関スル件（一月分）

空襲　**一・一五**　**千葉県東葛飾郡我孫子町　工員　野辺進作（28）**

柴崎附近居住知人たる農民より聞知し同僚数名に流布せるもの

先日珍らしく柴崎の片田舎に爆弾が落ちたがこれはあの方に**偽装滑走路がある為らしい**付近の農民は大分不平を言って居るらしいが相手が軍なので黙って居るとかだ

憲兵実情捜査中

※戦闘時や、重要地点に兵器などのデコイ（おとり）をおいて敵を威嚇ないし誘引する戦術は実際に多数存在する。ただし、この二つの事例がそれに相当するかは不明である（特攻隊の発進基地として隠匿された飛行場も「秘匿飛行場」と呼ばれるが、この時期には整備されていない）。

松戸には実際に陸軍飛行場がおかれている。また、総務省ホームページ「松戸市における戦災の状況（千葉県）」によれば、本土爆撃のB29は駿河湾から侵入し目標を爆撃後に九十九里浜へ抜けたこと、高射砲を避け高高度へ上がるために残った爆弾を捨てる（＝空襲）地点が松戸市周辺だったという。

東京（東部）憲兵隊資料　昭和二〇年　流言蜚語流布状況ニ関スル件（一月分）

軍事　**一・七**　**千葉県銚子市豊町一ノ四四八　農業　塚原音吉（47）**

友人より聞知し知人八名に流布す

日本には現在新しい兵器が出来て居る　それは紙と蒟蒻で作った風船に時計仕掛けの爆弾を積んで風に流し「アメリカ」を爆撃するらしい

憲兵厳諭　誓約書を徴す（発表前）

※この発言は実在の風船爆弾のことをかなり正確に伝えている。風船爆弾は、当時日本のみが詳細情報を握っていたジェット気流（太平洋上空の強い偏西風）を利用して、日本から米本土へ爆弾付きの気球を飛ばして直接攻撃する秘密兵器であった。その構造は単純で、発言の通り和紙とそれを張り付けるコンニャク糊で気球を作り、さらに気圧を利用した高度調整用装置と爆弾を取り付けたものである。１９４４年（昭和19年）11月より、茨城から福島にかけての太平洋海岸から９０００発以上放たれ、その内１０００発は実際に米本土に辿り着いたという。軍事的には成功しなかったものの（唯一の死者は民間人である）、米軍に後方攪乱の心理的影響を与えたと

もいわれる。風船爆弾製造には和紙工から女学生まで多くの者が駆り出されたため、情報も漏れやすかったと思われる。

東京（東部）憲兵隊資料　昭和二〇年　流言蜚語流布状況ニ関スル件（一月分）

其他　**一・二九**　**千葉県松戸市松戸町一ノ一七五七　無職　渡辺セイ（50）**

船橋付近京成電車内にて友人より聞知せるを更に知人に洩せるもの

茨城県の或所にて二貫匁もある赤ん坊が生れて「今年の四月には戦争が終る」と言って死んだそうだ

警察厳諭

※「件」の都市伝説の一種であろう。「件」（くだん）とは、家畜の頭に人の体、あるいはその逆の形をして人前に現れ、様々な吉凶予言を伝える妖怪であるとされる。明治以前は家畜から生れて予言をしてすぐに死ぬバリエーションが多かったが、太平洋戦争のころには人からも生れるまでになったようだ。

東京（東部）憲兵隊資料　昭和二〇年　流言蜚語流布状況ニ関スル件（一月分）

其他　**一・一五**　**千葉県東葛飾郡田中町天乗間一〇二　僧侶　井上和光（38）**

自己の見聞せる事項を誇大に知人数名に流布す

勤労で炭鉱に行ったが土工が相当死んで居るし坑内には棺桶が沢山積重ねてあり人間の行く

所ではない
警察厳諭
※炭鉱事故ではなく、炭鉱での労働環境の酷さを語っている様子である。どこの炭鉱に勤労に向かったのか（本当に行ったのか）は不明であるが、戦時中も炭鉱労働は苛烈であり、また朝鮮人労働者や連合国軍捕虜を酷使する炭鉱も存在した（福岡県麻生炭鉱など）。
東京（東部）憲兵隊資料　昭和二〇年　流言蜚語流布状況ニ関スル件（二月分）

42
時局　二・一九　東京都四谷区新宿一ノ八〇　新宿「アパート」（元看護婦）　伏見テル
上記「アパート」内に於て数名に流布す
○本土に敵機を入れる様では到底日本は戦争に勝てない
○新聞紙上の報道は皆嘘ばかりだ
上記者は孤独にして稍精神上の欠陥あるを以て訓戒放遺す
東京（東部）憲兵隊資料　昭和二〇年　流言蜚語流布状況ニ関スル件（二月分）

45
時局　二・一九　東京都世田谷区上馬一ノ二四　石川島造船所協力工場主　平原乗孝
自宅付近に於て隣組員に対し自己の臆測に基き常に敗戦的言動及戦況を我方の不利なる如く

誇大に宣伝す

○この戦争は初めから日本に勝目がなかった　だから日本はどうせ負ける

○負けても勝ってもよいから早く戦争が止めばよい

○比島「レイテ」島は全滅した

○敵の機動部隊は強い　日本はたち打ち出来ぬ

憲兵聞込に基き本名を分隊に呼出の上厳諭始末書を徴す

※前二つは一般的な（というのも失礼だが）反戦思想である。1944年（昭和19年）10月に始まったフィリピン・レイテ島での戦闘は、圧倒的な物量差と飢餓により日本軍にとって凄惨を極めた。その様子は大岡昇平の戦記小説『レイテ戦記』に詳しい。この時期の日本の機動部隊（空母を中核とした艦隊）については、戦艦中心の第2艦隊と空母中心の第三艦隊を合わせて1944年3月に結成された第一機動艦隊が知られているが、6月のマリアナ沖海戦で航空母艦3隻（大鳳、翔鶴、飛鷹）、10月のレイテ沖海戦において航空母艦4隻（瑞鶴、瑞鳳、千歳、千代田）ほか戦艦武蔵始め多数の軍艦を一方的に一挙失い、機動部隊としての機能を失った。

東京（東部）憲兵隊資料　昭和二〇年　流言蜚語流布状況ニ関スル件（二月分）

空襲　二・一五　東京都下谷区根津須賀町五　大工　望月連三（42）

知人より見聞せる三河島火葬場の状況を更に臆測し近隣一帯に流布す

次々と空襲で死者がどんどん出るので三河島の都火葬場では毎日二百人宛焼いているのだが

油の配給も少ないので間に合わず病死者の方は闇相場で早くやってくれるが空襲でやられた者達は後廻しでごろごろ放出してあるそうだ　今時死んだら浮ばれぬ

町内一帯に伝播し空襲に対し恐怖心を抱かしめあり　憲兵検束留置二日（仮処分）に付せり

※三河島は現在の東京都荒川区南部にあたる。明治期より下町・貧民街として知られていた。当時の荒川区は東京区部でも最大の人口を持ち、3月10日の東京大空襲の際には大きな被害を受けた。記載の日時より後だが、東京大空襲の際の死者は火葬場の処理能力を大幅に超え、上野公園にも臨時の火葬場が作られた上各地に遺体が仮埋葬されたという。これを踏まえるとこの発言はデマと言い切れない。

東京（東部）憲兵隊資料　昭和二〇年　流言蜚語流布状況ニ関スル件（二月分）

空襲　二・二二　**埼玉県入間郡東金子村新久五七七　立川飛行機株式会社内　工員　吉野光良（20）**

会社内に於て氏名不詳工員より聞知せる事項に自己の臆測を加へ青梅電車内テ同僚三名に流布セリ

立川飛行機では今度空襲で殉職すると工員は七千円学徒は六千円貰えるそうだが　**一家で二名死ねば一財産出来る**

厳諭他言を禁ず

※現在の立川周辺は当時、立川陸軍飛行場を中心として多くの軍事施設や軍需工場が存在してい

た。立川飛行機では、戦闘機の開発や生産を行っていたため、軍需工場として爆撃の標的となった。立川飛行機において工員が殉職した際の弔慰金については不明である。

東京（東部）憲兵隊資料　昭和二〇年　流言蜚語流布状況ニ関スル件（二月分）

空襲　二・二八　**埼玉県大里郡三尻村大字三尻三〇七　土木請負業　中村有興（46）**

埼玉県大里郡深谷駅前乗合自動車内に於て自己の測を他に洩せるもの

熊谷飛行学校が廃止になって新たに航空隊が出来るそうだ　**軍の施設が多くなるとBさんに狙われるので近くの者は迷惑だ**

憲兵厳説

※熊谷陸軍飛行学校は1945年（昭和20年）2月に閉鎖され、第52航空師団に吸収されている。Bさんとは B29のことを指す。熊谷市は、敗戦直前の8月14日に大規模な空襲を受けている。

東京（東部）憲兵隊資料　昭和二〇年　流言蜚語流布状況ニ関スル件（二月分）

空襲　二・二三　**大宮市大宮町大宮市役所　鴨下源次郎（40）**

知人より聞知せるを他人三名に流布す

艦載機の銃爆撃を受ける様になって農民は田圃で働く事も困難である　これ以上襲撃されては堪ったものでない

憲兵厳説

※当時の多くの米軍戦闘機には、戦術研究や戦闘行為の確認（厭戦の防止）の為にガンカメラが取り付けられていた。日本攻撃時の映像を見ると、田畑も攻撃されているのが分かる。ガンカメラの映像は史料映像として公開されておりYouTubeなどでも確認できるほか、日本でも2015年にTBS系番組『戦後70年千の証言スペシャル』で紹介された。

東京（東部）憲兵隊資料　昭和二〇年　流言蜚語流布状況ニ関スル件（二月分）

軍事　**二・一九**　**埼玉県熊谷市鎌倉町二六〇　菜種商　岩本広吉（40）**

銭湯にて入浴中数名に流布す

硫黄島の将兵は玉砕だ　今迄の例より見れば大本営が上陸発表をするときは大概玉砕して居る

憲兵厳説

※意外にも硫黄島の戦闘では日本軍は粘り、米軍に自軍以上の損害を与えたが、玉砕した事に変わりはなかった。

東京（東部）憲兵隊資料　昭和二〇年　流言蜚語流布状況ニ関スル件（二月分）

其ノ他　**二・二一**　**東京都葛飾区柴又町三ノ七三〇　工員　真崎勇（30）**

新宿駅の「ホーム」に於て待合客数名に対し列車内に於て聞知せるを知人に流布せるもの

此の前の空襲で**敵の搭乗員が千葉に大勢落下傘で降りたが近くの人が竹槍や日**

本刀で全部殺して仕舞ったそうだ

憲兵厳諭

※米兵捕虜への虐待や国際法違反の取り扱いは相次いでいた。発言と時期は異なるが、千葉県でも「能崎事件」（憲兵の黙認の元、民間人がB29搭乗員の捕虜を殺害した事件）などが発生している。

東京（東部）憲兵隊資料　昭和二〇年　流言蜚語流布状況ニ関スル件（二月分）

其ノ他　二・二〇　千葉県千葉郡津田沼町谷津二四〇二　飲食店業　鈴木いち（53）

来客の雑談しあるを聞知憲兵に洩せるもの

香取郡の方に撒布された伝単は「日本人一人に対し米人十人の割だから早く日本は無条件降伏をした方が良い」と書いてあったそうだ

憲兵厳諭

※伝単とは、兵士の戦意喪失や民衆の厭戦感情を喚起させたり、降伏を促すために撒かれるビラのこと。日中戦争においては日中両国が伝単を駆使しており、すでに1938年には九州に侵入した中国軍機により伝単が散布されている（コラム参照）。太平洋戦争においては、連合国軍により圧倒的な物量差を示して降伏を促すもの、空襲の予告などを行う伝単も撒かれている。伝単の意匠には様々なもの（有名なフクちゃんの無断転用漫画、食糧不足を皮肉する寿司の絵、片面が紙幣、などなど）があり、拾った場合は警察に届けなければならないものの、隠れて読む者も多かった。

東京（東部）憲兵隊資料　昭和二〇年　流言蜚語流布状況ニ関スル件（二月分）

其ノ他　二・二二　東京都江戸川区平井四丁目　三葉製作所工員　吉田澄一（61）

他より聞知せるを近隣に流布せり

赤飯に「らっきょう」を食べたら爆弾に当らない　その話を聞いてから三日以内に喰わなければ爆弾に当って死んでしまう

一般に流布せられあり憲兵出所内査中

※戦時中に広まったチェーン都市伝説とでもいうべきものである（コラムを参照）。戦災除けに関しては様々な方法が「開発」された。

東京（東部）憲兵隊資料　昭和二〇年　流言蜚語流布状況ニ関スル件（二月分）

其ノ他　二・一八　埼玉県入間郡芳野村大字谷中五　農業　大野覚（45）

車内にて未知の乗客より聞知せるを知人に洩せるもの

日本には今小艇に爆装を施した新兵器が多数ある

憲兵厳諭

※モーターボートに爆弾を取り付けた特攻兵器「震洋」（海軍）や「四式肉薄攻撃艇（マルレ）」（陸軍）のことであろう。これらは本土決戦に備え大量に生産され、どちらも併せてフィリピン戦・沖縄戦で使用されている。

東京（東部）憲兵隊資料　昭和二〇年　流言蜚語流布状況ニ関スル件（二月分）

三、五　埼玉県大里郡太田村市ノ坪二三〇　農　橋本章寿（51）

○天皇陛下が妾を持って居るのだから妾位は持ってしたいことをした方が得だ
○あんなに東京を焼いてしまって天皇陛下も糞もない　戦に勝つからと我慢しろと言いやがって百姓はとった米も自由にならず骨を折るだけだ

厭戦観念と生活貧困よりの偏屈となり自宅付近にて流布す

憲兵検挙四月十五日浦和地裁検事局に送致す

※大正天皇の代から、皇室は事実上一夫一妻制となっており、昭和天皇には側室（妾）は存在していなかった、とされる。後は農家としてのホンネであろう。

東京（東部）憲兵隊資料　昭和二〇年　流言蜚語流布状況ニ関スル件（四月分　別紙）

四、二五　東京北多摩郡武蔵野町吉祥寺八八五　高沖陽造（40）

○米国は戦後日本民族を鏖殺すると言うがそれは天皇陛下と戦争責任者が殺されれば他の者は殺されない

○日本が負ければ現在の政治態勢は覆され現在米国に居る米国の大学を出た日本人に政治をとらしめるだろう

米国発表の対日処分案より日頃把持する時局観を臆測し隣人に洩したるもの

憲兵検挙四月二十九日八王子区裁検事局に送致す

※**鏖殺とは皆殺しのことである。一部戦争指導者は戦後に東京裁判で死刑となったものの、天皇は処刑されることは無かった（「皇族たちの肖像」を参照）。フランク・正三・馬場のように日系人が戦後GHQの施政に携わる事はあったが、「政治をとらしめる」程ではなかった。**

東京（東部）憲兵隊資料　昭和二〇年　流言蜚語流布状況ニ関スル件（四月分　別紙）

四、二〇　川越市大字脇同八六　川越市役所総務課書記　仲利　象（26）

○特攻隊は命令なるのであって、もし命令を聞かなければ銃殺されるそうだ

他より聞知せるを市役所に於て数名に流布す

憲兵厳諭始末書を徴す

※**特攻隊の選抜・志願問題については、その方法（戦闘機による突撃以外にも様々な特攻がある）や立場により様々な見解がある。「誇りを持って特攻隊員となった」と言う者もあれば「強制的な雰囲気により志願をさせられた」というような者もある。発言の様に銃殺されるかはともかく、「志願」の形をとっていても実質強制であった場合も存在するであろう。**

東京（東部）憲兵隊資料　昭和二〇年　流言蜚語流布状況ニ関スル件（四月分　別紙）

軍事　五・一四　千葉県夷隅郡長者町長者四〇　宇佐美弥三郎（53）

沖縄が不利だから最近九州は盛に敵の艦砲射撃を受けて居るそうだ

某軍人より聞知せるを近隣に流布せるもの
警察厳諭
※沖縄など島嶼部を除く、日本本土への艦砲射撃は、7月頃より開始された。九州よりも更に北部の室蘭や釜石といった、製鉄所などを有する工業地帯が狙われた。対して日本軍はすでに制空・制海権も無く一方的に攻撃されている。
東京（東部）憲兵隊資料　昭和二〇年　流言蜚語流布状況ニ関スル件（五月分）

(35)

軍事　三五・二七　東京都北多摩郡昭和町宮沢四五　昭和飛行機会社　社員　山崎忠雄

沖縄本島の敵は我軍の斬込戦術を恐れ無条件降伏をしたそうだ

新宿付近電車内にて未知の乗客の談話を傍聞し同僚数名に流布せるもの
憲兵厳諭　四月頃都内一般に流布せられありたり
東京（東部）憲兵隊資料　昭和二〇年　流言蜚語流布状況ニ関スル件（五月分）

軍事　三五・二七　東京都小石川区関口水道町三三　朝鮮人　朴鄭興（42）

沖縄に上陸した米軍は無条件降伏した

江戸川町一部罹災者間には〇九〇〇頃付近通行人の言動より逐次伝播されありたるが四月同様流言に懲り一般に言動を慎みありたるがたまたま同町付近国民学校駐屯海軍施設部隊の海軍記

念日祝賀の聖寿万歳三唱を聞知し真実なりと誤認せり　更に上記半島人が羅災し精神異常を来しある所より同様流言を大声にて流布せり

憲兵所轄署に保護方を依頼す

※前項と合わせ、普通に考えればあり得ないことだと分かりそうだが、それほど軍部のプロパガンダの影響が強力で変な方向に作用したのか、それとも「ええじゃないか」的な現象なのか……。

東京（東部）憲兵隊資料　昭和二〇年　流言蜚語流布状況ニ関スル件（五月分）

軍事　三五・八　東京都板橋区小竹町二六四二　永田稠方　無職　三浦鑿（65）

（自本年三月至四月下旬の間）統帥権は一本であるべきに陸海軍はそれぞれ独自の立場で戦争をして居りどう見ても二本立だ　大本営の戦果発表は嘘が多い　戦果を過大発表したり地上に於てやられた飛行機の事は全然発表しない

米側は正直に発表している

拝米英思想を抱持したると自己の知識を誇示せんとし自宅及知人宅に於て知人数名に対し流布す

憲兵検挙事件送致

※統帥権とは、軍が政治に干渉されず独自の行動をとる権限のこと。これは「天皇にしか軍は動かせない」という規定を利用したものである。また、統帥権も陸海軍内部では大臣と陸軍参謀本部・海軍軍令部で分かれて握られていた。統帥権による内部分裂などの問題は当時から知られて

いたが、小磯国昭内閣において最高戦争指導会議が設置されてもなお、陸海軍は一致した戦局認識を取らず、戦争後期の数々の大敗の一因となっている。

東京（東部）憲兵隊資料　昭和二〇年　流言蜚語流布状況ニ関スル件（五月分）

軍事　**五・一九**　**埼玉県浦和市常磐町一ノ一　県嘱託　今尾和一（56）**

日本は益々物資がつまって戦争に負ける　日本は飛行機の滑走路が土だから雨の日は飛べないのだ

隣組常会席上近隣十数名に対し流布せるもの

憲兵内査中

※滑走路は通常、舗装されて運用されるものである（少しの障害も、航空機の離着陸時に脅威となる）。ただし、大戦末期の日本軍においては、臨時飛行場として土をならしただけのものも現れた。

東京（東部）憲兵隊資料　昭和二〇年　流言蜚語流布状況ニ関スル件（五月分）

軍事　**自昭和一七・一自昭和二〇・四**　**東京都渋谷区氷川町五二　世界政治研究所総合印度研究室常務理事　首藤恒（43）**

沖縄が取られるのは時期の問題です　又日本の海軍で沖縄に出動した軍艦の中で一番大きな『武蔵』が撃沈された云々

他より聞知せるものを隣組員に洩したるもの
憲兵検挙事件送致

※沖縄戦に際し行われた、沖縄近辺の米艦隊に対する特攻作戦「菊水作戦」において、日本海軍も海上特攻として戦艦大和を主力とする艦隊を沖縄へ向かわせたものの、坊ノ岬沖海戦で壊滅している。発言では「武蔵」となっているが、これは大和の同形艦であり、1944年（昭和19年）10月レイテ沖海戦で沈んでいる。

東京（東部）憲兵隊資料　昭和二〇年　流言蜚語流布状況ニ関スル件（五月分）

軍事　四・五　茨城県久慈郡依上村 神職（当時村長） 谷田部就雄（60）

今度の戦争は八月頃までに負けてしまう　戦果は挙って居ると発表して居るが軍部と政府の主立った者が腹を切る訳にも行かぬので偽りを発表して居り実際の戦果は挙っていない

戦局を悲観し自己の憶測を常会席上参集せる十一名に放言す
警察厳論

※ポツダム宣言など以前の発言であり当てずっぽうの感もあるが、敗戦の予想を近く当てている。戦果に関する誇大発表・操作は、誤認に基づく物なども含めて各国が行っていた事ではあるものの、日本のいわゆる「大本営発表」に関しては特に顕著であった。台湾沖航空戦では戦果がほとんど上がっていないにも関わらず大戦果を発表し、アメリカで株価が下落するという「戦果」も発生した。

東京（東部）憲兵隊資料　昭和二〇年　流言蜚語流布状況ニ関スル件（五月分）

軍事　**五・一五**　**栃木県足利郡御厨町　国民学校訓導　管栄二郎（36）**

日本は必ず負ける沖縄で特攻隊が頑張っても敵は平気で攻めて来る「云々」貯金等せんでも良い　どうせ戦争は負けるんだ

授業時間中自己の憶測を生徒六〇数名に洩せるもの

警察捜査中

※日中戦争以後増大する戦費を賄うため、日本政府は様々な形で貯蓄を奨励していた。1938年（昭和13年）には国民貯蓄組合法が成立し、貯金運動を進めている。子どもたちも例に漏れなかった。

東京（東部）憲兵隊資料　昭和二〇年　流言蜚語流布状況ニ関スル件（五月分）

軍事　**五・一五**　**栃木県那須郡向田村大字向田二九　農業村会議員　田沢義応（47）**

供出と言ってこう出させられては困ったものだ　**本年のように米の供出が強くては戦争に負けて早く米国の領土になった方がよい**

同村知人三名ニ洩す

警察捜査中

※戦争により配給制が様々な分野に及ぶ中、1942年に「食糧管理法」が制定され、自家消費

分以外の米など農作物は政府に強制的に買い上げ（供出）られていた。この制度は、食糧難の事情もあり戦後1954年（昭和29年）まで続いた。

東京（東部）憲兵隊資料　昭和二〇年　流言蜚語流布状況ニ関スル件（五月分）

軍事　五・二八　新潟県新潟市万代町　高田義武

宮城は二日間に燃え続けたそうだ　今度東京は徹底的にやられ東京は殆ど全滅したそうだ

駅待合室に於て羅災者風の男一より聞知せりと申告す

憲兵説諭

※東京は幾度となく空襲に遭っており、皇室・皇族の敷地にも爆弾は降り注いだ（「皇族の肖像」コラムも参照）。5月25日の空襲では皇居にも爆弾が投下され、明治宮殿が焼失している。

東京（東部）憲兵隊資料　昭和二〇年　流言蜚語流布状況ニ関スル件（五月分）

軍事　五・三〇　千葉県船橋市本町五ノ一五七三　無職　滝口とし（22）

敵の小型機は低空して機銃掃射をなしこれにより千葉市の日立航空機女子動員学徒や女子挺身隊は大多数の死傷者を出し一時大騒ぎであったそうだ

知人より聞知せるを近隣一に流布す

処置記載無し

※千葉市は5月8日に、艦載機により最初の空襲を受けており、日立航空機千葉工場が標的となっ

ている。このため、発言の信憑性は高い。

東京（東部）憲兵隊資料　昭和二〇年　流言蜚語流布状況ニ関スル件（五月分）

軍事　三五・二七　東京都大森区新井宿四ノ一七八　商業　守谷正（40）

敵機の投下せる機雷により本近海の艦船航行不能らしい

省線電車中にて常人（氏名不詳）より間知せるを憲兵に洩せるもの

東京（東部）憲兵隊資料　昭和二〇年　流言蜚語流布状況ニ関スル件（五月分）

※実際に米軍は飢餓作戦（Operation Starvation）と称し日本近海に機雷を投下し、物資輸送を妨げている。これら投下された機雷は戦後にも残存し、大きな影響を与えた。

軍事　三五・七　長野県岡谷市小石区五三三　有賀広次（59）

弱ったものだ墜落した**B29を幾ら日本で組立てても技術が悪くてとても真似は出来ない**　飛行機の油もアメリカの方が優秀だ

自己の憶測を加え岡谷市宮下松三外十名に対し流布す

科料十円

※日本軍はB29に対する有効手段を持たなかったものの、度々撃墜しており、その様子はニュース映画などで度々報じられた。また敵の兵器を調査することは戦時どこの国においても行われていることである。

東京（東部）憲兵隊資料　昭和二〇年　流言蜚語流布状況ニ関スル件（五月分）

外交　五・二九　**東京都蒲田区本蒲田二ノ二〇三　工員　坂田由雄（26）**

独乙の潜水艦数隻が日本に帰投したそうだ

京浜電車内にて聞知せるを憲兵に洩せるもの

科料十円

※ドイツから派遣されていたUボート6隻（モンスーン戦隊）が、1945年5月のドイツ降伏により日本軍に接収されている。

東京（東部）憲兵隊資料　昭和二〇年　流言蜚語流布状況ニ関スル件（五月分）

外交　五・五　**不詳**

拓部隊の標識は独逸の戦車隊と同じで独逸の戦車隊が裏日本より逃亡して来たのだ

群馬県羽生町一帯に流布せられあり

憲兵出所究明中

※群馬に羽生町はない。

東京（東部）憲兵隊資料　昭和二〇年　流言蜚語流布状況ニ関スル件（五月分）

外交　三・五・二三　茨城県結城郡水海道町　興亜航空工業株式会社社員　有松八郎（44）

独乙の「ヒットラー」は戦死と発表される前に潜水艦で亡命乗組員三〇名と共に横浜に上陸したそうだ

自己の憶測を同僚に流布せるもの

警察厳諭　反響なし

※漫画みたいな話だが、当然デマである。

東京（東部）憲兵隊資料　昭和二〇年　流言蜚語流布状況ニ関スル件（五月分）

外交　三・五・二　茨城県土浦市栄町　飲食店　足立ヒデ（35）

ヒットラーは実際はアメリカに連れて行かれて監禁せられて居るそうだ

自己の憶測を知人二名に洩す

警察説諭　反響なし

※ヒトラー生存説は度々世を賑わしているが、既にドイツ降伏直後の日本で広まっている辺り、本当にヒトラーの影響は凄いものだったのだと思わされる。

東京（東部）憲兵隊資料　昭和二〇年　流言蜚語流布状況ニ関スル件（五月分）

外交　二〇・五・二〇　群馬県甘楽郡磐戸村　助役　工藤袈裟吉（56）

最近独逸の「マーク」入戦車が沢山東京都へ輸入されたそうだ　輸入経路は判らぬが多分ソ連経由で来たとの事だ

電車内にて聞知せりとて自宅付近にて近隣数名に流布す

警察説諭

※デマであろう。ソ連がこの時期にドイツの戦車を日本に輸出する訳が無い。しかし、日本政府はソ連の対日宣戦までソ連を介した講話の希望を持っていたとされるので、一概に笑える話ではない。

東京（東部）憲兵隊資料　昭和二〇年　流言蜚語流布状況ニ関スル件（五月分）

外交　二〇・五・八　群馬県利根郡沼田町二九四　商業組合理事　町田文吉（55）

新潟港へソ連船で何万本と言う程の「ガソリン」罐が運ばれ「ロシヤ」人が一生懸命陸揚しているのを見た人があるそうだが大したものだ　何でもその「ガソリン」は食糧と交換したのだそうだ

列車中にて未知の乗客より聞知せりとて帰宅後家人及近隣数名に流布す

警察説諭

※状況など一切の詳細は不明である。ソ連は1945年（昭和20年）4月5日に日ソ中立条約を再延長しないことを通告しており、この時期にこのような支援（ガソリンは軍需物資である）を行うことは有り得ないだろう。

東京（東部）憲兵隊資料　昭和二〇年　流言蜚語流布状況ニ関スル件（五月分）

外交　五・八　群馬県碓氷郡横川町　鉄道員　根岸勝治

新潟県に働いて居る俘虜は日本の東条サンと「ルーズベルト」と握手したらしいから我々も近い中に帰国が出来るだろうと言って居るそうだ

列車中にて疎開者らしき乗客より聞知シ同僚数名に流布す

憲兵説諭

※群馬県横川町は存在しない（臼井村か）。ルーズベルトはこの時期既に死去しており、トルーマンが大統領となっていた。

東京（東部）憲兵隊資料　昭和二〇年　流言蜚語流布状況ニ関スル件（五月分）

経済ニ関スルモノ　五・一〇　都下北多摩郡調布町布田小島　運送業　小笠原礼吉（42）

もし日本が負けた場合も日本紙幣に交換できるからどんどん金を蓄めて居た方が良い

京王電車内に於て氏名不詳者より聞知せりと称し憲兵に好意的に洩らせるもの

流言なるを以て他言を禁ず　悪性「インフレ」を助長せしむる経済的撹乱的流言に非ずやと

思料し目下捜査中

※「日本紙幣に交換できる」が何を指すかは文中からは読み取れないが、戦時国債・軍票などは紙屑同然の価値となっている。

東京（東部）憲兵隊資料　昭和二〇年　流言蜚語流布状況ニ関スル件（五月分）

経済ニ関スルモノ　五・一〇　千葉県幕張町馬加一一八　産婆　安藤ハナ（40）

米の配給量が減らされるのは戦争中で仕方がないが主食をこんなに減らされては戦争はできない　近頃生れる子供は栄養不良ばかりでこの先が不安だ

米配給所に於て待合中の者に流布す

憲兵厳諭

※子供の栄養失調は誰の目にも明らかな事態であった。これらは戦後の身体測定などにより、身長・体重などの面でも明らかになっている。

東京（東部）憲兵隊資料　昭和二〇年　流言蜚語流布状況ニ関スル件（五月分）

其他　五・二一　千葉県東葛飾郡南行徳町　翼賛長　松岡隆衛（47）

「ルーズベルト」が死んだのは天皇陛下が宮様に祈り殺させたのだそうだ

知人より聞知せるをそのまま近隣知人に流布せるもの

警察厳諭

※デマというか、なんともいえない発言である。呪殺についてはともかく、日中戦争・太平洋戦争においても日本では元寇の時さながらに各地の神社で敵国降伏祈願が行われていた記録がある。

東京（東部）憲兵隊資料　昭和二〇年　流言蜚語流布状況ニ関スル件（五月分）

其他　五・三一　長野市田町　中島ヤス（43）

近く松代へお偉い方が御疎開になるそうだ

長野市内に於て聞知せりと憲兵に洩す

※記載無し

※有名な松代大本営のことであろう。サイパンが陥落した後の1944年（昭和19年）後半より、大本営・皇居機能など政府中枢機能の移設が本格的に計画される様になった。11月より松代の山中で建設が始まり、敗戦時には7割以上が完成していたという。また、朝鮮人徴用者も多く関わっている。

東京（東部）憲兵隊資料　昭和二〇年　流言蜚語流布状況ニ関スル件（五月分）

其他　五・一六　群馬県勢多郡敷島村大字津久田　村議（農）角田孝（50）

○神奈川県某駅で海軍大尉が相当の紳士夫婦を軍刀で切ったそうだ　原因はその夫婦の所へ油だらけの職工が来た所「汚い」と言ったら「今の海軍は何をして居る　有っても無くても同じ

だ」と悪口を言った為だそうだ　その海軍軍人は三日の謹慎で済んだと言う事だ

東京都よりの疎開者らしき者の談話を列車中にて聞知せりとて駐在巡査に洩らせるもの

警察にて無根なるむね厳諭

東京（東部）憲兵隊資料　昭和二〇年　流言蜚語流布状況ニ関スル件（五月分）

※発言内容の真偽は不明ながら、すでにこの時期、海軍は艦艇不足はもとより燃料不足もあり海上での組織的行動は取れなくなっていた。7月下旬には呉軍港が爆撃を受け、依然残っていた軍艦が多数沈没・損傷している。ただし、陸戦隊や海軍航空隊という形での戦力は保持していた。

其他　**五・二八**　**栃木県芳賀郡祖母井村祖母井　農業　高久司（50）**

国民学校に兵隊が駐屯して来たが兵隊は作物を荒し人の家に入り込んで飯を盗んで喰ったり又村の娘達を妊娠させたり村の人も困っている

芳賀郡七井村七井にて警察官に洩せるもの

※記載無し

東京（東部）憲兵隊資料　昭和二〇年　流言蜚語流布状況ニ関スル件（五月分）

※日本軍は国民学校を宿舎に利用することが度々あったため、本当にそうだった可能性も高い。

其他　**五・二九**　**都下南多摩郡多摩村乞田　農業　志田正太郎（36）**

今年に限って靖国神社の桜の花弁が八つになったから戦争は八月になったらケリがつくだろ

う　どちらにしても、負けてはいられない

京王電車内に於て氏名不詳者より聞知し憲兵に洩せるもの

他言を禁ず

※「咲かない花・奇妙な花が咲いたから戦争に勝つ」系の噂も広まっていた。でたらめな発言であろうが、事実、ケリがつき、負けた。

東京（東部）憲兵隊資料　昭和二〇年　流言蜚語流布状況ニ関スル件（五月分）

憲兵司令部資料に見る不敬・反戦的な流言飛語

其他治安　㊞一二、上旬　㊞岩国市今津一八九二　旅館業　吉永フシ（63）

岩国市のある下駄屋に「倅」が生れ、来年四五月頃には戦争が済むと言った

岩国市**家政女学校生徒一が不義の子を出産せる**風評に臆測を加へ流布す

所轄署に於て関係者四名を科料十五円に処す

※（憲兵隊の説明が事実だとしてだが）いつの時代も、戦時下でも人々の恋愛や性欲が衰えることとは無かったようだ。

昭和十八年十二月中ニ於ケル流言蜚語　昭和十九年二月二日憲ニ高第二九号　別紙第二「内容ニ注意ヲ要スル流言事例」

軍事　㊞自　八、一六　至　一二、四　㊞札幌市北一条西二十三丁目　職工　竹谷幸三（25）

○元戦艦に建造中の「三号」は七万噸の航空母艦に改造

○陸奥は伊豆大島沖で火薬庫爆発せり

○「八幡丸」「竜田丸」「新田丸」「千歳丸」は航空母艦に改装済み「浅間丸」も近く改装の予定なり

○日本の大きな船は沈没せり　「赤城」「加賀」「金剛」「陸奥」は沈没せり

昭和十七年三月より昭和十八年八月に至る間横須賀海軍工廠工員として勤務中見聞せし状況に自己の臆測を付加帰郷後喫茶店に於て友人一名及び市役所に於て公使一名に洩せるもの

本人は精神に稍異常を認むるを以て分隊に招致厳諭の上、始末書を徴す

※一つ目は（大和型戦艦三番艦を空母に変えたもの）信濃のことか？
二つ目は呉軍港での1943年（昭和18年）6月8日の陸奥爆沈事故を指すか？
三つ目は客船の改修を指すか。
四つ目はまだこの時点では金剛は沈んでいない。

昭和十八年十二月中ニ於ケル流言蜚語　昭和十九年二月二日憲ニ高第二九号　別紙第三「原因動機注意ヲ要スル流言事例」

軍事　七・二五　不詳

今度のサイパン島の全員戦死は国内の神社の木や金属を供出したため神罰である

岐阜県古川町大字旭町稲葉桂造が同県蘇原町に赴キたる際駅待合室に於て乗客の語りあるを聞知警察官に好意的に洩す

特殊の反響なし他言を禁ず

※もちろん神罰とサイパン島玉砕の因果関係は無さそうだが、ただ末端に至るまで金属を供出し

なければ継戦が不可能な状態になっている状況への皮肉とも受け取れる。

（昭和十九年）七月中ニ於ケル造言飛語　昭和十九年九月三日　憲ニ高第三六八号　別紙第一「サイパン島全員戦死ニ関スル造言事例」

政治　七・一三　東京都日本橋区三越五階日本美術及工芸統制協会審議室嘱託　的場実（34）

「実は昨日東条サンがコレをやったらしいとの話を聞いたが本当かね」と手で喉を突く真似をし東条首相の自殺を表現す

朝日新聞社前横町の飲食店にて「ビール」を飲むべく行列中聞知せるを上記協会に於て開催せられたる会議終了後自己の臆測を加へ出席者の数名に対し流布す

憲兵厳諭始末書を徴す

※発言者は恐らくホルヘ的場実。南米に渡った経験からタンゴに魅せられ、生涯を通し日本とラテンアメリカの文化交流を推進している（人名解説も参照）。内容はデマである。

（昭和十九年）八月中ニ於ケル造言飛語　昭和十九年九月三日　憲ニ高第三六八号　別紙第二「政変ニ伴フ造言事例」

軍事　自昭一八・五末　至昭一九・七・一七　八戸市柏崎新町三　日本基督教団八戸柏崎教会主管者（牧師）　青森県立八戸中学校　教諭心得　木俣　敏（43）

○「アッツ」島で山崎大佐以下二、五〇〇の勇士が玉砕したのは日本の科学戦がアメリカに負けているからである。その例は八戸飛行場で一尺許りの雲でも飛び立つことが出来ないが「アメリカ」の飛行機はどんな天候でも飛ぶことが出来る。それでどんな暗夜でも濃霧中でも飛翔が出来るのは電波探知機を使用しているからで濃霧中又は暗夜飛行し我陣地を爆撃することが出来る。日本にはそのような優秀なものはない。それで**君等は将来の科学戦士となる為に敵米英の科学を研究する必要上英語を大いにやらなければならぬ。**

○アメリカに居る第二世は「アメリカ」兵を志願し、どんどん前線に於て日本兵と盛に闘っている。**日本本土爆撃を夢見ている搭乗員の中には第二世が多い。**米国政府に日本撃滅を誓って志願し、今に東京空襲を夢見ていることであろう。故に君等は斯の如き日本人もいるから一生懸命勉強しなければならない。

○日本に成層圏飛行機が出来てその性能は普通日本より「ニューヨーク」迄十二、三時間で飛ぶ事が出来る。その飛行機が最近昭南へ着陸と同時に天幕を張り一般に見せないようにしているそうだ。

○米国の国家は非常に利己主義であるけれども、個人に於ては利己主義でないものが多い。日本はこれに反対で国家は利己主義でないが個人には利己主義のやつは多い。

○米国キリスト教会では邦人保護団体をつくして在留日本人を保護し、虐待等はなく優遇しているとのことだ。先日話された人はキリスト教信者であったから待遇せられたものと思う。

○最近「海軍」という映画を見たが、あの映画は全く「トリック」がなっていない。米国は大仕掛にやるが「トリック」が上手である。あの点より見ても日本の文化が遅れている様だ。

○ある有力な人の話によれば「ドイツ」は後三ケ月待てないそうだ。そうすると日本は世界を相手に戦わねばならぬが「サイパン」島一つでさえ苦戦しているのだ。君等のその不熱心さはどうか。

生徒の英語修得に対する不熱心なる態度を矯正激励せんとして同校教室に於て前後八回に亘り受取生徒約四五名に対し流布す

憲兵検挙　事件送致

※内容はあまり正確ではないが、日本とアメリカの国力・技術力の差を強く認識していたのだろう。米軍の日系人兵士は太平洋方面にはほとんど投入されていない。また、日本にはこの時点では成層圏飛行機なるもの（具体的なことは不明だが宇宙船にせよジェット機にせよ）も存在していない。

（昭和十九年）七月中ニ於ケル造言飛語　昭和十九年九月三日　憲二高第三六八号　別紙第三「七月中新ニ知得又ハ発生セル主ナル造言」

軍事　㊚七・五　㊕京都府綴喜郡井出町大字井出四四五　大工　中谷久夫（18）

徴用検査の通知は死んだものにでも来るのだから行っても行かなくてもよい。検査の時は番号を呼んで行って居らんものは赤線を引いて消すだけで検査に行けば徴用が来るが行かなかったら徴用にも行かなくてもよい。

かつて検査場に出頭しその状況を知悉せる所よりこれが状況を捏造し自己の臆測を加え知人数名に流布す

聞知せる二名は徴用当日不参す。警察側検挙事件送致

※適当な認識の発言であるが、検査会場に行って健康状態を偽るならともかく、もとから行かないのでは捕まるのは当然と言えよう。

（昭和十九年）七月中ニ於ケル造言飛語　昭和十九年九月三日　憲二高第三六八号　別紙第四
「特異ノ反響ヲ与ヘタル造言事例」

軍事　七・九　愛知県円羽郡古知野町　日本通運那加支店馬車挽　石原秀光（46）

熱田神宮にある「ならずの梅」に実がついた。日露戦争が終る時もこの梅に実がついたらその後二ケ月で戦争が終った。今度の戦争も近く終る。

岐阜県稲葉郡那加町及蘇原町を通行中農民に流布す　稲葉郡の一部に流布せられあり

聞知者は関心を持って熱田神宮見物に赴きしものあり。憲兵検挙警察側に移牒

※熱田神宮の「ならずの梅」は実在する有名な古木である。少なくとも室町時代まで存在を辿ることができ、「一度も実を付けたことがない」奇木として知られる。

（昭和十九年）七月中ニ於ケル造言飛語　昭和十九年九月三日　憲二高第三六八号　別紙第四
「特異ノ反響ヲ与ヘタル造言事例」

治安　七・二五　青森県立八戸中学校生徒間　行為者不明

八戸市の或教会の宣教師が布教の傍ら八戸陸軍飛行場や八戸港を出入する船の状況を毎日調べて秘密暗号で米国に無線で知らして居ったそうだ。この無線通信機は極く小型のものらしく英文「タイプライター」式になっている優秀な機械であったそうだ。その機械で通信中憲兵隊に発見せられ目下取調中との事だ。これがため教会付近の人々が国を売る様な教会は「スパイ」の巣だからぶちこわしてしまえと憤慨して石を投げたため建物や硝子窓が滅茶苦茶にやられて空襲を受けた以上にこわれたそうだ

同校英語教諭心得木佚敏を検挙取調を開始するや同人に対する反感より流布せらるるに至りたるものの如し

七月二十六日深夜柏崎町キリスト教会木佚敏管理下にある同協会に投石表玄関硝子窓四枚を破壊せるものありたり。

※前述の英語教師への報復である。こちらの内容はほとんどデマであろう。タイプライター式の無線通信機とはテレタイプ端末（あるいはスパイのイメージとしてエニグマ暗号機）を思い浮かべるが、デマであるか、単なるタイプライターの誤認であろう。

（昭和十九年）七月中ニ於ケル造言飛語　昭和十九年九月三日　憲二高第三六八号　別紙第四「特異ノ反響ヲ与ヘタル造言事例」

治安　自昭一七・一一　至昭十八・五　兵庫県加古郡加古川町寺家町　一二古物商（元備讃

新聞記者）　橋本実俊（56）

○米国の政治になった方が配給でもこんな苦しい事はあるまいから戦争に負けた方がよいかもしれない。

○米国が来た処で上層の政治家を処罰するだけで国民を殺しはしない。

○「ユダヤ」のように国家機構のない生活がしたい。

○言論出版の自由を制限するため真の民意が上通せず、国民が逼迫してもそれが為政者には判らぬ、このままなら戦争に負けても楽な生活をしたいという者が出来るだろう。

○日本は独乙を見習って武家政治になりつつあり。

○生活が苦しい余り戦争は負けても勝ってもよいと言うものが方々にある。

性放縦自由主義思想濃厚にして政治及諸文学に興味を持ち時局に対し批判的言辞を洩しありたるが最近の生活困難より厭戦思想を抱くに至り町内に於て臆測より知人数名に対し洩す

特異反響なし

憲兵検挙送致

※彼も国力差を強く認識していた一人であろう。国家機構のない生活とはいったものの、シオニズムを信奉していたユダヤ人は戦後「イスラエル」として国家を持つようになる。

（昭和十九年）七月中ニ於ケル造言飛語　昭和十九年九月三日　憲二高第三六八号　別紙第五「原因動機注意ヲ要スル造言事例」

治安　自一八・一二　至一九・五　鎮海々軍工作部製罐工場　二等工員軍属　新井鐘植（20）

日本人が戦争するのに我等朝鮮人が加勢するとは何事だ。日本人自分達で戦争するように放って置がよい。**何も我等朝鮮人が徴兵検査を受けて兵隊へ出る必要はない。日本人等は皆殺しして仕舞えば朝鮮人の生活は幸福になる。我々朝鮮人は米英人に味方して独立すれば幸福になる。**

朝鮮独立運動画策中同工場並出勤途上に於て同僚数名に洩す

憲兵検挙送致

特異反響なし

※すでに憲兵補助員、特別志願兵制度、あるいは徴用者として軍に関わる朝鮮人は多くいたが、1944年より朝鮮においても徴兵が開始された。

（昭和十九年）七月中ニ於ケル造言飛語　昭和十九年九月三日　憲ニ高第三六八号　別紙第五「原因動機注意ヲ要スル造言事例」

治安　自昭一八・八　至昭一九・六　京都市右京区西院南花田町八　鋳掛職　出口谷源兵衛（57）

○実際こう戦争が長引けば戦争は負けても勝ってもいいのだ。負けて困るのは偉い奴と金持だ。

○**大体アメリカと戦争するのが間違っている。**日本がアメリカに従っておればこの様な戦争はせなくてもよいし食物等に不自由せんでも済むのだ。東条のやり方は間違っている。

○○○○○や東条が相談して勝手に戦争を始めた。○○○○や東条を殺してしまえば戦争は治って米も沢山食えるようになる。

○大体政府は二号七勺位の米で腹がふくれると思っているのだろうか。こんなにひもじい目をするのなら戦争は勝っても負けてもとうでもよい。

職業の不安定による生活苦と食生活の逼迫に対する不満より常会席上又は自宅に於て知人等数十名に洩す

反響なし

警察側検挙事件送致

※○の中身は天皇（ヒロヒト）か？ 当時の実情がうかがえる発言の一つである。1944年以降、東条首相への反感はあちこちで高まりつつあった。

（昭和十九年）七月中ニ於ケル造言飛語　昭和十九年九月三日　憲ニ高第三六八号　別紙第五「原因動機注意ヲ要スル造言事例」

軍事　一八・一八　茨城県稲敷郡竜ヶ崎町　国民学校初等科三年　小畑佐智子（10）

東京大震災光景の絵葉書を提示し「この絵葉書は「サイパン」島空襲写真で日本人の屍体を米兵が見ている所だ」と流布す

東京大震災時の光景絵葉書を所持しありて同校に於て同級生約五〇名に対し流布す

所轄警察署に於て発禁処分なる旨を諭示任意提出せしむると共に児童に対して学校当局と協議流布防止対策を実施す

※戦前は見世物的な図版の絵葉書が多くあったのだろう。分かってやっていたのか、それとももう当時から関東大震災の記憶の風化が始まっていたのかも知れない。

（昭和一九年）八月中ニ於ケル造言飛語　憲兵司令部　昭和十九年十月十一日　憲二高第四四四号　別紙第二「要注意造言事例」

経済　四八・一四　和歌山県伊都郡西郷村大字滝一五三二　農業　富永菊二（49）

供出米を出せ出せと言われても腹一杯喰べて余った分を供出すれば良いのだ　この位貯金や債権を買わさるるならば戦争に早く負けて「アメリカ」で政治をとって貰うしかない

供出を巡り当局に対し反感を有しありたるがたまたま部落内にて頼母子講ありたる際集合せる部落民一三六名に洩す

特異反響なし

警察側に於て検挙送局

※頼母子講（たのもしこう）とは、参加者同士で積立金を出し合い互助する地域的組織、いわゆる無尽のことである。日本各地に様々な形態が存在し、現在でも続いているものもある。

（昭和一九年）八月中ニ於ケル造言飛語　憲兵司令部　昭和十九年十月十一日　憲二高第四四四号　別紙第二「要注意造言事例」

(42)

治安　四一八　一〇　千葉県市川市大字真間二二八　東京都立上野中学校教諭　関野武夫

人と物と動力を総動員し夜となく昼となく人殺し道具製造に余念がない状況を眺め渡すとき、実に感慨無量である、高遠なる倫理を説き聞かされる学徒が人殺し材料を目標以上に作ったから御礼を言われ賞賛せられる**弱肉強食優勝劣敗適者生存、やっぱりダーウィンは偉い**と思う

勤労動員学徒の為東京第一陸軍造兵廠に服務中反戦思想より学徒に兵器を製造させる事に矛盾を感し故意に監督申送リ日時に記載同僚数名に流布

特殊反響なし

憲兵検挙八月二十二日事件送致

※ダーウィンの名が出てくる部分に唐突さを感じるが、教育の軍事化に対する皮肉であろう。ついこの間まで教えていたことと矛盾することをさせられれば、誰でもそう思うことだろう。

（昭和一九年）八月中ニ於ケル造言飛語　憲兵司令部　昭和十九年十月十一日　憲二高第

治安　㊞七・二八　㊞長崎市東中町七一番地　無線通信機販売業　堺屋隆次（49）

○**日本の放送は殆んど嘘である　米国の放送では、日本の紳士淑女に戦争等早く止めて仲よくなりましょうと言って居るが全く左様だ**

○此方（長崎を指す）は直ぐやられて仕舞う　今に敵が五島にも平戸にも上陸するから斯様な所に疎開しても駄目だ

○貯金しても国債を買っても日本が滅びたら無効になる　斯様なことはしたくないが上から無理に言われるので仕方がない

○**自分が召集されたら直ぐ捕虜になる**、日本が勝っても「アメリカ」が勝っても無関心だ　美味しいものさい喰えばよい

○今度の空襲について敵は「日本は空襲と騒いでいるが我々から見ると偵察に過ぎない、我々の空襲と称するものはそんな生温いものではない」と放送している（以下省略）

昭和十八年秋頃林兼商店所有大漁丸船員無線通信士某より船舶用無線機により対日本国放送が聴取し得る事実を聞知しこれに興味を覚え、本年二月頃より密かに無電受信機を制作し四月以降「サンフランシスコ」よりの対日放送を聴取し多数人に流布す

居住町内に波及し大本営発表に疑念を抱持せり所轄警察署に於て検挙

※戦時中は、アメリカからの放送に影響を受けることを恐れてか（実際にアメリカは短波による

対日放送を行っていた)、民間人の短波放送の傍受が禁止されていた。しかし、実際には相当数の人々が短波ラジオを隠し持ったり自作するなどして米国からの放送(主にボイス・オブ・アメリカ)を傍受している人も存在したのである。

(昭和一九年)八月中ニ於ケル造言飛語　憲兵司令部　昭和十九年十月十一日　憲二高第四四四号　別紙第二「要注意造言事例」

軍事　自八・六　至八・一四　和歌山県西牟婁郡串本町二三〇　横須賀海軍病院第四〇八救護班海軍軍属(日赤救護書記)(救護班長)　橋爪健一(42)

一、トラック島に入港した日本の船団に尾行して来た敵潜水艦に対し護衛駆潜艇が爆雷攻撃を加え潜水艦乗員を四十数名捕虜にしたが潜水艦を取ることは出来なかった、こう言う捕虜の処置は恐らく病的検査の実験台に使うのだろう

二、パラオ在住の満四十五歳迄のもので軍籍のあるものは殆んど現地に於て召集を受け現在「パラオ」島の守備に就いているだろう、それは七月十日現地の部隊に入隊する事になった

三、「トラック」島は毎日の様に爆撃を受け殆んど焼野ヶ原になっている、残っているものは病院だけだ

肩書所属海軍軍属として南方に出征中得たる体験と最近に於ける南方の戦況に自己の博識を誇示せんと町役場訪問時或は来訪の知人等に流布す

一部に戦争の惨虐性乃至は厭戦的気運を醸成せしめたり　厳諭の上始末書を徴す

※彼の発言内容はトラック島で発生した海軍生体解剖事件の実情をほぼなぞっており、彼は実際に捕虜に対する虐待を見知っていた可能性が高い（デマではない！）。また、１９４５年（昭和２０年）５月には米兵捕虜８名が九州大学で生体実験解剖を受け、殺害されている（九州大学生体解剖事件）。

（昭和一九年）八月中ニ於ケル造言飛語　憲兵司令部　昭和十九年十月十一日　憲二高第四四四号　別紙第二「要注意造言事例」

軍事　八・一四　和歌山県伊都郡西郷村大字滝一三三二　農業　部落会長代理　富永菊一（49）

日本は戦争に負けるに決っている俺は断言する米国は土地を占領すれば直に機械を動員してすぐさま飛行場を据えるが日本は如何だ「シャベル」位でやっていたら何で戦争に勝てるものかこんな戦争は負けるに決っている

戦争の長期化による人的物的不自由より内心厭戦感を抱持しありたるが応徴士の送別会席上約二〇名の部落民に対し造言す

※米軍はブルドーザーなど多くの重機を駆使し、また志願土木作業員を訓練し工兵に仕立てる「シービー」などの仕組みも整えていた。対して日本軍はほとんど機械化が進んでいなかった。この差は太平洋戦争後期に顕著に表れることとなる。

一部見送人に物量に勝目なく敗戦的気運を醸成せしめたり警察に於て検挙

（昭和一九年）八月中ニ於ケル造言飛語　憲兵司令部　昭和十九年十月十一日　憲二高第四四四号　別紙第二「要注意造言事例」

治安　自三月上旬至六月下旬　東京都豊島区高田本町二ノ一四六七　学習院勅任教授　山本直文（33）

○大東亜戦争は軍部と一部特権階級が金儲けのために始めた戦争て勝っても負けても国民に影響はない

○**我軍は無敵艦隊と言っているが駄目だ昔から無敵なと言ったものに勝った例がない**

○国債等は不換紙幣だヨ

○**秩父の宮様は二・二六事件当時叛軍将**であった

町会長として就任中自由主義思想及自己の学習院教授たる地位を誇示せんと町会役員会議其他に於て前後三回に渡り役員等十名ないし六十数名に対し自己の臆測を流布せり

町会役員の反感を買う　憲兵八月三十日検挙送致す

※無敵艦隊の話は、スペイン無敵艦隊（アルマダの戦いでイギリスに敗北）の逸話を指していると思われる。同名の学習院大学教授（1890～1982）を確認したが、年齢に差異がある。53才だろうか?

（昭和一九年）八月中ニ於ケル造言飛語　憲兵司令部　昭和十九年十月十一日　憲二高第四四四号　別紙第二「要注意造言事例」

治安　八・一〇以降　不詳

菅瀬様の神様氷川神社に憂曇華の花が咲いた、不思議にもこの憂雲華の花は日露戦争に咲き、最近は上海事変にも咲いたそうでまた今度の戦争も近い内に大勝利となるだろう

大村市菅瀬氷川神社境内蘇鉄の花を憂雲華の花と誤信これに臆測を加え一般市民間に流布しありたり

該神社に観覧の為参集するの事象を生したり

※咲かないという割には、適当な頻度で咲く花のように聞こえる。戦時中によくあった話なのだろう。

（昭和一九年）八月中ニ於ケル造言飛語　憲兵司令部　昭和十九年十月十一日　憲二高第四四四号　別紙第二「要注意造言事例」

治安　九・二二　奈良吉野郡高見村村長（ママ）　北村勝治

私の知っている某有力者は平素現金二万円を腰に巻いているので、「どうするのか」と聞くと「敵が本土に上陸すると不動産が下落するから其時に土地を買うのだ」との事でした

知人の言動を大政翼賛会市務委員会席上参会者十名に泄す

無、響　所轄署処置

※本土決戦のさなかにその様なことは出来なさそうだが……。この月から、処置に略語が使われ始めた。

（昭和十九年）九月中ニ於ケル造言飛語　憲兵司令部　昭和十九年十一月六日　憲二高第四七二号　別紙第一「新発生造言主要事例」

経済　九・一一　下関、長府町字金谷長府郵便局保険事務員　大西美智子

「信用組合は倒れたそうね、ウチも預金しているので倒れたら損をするから、今日下ろすからおばあちゃんに通帳と印判を持って来るように言ってね

上記大西は長府所在信用組合に約二千円の全財産を預金したる所たまたま勤務先たる長府郵便局に於て信用組合に盗難事件ありたるを聞知したる為同組合の破産を危惧し自己の臆測を加え預金を払下ぐべく同町居住の友人に対し郵便局内より電話にて流布

何等反響なきを以て九・二七豊浦警察署に於ては説諭

※物騒な内容の割に素朴な光景を思い浮かべるが、実際に戦後1973年（昭和48年）には女子高生の雑談から信用金庫の取り付け騒ぎが発生した「豊川信用金庫事件」が発生している。これも一歩間違えれば、30年早く同様の事件となったのかもしれない。

（昭和十九年）九月中ニ於ケル造言飛語　憲兵司令部　昭和十九年十一月六日　憲二高第四七二号　別紙第二「要注意造言事例」

経済　八・一三　茨城県猿島郡静村大字塚崎　農　大山梅吉（51）

○十俵の収穫しかない者に十五俵の割当があった場合にも完納するのか、完納するとすれば盗んで来るより仕方ない、その時はどう処理してくれるのか　今度の様な無理な供出をさせられると外国の奴等に使われて居る様な気がする、こんな無理を強いられるなら米英の世話になった方が良いと思う

○日本は　サイパン　は全滅するし内閣は何時迄も戦い抜くと称しながら総辞職するとは日本が負ける様な気がする

○青果物は売らずに全部供出せよと農民に出させることは指導者が自己の成績を挙けるためにやって居るのだから斯様な奴は殴ってしまう云々

八月十三日供麦常会開催の席上食糧検査所員が割当加重でも完納せられ度しとの挨拶に対し、供麦その他供出に不満を抱き供出反対ないし厭戦的事項を居合せたる二九名に流布す

反響大　警、検挙　事件送致

※麦も供出の対象であった。

※東条内閣は前月の7月22日に、サイパン島陥落により絶対国防圏が破られた責任を取って、総辞職している。

（昭和十九年）九月中ニ於ケル造言飛語　憲兵司令部　昭和十九年十一月六日　憲二高第四七二号　別紙第二「要注意造言事例」

疎開　一九・五　横浜中区大和町　原田銀三郎　横浜中区鷺山町　上条勝

○幸福であると思って居た疎開児童は実に哀れなものだ
○面会に行った親子が船の蔭で泣いていた
○病気をしても看護するものがなく、児童は空ろな眼をして親の来るのを待っている
○入浴は三分間以内と限定されて居る、何故ならば児童は栄養が欠乏して居る為それ以上入って居ると死んでしまう
○児童は皆空腹を訴え親達が食物を持って来るのを待っている
○政府のやることは机上の空論で実際とは大違いだ

疎開児童後援会を設置すべく校長に図りたるが拒絶せられたるに不満を抱き父兄会席上事実無根の言動をなす

一部父兄に多大の動揺を来し、疎開地に面会に行くもの、自家に呼戻さんとする者等多数現出　警、検挙処置

※1944年8月ごろより、学校単位の学童疎開が始まった。本発言はその開始直後にあたるものである。疎開児童の栄養や環境の悪さについては、様々な資料で明らかにされていることである。どこまで「事実無根」なのだろうか？（事実も「デマ」扱いされる可能性がある一例）

（昭和十九年）九月中ニ於ケル造言飛語　憲兵司令部　昭和十九年十一月六日　憲二高第四七二号　別紙第二「要注意造言事例」

軍事　九・九　福島県耶麻郡喜多方町字永久　工員　五十嵐柳乃助（32）

海軍の新兵教育は実に物凄く毎日馬の様に叩かれて動物扱だ　新兵の一人は余リ叩かれて伸びて仕舞った有様です、身体検査も形式的で自分は中耳炎で非常に痛くて仕方がないと言って不合格になった

応召帰郷せる言訳を誇大に自己の臆測を加へ警察官外常人二に洩す

（※記載なし）

※日本軍における、新兵へのしごき体質はよく知られている所である。その中でも、陸軍では建前上体罰が禁じられていたが、海軍ではむしろ奨励されており、有名ないわゆる「精神注入棒」による殴打（ケツバット）が知られている。この発言はそれを指しているのかもしれない。

（昭和十九年）九月中ニ於ケル造言飛語　憲兵司令部　昭和十九年十一月六日　憲二高第四七二号　別紙第二「要注意造言事例」

治安　九・中旬　不明

○東洋曹達の岩瀬社長は金庫の中に短波機を備え敵の潜水艦と通信して居たのを検挙せられ九月二十日徳山の暁部隊で銃殺されるそうだ

○回覧板で岩瀬社長の銃殺を見物に行く様通知があった

○空襲が最近ないのは岩瀬が検挙されたからだ

○銃殺当日は見物人の為切符を無制限に売るそうだ

○岩瀬社長は社の運営非時局的なるため軍需監理部査察の結果更迭せしめられ上京不在にして且徳山地方一般の岩瀬に対する反感より流布せられたりと認む

○広島以西内海沿岸部特に徳山宇部付近に流布せられあり

○当日見物の為乗車せんとし制止せられたるもの宇部、小野田、山口三駅にて計二〇三名アリ

○当日暁部隊営門前に見物のため約三十名集合す

○所轄署立看板（炭鉱入口）新聞により流言なるを示達指導の結果下旬に於て概ね終息せり

※終熄→終息、とした

※文中の岩瀬徳三郎は東洋曹達（現・東ソー）の創業者であり、日本の化学工業に大きく貢献した人物である。発言内容は荒唐無稽なデマであり、岩瀬はその後も1971年（昭和46年）まで生存している。

（昭和十九年）九月中ニ於ケル造言飛語　憲兵司令部　昭和十九年十一月六日　憲二高第四七二号　別紙第二「要注意造言事例」

軍事　九・一九　福岡県嘉穂郡幸袋町目尾住　飯塚郵便局通信課通信係　西原勉（15）

西原は電信技術者なるが九月十九日十六時より二十二時迄同僚と共に電話係として勤務中二十時五十分頃、電話事務閑散となるや空席となりたる警報回線（福岡飯塚・小竹・直方・若

松局同時発信）電信台勤務席に着席、**西部軍司令官より何等警報発令なきにもかかわらず勝手に音響機による前置符号を送りたる上（セセケハ）（西部軍全地区警戒警報発令）との偽電を送る**

飯塚郵便局通信課通信係西原勉の通信練習中の悪戯により小竹付近及直方、飯塚一部に対し警戒警報の サイレン を吹鳴せしむ

（一）小竹町及飯塚市付近民は警戒管制乃至空襲管制を実施すると共に同地警防団は警備態勢に移る等約二十分に渡り尠からざる民心の動揺を来す

（二）直方警、取調所轄検事局に送致

※当時の警報発令の様子が、若干歪曲ながらうかがえる事例である。15歳の西原くんが何を考えてこのような行為に及んだのか（冤罪なのか）は不明である。セセケハは略電か？

（昭和十九年）九月中ニ於ケル造言飛語 憲兵司令部 昭和十九年十一月六日 憲二高第四七二号 別紙第二「要注意造言事例」

経済 一〇・一三 京都府天田郡下六人部村 翼壮団長 大槻百蔵（58）

政府では現在日本人が十年間喰えるだけの米を持っているが来年度よりこれを大々的に配給して国民の腹を張らしてから最後の決戦をする覚悟でいるそうだから来年から米の配給は多くなると言う話だ

列車内にて氏名不詳の男より聞知せりと憲兵に洩す
反響なし　諭示他言を禁ず
（昭和十九年）十月中ニ於ケル造言飛語　憲兵司令部　昭和十九年十二月一五日　憲二高第五一一号　別紙第一「新発生造言主要事例　其他一般造言」
※実際にはそのようなことは無い。

疎開　一〇・一四　仙台市北四番丁一二一　鈴木美代三
疎開児童は食糧がないので蝗や蜻蛉を生のまま喰べて居るそうだ
列車内にて未知の乗客より聞知せりと憲兵に洩す
特殊反響なし 流言なる旨諭示
※疎開先にもよるが、一般的に疎開児童の栄養状況は悪かったとされる。栄養失調により病死する子どもも存在した。
（昭和十九年）十月中ニ於ケル造言飛語　憲兵司令部　昭和十九年十二月一五日　憲二高第五一一号　別紙第一「新発生造言主要事例　其他一般造言」

治安　（記載なし）　京都市右京区西院淳和院六六　隣組長　新美愛二郎（59）
産業戦士も腹が減っては増産増産と喧しく言ったとて飛行機なんか出来ん
戦争に勝っても負けても良い食物に難儀するのは貧乏人で金持や偉い人は困らん

学校の給食も始めは結構と思ったが今日では四円五十銭で貧乏人は有難くない、それよりも米を各家庭に廻してくれる方が何ぼ良いかわからん
給食も取止めになると言うことだ

食糧不足に忿懣を有しあり各処念仏講席上知人三名に洩す

反響なし　所轄署に於て厳戒他言を禁ず

※昭和19年3月に、『決戦非常措置要綱ニ依ル大都市国民学校児童学校給食ニ関スル件』が閣議決定され、東京含む6大都市の児童に給食が行われている。

（昭和十九年）十月中ニ於ケル造言飛語　憲兵司令部　昭和十九年十二月一五日　憲二高第五一一号　別紙第二「要注意造言事例」

軍事　一〇・一二　〇〇軍教育隊　陸軍少佐　鵜飯敏貞　年齢不詳

一、航空機の生産は決して米国に負けて居らぬ又月産米国は一万台日本は約七千台も出来て居るのである
二、「サイパン」を取られた影響は内閣が替ったことであるが申しません
三、日本の機関銃は一分間に六十発一日三千発である敵は一万発も射撃出来るのである
四、大陸でも烈しい戦の時は死体を後送する迄もないので首を斬り手足を斬って引下りこれを夜陰に乗じて火葬し骨を国元に送るのであるが空襲の烈しい時はこれも出来ず生焼の骨を揚げる事もありあるいは焼きかけたのをやむを得ず放り埋めて来ることもある

五、月産七千台の内三千台は飛べない飛行機である

管下西牟婁郡日置町日の出座に於て〇〇軍教育隊実弾射撃の為同地に至り射撃終了後同町長の懇願を容れ町民（男女共）約五〇〇名に自己の実戦体験なりと称し座談的に講演す

警察側の連絡に基き町民の反響を内査せるが特異の反響を認めず

警察側の通牒に基き反響内査の上所轄分隊に移牒す

※兵器の実情については何を指して言っているか不明であるが、航空機の生産数に関しては明らかに誇張、機関銃の性能については過少に語っていると思われる（ただし銃弾の補給に関する発言の可能性もある）。戦死時の死体の扱いは、後期になればなるほど、難しくなっていっただろう。

（昭和十九年）十月中ニ於ケル造言飛語　憲兵司令部　昭和十九年十二月一五日　憲二高第五一一号　別紙第二「要注意造言事例」

経済　四〇・一七　富山市永楽町五〇　済生会富山病院長代理　横山達（30）

1、今度の戦闘に相当重大な決戦が予想せられる　ことに我海軍は今年の初めに長門陸奥を喪くし又日清を喪くして居り艦隊は今の処敵との接近を当分避けねばなるまい

2、僕の両手指の負傷も東条のためだ東条も僕の前には頭が上らぬ

戦傷せる両手指の不自由に対する反動的気分と病院統御の不如意とにより乱心的に看護婦四名に対し洩す

十一月一日警察側に於て事件送致

※長門はまだ健在だが、陸奥は爆発事故で爆沈、日進（日清?）も喪失している。

（昭和十九年）十月中ニ於ケル造言飛語　憲兵司令部　昭和十九年十二月一五日　憲二高第五一一号　別紙第二「要注意造言事例」

47

軍事　自九・二二　至一〇・一〇　埼玉県北埼玉郡星宮村大字池守八　農業　峰川婦美

久伊豆神社の御告げだ　今年海軍に志願すれば戦死する来年だったら大丈夫だから今年は取止めよ

海軍志願を為したる実子の生命保全を苦慮し神の御告げなりと虚言し実子をして之を信ぜしめたるが実子は更に友人数名に洩し村一円に流布さる

憲兵検挙　十月十一日事件送致　実子に対しては厳諭す

反響、近郷町村一帯に流布せられ著しく海軍志願兵を消摩せしめたるが特に星宮村は割当九名に対し志願者皆無となりたり

※事実、翌年には戦争が終るので、空襲で死んだりしない限りは結果的に「大丈夫」ではあろうが……。

（昭和十九年）十月中ニ於ケル造言飛語　憲兵司令部　昭和十九年十二月一五日　憲二高第五一一号　別紙第二「要注意造言事例」

軍事　㊐一一・七　㊝東京都大森区堤方町八七ノ二　斎藤トラ

特攻隊は新聞発表の如く各人の発意によるものでなく命令だそうだ　私の知って居る人の息子も致方なく隊員に加ったそうだ

雑炊食堂行列中未知の婦人一より聞知し憲兵に好意的に洩せるもの

特異の反響なし　警察側厳諭

（昭和十九年）十一月中ニ於ケル造言飛語　一九四四　別紙第一「新発生造言主要事例　其他一般造言」

※他の発言にも同様の状況がある。特攻隊への「志願」に強い圧力があったことは否めないだろう。

軍事　㊐一一・二九　㊝岩国市大字今津　福田実（47）

今度発表になった万年筆（一式陸上攻撃機）は戦闘中射撃を受けると直ぐ発火するので米軍では「ライター」と呼んで居り大したものではないらしい

所在海軍部隊将兵より聞知し憲兵に対し洩す

注意

※一式陸上攻撃機は1941年（昭和16年）6月に運用が開始された海軍陸上攻撃機のこと。太平洋戦争開戦直後にはイギリス海軍の戦艦「プリンスオブウェールズ」「レパルス」を撃沈して航空攻撃の優位を知らしめた。しかし、防御性能に難があり、攻撃を受けるとすぐ発火すること

から「ワンショットライター」と呼ばれていたのは有名な話である。

（昭和十九年）十一月中ニ於ケル造言飛語　一九四四　別紙第一「新発生造言主要事例　其他一般造言」

記載無し　一一・二九　北海道川上郡標茶村釧路警察署標茶巡査部長派出所　巡査部長海老原英二

○陛下が函館の埠頭に玉歩を運ばせ給うと玉歩一歩が千円御掛りになる
○自分の給料は百何円で一ヵ月六百里歩くとして一里が幾らにもならぬ、馬は一日四円牛は一日七十銭俺は一食三銭の生活だから鶏にも及ばぬ　草位の生活だ、その証拠に皇室が我々を呼ぶのに民草といっている

博識を誇らんとし、架空事項を勤務の帰途立寄りたる農家に居合せたる常人八名に流布す

反響なし　地方裁判所まわし

※「玉歩」や一里の歩行に関する計算方法については不明である。

（昭和十九年）十二月中ニ於ケル造言飛語　憲兵司令部　昭和二十年二月十二日　憲二高第六一号　別紙第一「新発生造言主要事例　原因・動機乃至出所注意ヲ要スルモノ」

一二・一〇　不詳

三戸郡川内切谷内弥之助の義雄は戦死した報せがあったがその後生きていることが判ったそ

うだ　軍ではこうした兵隊を前線に引張り出して、なるべく戦死させ様として幾回でも前線に出すとのことである　軍は責任を逃れる為にやるらしい

先に惹起せる戦死誤報問題を歪曲臆測を加え流布せるが若くなるも伝搬経路不明　川内村一円に流布（ママ）

既に誤報確実となり家族宛在隊証明書交付済なるもその後対軍不信的流言流布せられあり

※戦死公報の実情と、人々の不信感がうかがえる発言である。

（昭和十九年）十二月中ニ於ケル造言飛語　憲兵司令部　昭和二十年二月十二日　憲二高第六一号　別紙第一「新発生造言主要事例　原因・動機乃至出所注意ヲ要スルモノ」

自昭一八、五　至昭二〇、三　静岡市芝浦電気富士工場職員　宮崎政登（20）

○東条首相は天皇陛下の御裁可なく国民を無理に戦争せしめた
○日本の空襲被害の発表は軽微軽微と言って居るが皆出鱈目だ
○マニラ湾の制海権は敵に奪われて居る又**ベルリン市街は破壊し尽され建物は一つもない**
等敵側放送を聴取し更に自己の臆測を加え流布す

受信機制作の技術を有しあるを奇貨とし自宅に短波受信施設をなしサンフランシスコ並にハワイよりの敵国放送を聴取し職場同僚に洩したるものなり

憲兵検挙事件送致ス

※前述のように、戦時中にも短波放送から情報を得る者は存在した。彼の勤務先の芝浦電気は、

現在の東芝である。

（昭和二十年）三月中ニ於ケル造言飛語　別紙　○対戦局（悲観）造言

三、一一　川越市堺町　会社社長　寺尾喜八（49）

東上線に乗った罹災者は死んだ子供を背負ったり火傷したりして居たがこれを見ては戦争も全く嫌になった　早く止めて貰いたいものだ

見聞事項に臆測を加え知人数名に洩せるもの

憲兵厳諭

※東上線とは東武東上線（東上本線）のこと。池袋～（川越）～寄居を結んでいる。東京大空襲翌日の発言であり、実際に見られた光景と思われる。

（昭和二十年）三月中ニ於ケル造言飛語　別紙　○空襲被害ニ関スル造言

三、二六　松山市本町三丁目　職工　井出時行（27）

神戸地方では「件」が生れ自分の話を聞いた者はこれを信じて三日以内に小豆飯か「オハギ」を喰えば空襲の被害を免れると言ったそうだ

市内に於て氏名不詳の通行人の雑談を聞知し自宅に於て知人二名に洩したるもの

憲兵説諭

※「件」（くだん）の都市伝説はよく広まっていた。

（昭和二十年）三月中ニ於ケル造言飛語　別紙　○空襲被害ニ関スル造言

三、九　福岡県遠賀郡水巻　日鉱社員　竹下住行（37）　同　右　森脇長三郎（43）

今の内に米英に味方しアメリカに勝たせてアメリカに行った方がよい　日本が降参すれば日本の一部や賠償金を出す位だ　今の内に降参した方がよい自分は英語が出来るから通訳でもやろう

坑内人車待合所に於て昇降機同席の鉱員約五十名に流布せるものにして炭鉱側より警察に連絡ありたるものなり

所轄警察署に於て検挙取調中

※本当に彼に英語が出来たかは不明であるが、すでに多くの人々にとって日本軍の劣勢は覆い隠せないものとなっていた。

（昭和二十年）三月中ニ於ケル造言飛語　別紙　○厭戦、和平希求造言

三、一一　陸軍航空輸送部富岡部隊　陸軍　竹野芳生（23）

○日本には現在夜間戦闘をする様な優秀な操縦者は余り居ない

○高射砲は当らない　高度七千米迄届くものは半径十五粁圏内を行動するのみだから帝都上空に入った敵機を射程内に置くには相当優秀な高射砲が必要だ

自己の博識を誇示せんと外出時所沢駅事務室に於て臆測を駅員及警防団員等八名に洩せるも

の
厳諭　始末書を徴す

※日本の高射砲はB29にとって大きな脅威とはならなかった。

（昭和二十年）三月中ニ於ケル造言飛語　別紙　○軍人ノ造言

四・二五　東京都目黒区上目黒　無職　大津円子（39）

○この戦争は敗けた方が良い　指導階級には悪い結果になるが私達には関係ないから敗けた方が良い

○「アメリカ」人はそんなに悪い人間ではない　日本が敗けて米兵が日本に上陸して来れば判る

本名はダンサーとして在米したことあり親米思想を抱きあり近者数名に流布す

憲兵厳諭

※大津円子（1906年〜2000年）は戦後に宝石商を営み、実業家として知られた。浮世絵コレクターとしても知られており、神奈川県秦野市にコレクションを寄贈している。

（昭和二十年）四月中ニ於ケル造言飛語　別紙　○戦局悲観並ニ恐敵造言

四・二五　熊本市　元代議士　中野猛雄　年齢不詳

今度の戦争は日本が勝つと思うのは間違いで勝ちはせん　天草の者は食糧増産をたっている

が呑気なものだ

熊本市以下不詳中岡みどりが聞知し洩しあるを憲兵聞知せるものにして町内一部に伝播されあり

流布者指導者階級なる為若干の反響あり憲兵は他言を禁ずると共に目下上記中野に対する内査実施中

※記載の通り中野猛雄は立憲政友会所属議員として4回当選している、地域の名士であった。

（昭和二十年）四月中ニ於ケル造言飛語　別紙　○戦局悲観並ニ恐敵造言

自一九・三中旬　至二〇・四中旬　元大分県　内政部長　坂田啓送（46）

○どうせこの戦争は私達が如何に力を入れても駄目だ　近く本土に上陸して来て男は皆殺されるのだから今の内に美味なものを食べておけ

○陸海軍は喧嘩ばかりして居って実際なって居らない　陸海軍も駄目だ　この戦争は負けるに決って居る

大分県庁内又は地方宴会席上並公私集会席上に於て県庁内上級職員又は新聞社編輯局長鉄工所所長等に対し軍の決戦施策に信頼出来ず焦燥の念に馳られたるに因り流布す

憲兵検挙検事局宛事件送致

※自治体職員にとって、人々の困窮と政府の無策に挟まれた状況はとても辛いものがあっただろう。

（昭和二十年）四月中ニ於ケル造言飛語　別紙　○戦局悲観並ニ恐敵造言

四・十九　川崎市池田町　新聞共販所　佳光妻　元木福（44）他数名

○沖縄本島上陸の敵は無条件降伏した

○沖縄には豊田聯合艦隊司令長官がZ旗を掲て撃滅を決せんとした為**沖縄上陸の敵米軍二十五万は無条件降伏を申入れた**（全国各地に同様造言の流布せられあり）

新聞所載の沖縄戦果を閲読したる結果臆測せるを流布し伝播ス

反響大にして京浜一帯に亘りたるを以て憲兵は適宜説諭す

※**仮想戦記もビックリのデマである。説明する憲兵も困ったことだろう。**

（昭和二十年）四月中ニ於ケル造言飛語　別紙　○和平乃至安逸造言

五・八　山口県徳山市　売薬業　吉富藤之進（63）

米国人は紳士だから日本に上陸しても我々を可愛がってくれる　日本が早く負ければ又昔の様な生活が出来る

在米四四年による崇米思想より日本の敗戦必至なりと盲信し知人数名に洩す

憲兵検挙事件送致

※**44年の在米経験がある者の発言は説得力が違う。しかし、日本は早く降伏する事は無く、原爆とソ連の参戦により敗戦となった。**

（昭和二十年）五月中ニ於ケル造言飛語　別紙　○戦局ニ関スル造言

自昭一九・一　至自昭二〇・二　東京都世田谷区　大和田高女教授　伊藤静江（30）

もし日本が敗けたら私について来なさい　**私は英語が出来るから助かるでしょう**

親英米思想より戦局を悲観視し近隣数名に流布す

憲兵事件送致

※英語能力にまつわる発言は他にも存在する。戦時中は英語の授業は大幅に縮小されているが、旧制中学などでは選択科目として続いていた。

（昭和二十年）五月中ニ於ケル造言飛語　別紙　○戦局ニ関スル造言

自昭一九下旬　至昭二〇・五上旬　大分県大分郡石城川村大字内成三九〇三ノ三　農業　大野直喜（49）

○敵が上陸したら国旗を出して歓迎する

○今度の戦争は負けるから一生懸命働いてもつまらぬ　今の内無条件降伏した方がよい

○**アメリカの政治は日本の政治よりも軟かいから戦争に負けた方が今より楽になる**

戦局に対する不安焦燥感より知人より聞知せる事項に自己の臆測を加え自宅及付近道路上に於て村民数名に流布す

警察事件送致

※戦争中も大統領選挙を行えるアメリカの政治体制は、確かに日本より軟らかいと言えるだろう。日本においては翌月、大政翼賛会が解散している。

（昭和二十年）五月中ニ於ケル造言飛語　別紙　○戦局ニ関スル造言

五・二　**北海道斜里郡上斜里村　農業　田中国衛（48）**

前東條首相は「スパイ」だ　東京都民は東條を恨んで居る、東條は住宅を建築したそうだが兵隊に殺された　**東條は利敵行為をした為家族や妾に至る迄殺された**

自己の臆測を加え三月二十二日同部落民数名に洩す

警察事件送致

（昭和二十年）五月中ニ於ケル造言飛語　別紙　○軍官ノ責任追及造言

※田中邦衛ではない。家族・妾などの発言内容は完全にデマであろう。

五・二五　**千葉県長生郡五郷村早野　土木請負業　白原義勝**

東條大将は財閥と結託して莫大な金を儲けて立派な別荘暮しをして居るから毎日の様に別荘に石を投げ込まれて居るそうだ

東京方面より来たる半島人より聞知せるを近隣に流布せしもの

警察厳諭

（昭和二十年）五月中ニ於ケル造言飛語　別紙　○軍官ノ責任追及造言

昭五・四　石川県小松市土居原町　旅館傭人　佐野清太郎

東條や其他の重臣が「フィリッピン」や南方を我物にしようと思い戦争を始め沢山の人を殺したのだ

自己の臆測を市内医院待合中患者に洩す

警察側に検挙事件送致

※太平洋戦争の開戦原因について語っている発言である。しかし、実際には日中戦争の時点で日本は「戦争を始め」ているともいえる。当時の人々の認識が伺える発言の一つである。

（昭和二十年）五月中ニ於ケル造言飛語　別紙　○軍官ノ責任追及造言

最後の不敬罪　プラカード事件

１９４５年（昭和20年）８月15日、日本は敗戦した。９月２日には正式な降伏文書調印が行われ、連合国軍による進駐も開始された。

不敬プラカード

裏切られた人々

しかし、それは日本の体制が即座に生まれ変わることを意味しなかった。まず、特高警察と治安維持法は10月４日まで堂々と存在しており、政治犯達も刑務所などに未だ収容されていた。９月26日には３月に治安維持法違反で逮捕されていた著名な哲学者・三木清が獄死するなど、日本が降伏しながらも新しい世界を見られなかった人々がいたのである。10月４日にＧＨＱにより特高警察と治安維持法の廃止が命ぜられたが、東久邇宮政権は「体制を維持できなくなる」としてこれを拒否し総辞職し、後継の幣原内閣によりようやく廃止された。しかし特高警察の人脈や治安維持法の精神は後々まで受け継がれ、現在に至っている。

それでも、建前でも一応は廃止された治安維持法の他に、その後に残っている異様な法律がまだあった。刑法第73条～76条の「皇族ニ対スル罪」、所謂「不敬罪」である。最後の不敬罪適用がどのようなものであったか見てみよう。

食糧事情の悪化と政治意識の高揚

戦前・戦時中の日本においては植民地から食料を根こそぎ輸入しても食糧は不足していたが、敗戦により植民地を失い、さらに台風の襲来による被害もあったことにより、１９４６年（昭和21年）の食糧不足は深刻なものになっていた。多くの戦災被災者が集まっていた東京・上野では餓死者が続出していた。

　また、1945年10月に政治犯が解放され、共産党員などが再び活動を開始しており、日本各地で社会主義運動の復興が始まっていた。1946年（昭和21年）4月10日には第22回衆議院議員総選挙が行われ、鳩山一郎率いる保守派の自由党が第一党となった。5月1日には戦後初、11年ぶりにメーデーが開催され、多くの市民が集結して労働者の日を久しぶりに祝い、民主的な政府の創設や食糧事情の改善が訴えられた。しかし、東京での配給の頻度が落ちるなど、政府は食糧事情に対し何の手立てもなかった。

　5月12日には共産党の野坂参三をリーダーとして世田谷区において「米よこせ区民大会」が開催された。デモ隊の一部は赤旗を掲げながら坂下門を越えて宮内庁に迫り、天皇との面会を求めて役人との小競り合いが起きた。それでも天皇に会えない為、「天皇の台所を見たい」と要求した末、天皇の台所たる大膳寮ではなく宮内庁の食堂に通された。しかし宮内庁の食堂にも多くの食料があったため市民は食料の一部を持ち帰り、姿を見せない天皇に返事するよう求めてから解散した。

食料メーデーと「不敬」プラカード

　5月19日、宮城前広場に25万人と称される市民が集結し「飯米獲得人民大会」（食料メーデー）を開催した。第一次読売争議（読売新聞社長の正力松太郎が戦争協力者であるとして追放を求めた運動）を行った記者の鈴木東民や、子どもをおんぶしたまま参加した主婦の永野アヤメらが挨拶し、食糧事情の劣悪さについて抗議を行った。その後、デモ隊は行進を開始した。

　この時、デモ隊の中に、共産党員で田中精機工業の労働組合委員長でもあった松島松太郎がいた。1934年（昭和9年）に大倉商業高校（現・東京経済大学）で左翼グループを結成したとして検挙されたり、肺結核で長期の療養を余儀なくされるなど公私共に苦難の人生を送ってきた人物である。松島はデモ隊の中で目立つプラカードを掲げた。付近そのプラカードにはこう書いてあった。

(表面)「ヒロヒト詔書　曰ク　国体はゴジされたぞ　朕はタラフク食ってるぞ　ナンジ人民飢えて死ね　ギヨメイギヨジ」
(裏面)「働いても　働いても　何故私達は飢えねばならぬか　天皇ヒロヒト答えて呉れ　日本共産党田中精機細胞」

松島は後にこのプラカードの意義について「プラカードに示される私の思いは、太平洋戦争であれ、現下の飢餓・欠乏であれ、全ての元凶が天皇制にあるのだということを国民に端的に訴えたかった」(大原社会問題研究所雑誌537号　2003年8月号　証言：日本の社会運動　松島松太郎に聞く・3)と語っている。

このプラカードが目に付いた警察は松島をマークし、松島は三日後に任意出頭を求められた。しかし松島は従わず、後に6月14日に逮捕された。

なお、デモ自体は、ある一団は宮内省と迫り面会を要求した後、姿を見せない天皇に代り宮内省の役人に食糧事情の改善を訴える上奏文を渡して撤収し、別の一団は総理大臣官邸に迫り吉田茂総理との面会を要求し、叶わず撤収した。しかし翌日、デモの効力を恐れたGHQは示威行動を牽制する声明を出し、デモは萎縮して解散してしまった。

その後、天皇が国民に相互扶助と忍耐を求める「おことば」を出したことや、アメリカからの食料援助が行われたこと、1946年度は豊作だったことにより、当面の深刻な食糧危機は回避された。

最後の「不敬罪」裁判

6月14日、松島は山手線の車内で逮捕された。その後、警視庁から小菅刑務所に移される予定だったが、警視庁では車の手配がつかず、松島は自分の勤めていた会社の社長に連絡をとり、刑事とともに会社の車で移送されるという珍事も起きた。

6月22日に松島は不敬罪により起訴され、8月2日に第一回公判が行われた。公判中に結成された弁護団の団長は朴烈事件をはじめ戦前の様々な反権力事件の弁護を担当した布施辰治、ほぼ選任的に弁護したものとして正木ひろし、青柳盛雄の二人がいた。特に正木はチャタレイ事件裁判、三鷹事件裁判なども担当しており、反骨・反権力の弁護士として極めて鋭く権力の論理を突き崩し、不敬罪の違法性だけでなく天皇制の廃止そのものも唱えていた。対する検事は、戦前ゾルゲ事件などを担当した吉河光貞検事であり、彼は皮肉にも転向した元左翼であった。

弁護団は、ポツダム宣言を受け入れた以上、天皇は主権者ではなくなり、不敬罪の存在自体も存在しないという論陣を張った。また、GHQが1945年10月4日に出した政治的自由に関する命令も後押しとなった。対して検事は「神」としての天皇と「元首」としての天皇という二つの存在があり、前者は「人間宣言」などにより消滅したものの後者は未だ存在しているため不敬罪は有効であると訴えた。戦後において不敬罪が存在するか否かが争点となったのである。正木弁護士は天皇を証人として喚問するよう要求したが受け入れられなかった。

名誉毀損罪で懲役判決

11月2日、裁判所は不敬罪ではなく、名誉毀損罪により松島松太郎に懲役8ヶ月の判決を下した。判決では、「……天皇に新しく個人性が生じた以上、天皇に対する侮辱などは不敬罪でなく、個人に対する名誉毀損罪をもって裁くのが妥当である」とした。不敬罪で訴追しておきながら別の法律（親告罪であるはずの名誉毀損罪）で裁いたこと、プラカードの文言を政治的批判ではなく名誉毀損的なものとして扱ったこと、天皇の存在を棚上げしたことなど、松島にとって不服な判決であった。そして松島側は完全な無罪を求めて、検事側はあくまで不敬罪で裁くことを求めて互いに控訴した。判決の翌日、新憲法の成立を祝う大赦が行われ、松島も免訴となり罪に問われなくなったが、それでも彼が求めたのは無罪だった。なお、ＧＨＱは天皇に対しても特別な法の適用を認めるべきではないとして、不敬罪を認めない見方を示していた。

控訴審においても第一審と同じ問題が取りざたされたが、判決は無罪でも有罪でもなくあくまで「免訴」であった。ただし、「不敬罪は存続しているが大赦があった以上免訴にしか出来ない」と言う検事側に有利な判決であり、名誉毀損として裁いた第一審よりむしろ後退したものであった。松島側はこれは新憲法下で憲法違反の判決であるとして最高裁に上告したが、庄野理一裁判官による無罪意見もあったものの、１９４８年（昭和23年）５月26日に上告は棄却され、判決は確定した。

その後の松野と「天皇」

松島は以後、神奈川県へ引越し、１９５０年代以降神奈川県における共産党の活動に従事した。１９８９年（平成元年）には自身の経験を吉田健二（大原社会問題研究所）の取材に対して語っている。２００１年（平成13年）に死去した。

新憲法下において一連の「皇室ニ対スル罪」、不敬罪は消滅し、現代においてそのような罪名に問われることはなくなったが、法律上の天皇の立場が半ば棚上げされたこともあり、戦後も度々皇族が関る（関らせられる）裁判において議論や混乱が引き起こされた。１９６９年（昭和44年）１月２日に発生した奥崎謙三による天皇パチンコ射撃事件、１９７６年（昭和51）に同じく奥崎謙三が起した皇室ポルノビラ事件などはその最たるものであった。

あの発言あのお金

こうして多くの事件を見ていると、その中で度々当時の物価・単位に関連する言動を見ることが出来る。現代の我々にとって一円は「たったの」一円だが、戦前においては当然全く価値が違うものであった。物価の変動は激しく、正確な比較は中々難しい上、物・サービスの価値概念が現代と大きく違うことをまず念頭に入れなければならない。また、本書で主に扱う１９３７（昭和12年）～１９４５年（昭和20年）の間の変動も大きい。

ここでは初任給、生活必需品、嗜好品などの価格の比較を元に、「昭和初期の1円」＝「現代の３０００円」とした。いくつかの発言を選び、それがどれほどの「価値」なのかを見ていこう。

基本として、１００銭で1円となる。給与のいくつかの例として、１９３５年（昭和10年）頃の大卒初任給は70円前後、女性事務職は30円前後、大工の日払い手間賃は2円から2円半。

太平洋戦争中の陸軍二等兵の月給は約６円（食事等は軍負担）、少尉は70円、少佐は２２０円、大将は５５０円だとされる。

戦争予算

１９３７年（昭和12年）岡山県　反戦的造言

「……（ハ）大蔵大臣は開戦に反対したが、陸軍大臣が十円の税金が二十円になっても搾り取って戦争すると言って遂に開戦となってしまった」

３万円の税金が倍となる恐怖。

１９３７年　高知県　反戦的言動

「……今仮に二十億の予算を取るとするも戦争の費用は一ヶ月五億円を要するが故に二十億は四ヶ月で費消するを以てその時期に至れば我国は財政的に行詰る」

5億円は1兆５０００億円となる。彼の予想に従った場合、６兆円が四ヶ月で消える計算となる。

一時金

１９３７年　熊本県　反戦言動

「……兵士が戦死すれば一千二百円貰えるが女郎よりも安価なり」

現代なら３６０万円ほど。

１９４０年　福岡県　種別無し

「三、此の不公平　◯将校は戦時は増俸あり負傷死亡したら莫大なる恩典あり　◯兵卒家族は生活に困る家が幾らあると思ふか、気の毒な家が大部分である戦死したら供物料とか下賜金とかの美名で百数十円あるのみ」

１５０円としても45万円ほど。戦死した際の一時賜金には階級により差異があった。

１９４２年　愛知県　不敬不穏言辞

「(三) 戦死シタ人モ気ノ毒ダ遺族ニ対シテ千円ヤ千五百円バカリヤッタトテ何ニナルカ戦死シタラ五千円位ノ値打ガアルゾ」

５千円は現在の１５００万円ほど。

不正と浪費

１９３７年　警視庁　反戦策動

「岩崎と言ふ富豪の主人が招集されたが二、三日して帰って来た其の帰って来た理由は体格肥満と言ふことに成って居るが実際は十万円を寄付するから勘弁して呉れと言って帰って来たらしい一万とか二万とかは駄目だらうが十万と纏まれば軍部も勘弁するだらうからこいつは真実らしい」

三億円の賄賂を積むと徴兵を逃れられるらしい。実際、明治時代には代人料で兵役を免除できる制度があった。

１９３９年　神奈川県　不敬落書

「本月十七日横浜市三菱重工業横浜船業工場便所に「伏見宮一人来るのに御祭りさはぎは何事だ便所の設備に八百円もかけたと言ふこれでも非常時と言ふのか」と落書しありたり。」

２４０万円程のトイレ設備が作られたことに

なる。

1940年　青森県　反軍言動

「(三)先般広東で革靴を二円五十銭で買って来た。当時市価等は日本人には認められてゐない。支那人が十五円より安く出来ぬと言っても二円五十銭やって強奪同様にして物品を持って来るといふ調子だ。かかる状態だから広東付近の支那民衆は可哀想だ、云々。」

4万5千円の靴を7500円で買ったことになる。ただし、占領地においては日本軍により軍用手票（通称・軍票）が大量発行されており、占領地各地でインフレ他経済的混乱を招いていた。軍票で取引していたとすると、さらに価値は下がることになる。

1940年　千葉県　不敬言動

「日本の天皇等と言って居るが彼は年に三百万円の報酬があるからやって居るのだ、やっこさん国で一銭も出さなければ誰もやり手はないんだ云々」

1943年　鹿児島県　不敬言辞並行為

「皇室の経費も我々国民から出す税金から四百万円も費って居る、皇族は我々が養って居る様なものだ。」

前者の考えでは天皇の給与は90億円、後者では120億円ということになる。これは恐らく国から支給される皇室費のことを指していると思われるが、これとは別に戦前の天皇家は土地・株により膨大な利益を得ていたとされる。戦後、GHQにより明かされた皇室財産は当時の価値で約15億円以上、現代に直すと約4兆5000億円となった。

労働、奉仕への不満

1939年　長崎県　不穏落書

「本月二十日長崎製鋼所便所に「申ス懸賞ノ少

ナイ者ハ皆ヤメルト申シテ居ル。注意セヨ。懸賞ノ少ナイ者ハヤメル」及び「日給三円位横浜工場ガ募集シテ居ル。皆行ケ。三菱ハ駄目ダ。懸賞二十円位ナンダ。皆ヤメロ」と落書しありたり。」

日給9千円の給与は当時としては良かったのだろう。

1941年　宮城県　不穏落書

「全町民に告ぐ今度の稲刈手間賃の件につき一寸知らす何故にどこを取っての事か物価の高い此節に女一円男一円五十銭と定めたか人をつかふ金持共の仕事にきまってゐる、我等の様な者はどうならうともかまはぬつもりか……」

女性は3000円、男性は4500円である。

1942年　山形県　不敬言辞

「土蔵の金格子を取外し修理するには二、三百円はかかる、宮城の二重橋も其の儘になって居る、皇族の野朗ベラもサッパリ鉄を出して居ない……」

60万から90万円ほどの費用が出ると見積もっている。

物価

1943年　警視庁　不穏投書

「大臣の嬶は食物が宜いからよく肥へて居るなー、国民の大多数は食料不足で顔面菜色を呈す、砂糖一貫匁十五円、醤油一樽十五円、米一俵六十円他は知るべし……」

当時の食糧難の様子が浮かんでくる。配給だけでは並の食事の維持は出来なかったようだ。

皇族の身分

1943年　愛媛県　不敬落書

六月五日西条市国鉄西条駅構内便所内壁板に、「天皇ノ頭切った者二千円　皇后――――――者二千円アゲル」と不敬落書あるを発見す。

600万円ほどである。割に合うかどうかは分らない。

1944年　栃木県　不敬言辞

……偶々皇太子殿下行啓に関し雑談中畏多くも

「あんな小僧ッ子は三万円の金はあるまい、俺は之から病院に行くから其処で皇太子殿下を掻払ひ連れて来て其処の戸棚へぶっこんで置いたら皇太子殿下が居なくなったと言って大騒ぎをすんべな其時拾って来たんだと言って届けてやったら面白かんべ」

誘拐した後、自分で皇太子解放を装って褒賞を得ようとしているが、ここでは皇太子は9億円以下の価値を見積もられている。天皇皇后の頭とは偉い差である。

陸海軍軍人給与　昭和18年

陸軍	月額	年額	海軍	月額	年額	特務士官	
大将	550	6600	大将	550	6600	月額	年額
中将	483	5800	中将	483	5800		
少将	416	5000	少将	416	5000		
大佐	370	4440	大佐	345	4150		
中佐	310	3720	中佐	268	3220		
少佐	220	2640	少佐	194	2330	172	2070
大尉	155	1860	大尉	158	1900	145	1740
中尉	94	1130	中尉	94	1130	122	1470
少尉	70	850	少尉	70	850		
准尉	110	1320	兵曹長	101	1220		
曹長	75	900	上等兵曹	55	660		
軍曹	30	360	一等兵曹	28	346		
伍長	20	240	二等兵曹	23	278		
兵長	13	156	兵長	16	192		
上等兵	10	120	上等兵	13	156		
一等兵	9	108	一等兵	11	139		
二等兵	6	72	二等兵	6	72		

当時の物価　単位：円　等級：一等級　端数：切捨

はがき　2銭　銭湯　8銭　米10kg　3円36銭　巡査初任給　45円

コラム

皇族たちの背像

一言に天皇・皇族、あるいは天皇制と言っても、様々な側面と語り口がある。その制度や思想、また約1400年（あるいは約2600年）の天皇家の歴史全てを網羅してここで触れることは出来ない。ここではあくまで、明治維新以来、近代国家として歩みを始めた日本の「皇族」という物の大要をお伝えしたい。

宮家とは

天皇家（に限らず世界の王皇族もそうであろうが）において、恐らく増え続ける天皇の子孫（男は親王、女は内親王）をどう処遇するか、また皇族の範囲をどう定めるかについては非常に初期からの問題であっただろう。明治以前の慣習ではどのように定められていたのか？

701年に制定された大宝律令においては、親王家の二世から四世までは王として処遇し、五世目以降は皇族ではないとした。また、天皇の子女であっても、天皇より「親王宣下」と呼ばれる認定を受けなければ、親王・内親王を名乗ることは出来なかったのである。967年の延喜式式部省条では賜姓降下（姓を与えて臣籍降下させること）も定められている。しかし必ずしもこの通り行われていた訳ではない。また、室町時代以降には入寺得度（出家）し、宮門跡となる親王も増えた。これは仏教界との関係を良好に保つ上でも有効であった。だが、幕末には出家が禁じられ、明治維新の後にはこうした宮門跡も多くが還俗して政治の世界に戻っている。

鎌倉時代以降、天皇から宮号を許され、代々世襲する「世襲親王家」の概念が生まれた。これは、上記の規範とは別に、天皇がある一族に代々親王宣下を行い、皇族と認め続けることである。これは皇統断絶の可能性を減らし、天皇家の勢力を保つ上で有力な策であった。紆余曲折を経て、江戸時代初期に伏見宮、桂宮、有栖川宮の三家が世襲親王家として固定された。1654年の後光明天皇死去の後、皇族男子がほとんど出家していたため後継者問題が勃発すると、後水尾法皇の意向により生後間もない第19皇子である高貴宮（後の霊元天皇）が成長するまでの中継ぎとして、有栖川宮良仁親王が後西天皇として即位している。なお、この騒動で皇統断絶の可能性が現実味を帯びていたことから、新井白石ら幕府の協力もあり、1709年に閑院宮が新しく誕生し、以後四親王家が藩屏として天皇の周りを固めた。そして、1779年に後桃園天皇が死去した際に皇子がなく、世襲親王家から次代を迎える際にはこの閑院宮家兼仁親王が光格天皇として即位し、以後現在に至るまで天皇の血筋は閑院宮系となっている。

明治維新の時点で、天皇の周囲を固める世襲親王家は以上閑院宮家、伏見宮、有栖川宮、桂宮の四家であった。ただしその内、桂宮は淑子内親王のみであり1881年（明治14年）に断絶しており、有栖川宮も大正期に断絶した。

1867年12月（太陽暦1868年1月）の『王政復古の大号令』、そしてそれに続き旧幕府側との戊辰戦争での勝利により、明治天皇を頂点とする新政府は一応の日本統一を成し遂げた。皇族も当然深くこの動乱に関わっており、旧幕府を攻略するための総司令である東征大総督職となった有栖川宮熾仁親王の様に要職に就いた者や、伏見宮家出身で上野の輪王寺に入寺得度し、そのまま旧幕府側に担がれ、奥羽越列藩同盟の名目上の盟主となった輪王寺宮公現（後の北白川宮能久親王）など周囲に翻弄された者もいる。先代の孝明天皇の急死により1867年（慶応3年）2月に皇位に就いた睦仁（明治天皇）は、薩摩・長州・土佐などを中心とする倒幕側の旧雄藩諸兵に守られつつ、江戸に行幸し東京と名付け、そのまま京都から東京に遷都した。

この時点では未だ諸藩や公家と言った旧体制は維持されており、諸外国の圧力もあり、体制にとっての不安要素も多く満ちていた。新政府はその施政方針である『五箇条の御誓文』を全国に広く発表したが、これも当初は明治天皇と雄藩が対等に誓い合う形式を取る案が有力であり、後にこれは王政復古の精神に反するとして「神に誓う」形式、つまり御誓文となった経緯がある。新政府は廃藩置県（旧来の藩＝士族による統治から、中央から派遣された官員による統治へ）など中央集権的な政策を行い、当時の西洋諸国を範とした近代国家としての形を整えていった。しかしその後も、維新に参加した旧士族有力者達の間でも対立は相次ぎ、征韓論論争による西郷隆盛らの離反、その後の数多くの士族反乱や、旧土佐藩の人士を中心とした自由民権運動の興隆など、明治政府は多くの難題に向き合うこととなる。明治維新まで長らく京都に籠っていた天皇は六大巡幸と呼ばれる日本各地への行幸を行い、その姿と地位を国民に示した。

明治維新は皇室にも新しい形をもたらすことになる。それまでの律令や慣習法、地域によって異なる藩法に代わり、憲法を始め西洋諸国に倣った近代法が定められていく中で、皇室も指導者として活躍し、また近代法に沿う形で規定される必要が出てきた。まず、旧来は出家などで管理されていた皇族も還俗し、政務や軍務に携わることになった。1873年（明治6年）1月に徴兵令が施行されたのに呼応するように、12月には太政官達により皇族の男子も軍人となるように定められた。以後、多くの皇族軍人が西南戦争を皮切りに日清・日露、日中、太平洋戦争と戦争に参加していくこととなる。

また、維新の後には伏見宮邦家親王の男子が次々と宮家を設立しており、皇族の範囲は一気に広まった。後の皇籍離脱時に離脱した11宮家は全て伏見宮邦家親王が源流である。

旧皇室典範

1889年（明治22年）、大日本帝国憲法が発布されると同時に(旧)『皇室典範』も公布された。これにより、皇位継承や皇族の範囲、その呼称、経費など皇室に関する様々な事柄が明記されることとなり、皇族も実質的に近代法で規定される存在となった。皇室典範は大日本帝国憲法の支配下ではなく、同格の法であるとされる特別な法であった。ここにおいて注目に値するのは、永世皇族制が定められたことである。永世皇族制では天皇の嫡男系嫡出子孫はその世代に関わらず皇族とされ、天皇から二世までは親王・内親王、三世以降は王・女王として扱われた。ただし、この制度では皇族と認められる者が増えやすく、経済的にも圧迫となるため、1899年（明治32年）には臣籍降下（自発的に皇族の位を離れ、華族となること）の規定が増補され、実際に多くの皇族が後に臣籍降下した（朝霞宮から臣籍降下した音羽侯爵家など）。永世皇族制の考えは1947（昭和22年）年の皇室典範でも受け継がれている。

また、議会が開催されるにあたり、男子皇族は自動的に貴族院議員となったが、貴族院において政争に巻き込まれるのを避けるため、また既に男子のほとんどが軍人であり政治に関与するのはふさわしくないとされたため、最初期を除いて皇族が貴族院に登院することはほとんどなかった。

皇族の子も大変

家系図を見ると分かるが、明治天皇の子は柳原愛子との間でただ一子（後に大正天皇となる嘉仁）が病弱ながらも一応成長した他は、園祥子との間に四女があった。彼女らは皆、宮家へ嫁いでいる。その他の10人は夭折者である。これは当時の衛生状況の悪さもあるが、当時宮中の女官たちが化粧の白粉などに使用していた鉛・水銀の中毒が死亡率の高さの原因ではないかとする説もある。

また、明治天皇の時代までは、皇族・公家には、子供を乳幼児の時点から農村や臣下へ里子に出す習慣があった。これは側室制度の下で多くの子が生まれやすいため、乳やしつけなど養育の手間を省く必要があること、体力を付けさせることなどの理由が挙げられる。明治天皇と大正天皇は中山忠能の家で育てられている。また大正天皇の后である、九条侯爵家の九条貞子は高円寺村の豪農・大河原金蔵へ里子に出され、自然の中で日焼けして「九条の黒姫様」と呼ばれるほどだった。ただし、宮内省侍医を務めていたエルヴィン・フォン・ベルツは、後述の裕仁が里子に出される際に貞明皇后が悲しむ様子を見て、この風習を奇妙であると非難している。

大正天皇の時代からは、一夫一妻制が確立され、子供も身辺で育てるようになった。後に昭和天皇となる裕仁ら大正天皇の子供たちも、幼少期は海軍軍人川村純義の家で育てられたが、川村の死後は新築された皇孫御殿において育てられた。しかしこれも完全に家族的な環境という訳ではなかった。後の裕仁の時代に至り、1925年に出生した照宮成子は幼少期から昭和天皇と皇后の元で育てられたが、養育係が天皇皇后の傍では仕えにくいことや、このままではわがままに育つという周囲の批判もあり、1931年からは旧本丸内の呉竹寮に移り、女子学習院入学へ向けた別離生活に入った。

また、世継ぎであり将来天皇にして大元帥となる皇太子は特別な扱いを受けており、裕仁は1912年（明治45・大正元年）に祖父の明治天皇が死去し、父が天皇となった際に兄弟と別れて東宮御所へ移り、専門教育を受けた。後に明仁上皇となる明仁も3歳で東宮御所へ移った。所謂「家庭的」な皇族の育児像は、戦後を待つこととなる。

朝鮮の王公族

日清・日露戦争を通じて朝鮮半島（李氏朝鮮・大韓帝国）への圧力と支配を強めていった日本は、1910年（明治43年）に朝鮮を「併合」し、植民地支配下に置いた。この際、朝鮮の王族も日本の皇族制度に準じる形で、「王公族」として組み込まれることとなった。最後の大韓帝国皇帝純宗を始めとする李王家は、朝鮮総督府と関係する李王職の監督の元、皇族としての礼や呼称を用いられる特権を得て京城（ソウル）の昌徳宮に在住している。当初はその地位について法的に定められていなかったが、1916年（大正5年）に大韓帝国最後の皇太子である李垠と梨本宮方子女王が「内鮮一体」を示すために政略結婚することとなり地位を定める必要が出てきたため、1918年（大正7年）に皇室典範に王公族関連の記述が増補された。加えて1925年（大正14年）に皇室令による『王公家軌範』が制定されている。王公族は、貴族院議員や枢密院会議への参加権はなかったが、それ以外はほとんど皇族に準じた扱いを受けており、日本軍人にもなっている。また、前述の李垠と李方子を始めとして、皇室と王公族の間で結婚することもあった。朝鮮が日本に支配されるにあたり、旧大韓帝国において親日的な立場にあった貴族たちも、日本の華族に準ずる形で朝鮮貴族として爵位を与えられている。

李垠と方子

1945年（昭和20年）8月6日の広島への原爆投下の際には、純宗の甥にあたり公族だった李鍝中佐は広島の第二総軍司令部に向かう最中に、爆心地から710メートル地点で被爆した後に本川橋付近で発見され、翌日死亡している。1970年（昭和45年）に設立された韓国人原爆犠牲者慰霊碑は当初、李鍝の発見現場付近に建てられていた（1999年（平成11年）に平和公園内に移設）。

王公族は1947年（昭和22年）5月の日本国憲法施行によってその身分を失い、朝鮮半島に戻る者、日本に残る者と別れた。しかし日本に残った者も、日本国憲法制定直前に外国人登録令（最後の勅令）により日本国籍を失っており、朝鮮籍として生きることとなった。李垠と李方子夫妻は帰国を望んだものの、大韓民国の李承晩政権に妨害された。夫妻は1957年（昭和32年）に日本国籍を取得し、息子の李玖が留学しているアメリカへ渡米した。その後、1962年（昭和37年）に朴正熙政権により帰国が認められ、翌年韓国への帰国を果たした。

皇族の戦災

太平洋戦争開戦後、戦況の悪化により、本土空襲の脅威が迫っていた。1942年（昭和17年）5月には米海軍の空母によるドーリットル空襲が行われ、東久邇宮は防衛総司令官としてこれに対処した。1944年（昭和19年）6月には中国から飛来した米軍の最新鋭爆撃機B29が北九州の八幡製鉄所を空爆し、本格的な本土空爆が開始された。そして7月にはマリアナ諸島のサイパン島が陥落し、B29の長大な航続距離の中に日本の大部分が収まり、空襲の脅威は非常に高まった。皇族たちも主に東京に居を構えている以上、空襲の中で戦災を被ることになる。すでに空襲の脅威を見越して、7月には皇太子継宮（平成

朝日新聞

東久邇宮內閣總辭職

マ元帥通牒に對處
適任の內閣を期待
きのふ 闕下に辭表を捧呈

終戰事務一段落

治安確保の問題と
皇室への自由討議
內閣總辭職の直接理由

參內遊ばされる首相宮

東久邇宮首相の辞職を伝える朝日新聞　一九四五年十月六日朝刊

天皇）が日光の田母沢御用邸に疎開しており、終戦まで疎開を続けた。

１９４５年に入り、東京の軍需地帯のみならず市街地も無差別爆撃方針による攻撃を受ける様になった。2月25日の空襲（ミーティングハウス1号作戦）では、東京都の区部へ爆撃が行われ、宮内庁や大宮御所が被爆した。有名な3月10日の東京大空襲では賀陽宮邸や宮内大臣邸が全焼している。その後も空襲は続き、5月24日から25日にかけての空襲では「山の手」と呼ばれる邸宅地帯が狙われ、秩父宮を始めとする多くの皇族の邸宅が全焼し、多大な資産が失われた。また、皇居にも大きな被害があり、明治宮殿が全焼したが、天皇は御文庫と呼ばれる堅牢な施設に避難しており、無事であった。7月20日にはパンプキン爆弾（原爆「ファットマン」と同じ形の通常爆弾）が、搭乗員の独断で皇居を狙い、投下されたが外れた。

また、予想されていた本土決戦に備え、長野県松代の山中に大本営と皇居の機能を移す「松代大本営」も計画された。朝鮮人労働者などを多く動員し、１９４４年11月に工事が開始され、敗戦時には施設の7割以上が出来上がっていたという。

皇族たちの敗戦、初の皇族首相

太平洋戦争末期、日本の戦局が悪化していくにつれ、１９４４年の東条内閣退陣などを始めとして、高松宮宣仁ら一部の皇族が終戦工作に携わることもあった。長崎に原爆が投下され、ソ連が対日参戦した１９４５年8月9日から10日の未明にかけて、天皇はポツダム宣言の受諾を決定する「聖断」を下した。12日には皇居内の御文庫附属庫に皇族軍人及び王公族13人が集まり、天皇と対面している。そして8月15日の敗戦に際し、天皇は玉音放送を通じて敗戦を伝え、皇族も政治の表舞台へ駆り出されることとなる。敗戦後から連合国軍到着までの間の混乱を避けるため、8月17日に東久邇宮稔彦王が皇族として初めて総理大臣に就任し、事態の収拾にあたった。東久邇宮は太平洋戦争開戦直前、第三次近衛内閣が総辞職した

1941年（昭和16年）10月にも難局収拾のために後継首相として名が挙がっていたが、皇族に責任を負わせることを恐れた木戸幸一内大臣らの反対もあり東久邇宮内閣構想は流れ、東条内閣が誕生していた。いわば、開戦と終戦を間近で見守る立場にあった皇族であった。

東久邇宮内閣は9月2日の降伏文書調印を始めとして占領下体制への移行を行った。またキリスト教平和主義者の賀川豊彦の進言もあり、軍官民を問わぬ国民全員の道義のすたれが戦争の原因であったとしてこれを反省・懺悔するという「一億総懺悔」の方針を打ち出しているが、これは戦争責任を曖昧にするものだという批判もあった。軍事的には、各地に展開している陸海軍に戦闘停止を徹底するため、竹田宮恒徳王が満州へ、朝霞宮鳩彦王が南京へ、閑院宮春仁王がサイゴンへ勅使として派遣され、その威光により戦闘の中止を厳命している。しかし東久邇宮内閣はあくまで旧来の形での国体護持を目指していた。天皇とマッカーサーが9月27日に会見し有名なツーショットが撮られた際には、写真の新聞への掲載を「不敬」であるとして阻止しようとしたが、GHQに取り消されて結局写真は掲載された。そして、未だ政治犯の収容や特高警察温存が続いていることに対してGHQから政治的自由の制限撤廃を求められると、これを実行不能として10月5日に総辞職した。

皇族戦犯の可能性

また、戦犯の認定が進む中で、天皇を始めとして皇族も戦犯に含まれる可能性があった。戦時中の時点ですでに連合国軍は戦後を見据えて日本の占領政策を討議しており、1945年6月には連合国戦争犯罪委員会極東小委員会が戦犯リストを作成し、7月26日のポツダム宣言では第10項にて捕虜虐待などの戦争犯罪人への処罰を明記していた。また、8月8日にはロンドン会議にて「平和に対する罪」が提唱され、侵略戦争を主導した政治家・有力者の戦争責任も問うこととなった。

男子皇族はほぼ全員が軍人となるため、直接的な戦争犯罪を問われる可能性のある皇族は多かった。朝霞宮鳩彦王は日中戦争時に上海派遣軍司令官として南京に進軍しており、南京虐殺事件の周辺に位置していた。また、東久邇宮稔彦王も開戦時から敗戦直前まで防衛総司令官職を務めており、ドーリットル空襲後の事例を始めとして米兵捕虜を処刑した責任を問われる可能性があった。国家神道などイデオロギー面で戦争を支えたとされる者も「平和に対する罪」にあたり戦犯となる可能性があった。アメリカをはじめとする連合国内の世論でも、天皇の処刑や終身刑を望む声は多かった。そして昭和天皇自身もマッカーサーに対し自身の戦争責任を認めていた。軍内部では、「皇統」が絶えることを防ぐため、敗戦後も一部の軍人が、皇統護持作戦として有事の際に一部の皇族を匿う計画も行っていた。

世論調査大手ギャラップの前身である米国世論協会（American Institute of Public Opinion）が1945年6月に行った昭和天皇の戦後処遇についての世論調査では、「処刑」33％、「裁判にかける」17％、「投獄」11％、「国外追放」9％となっており、計70％の回答者が天皇への厳格な罰を望んでいた。他方、（興味深いことに）3％の回答者は、天皇を傀儡化する選択肢を選んだ。オーストラリアでの1945年夏の世論調査では、「処刑」25％、「戦犯裁判」22％、「投獄」9％と、計56％の回答者が厳格な罰を望んでいる。(National Opinion Research Center: "Japan and the post-war world", p. 22, University Denver(1946))。

ポツダム宣言と極東国際軍事裁判所条例により、戦犯の種類は、A・平和に対する罪、B・戦争犯罪、C・人道に対する罪とされた。A級戦犯とは、つまり平和に対する罪を犯した戦犯ということである。1945年9月から順次、4次に渡って戦犯容疑者への逮捕令状が出された。東条英機を始めとする戦争指導者が逮捕されていったが、橋田邦彦や近衛文麿を始めとする一部の戦犯容疑者は自殺している。

12月に入り、第三次戦犯指名による逮捕命令が行われたが、その中には皇族として唯一、梨本宮

What do you think we should do with the Japanese Emperor after the war?
終戦後、天皇はどう処遇されるべきか？

内容	パーセント
Execute him（処刑する）	33
Try him and let the court decide his fate(裁判にかける)	17
Keep him in prison for the rest of his life（終身刑）	11
Exile him（国外追放）	9
Do nothing- he's only a figurehead for the war lords(何もしない)	4
Use him as a puppet ruler to run Japan for the Allies（連合国の傀儡君主にする）	3
Other answers or undecided（その他・分からない）	23
合計	100

（National Opinion Research Center: "Japan and the post-war world", p.22, University Denver(1946)）
http://www.norc.org/PDFs/publications/NORCRpt_32.pdf

守正王の名があった。梨本宮守正王は高齢であり日中戦争の時期にはすでに軍務を離れていたが、1943年に神宮祭主を務めており、国家神道を主導したとの嫌疑による。守正王は11日に天皇に拝謁した後、12日に出頭し、5か月間巣鴨プリズンに収容された末に4月13日に釈放されている。

その後、マッカーサーを始めとする占領軍首脳部が天皇を利用して日本を間接的に統治する方針を見出したことや、戦犯たちが天皇・皇族に類が及ばないように積極的に罪を被ったとされることなどから、前述の守正王が一時的に拘束された以外は、結局皇族たちは戦犯として裁かれることは無かった。ただし、軍人であった皇族の公職追放は行われている。

皇籍離脱

1946年（昭和21年）1月1日、昭和天皇は『新日本建設に関する詔書』、いわゆる有名な「人間宣言」を発し、自身の神格化を否定した。

1947年5月3日、日本国憲法が施行されると同時に、(新)『皇室典範』も施行された。この新しい皇室典範は旧典範と違い、日本国憲法の下にある典範であるため、改正も国会を通して行われる形となっている。一方、占領下でGHQによる皇室財産の調査が進み、調査の結果、皇族の皇室財産は総額約48、713、341円(その内、直宮家は8、241、480円)と算出された。1945年11月には皇室財産の凍結、1946年5月には経済的特権の剥奪がGHQから指令された。既に宮家への下賜金は止められており、旧来の形と規模で皇族制度を維持することは不可能となっていた。これにより、1946年7月には皇族会が開かれ、皇室の今後について議論が行われた。東久邇宮稔彦王や賀陽宮恒憲王の様に既に皇籍離脱の覚悟を決めていた者も、竹田宮恒徳王の様に皇族という地位で何か貢献ができるのではないかと反対する者もいたが、1946年11月にはほぼ離脱の方針が決まり、一時金を貰ったうえで離脱することとなった。

皇室典範の11条に従う形で、1947年10月14日、11宮家51人は皇籍を離脱した。つまり、大正天皇の男系子孫である昭和天皇・秩父宮・高松宮・三笠宮らの一族(直宮)を除く、前述の伏見宮邦家親王が源流となり、敗戦時に存在していた11宮家全員が一般人となったのである。各宮家は、それぞれ「宮」を外したものを名字として用い、新しい生活を始めたが、その前途は多難であった。まず、財産税が課されたため、多くの資産を有していた宮家にとって大きな負担となり、ほとんどの資産を手放すこととなった。その後は残った財産で商売を始める者や名誉職に就く者とと様々であるが、明治維新後の旧士族の様に「宮様商売」と冷たい目で見られたり、資産目当ての様々な事件に巻き込まれる者もいた。また、断絶した家もある。東久邇稔彦は1950年(昭和25年)に禅宗に影響を受けた新興宗教「ひがしくに教」を始めたが、宗教法人として認められることは無かった。しかし、元皇族という身分はやはり特別視されてもいる。西武グループのホテル事業である株式会社プリンスホテルの「プリンス」は、1948年（昭和23年）に旧朝香宮家沓掛別邸を購入・活用し、千ケ滝プリンスホテルとして再び皇室のために活用したことにちなんでいる。

皇籍離脱した元皇族は「菊栄親睦会」という親睦団体を結成しており、現在も慶事などがあると集まりが行われているという。平成年代における、男性皇族の減少による皇位継承問題に関しては、皇籍離脱した旧皇族から「皇籍復帰」者を出せば良いのではないかという主張もされており、議論を呼んでいる。この様に、現在でも元皇族は完全に天皇家との関わりが断たれているわけではなく、これからも注目を浴びやすい存在だと言えるだろう。

宮家	名前	離脱時の年齢	その後
朝香宮	鳩彦王	61	存続
	孚彦王	36	
	千賀子王妃	27	
	富久子女王	7	
	誠彦王	5	
	美仍子女王	3	
賀陽宮	恒憲王	48	存続
	敏子王妃	45	
	邦寿王	26	
	治憲王	22	
	章憲王	19	
	文憲王	17	
	宗憲王	16	
	健憲王	6	
閑院宮	春仁王	46	断絶（ただし現天皇家は閑院宮系）
	直子王妃	40	
北白川宮	道久王	11	断絶
	房子王妃	58	
	祥子王妃	32	
	肇子女王	9	
久邇宮	朝融王	47	存続
	俔子王妃	69	
	静子王妃	64	
	朝子女王	21	
	邦昭王	19	
	通子女王	15	
	英子女王	11	
	朝建王	8	
	典子女王	7	
	朝宏王	4	
竹田宮	恒徳王	39	存続
	光子王妃	33	
	恒正王	8	
	恒治王	4	
	素子女王	6	
	紀子女王	5	
梨本宮	守正王	74	断絶（実子系統）
	伊都子王妃	66	
東久邇宮	稔彦王	61	存続
	聡子王妃	52	
	盛厚王	32	
	成子王妃	23	
	信彦王	3	
	文子女王	2	
	俊彦王	19	
東伏見宮	周子王妃	72	断絶
伏見宮	博明王	16	存続
	朝子王妃	46	
	光子女王	19	
	彰子女王	14	
山階宮	武彦王	50	断絶（武彦は関東大震災で妻佐紀子を亡くした影響で長く精神を病んだ）
（人数）	51	（年齢は数え年）	

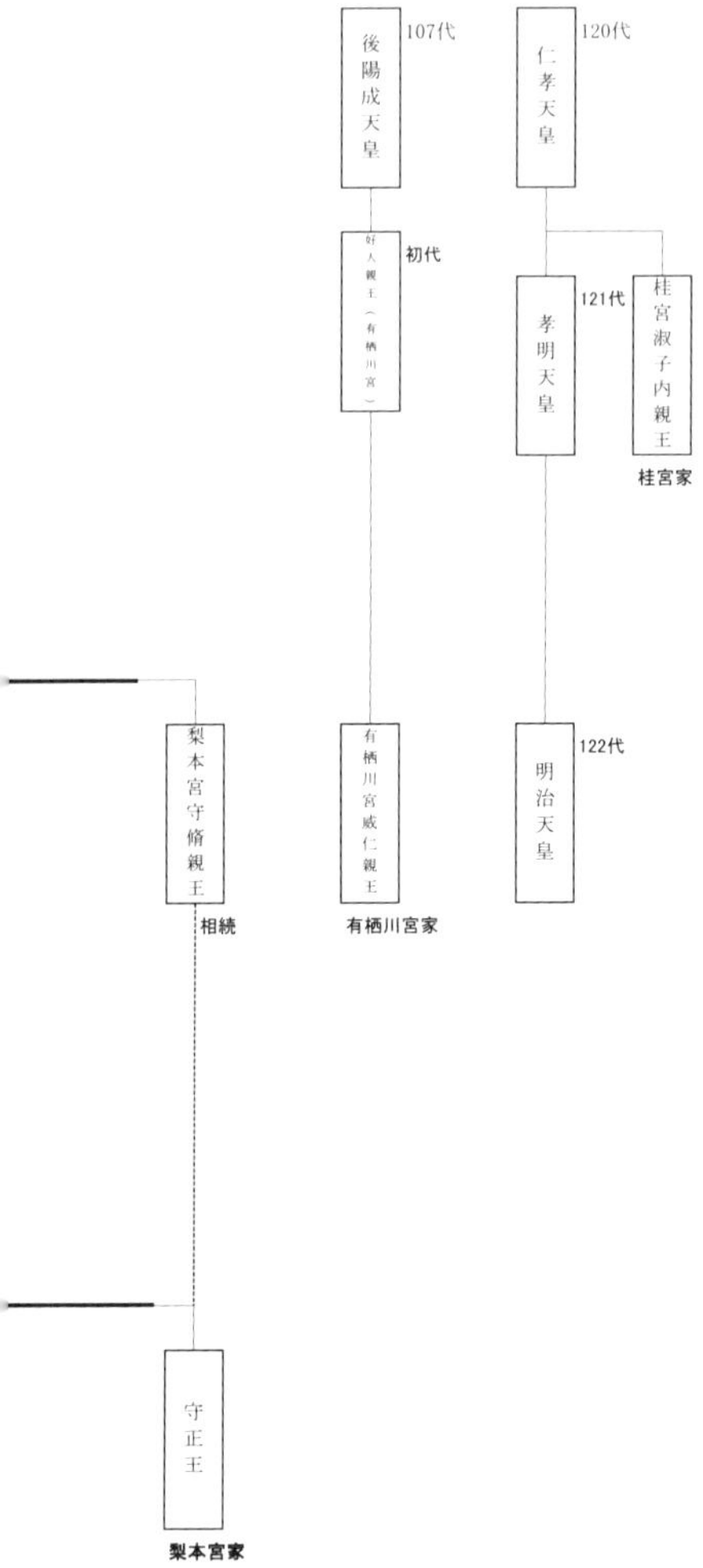
107代
後陽成天皇
初代
好人親王（有栖川宮）
有栖川宮威仁親王
有栖川宮家
120代
仁孝天皇
121代
孝明天皇
桂宮淑子内親王
桂宮家
122代
明治天皇
梨本宮守脩親王
相続
守正王
梨本宮家

皇族一覧

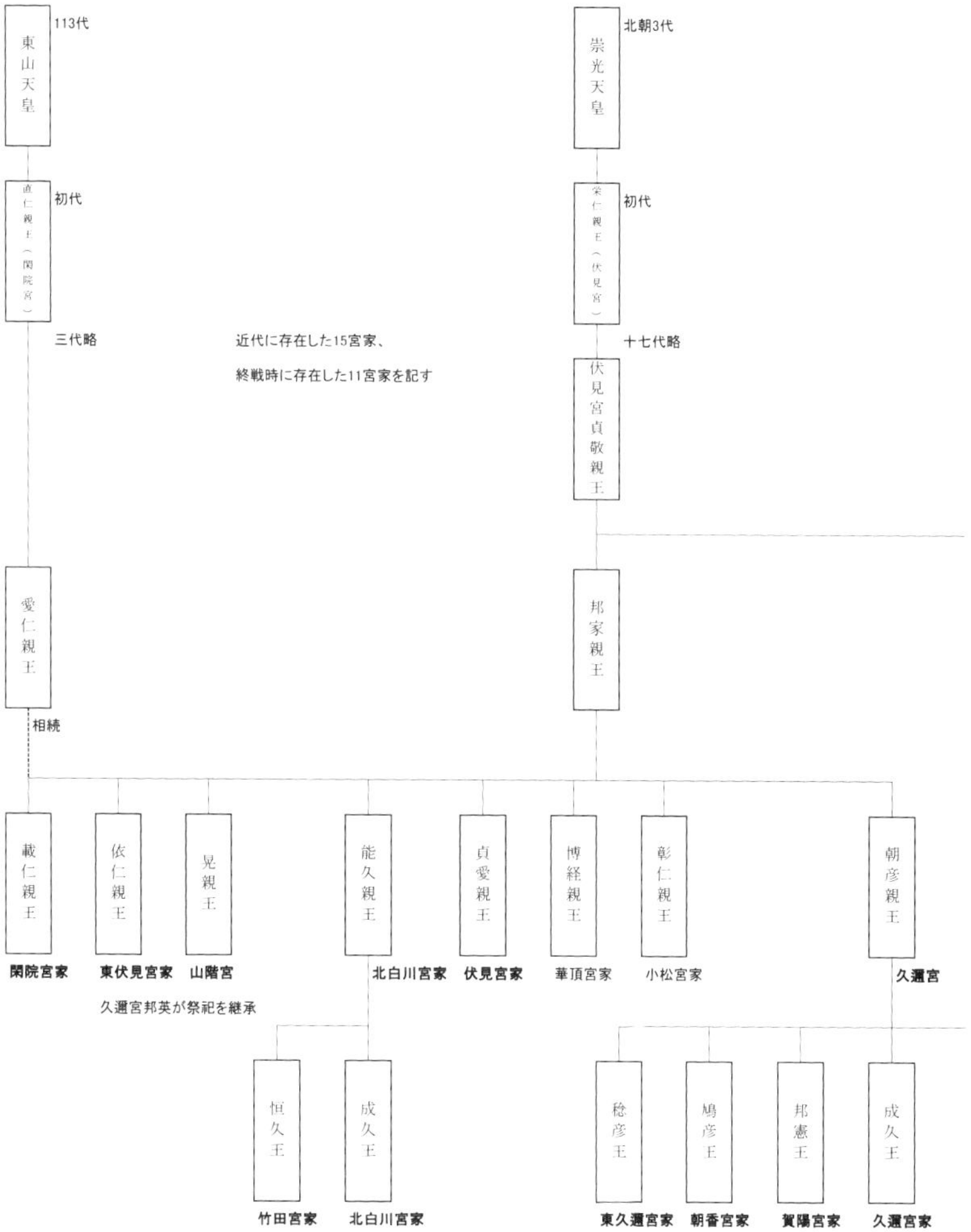
東山天皇
113代
直仁親王（閑院宮）
初代
三代略
愛仁親王
相続
近代に存在した15宮家、
終戦時に存在した11宮家を記す
崇光天皇
北朝3代
栄仁親王（伏見宮）
初代
十七代略
伏見宮貞敬親王
邦家親王
載仁親王
閑院宮家
依仁親王
東伏見宮家
久邇宮邦英が祭祀を継承
晃親王
山階宮
能久親王
北白川宮家
貞愛親王
伏見宮家
博経親王
華頂宮家
彰仁親王
小松宮家
朝彦親王
久邇宮
恒久王
竹田宮家
成久王
北白川宮家
稔彦王
東久邇宮家
鳩彦王
朝香宮家
邦憲王
賀陽宮家
成久王
久邇宮家

夭折者は略している

また、明治天皇の皇女系図も、皇籍離脱などの為三代目で略している

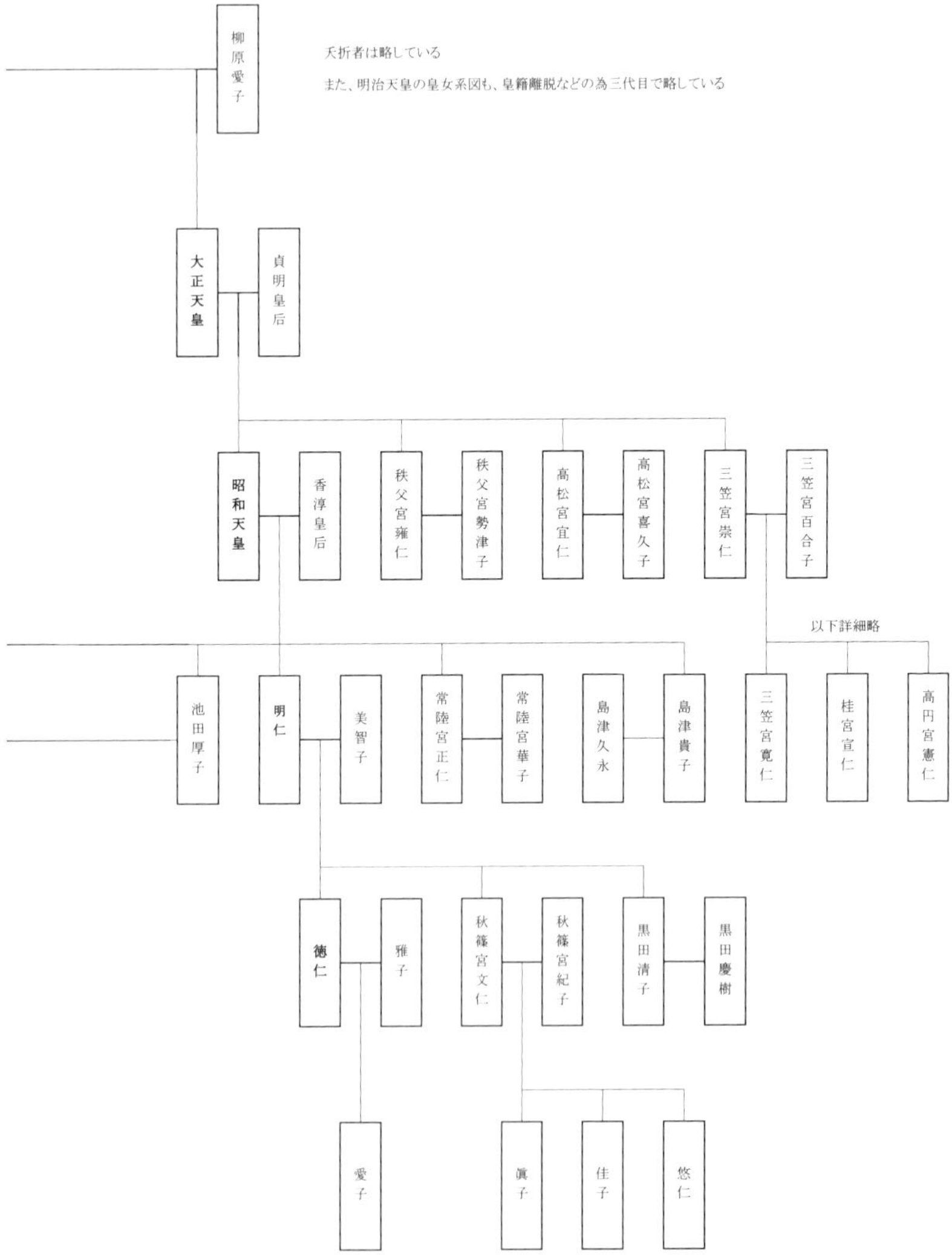

天皇家系図

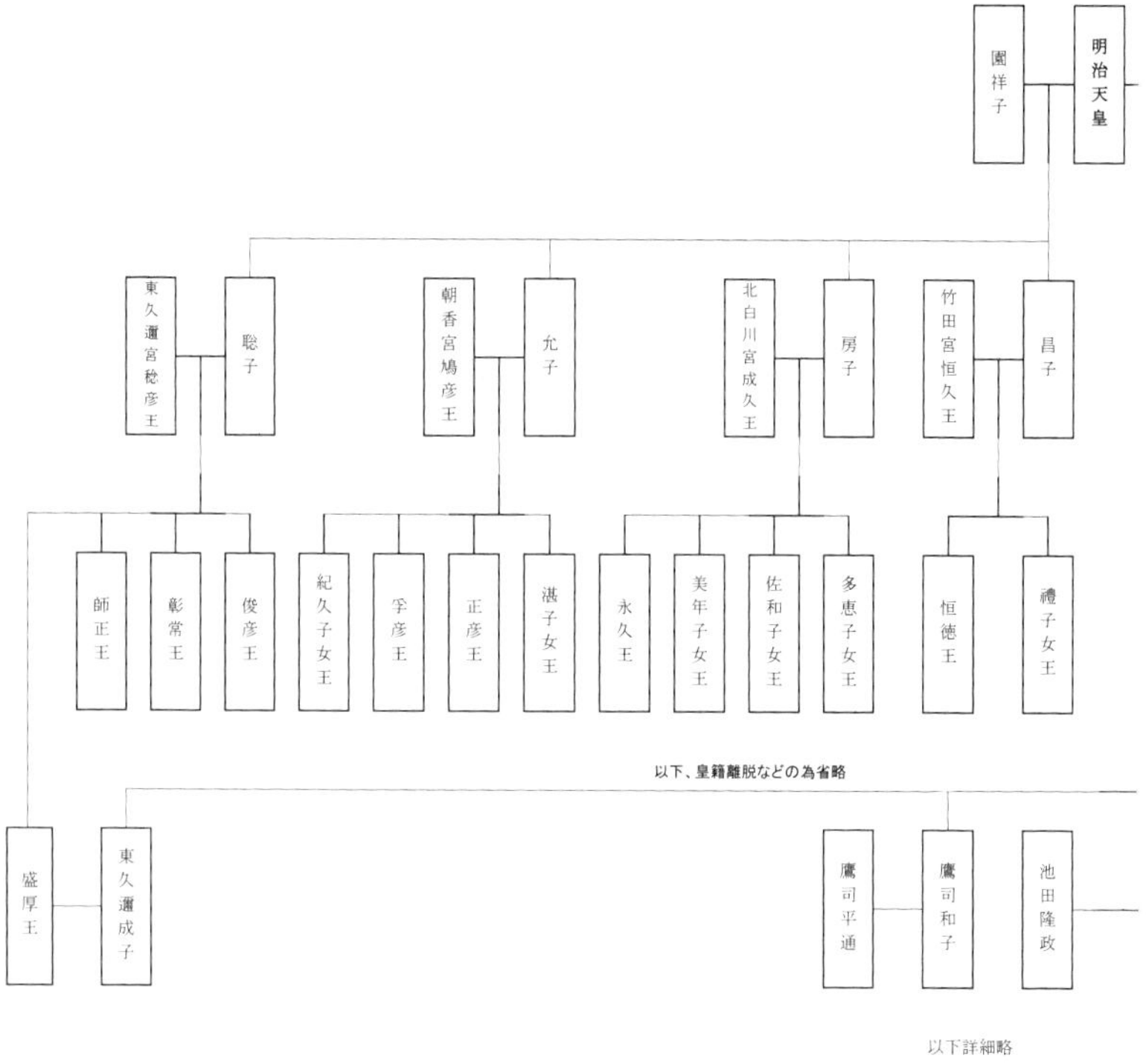
明治天皇
園祥子
昌子
竹田宮恒久王
房子
北白川宮成久王
允子
朝香宮鳩彦王
聡子
東久邇宮稔彦王
禮子女王
恒徳王
多恵子女王
佐和子女王
美年子女王
永久王
湛子女王
正彦王
孚彦王
紀久子女王
俊彦王
彰常王
師正王
以下、皇籍離脱などの為省略
池田隆政
鷹司和子
鷹司平通
東久邇成子
盛厚王
以下詳細略

司法大臣	文部大臣	農林大臣	商工大臣	逓信大臣	鉄道大臣	拓務大臣	厚生大臣	無任所大臣（班列）	
渡邊千冬	小橋一太 田中隆三	町田忠治	俵孫一	小泉又次郎	江木翼	松田源治		阿部信行	※1　濱口首相遭難事件による
渡邊千冬	田中隆三	町田忠治	櫻内幸雄	小泉又次郎	江木翼 原脩次郎	原脩次郎 若槻禮次郎			
鈴木喜三郎 川村竹治	鳩山一郎	山本悌二郎	前田米蔵	三土忠造	床次竹二郎	秦豊助			※2　五・一五事件での犬養首相殺害による
小山松吉	鳩山一郎 斎藤実	後藤文夫	中島久万吉 松本烝治	南弘	三土忠造	永井柳太郎			
小原直	松田源治 川崎卓吉	山崎達之輔	町田忠治	床次竹二郎 岡田啓介 望月圭介	内田信也	岡田啓介 児玉秀雄			※2　二・二六事件での岡田首相安否不明による
林頼三郎	潮恵之輔 平生釟三郎	島田俊雄	川崎卓吉 小川郷太郎	頼母木桂吉	前田米蔵	永田秀次郎			
塩野季彦	林銑十郎	山崎達之輔	伍堂卓雄	山崎達之輔 児玉秀雄	伍堂卓雄	結城豊太郎			
塩野季彦	安井英二 木戸幸一 荒木貞夫	有馬頼寧	吉野信次 池田成彬	永井柳太郎	中島知久平	大谷尊由 宇垣一成 近衛文麿 八田嘉明	木戸幸一		
塩野季彦	荒木貞夫	櫻内幸雄	八田嘉明	塩野季彦 田辺治通	前田米蔵	八田嘉明 小磯国昭	広瀬久忠	近衛文麿	
宮城長五郎	河原田稼吉	伍堂卓雄 酒井忠正	伍堂卓雄	永井柳太郎	永井柳太郎 永田秀次郎	金光庸夫	小原直 秋田清		
木村尚達	松浦鎮次郎	島田俊雄	藤原銀次郎	勝正憲	松野鶴平	小磯国昭	吉田茂（※4）		※4（戦後総理になる吉田茂とは別人）
風見章 柳川平助	橋田邦彦	近衛文麿 石黒忠篤 井野碩哉	小林一三 豊田貞次郎	村田省蔵	村田省蔵 小川郷太郎	松岡洋右 秋田清	安井英二 金光庸夫	平沼騏一郎 星野直樹 小倉正恒 鈴木貞一	
近衛文麿 岩村通世	橋田邦彦	井野碩哉	左近司政三	村田省蔵	村田省蔵	豊田貞次郎	小泉親彦	鈴木貞一 平沼騏一郎 柳川平助	
岩村通世	橋田邦彦 東條英機 岡部長景	井野碩哉 山崎達之輔	岸信介	東條英機	寺島健 八田嘉明	寺島健 八田嘉明	東郷茂徳 井野碩哉	鈴木貞一 安藤紀三郎 青木一男 大麻唯男 後藤文夫 岸信介	
司法大臣	**文部大臣**	**厚生大臣**	**農商大臣**	**軍需大臣**	**運輸通信大臣**	**大東亜大臣**	**無任所大臣（班列）**	**←**	
岩村通世	岡部長景	小泉親彦	山崎達之輔 内田信也	東條英機	八田嘉明 五島慶太	青木一男	大麻唯男 後藤文夫 岸信介 藤原銀次郎		
松阪廣政	二宮治重 児玉秀雄	廣瀬久忠 相川勝六	島田俊雄	藤原銀次郎 吉田茂（※4）	前田米蔵	重光葵	児玉秀雄 廣瀬久忠 石渡荘太郎 緒方竹虎 小林躋造		
松阪廣政	太田耕造	岡田忠彦	石黒忠篤	豊田貞次郎	豊田貞次郎 小日山直登	鈴木貫太郎 東郷茂徳	桜井兵五郎 左近司政三 下村宏 安井藤治		
岩田宙造	松村謙三 前田多門	松村謙三	千石興太郎	中島知久平	小日山直登	重光葵	近衛文麿 緒方竹虎 小畑敏四郎		
司法大臣	**文部大臣**	**厚生大臣**	**農林大臣**	**商工大臣**	**運輸大臣**	**逓信大臣**	**無任所大臣（班列）**		
岩田宙造	前田多門 安倍能成	芦田均	松村謙三 副島千八	小笠原三九郎	田中武雄 三土忠造 村上義一		小林一三 松本烝治 次田大三郎 楢橋渡 石黒武重		
木村篤太郎	田中耕太郎 高橋誠一郎	河合良成	和田博雄 吉田茂 木村小左衛門	星島二郎 石井光次郎	平塚常次郎 増田甲子七	一松定吉	幣原喜重郎／斎藤隆夫／一松定吉／植原悦二郎／金森徳次郎／膳桂之助／石橋湛山／高瀬荘太郎／星島二郎／田中萬逸		

時期	内閣名	与党・体制	総理大臣	外務大臣	内務大臣	大蔵大臣	陸軍大臣	海軍大臣
1929.7.2 ～1931.4.14	濱口内閣	立憲民政党	濱口雄幸 （30.11.14 ～31.3.9 臨時代理・幣原喜重郎） ※1	幣原喜重郎	安達謙蔵	井上準之助	宇垣一成 阿部信行	財部彪 安保清種
1931.4.14 ～1931.12.13	第二次若槻内閣	立憲民政党	若槻禮次郎	幣原喜重郎	安達謙蔵	井上準之助	南次郎	安保清種
1931.12.13 ～1932.5.26	犬養内閣	立憲政友会	犬養毅 （32.5.16 ～5.26 臨時代理・高橋是清） ※2	犬養毅 芳澤謙吉	中橋徳五郎 犬養毅 鈴木喜三郎	高橋是清	荒木貞夫	大角岑生
1932.5.26 ～1934.7.8	斎藤内閣	挙国一致内閣	斎藤実	斎藤実 内田康哉 広田弘毅	山本達雄	高橋是清	荒木貞夫 林銑十郎	岡田啓介 大角岑生
1934.7.8 ～1936.3.9	岡田内閣	挙国一致内閣	岡田啓介 （36.2.26 ～36.2.29 臨時代理・後藤文夫） ※3	広田弘毅	後藤文夫	藤井真信 高橋是清 町田忠治	林銑十郎 川島義之	大角岑生
1936.3.9 ～1937.2.2	廣田内閣	挙国一致内閣	広田弘毅	広田弘毅 有田八郎	潮恵之輔	馬場鍈一	寺内寿一	永野修身
1937.2.2 ～1937.6.4	林内閣	挙国一致内閣	林銑十郎	林銑十郎 佐藤尚武	河原田稼吉	結城豊太郎	中村孝太郎 杉山元	米内光政
1937.6.4 ～1939.1.5	第一次近衛内閣	挙国一致内閣	近衛文麿	広田弘毅 宇垣一成 近衛文麿 有田八郎	馬場鍈一 末次信正	賀屋興宣 池田成彬	杉山元 板垣征四郎	米内光政
1939.1.5 ～1939.8.30	平沼内閣	挙国一致内閣	平沼騏一郎	有田八郎	木戸幸一	石渡荘太郎	板垣征四郎	米内光政
1939.8.30 ～1940.1.16	阿部内閣	挙国一致内閣	阿部信行	阿部信行 野村吉三郎	小原直	青木一男	畑俊六	吉田善吾
1940.1.16 ～1940.7.22	米内内閣	挙国一致内閣	米内光正	有田八郎	児玉秀雄	桜内幸雄	畑俊六	吉田善吾
1940.7.22 ～1941.7.18	第二次近衛内閣	挙国一致内閣・大政翼賛会	近衛文麿	松岡洋右	安井英二 平沼騏一郎	河田烈	東條英機	吉田善吾 及川古志郎
1941.7.18 ～1941.10.18	第三次近衛内閣	挙国一致内閣・大政翼賛会	近衛文麿	豊田貞次郎	田辺治通	小倉正恒	東條英機	及川古志郎
1941.10.18 ～1944.7.22	東條内閣	挙国一致内閣・大政翼賛会	東條英機	東郷茂徳 東條英機 谷正之 重光葵	東條英機 湯澤三千男 安藤紀三郎	賀屋興宣	東條英機	嶋田繁太郎
（省庁再編）	内閣名	与党・体制	総理大臣	外務大臣	内務大臣	大蔵大臣	陸軍大臣	海軍大臣
（1943.11.1） ～1944.7.22	東條内閣	挙国一致内閣・大政翼賛会	東條英機	重光葵	安藤紀三郎	賀屋興宣 石渡荘太郎	東條英機	嶋田繁太郎 野村直邦
1944.7.22 ～1945.4.7	小磯内閣	挙国一致内閣・大政翼賛会	小磯国昭	重光葵	大達茂雄	石渡荘太郎 津島寿一	杉山元	米内光政
1945.4.7 ～1945.8.17	鈴木貫太郎内閣	挙国一致内閣・大政翼賛会	鈴木貫太郎	鈴木貫太郎 東郷茂徳	安倍源基	広瀬豊作	阿南惟幾	米内光政
1945.8.17 ～1945.10.9	東久邇宮内閣	挙国一致内閣・（占領下体制）	東久邇宮稔彦王	重光葵 吉田茂	山崎巌	津島寿一	東久邇宮稔彦王 下村定	米内光政
（省庁再編）	内閣名	与党・体制	総理大臣	外務大臣	内務大臣	大蔵大臣	第一復員大臣（陸軍）	第二復員大臣（海軍）
1945.10.9 ～1946.5.22	幣原内閣	日本進歩党・日本自由党・（占領下体制）	幣原喜重郎	吉田茂	堀切善次郎 三土忠造	澁澤敬三	下村定 幣原喜重郎	米内光政 幣原喜重郎
1946.5.22 ～憲法改正（ ～1947.5.24）	第一次吉田内閣	日本進歩党・日本自由党・（占領下体制）	吉田茂	吉田茂	大村清一 植原悦二郎	石橋湛山	吉田茂	吉田茂

「警視庁本部組織系統沿革図」より、
昭和元年～二十年の警視庁特高警察組織変遷図

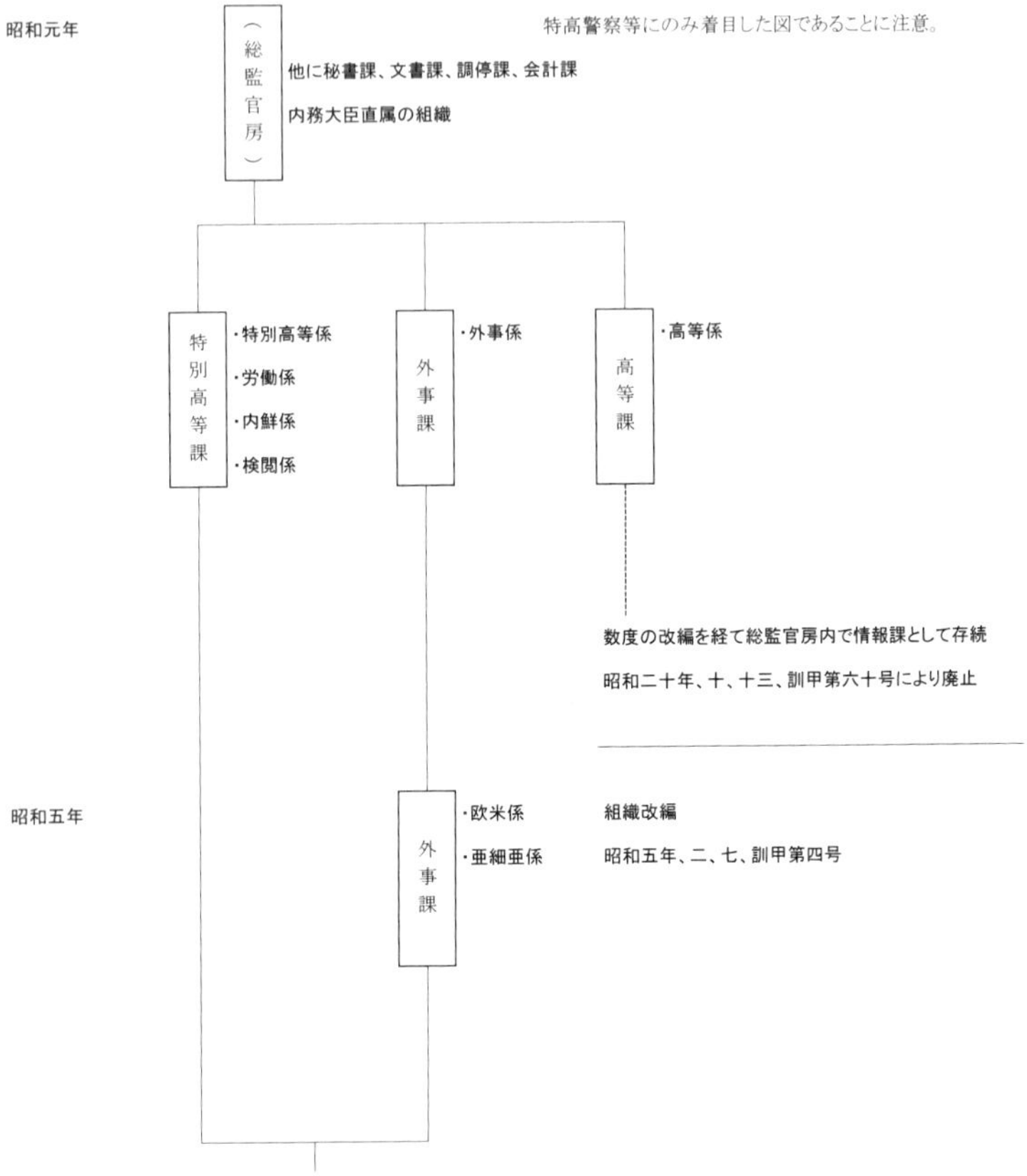

昭和七年

特別高等警察部として独立

昭和七年、六、二十八、勅令第九十七号、訓甲第四十三号

特別高等警察部

- ・外事課　欧米係・亜細亜係
- ・特別高等課　第一課・第二課
- ・労働課　第一課・第二課
- ・内鮮課
- ・検閲課
- ・調停課

昭和十一年

組織改編

昭和十一年、七、四、訓甲第四十二号

特別高等警察部

- ・庶務課
- ・外事課　欧米係・亜細亜係
- ・特高第一課　第一係・第二係
- ・特高第二課　第一係・第二係
- ・労働課　第一係・第二係
- ・内鮮課
- ・検閲課　第一係・第二係
- ・調停課

昭和十六年

組織改編

昭和十六年、二、十三、訓甲第十号

特別高等警察部

- ・庶務課
- ・外事課　欧米係・亜細亜係
- ・特高第一課　第一係・第二係
- ・特高第二課　第一係・第二係
- ・労働課　第一係・第二係
- ・内鮮課　第一係・第二係
- ・検閲課　第一係・第二係
- ・調停課

昭和十七年

組織改編

昭和十七年、四、四、訓甲第十一号

特別高等警察部

・庶務課　庶務係
・外事課　第一係・第二係
・特高第一課　第一係・第二係
・特高第二課　第一係・第二係
・労働課　第一係・第二係
・内鮮課　第一係・第二係
・検閲課　第一係・第二係
・調停課

昭和十九年

組織改編

昭和十九年、二、十九、訓甲第七号

特別高等警察部

・庶務課　庶務係
・外事課　第一係・第二係
・特高第一課　第一係・第二係
・特高第二課　第一係・第二係
・内鮮課　第一係・第二係
・検閲課　第一係・第二係

組織改編

昭和十九年、十一月、一、訓甲第七十四号

特別高等警察部

・庶務課　庶務係
・外事課　第一係・第二係
・特高第一課　第一係・第二係
・特高第二課　第一係・第二係
・特高第三課　第一係・第二係
・検閲課　第一係・第二係

昭和二十年

八月十五日の終戦後も特高警察組織は存続

昭和二十年、十、十三、勅令第五百六十七号及び昭和二十、十、十三、訓甲第六十号により廃止

特別高等警察組織表（1932年、警視庁特高部改変時）

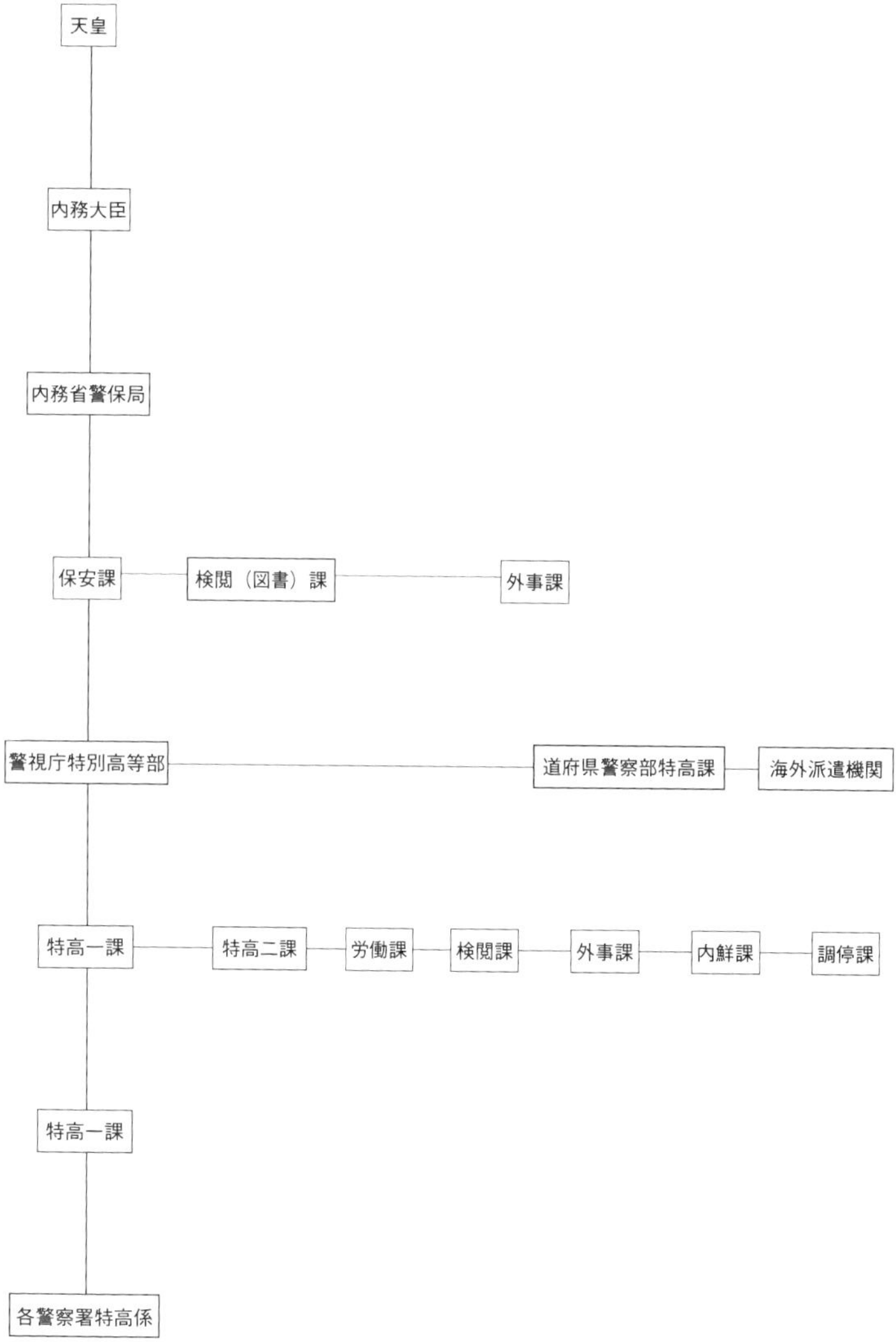

人名解説

あ行

■あ

朝香宮 鳩彦王（あさか・やすひこ　1887～1981）

🔍不敬編　1940年（昭和15年）5月分福岡県、1942年（昭和17年）12月分鳥取県等

皇族、陸軍軍人。最終階級は陸軍大将。久邇宮朝彦の8男として生まれ、1906年に朝香宮家を創設する。1910年には明治天皇の皇女である允子内親王と結婚した。1922年からフランスに留学するが、留学中に北白川宮成久王の運転する自動車に同乗した際、事故に、成久王は事故死。鳩彦王も大怪我を負った。帰国後は陸軍軍人として勤め、1937年からの日中戦争では上海派遣軍司令官を務めて南京攻略に加わった。戦後、皇籍離脱及び公職追放の処分を受ける。

アドルフ・ヒトラー（Adolf Hitler　1889～1945）

ドイツの政治家、国家元首。出身国はドイツではなくオーストリア。3歳の時にドイツ帝国内バイエルン王国に移住する。画家志望の青年期を経て、第一次世界大戦ではバイエルン王国の

志願兵として活躍。戦後、ドイツ労働者党に参加し頭角を現して乗っ取り、国家社会主義ドイツ労働者党（NSDAP、ナチス）に改称する。ミュンヘン一揆による拘束と英雄化を経て、1920年代を通じてナチスは党勢を拡大し、1933年にヒンデンブルク大統領の指名により首相となる。1930年代を通じてヒトラーはドイツ国内で独裁体制を固めた上、ゲルマン民族の優越を訴え、ユダヤ人や障害者を迫害・虐殺した。国外でも圧力を強め、ラインラント進駐やオーストリア併合、チェコからのズデーテン地方割譲、リトアニアからのメーメル割譲などを行う。更にヒトラーはソ連との不可侵条約を締結しポーランドへ侵攻を開始、英仏が宣戦布告し、第二次世界大戦が勃発する（以後、用語集を参照のこと）。当初はヨーロッパを席巻したものの、ソ連攻略の失敗とアメリカの参戦により形勢は逆転し、1945年4月30日に連合国包囲下のベルリンで自殺した。

鮎川 義介（あゆかわ・よしすけ　鮎川社長　1880～1967）
反戦編　1938年（昭和13年）3月分大阪府
実業家、政治家。日産コンツェルンの創始者。山口県出身。東京帝大工科大学を卒業後、芝浦製作所に入社。1910年に戸畑鋳物株式会社を設立し、次第に事業を拡大し、多くの会社との合併を経て1928年に日産自動車や日本産業株式会社などを傘下に収める日産コンツェルンを形成した。その後、陸軍の要請に応じ、1937年に満州国において満州重工業開発株式会社の総裁に就任し、政界にも進出した。敗戦後、戦犯容疑で収監されるが釈放され、参議院議員を務めた。

荒木 貞夫（あらき・さだお　1877～1966）

陸軍軍人。最終階級は陸軍大将。1897年に陸軍士官学校第9期を卒業、近衛歩兵第一連隊に配属され、1907年には陸軍大学校を首席卒業する。軍部内の皇道派の重鎮として知られ、多くの青年将校から尊敬されたが、ゴーストップ事件（大阪で陸軍一等兵が交通違反を起こし警察と対立した事件）では警察を威嚇し、外国人記者相手に「竹槍が三百万本あれば列強は恐るるに足らない」などの暴言を行うこともあった。二・二六事件の後は予備役に編入させられるが、第一次近衛内閣で文部大臣に就任すると「皇道教育」を推進し、大学への圧力も強めた。戦後、東京裁判で終身刑を受け、1955年に釈放される。

有松 八郎（ありまつ・はちろう　?～1967）

不敬編　東京（東部）憲兵隊資料　昭和二〇年五月分　茨城

牧師。岡山県出身。日本基督教団関東教団茨城支部長を務めた。水海道市史下巻第六編によると、戦後に水海道町の公安委員を1948年から3年余り務めた。水海道教会ホームページによると、1967年に死去した。

石田一松（いしだ・いちまつ　１９０２～１９５６）

🔍反戦編　１９４０年（昭和15年）５月分　山梨県

芸人・歌手、衆議院議員。広島県出身。広島県の名門私立である明道中学に学ぶが、学外の人間と乱闘を繰り広げ中退。上京し働きつつ、添田唖蝉坊による東京倶楽部に入門し、演歌師となった。「酋長の娘」など大ヒット曲を出したが、時事問題を歌に取り入れることも多く、度々出演停止処分を受けた。１９３８年からは芸人の派遣慰問団である「わらわし隊」に参加する。広島原爆で家族を失ったことで戦後は政治家を目指し、日本正論党を立ち上げ１９４６年４月の衆議院議員総選挙で当選し、所謂「タレント議員」の第一号ともなった。１９５６年死去。弟子に「最後の演歌師」と呼ばれる桜井敏雄、その弟子になぎら健壱がいる。

一木喜徳郎（いっき・きとくろう　１８６７～１９４４）

法学者、政治家。二宮尊徳の弟子である岡田良一郎の次男。帝国大学文科大学政治科に入学し、卒業後は内務官僚として勤務する傍らドイツへ留学し、行政法を学んだ。１８９４年に帰国した後は法科大学教授となり、生涯の弟子となる美濃部達吉らを教授し、天皇機関説も教えた。１９００年に貴族院議員に就任し、第２次大隈内閣では文部大臣、内務大臣を務めるなど政治面でも活躍した。１９２５年には宮内大臣、１９３３年には男爵となっている。１９３４年に天皇の諮問機関である枢密院の議長となるが、翌年の天皇機関説事件において美濃部達吉とともに右派からの攻撃を受けた。二・二六事件の際には殺害された斎藤実の後を継いで内大臣を臨時で勤め、昭和天皇を支えた。

伊藤 茂光（いとう・しげみつ　1886～1966）

🔍反戦編　1938年（昭和13年）6月分　京都府

教育家、弁護士。貧困に苦しみながらも京都帝国大学を卒業し、被差別部落解放運動や同和教育運動に身を投じた。1920年から1946年まで、京都市立崇仁小学校の校長を務め、学校給食の導入や同和教育を行い、教育改革に努めた。戦後は弁護士としても活動した。

井野 碩哉（井野農相、いの・ひろや　1891～1980）

官僚、政治家。東京帝国大学を卒業後、農商務省の官僚となる。農林省蚕糸局長、企画庁次長などを経て、1941年の第二次近衛内閣で農林大臣に就任し、東条内閣の誕生後も引き続き農林大臣を務め、更に拓務大臣（植民地の監督や移民業務を行う拓務省の大臣）も務めた。1942年には食糧管理法を成立させる。戦後、A級戦犯指定を受けるが釈放され、公職追放処分となる。処分解除後、1959年には第二次岸内閣で法相に就任した。

■う

ウィンストン・チャーチル

（Winston Leonard Spencer-Churchill　1874～1965　イギリス）

イギリスの首相（1940～1945、1951～1955）。保守党選出。軍人、海軍大臣を経て、第二次大戦中の1940年にネヴィル・チェンバレンの後を次いで挙国一致内閣の首相となった。ヨーロッパでナチスドイツが進撃を続け、ロンドンも度々空爆を受ける中で、指導者としてイギリス国民を鼓舞し続けた。アジアにおいても太平洋戦争が始まり、日本軍により香港やシンガポールを占領され、戦艦二隻が撃沈するなど大きな被害を受けた。アメリカの参戦もあり1943年のイタリア上陸や1944年6月のノルマンディー上陸作戦で枢軸国への逆襲を果たす。1945年7月5日に総選挙が行われた結果、アトリー率いる労働党が大勝し、日本降伏による第二次世界大戦の終結を目前にチャーチルは退陣する事となった。1951年に再度首相職に就く。1953年には回顧録『第二次世界大戦』でノーベル文学賞を受賞した。

植木 徹誠（徹之助 うえき・てつじょう 1895～1978）

反戦編　社会運動の状況1938年（昭和13年）三重県

僧侶。コメディアン・植木等の父親。三重県大湊町（現・伊勢市）の材木商家に生まれる。貴金属職人を経て、浄土真宗大谷派の僧侶となる。1929年ごろに常念寺住職となり、部落解放運動や、反戦・平和活動も行うが、この事により投獄された。戦後は民主商工会会長、日本国民救援会支部役員など共産党系の団体の役員を務め、1962年には日本共産党に入党している。

上村 松園（うえむら・しょうえん　１８７５～１９４９）

不敬編　１９４４年（昭和19年）２月分岩手県

女性日本画家。京都出身。葉茶屋「ちきり屋」の次女として生まれるが、誕生の2か月前に父親を亡くしており、母親が女手一つで松園とその姉を育てた。当時では珍しい女流画家の道を歩み、女性の視点から美人画を描き続けた。１８９０年には第三回内国勧業博覧会に「四季美人図」を出品し一等褒状を受章、さらにヴィクトリア女王三男のアーサー王子が来日中にこの絵を購入した。１９４１年には帝国芸術院会員、１９４４年には帝室技芸員となる。１９４８年には女性として初の文化勲章を受章した。死後、従四位に序された。

お

大井川 幸隆（おおいかわ・ゆきたか　１９０９～１９５５）

社会運動の状況１９３７　福島県

市会議員、労働運動指導者。いわき市史別巻の常盤炭田史によると、１９３７年7月に平市（現・いわき市）の市会議員選挙で当選している。常盤炭田における労働運動の指導者として活躍する。戦後、１９４７年の第23回衆議院議員選挙において日本社会党から出馬するが落選した。

大杉 栄（おおすぎ・さかえ　１８８５～１９２３）

明治時代後半から大正時代にかけて行動した無政府主義者。赤旗事件で逮捕され、大逆事件に巻き込まれなかった事により、幸徳秋水ら死後の「冬の時代」において頭角を現した。自由恋愛論者であり、伊藤野枝や神近市子と愛人関係にあったが、関係のもつれから神近市子に刺され、瀕死の重傷を負ったこともある。無政府主義者として様々な活動を行い、中国やフランスへの密航も行うなどしたが、1923年（大正12年）に発生した関東大震災後の混乱の中で、9月16日に伊藤野枝、甥の橘宗一とともに憲兵に連行され、虐殺された。

大場 正史（おおば・まさふみ　1914〜1969）

反戦編　1938年（昭和13年）4月分　警視庁（東京）

作家、翻訳家。性科学者の側面も持つ。戦後、1940年代末より世界各地の性風俗・性科学についての著述及び翻訳を行った。『千夜一夜物語』『カーマスートラ』の翻訳が有名。

尾崎 行雄（尾崎咢堂、おざき・ゆきお　1858〜1954）

↓コラムを参照

音羽 正彦（おとわ・ただひこ　1914〜1944）

不敬編　1944年（昭和19年）3月分　群馬県

元皇族、侯爵。朝香宮家出身。朝香宮鳩彦王の次男として生まれる。1934年に海軍兵学校第62期を卒業後、1936年に願い出て臣籍降下し、音羽侯爵家を創設した。海軍軍人として勤務を続けたが、1944年2月に南太平洋マーシャル諸島のクェゼリン島で戦死した。

小野 温雄（おの・おんゆう ?～1970）

反戦編 1939年（昭和14年）12月分 宮崎県

宮崎県本庄町（国富町）の浄土宗義門寺住職。東京新聞2015年1月3日「〈漂う空気〉（3）悪しき平和なし 命懸けの張り紙」に、孫の小野弘雄氏に取材した記事が掲載されている。温雄は穏やかな人柄で知られ、大正時代に桜島が噴火した際に救援に向かった話をよく聴かせたという。

小保内 樺之助（おぼない・かばのすけ 1894～1964）

不敬編 1942年（昭和17年）7月分 岩手県

議員、神官。岩手県二戸市福岡（九戸城内）の呑香稲荷神社の神職であったとされる人物。福岡町長を務めた他、1939年9月の岩手県議会選挙で二戸郡から無所属（表記は中立）で出馬し、当選している（岩手史学会編 岩手史学研究 No.97）。古史古伝（記紀と異なる「超古代の日本史」や「神代文字」を扱った書物伝承の総称。一般的に所謂「トンデモ」扱いされることも多い）の研究も行っており、ウエツフミや物部文書についての著作がある。陰謀論の影響も受けていたことは明らかであり、記載の事件につながったとみられる。

か行

■か

筧 克彦（かけい・かつひこ　1872〜1961）
🔍不敬編　1941年（昭和16年）8月分　京都府
法学者、神道家。長野県出身。東京帝国大学法科大学を首席で卒業後、1898年からドイツへ留学し、法律・哲学を学ぶ。1903年に帰国し東京帝国大学教授に着任し、法学諸学科を受け持った。また、学外でも海軍大学校などで講義を行った。思想的には国学の影響が強く、天皇は大日本帝国の統治主体であるとした。柏手を打ち神を称えてから講義に入るなどの奇行もあったという。

河合 栄次郎（かわい・えいじろう　1891〜1944）
🔍不敬編　1939年（昭和14年）5月分　千葉県
社会思想家、政治・経済学者。東京帝国大学法科大学政治学科卒。父を通じて尾崎行雄・徳富蘇峰の思想に影響を受けており、農商務省に入省後も労働問題に関心を持って1918年に米国に出張し、現地の労働運動関係者と対談した。帰国後は政府の方針に合わず辞職し、1920年から東京帝大助教授となり経済学史を担当し、1926年には教授となる。しかしその自由主義思想が１９３０年代以後右派から攻撃され、著書が発禁とされた末、東大総長平賀譲の裁定により１９３９年1月31日に休職を余儀なくされた（平賀粛学）。以後も出版法裁判や研究を続けたが１９４４年に心臓発作により死去。

何応欽（か・おうきん　１８９０～１９８７）
中華民国の軍人。日本への留学経験があり、その際蒋介石と出会っている。辛亥革命に参加し、孫文の死後は蒋介石との対立や融和を何度か経て、１９２８年には総司令部参謀長に就任、以後蒋介石の腹心として国民革命軍の指導に努めた。１９３０年には軍政部長に就任。１９３７年から日中戦争が勃発すると戦時体制の構築に努めた。１９４４年12月には連合国軍の中国戦区陸軍総司令に就任し、日本降伏時には、南京における降伏調印式で中国側代表を務めた。

神藏　芳太郎（矢崎彈、かぐら・よしたろう　１９０６～１９４６）
反戦編　１９３７年（昭和12年）８月分　警視庁（東京）
昭和初期に活躍した文芸評論家。慶応義塾大卒、三田文学同人。日本の文芸史に関し執筆を行っていたが、１９３７年（昭和12年）に人民戦線事件で検挙される。

賀屋　興宣（賀屋蔵相、かや・おきのり　１８８９～１９７７）

🔍反戦編　１９３７年（昭和１２年）７月分　岡山県

官僚、政治家。広島県出身。東京帝国大学法科大学を卒業後、大蔵省に入省する。主に軍事予算を担当したことから軍人との関係も深く、１９２７年のジュネーブ、１９２９年のロンドンにおける海軍軍縮会議にも参加した。第一次近衛内閣と東条内閣で大蔵大臣を務めたが、対米開戦には反対していた。戦後、Ａ級戦犯指定として10年間服役し、１９５５年に釈放。その後は自民党に所属し池田内閣で法相を務めた。１９７２年に政界を引退した。

き

菊池武夫（きくち・たけお　１８７５〜１９５５）

軍人、政治家。最終階級は陸軍中将。南朝の忠臣である肥後国米良菊池氏の子孫。陸軍士官学校を卒業後、日露戦争に従軍した。１９１９年には菊池男爵家を継いでいる。１９２７年に予備役となってからは政治活動に身を入れ、右派と連携した。１９３１年には貴族院議員となる。１９３４年には中島久万吉議員を南北朝正閏問題（南朝から見て逆臣である足利尊氏を以前称賛したため）で辞職に追いやり、１９３５年には天皇機関説槍玉にあげ美濃部達吉への攻撃を行っている。戦後、Ａ級戦犯指定を受け逮捕されるが、不起訴処分となった。

北白川宮永久王（きたしらかわのみや・ながひさおう　１９１０〜１９４０）

🔍不敬編　１９４０年（昭和15年）９月分　北海道　他

皇族、陸軍軍人。最終階級は陸軍砲兵少佐。1935年に徳川祥子と結婚し、1939年に陸軍大学校52期生として卒業し、駐蒙軍の参謀として赴任するが、1940年9月4日、張家口で行われていた演習の最中、戦闘機の不時着に巻き込まれ右翼に接触、右足を切断するなどの大怪我を負い、同日午後7時21分に死亡した。

北令吉（吟吉、きた・れいきち　1885～1961）

不敬編　1942年（昭和17年）6月号　熊本県

思想家、教育家、政治家。二・二六事件に関与したとされ、処刑された思想家・北一輝の実弟。早稲田大学を卒業後、同学校の講師となり哲学を教えた。大正デモクラシーの流れの中で民本主義の在り方を巡り吉野作造と論争を行った。兄の一輝とは思想面で異なることもあったが、おおよそ肯定的に兄の思想を受け継ぎ、一輝が執筆した本の出版を受け継ぐなどもしている。1936年、二・二六事件直前の衆議院議員選挙で無所属で当選し、後に立憲民政党に入る。戦時中の所謂翼賛選挙では非推薦候補として出馬し当選した。公職追放の帰還を挟みつつ、戦後も議員を続け、自民党に所属している。

木村亀蔵（きむら・かめぞう　1899～?）

反戦　1943年（昭和18年）10月分　島根県

島根県の農民活動家。実力闘争に従事し、懲役刑を受ける。特高警察からは共甲（共産主義者甲種）として監視されていた。戦後、１９４７年の島根県議会選挙に共産党から出馬し、落選した。

■こ

近衛 文麿（このえ・ふみまろ　１８９１〜１９４５）

政治家、華族・公爵。五摂家の一つ、近衛家の第30代当主。学習院、旧制一高を経て東京大学哲学科から京都帝国大学法科大学へ転学し、河上肇や米田庄太郎など革新的な教授に学んだ。満25歳になり、１９１６年から貴族院議員となり政界に入る。次第に院内革新勢力の要として頭角を現し、その貴公子的出自から民衆の人気も高かった。１９３３年には貴族院議長に就任。１９３７年６月、荒れる政界の中で大命降下を受け、林銑十郎内閣の後を継ぎ、第一次近衛内閣を組閣した。国民の期待は非常に高かったが、直後勃発した日中戦争の泥沼化と講和工作の失敗により対外政策は混乱し、国内では統制化・全体主義体制へ突き進んでいった。平沼喜一郎内閣を挟み、１９４０年から第二次・三次内閣を組閣するが、高まる欧米との対立を収拾できず、10月18日退陣。太平洋戦争中は和平運動に加わり、末期には早期講和を訴える「近衛上奏文」を奏上した。戦後、戦犯指名を受けた後、12月16日未明に服毒自殺した。

さ行

■さ

佐竹 晴記（さたけ・はるき　１８９６～１９６２）
🔍反戦編　１９３７年（昭和12年）９月分　高知県
政治家、弁護士。社会民衆党・社会革新党・社会党右派・民主社会党に属した。戦前は社会民衆党高知支部の支部長として活躍していた。戦後、片山内閣で司法政務次官を勤める。

■し

蒋介石（しょう・かいせき　１８８７～１９７５）
中華民国の政治家、軍人、指導者。１９０７年に日本へ留学、１９０９年から１９１１年にかけて陸軍第十三師団の将校も務めていたなど日本との縁が深かった。その後、清国で発生した辛亥革命に参加し孫文の側近として国民党内で頭角を現す。孫文の死後は国民党政府の権力を掌握し、１９２６年には国民革命軍総司令に就任し、北伐を宣言し中国の統一へ向け動いた。アジアへの侵出を続ける日本との対応に苦慮するようになり、張学良らが起した西安事件では自身が監禁され、共産党に対する敵対政策の見直しを余儀なくされた。１９３７年７月に盧溝橋事件が発生し、日本との戦争状態に入る。首都南京を占領され、講和工作も失敗するなど窮地に追い込まれるが、米国など国際世論を味方に付け、太平洋戦争が勃発してからは連合国に参加し、日中戦争に勝利する。しかし国共内戦に突入すると共産党軍に敗北、台湾へ逃亡を余儀なくされた。1950年に総統に就任。1975年に死去。

昭和天皇

↓裕仁

白山 友正（しらやま・ともまさ　1901～1977）

🔍反戦編　1940年（昭和15年）4月分　北海道

歌人、歴史家。函館師範学校勤務を経て函館大学教授、文学博士。蝦夷地、松前藩、アイヌ民族など北海道に関する郷土史研究や、石川啄木に関する研究を行った。

す

杉山 元（杉山陸相、すぎやま・げん　1880～1945）

陸軍軍人。最終階級は陸軍大将、元帥。日露戦争に従軍中、顔面を負傷し傷跡が残った。陸軍大学校22期を卒業後、フィリピンやインドにおいて偵察・情報収集を行う。1918年には第一次世界大戦の中東戦線を視察している。1924年から宇垣一成陸相のもとで重用され陸軍次官も務めるが、皇道派の荒木貞夫陸相の元では更迭された。その後、皇道派が勢いを失うと復帰し、1937年には林銑十郎内閣において陸軍大臣を務めた。敗戦後、指揮下の第一総軍の復員を見届けた後、9月12日に拳銃自殺した。

スターリン

↓ヨシフ・スターリン

諏訪部一之輔（すわべ・いちのすけ　?〜?）

🔍**不敬編　1942年（昭和17年）12月分　静岡県**

国学者。ユダヤ陰謀論に傾倒し、多くのパンフレットを執筆している。

た行

た

大正天皇

↓嘉仁（コラムを参照）

高松宮宣仁親王（たかまつのみや・のぶひとしんのう　1905〜1987）

皇族、軍人。最終階級は海軍大佐。大正天皇嘉仁の第三子。1928年には徳川喜久子と結婚したが子は無かった。海軍軍人としての教育を受け、1932年11月に海軍砲術学校高等科を卒業し、巡洋艦「高雄」、戦艦「扶桑」に勤務する。1936年には海軍大学校を卒業し、海軍軍令部に勤務した。1940年11月11日の紀元二千六百年式典では病気の兄秩父宮に代わり祝賀行事を行っている。1941年4月には横須賀海軍航空隊教官となり、11月には大本営海軍参謀となる。太平洋戦争に際しては当初から終戦論者であったとされるが、昭和天皇は高松宮を主戦論者であると見ていたという。1942年に海軍大佐となる。終戦時には厚木にて徹底抗戦を訴える第三〇二海軍航空隊に対し、武装解除の説得に当たった。戦後は様々な慈善活動などを行った。1987年に肺がんで死去。

竹田 現照（たけだ・げんしょう　1924～2006）

不敬編　1942年（昭和17年）7月分　北海道

郵便局員、政治家。北海道出身。札幌逓信講習所に通い、在学中に記載の事件を起こしたが無事に卒業する。札幌郵便局に勤務し、日本郵政公社労働組合（全逓）の北海道地方本部書記長となる。1965年の第7回参議院議員選挙で日本社会党所属で出馬し当選、以後2期12年務めた。1994年に勲二等瑞宝章を受章している。

竹田宮恒徳王（たけだ・つねよし　1909～1992）

不敬編　1940年（昭和15年）3月分　沖縄県

旧皇族。竹田宮恒久王の長男。軍での最終階級は陸軍中佐。学習院、陸軍幼年学校を経て

1930年に陸軍士官学校42期生として卒業。満州、中国戦線で戦闘に参加し、太平洋戦争時には大本営参謀として勤務している。終戦時には満州で関東軍の武装解除を行った。戦後の皇籍離脱後は日本スケート連盟や日本馬術連盟、日本オリンピック委員会などスポーツ関連団体の会長や理事職を歴任した。

武部 毅吉（たけべ・ぎきち　1882〜1954）

不敬編　1940年（昭和17年）12月分　富山県

富山県会議員。養鶏農家。早稲田大学を卒業後渡米し、新聞・出版事業に携わる傍ら、養鶏技術を学んだ。帰国後、郷里の富山県で養鶏事業を開始し、アメリカから白色レグホン種を導入するなど先進的な運営を行い、財を成した。1931年から四期連続で県会議員を務め、県会議長も務めた。戦争末期の1944年には富山県食糧営団理事長も務め、県民の食糧確保に努めた。

田中 秋声（たなか・しゅうせい　1894〜?）

反戦編　1938年（昭和13年）4月分　北海道

旭川新聞社社長。北海道の新聞界の名士として活躍する。大正年間より旭川で新聞社経営を行っていた。手塚治虫や筒井康隆に影響を与えた『火星探検』の漫画原作者である作家の小熊秀雄はかつて旭川新聞社で働いたことがある。日中戦争時には国策に協力し戦地へ渡り取材を行うが、後に本書記載の軍機漏洩事件を起こす。しかし、1940年6月29日には大本営にて閑院宮参謀総長や他の通信社とともに懇談しており、地位の低下などはなかったとみられる。1942年11月には国による新聞統合の要請により、旭川新聞は北海道新聞へ統合され、田中は旭川支社長となった。

ち

チャーチル
↓ウィンストン・チャーチル

秩父宮雍仁親王（ちちぶのみや・やすひとしんのう　1902〜1953）
皇族、軍人。最終階級は陸軍少将。大正天皇嘉仁の第二子。1922年に成人した際、秩父宮家を創立する。1928年には松平節子（貞明皇后節子との同名を避けて勢津子に改名）と結婚したが子は無かった。陸軍軍人としての教育を受け、1931年11月には優秀な成績で陸軍大学校第43期を卒業し、陸軍第一師団歩兵第三連隊の中隊長となる。この際に後に二・二六事件に関わる安藤輝三など革新勢力と親しく関わって影響を受け、昭和天皇に親政を取る様提案して激しい議論を交わすこともあった。後に天皇の命により参謀本部に移ったため以降影響はなくなったが、これらのことから後に二・二六事件に関与していると疑われることもある。1940年に肺結核を病み、軍人として勤務しつつ静養生活を送った。1953年死去。

つ

津田 信吾（つだ・しんご　1881～1948）

反戦編　1938年（昭和13年）3月分大阪府

実業家。慶應義塾大学を卒業後、鐘淵紡績（鐘紡、カネボウ）に入社し、1930年に副社長となる。その後、鐘紡争議と呼ばれる大規模な労働争議を収束させ、社長に就任。その後、積極的に海外に進出し、紡績事業のみならず重工業・軍需産業への多角化を図り成功するが、終戦により事業の多くが壊滅する。その後、A級戦犯とされて逮捕され、1948年に脳溢血で死去した。

津田 左右吉（つだ・そうきち　1873～1961）

歴史学者。岐阜県出身。1891年に東京専門学校邦語政治科を卒業し、東洋史学者白鳥庫吉の元で様々な歴史研究を行った。千葉中学教員や満鉄地理歴史調査室研究員を務めつつ、東洋史・日本古代史への研究を深め、1913年に岩波書店から『神代史の新しい研究』を出版したのを皮切りに、日本史に関する書物を多く執筆する。1920年からは早稲田大学文学部教授を務めた。しかし文献批判と合理的な読解を行い、日本神話を重視しない所謂「津田史観」は保守派から憎まれており、1939年に東京帝国大学法学部講師となった際に蓑田胸喜ら右翼から攻撃を受け、著書が発禁となる。後に教職を辞職したが出版法違反で起訴され、有罪判決を受けるものの44年の控訴審で免訴となった。1949年に文化勲章を受章している。

■て

照宮

↓東久迩　成子

■と

東条　英機　(東條英機　とうじょう・ひでき　1884～1948)

日本の第40代内閣総理大臣、第50～52代陸軍大臣、関東軍参謀長などを歴任。陸軍大将。満州に駐在する関東軍の中で頭角を現し、統制派の中心人物として陸軍を支配した。1940年(昭和15年)7月22日に近衛内閣の陸軍大臣に就任するが、対米交渉において強硬的な態度をとり、近衛首相へ圧力を掛けた。1941年(昭和16)10月18日には近衛首相の跡を継ぎ、内閣総理大臣となり、12月8日の対米開戦へ至る。戦局の悪化と、それによる政治的求心力の低下により1944年(昭和19年)7月22日に辞職した。1945年(昭和20年)8月15日の終戦後、9月11日に戦争犯罪人として逮捕されるが、その際ピストル自殺を図り、失敗している。東京裁判では日本の戦争遂行について自己弁護し、天皇に責任は無く自身が責任を負うとした。裁判の席では、狂人を装ったとされる大川周明に頭をはたかれている。1948年(昭和23年)11月4日、A級戦犯と認定され、死刑判決が下る12月23日、絞首刑となった。享年64歳。

徳川 喜久子（とくがわ・きくこ　1911〜2004）

🔍不敬編　1941年（昭和16年）11月分　島根県

皇族。高松宮宣仁親王の妃。徳川慶久公爵の次女として生まれ、母を通じ有栖川宮家の血も引いている。お転婆と言われる少女時代を送りつつ、1929年に女子学習院本科を卒業し、有栖川宮家の祭祀を継承していた高松宮宣仁親王に嫁いだ。癌やハンセン病患者に対する慈善活動を行うなどした。2000年に昭和天皇の妃であった香淳皇后が亡くなってからは、皇族の中で最年長であった。2004年死去。

な行

■な

中島 久万吉（なかじま・くまきち　1873〜1960）

政治家。幕末の海援隊士や、初代衆議院議長を務めた中島信行男爵の長男。明治学院在学中に文学同人誌を主宰し、島崎藤村と知り合っている。高等商業学校卒業後は様々な企業を渡り歩いた。1899年からは首相秘書官も務め、貴族院議員を務めている。1921年には静岡県静岡市の清見寺を訪れ、足利尊氏が自作した尊氏木造を拝観して感銘を受け、当時逆賊視されていた尊氏を評価する感想を同人誌『倦鳥』に記した。しかし1932年に中島が商工大臣になると、尊氏への評価は貴族院議員の立場としても不敬であるとして、政争の材料として蒸し返され、衆貴両院で批判を浴びた。中島は貴族院議員を辞職したものの、帝人事件にも巻き込まれた（後に無罪）。戦後は日本貿易会会長などを務めた。

中田 邦造（なかた・くにぞう　1897～1956）

🔍反戦編　1937年（昭和12年）7月分　石川県

司書、教育家。滋賀県出身。石川県で社会教育行政に携わる中、図書館の重要性に気付き、石川県図書館協会を設立して教育との連携を図った。1931年には石川県立図書館長に就任している。1937年には記載の事件により戒告を受けるが、その後も1940年に東京帝国大学附属図書館司書、1943年には東京の中央図書館として指定された日比谷図書館長を務め、日本の図書館行政に多大な貢献を行った。日比谷図書館では貴重な資料の疎開に努め、実際に1945年5月25日の空襲で日比谷図書館は焼失したものの、資料の焼失を免れることができた。戦後は日本図書館協会の顧問を務めた。

中野 猛雄（なかの・たけお　1883～1950）

🔍不敬編　昭和二十年　四月中ニ於ケル造言飛語　別紙　○戦局悲観並ニ恐敵造言

政治家。熊本県出身。1907年に早稲田大学政治経済科を卒業し、宮地岳村長、熊本県議会議員を務めた後、1928年の衆議院議員選挙で立憲政友会後任候補として出馬し当選、以後4期を務めた。また、肥州窯業と九州新聞社の社長始め、九州地方の様々な会社の重役を務める。戦後、公職追放となり、処分が解けないまま1950年に死去した。

中野 正剛（なかの・まさかた、せいごう　1886～1943）
政治家、柔道家。福岡県出身。早稲田大学政治経済学科在学中から、様々な雑誌への寄稿を通じて三宅雪嶺や当山満の知遇を得る。1909年に早大を卒業した後はジャーナリストとして活躍した。1916年には東方時論社の社長及び主筆に就任し、政府の方針を批判的に論じ続けた。1920年の総選挙に出馬し当選、以後当選を続ける。その後、1936年に国家・アジア主義団体の東方会を立ち上げ総裁となり、ヒトラー及びムッソリーニとも会見した。全体主義的傾向を強め、太平洋戦争開戦にも賛成するが、思うように進まない戦局の中で東条内閣批判を強めていく。1942年11月に早稲田大学で反東条演説を行い、学生たちを熱狂させた。1943年元旦には朝日新聞に「戦時宰相論」を寄稿し、東条を暗に批判するなど反東条工作を続けた為、東条の意を受けた特高警察は10月21日に中野はじめ東方会員を一斉検挙した。世論の反発もあり、中野は一旦釈放されたが、27日に自宅で割腹自殺した。

梨本宮 守正王（なしもとのみや・もりまさおう　1874～1951）
皇族、軍人。最終階級は元帥陸軍大将。日露戦争に従軍後、フランスに留学し、フランス陸軍大学で軍事教育を受けた。日仏協会、在郷軍人会など数々の団体の総裁職を務める。1943

年から伊勢神宮の祭主を務めたが、戦後に国家神道に加担したとみなされ、皇族の中でただ一人Ａ級戦犯に指定された。半年後に不起訴で釈放されたが、皇籍離脱の後に公職追放を受け、処分が解けないまま１９５１年に死去した。

梨本宮 方子（なしもとみや・まさこ　１９４４．１０）

→李 方子

難波 大助（なんば・だいすけ　１８９９〜１９２４）

大正時代に行動した共産主義者。虎ノ門事件の犯人。山口県の名家難波家に生まれ、父は衆議院議員の難波作之進。幼少時から父親の厳しい教育を受け、当初は皇室に疑問を持っていなかったが、徳山中学5年の頃に田中義一陸相が山口県に帰省した際に強制的に送迎させられたことを機に思想的な変化を遂げ、勉学の為上京した際に共産主義者となった。上京しての学生生活にも疑問を持ち、早稲田第一高等学院を中退、労働者としての生活を送る。労働者に対する警官の横暴や、関東大震災後の社会主義者虐殺に憤り、１９２３年（大正12年）12月27日、東京・虎ノ門で摂政宮裕仁親王の車列に銃撃し、逮捕された。死刑判決を受け、翌年11月15日に処刑された。

■の

宣仁親王妃喜久子
↓徳川喜久子

野津 義大（のつ・よしひろ　1891?～1945）
不敬編　1944年（昭和19年）2月分　大阪府
記者、編集者。井形正寿「『特高』経験者として伝えたいこと」に、1978年頃の話として井形が遺族に会いに行った話が記されている。妻によると野津義大は厳格かつ自尊心の高い性格であったという。1943年2月16日（ママ）に特高警察により家宅捜索を受け、筆跡の証拠となるものを押収し、義大は連行された。後に懲役一年の刑を受け、堺刑務所に収監された。1944年12月に家族に宛「春には帰れる」旨の手紙を送ってきたが、一か月後に刑務所から死亡を知らせる電報が送られてきた。妻が弁護士とともに遺体を引き取りに行くと、遺体に斑点があり、弁護士は「あっ、やられたな！」と変死を疑ったが、刑務所から死因を知らされることもなく、義大の遺体は火葬となった。

は行

■は

橋田 邦彦（はしだ・くにひこ　1882～1945）

反戦編　1941年（昭和16年）1月分　京都府

生理学者、教育家。鳥取県出身。東京帝国大学医学科を卒業後、ドイツに留学し生理学を学ぶ。帰国後、1922年に東京帝国大学教授となる。特に電気生理学の発展に寄与し、また禅宗にも通じていた。近衛文麿に招聘され、1940年に第二次近衛内閣の文部大臣に就任し、「科学する心」を提唱し、小学生低学年からの理科教育の推進などを行った。日本の敗戦後、1945年9月にA級戦犯指定され、警察が自宅に迎えにきた所で青酸カリを飲み、自殺した。

畑 俊六（はた・しゅんろく　1879～1962）

陸軍軍人。1900年に陸軍士官学校第12期を次席卒業し、日露戦争に従軍した。1910年に陸軍大学校22期を首席卒業する。その後、主に参謀職を多く勤め、1936年には台湾軍司令官、その翌年には陸軍大将となった。1939年には侍従武官長となり昭和天皇裕仁から信頼され、天皇の意向で阿部信行内閣の陸相に就任する。その後、米内光政内閣でも留任するが、日独伊三国同盟の締結を求める陸軍に対し、穏健派の畑は米内と両挟みになり、辞表を提出。陸軍は後任を出さず、米内内閣は総辞職した。太平洋戦争時は中国戦線の指揮を行い、1944年に元帥となる。広島原爆投下時には第二総軍司令官として広島にあったが難を逃れ、被爆者支援の指揮を行った。戦後、A級戦犯として起訴されるが、以前裏切る形となった米内光政が不利な証言を行わなかったため、死刑を免れ、1954年に釈放された。

ひ

東久邇　成子（照宮　ひがしくに・しげこ　1925～1961）
皇族。昭和天皇裕仁の長女。称号は照宮。今上（平成）天皇の姉にあたる。女子学習院時代は学業優秀とされ、父親に倣い生物学者の道を考えていたが進学せず、1941年5月に東久邇宮盛厚王と婚約内定し、1943年3月に結婚した。戦後に東久邇宮家が皇籍離脱したため、嫁いでいた成子も夫とともに皇籍を離れた。

常陸宮正仁親王（義宮　ひたちのみや・まさひとしんのう　1935～）
🔍不敬編　1943年（昭和18年）8月分　栃木県
皇族。昭和天皇裕仁の次男。称号は義宮。現・明仁上皇の弟にあたる。1955年に成人し、東京大学大学院で動物学を専攻した。1964年に津軽華子と結婚し、常陸宮家が創設された。これは戦後初の宮家創設である。

裕仁（迪宮、昭和天皇　ひろひと　1901～1989）
昭和時代の天皇、生物学研究者。1947年までの大日本帝国憲法下では国家の主権者とされ、1947年5月3日からの日本国憲法では「日本国の象徴」「日本国民統合の象徴」となった。践祚幼少期は家庭教育を受け、1912年に祖父である明治天皇が崩御（死亡）し、嘉仁が践祚（天皇の世襲）したことをうけ、皇太子となる。父の病気による摂政就任、宮中某重大事件、ヨーロッパ訪問（以上コラムを参照）、関東大震災、虎ノ門事件始め数度の大逆事件など様々な事件を経て、1924年に良子女王と結婚し、後に二男五女を設けた。1926年、大正天皇嘉仁の崩御を受け、天皇に即位する。1930年代の混迷を深める情勢の中で、二・二六事件鎮圧以外には明確な政治意思を示さなかった。日中戦争、次いで太平洋戦争が開戦し、戦況が悪化すると国体維持を条件とした講和を画策するが、原爆投下やソ連参戦を受け1945年8月14日にポツダム宣言受諾による無条件降伏を決意、終戦の詔書を下し、翌日ラジオ放送で国民に日本の降伏を伝えた。戦後、様々な政治取引の末に処分を免れ、1947年からの日本国憲法下では国民の象徴となった。その後は象徴天皇として様々な行事に努めた。1987年より健康が著しく悪化し、国中が自粛するなか、1989年1月7日に死去した。

■ふ

フランクリン・D・ルーズベルト（Franklin Delano Roosevelt　1882～1945　アメリカ）

アメリカ合衆国第32代大統領（1933～1945）。民主党選出。海軍次官、ニューヨーク州知事などを経て、1932年大統領選に出馬し勝利する。世界恐慌による不況問題に対し、政府による経済への積極的介入や失業者救済の為の公共工事などを行うニューディール政策を展開、状況を改善に導く。また、当時最新のメディアであったラジオを利用し、自身の政策を説明、国民から人気を得た。第二次世界大戦や日中戦争の開戦後はイギリス・中国に支援を行ったものの、アメリカのモンロー主義的傾向を覆せず、自ら参戦する事はなかった。だが日本軍による真珠湾攻撃が行われると、議会で参戦を認めさせ、アメリカを連合国軍の一員とした。戦中を通じてアメリカの指導者として演説や会談を行い、日本においても（敵国指導者故に非難や罵倒の対象として）よく知られていた。1945年4月12日、自身の肖像画製作の休憩中に死亡。大統領職はハリー・S・トルーマンに引き継がれた。

ま行

■ま

松永 東（まつなが・とう　1887〜1968）

反戦編　1940年（昭和15年）4月分　長崎県

政治家、弁護士。長崎県串山村（現在は雲仙市）出身。早稲田大学商学部、日本大学法学部を卒業し、弁護士となる。東京市会議員を経て、1932年第18回衆議院議員選挙に立憲民政党公認で出馬し、初当選した。戦後も公職追放を挟みつつ議員として活躍し、第45代衆議院議長を44日間務めた。1957年の第一次岸改造内閣では文部大臣を務める。1963年の選挙落選を機に政界を引退した。

的場 実（ホルへ的場実、まとば・みのる　1911〜1984）

🔍不敬編　昭和十九年九月三日　憲二高第三六八号　別紙第二「政変ニ伴フ造言事例」

ラテン音楽評論家、宝石商。東京府立第一商業学校を卒業後、アルゼンチンに渡る。現地でラテン音楽、特にタンゴに魅せられ、後に日本におけるタンゴの第一人者となった。昭和十年に帰国後は南米との貿易実務に従事した他（中外商業新報 1939年1月14日）、アルゼンチン作詞作曲家協会の駐日代表を務めるなどした。1939年には大島テルと結婚。戦後はマトバ真珠宝石店を営業しつつ、1950年からNHKのラジオ番組「リズムアワー」に長らく出演し、日本におけるラテン音楽の紹介と普及に努めた。中南米諸国の音楽著作権団体の駐日代表を勤めた功績から、メキシコとアルゼンチンの文化勲章を受章している。

み

三木 清（みき・きよし　1897〜1945）

哲学者。兵庫県出身。第一高等学校を卒業後、京都帝国大学に入学し、当時の日本を代表する哲学者西田幾多郎に師事した。歴史哲学を専攻し、1922年にはドイツへ留学する。帰国後はリベラリスト・マルクス主義者としても活動し、羽仁五郎と雑誌を立ち上げるなどした。また、岩波書店刊行物の巻末に掲載されている「読書子に寄す」の草稿も執筆するなど、20年代から30年代の日本の知的環境にも大きな影響を与えた。しかし日本共産党との関係から1930年に逮捕され、以後教職から離れ、文筆へ活動の軸を移す。その後、近衛文麿のブレーン団体である昭和研究会にも参加し活躍したものの、解散を余儀なくされ、再び活動の場を失った。1945年3月、ゾルゲ事件に関与したとして追われていた共産党活動家タカクラ・テルの逃亡を援助したとして逮捕され、終戦を挟んだ9月26日に豊多摩刑務所で死亡した。敗戦後も政治犯が過酷な環境で拘束されている事実に進駐軍当局は驚き、その後の政治犯釈放へと繋がっていくこととなる。

迪宮
↓裕仁

蓑田 胸喜（みのだ・むねき　1894～1946）
右翼、反共主義者。熊本県出身。1917年に東京帝国大学に入学し、在学中に上杉慎吉（天皇主権説論者）らの影響を受ける。卒業後は慶應義塾大学予科教授として心理学を講義したが、その内容はほとんど反共主義と国学で、受講生の奥野信太郎によると試験には明治天皇の御製を書かせた（三つ書ければ及第）と言う。1925年には右翼団体「原理日本社」を創立し、多くの知識人や自由主義・共産主義者を攻撃した。天皇機関説事件や津田事件など、30年代の政治問題や粛学騒動にも多く関与している。1932年には国士舘専門学校教授となる。終戦後、首吊り自殺した。

美濃部 達吉（みのべ・たつきち　1873～1948）

法学者、政治家。兵庫県の漢方医の家系に生まれ、1894年に東京帝国大学法科大学政治学科に入学、天皇機関説論者の一木喜徳郎に師事した。卒業後は内務省に勤務した後、1899年からヨーロッパ各国に留学する。帰国後は東京帝国大学の教授となり、比較法制史を教えた。1912年には天皇機関説の立場を明らかにする著書「憲法講話」を著し、天皇主権説論者の上杉慎吉教授らと論争を繰り広げた。1932年に貴族院議員になるものの、1935年2月の貴族院本会議において菊池武夫議員により機関説が攻撃され、美濃部は槍玉に挙げられた。美濃部は「一身上の弁明」演説を行い、説明を行ったものの攻撃は続き、著書の発禁や辞職を余儀なくされる。1936年には右翼から襲撃を受け、重傷を負っている。戦後、枢密顧問官として新憲法制定に携わるが「占領軍による改正は無効」として日本国憲法の採決に反対・棄権した。

三宅 晴輝（三宅晴暉、みやけ・せいき　1896～1966）
🔍不敬編　1940年（昭和15年）3月分　福岡県
経済評論家、実業家。兵庫県出身。1919年に早稲田大学商科を卒業し、東洋経済新報社の記者として財閥研究を行うなどして活躍した。戦後はNHK理事、東宝取締役などを務めた。

宮村 又八（みやむら・またはち　1899?～?）
🔍反戦編　社会運動の状況1937年（昭和12年）熊本県

水平運動家、国会議員。被差別部落出身者として、熊本において水平社運動に従事している。戦後、1947年の第23回衆議院議員選挙に日本社会党から出馬し当選、一期を務めた。

■も

森 五百枝（もり・いおえ ?~1945）

🔍不敬編 1942年（昭和17年）11月分 京都府

カトリック（天主教）の神父。大阪教区に所属しており、京都市の河原町教会に着任するも1944年に招集される。1945年6月に沖縄で戦死したとされる。

や行

■や

矢崎 弾

↓神藏 芳太郎

柳原 愛子（二位の局 やなぎはら・あいこ 1859~1943）

女官、明治天皇の典侍。大正天皇嘉仁の生母。明治天皇の女官として仕え、三子を産むが、成人したのは後の大正天皇である嘉仁のみであった。その後は宮中で女官を取り仕切る中心人物として働き、また九条節子（大正天皇の皇后）の教育係も務めた。１９１９年に正二位に叙任されたことから二位の局とも呼ばれた。

山下 正直（摩起、やました・まき　１８９０〜１９７３）
不敬編　１９４４年（昭和19年）２月分　大阪府
日本画家。京都市立絵画専門学校研究科に在学中、１９１０年の第四回文展に「溪風」が初入選する。以後、文展・帝展に出品を重ねる。１９２８年から渡欧し、２年後に帰国。その後は個展などを中心に活躍し、仏画も多く描いた。死の翌年には兵庫県立近代美術館において山下摩起展が開催された。

山田 隆也（やまだ・たかや　本名：横川唯治　１８９０〜１９７８）
反戦編　１９３９年（昭和14年）12月分　京都府
俳優、監督。埼玉県出身。坪内逍遥に師事し、１９０９年に坪内主催の演劇研究所一期生となる。１９１３年10月に新劇劇団「舞台協会」を設立し、「出家とその弟子」（親鸞と弟子の交流を描いた演劇）で好評を博す。その後、映画界にも関り、幾つかの映画に出演、１９２８年にはマキノプロダクションの「肉弾決笑記」で初監督も務める。１９３６年からは西田天香主催の新宗教「一燈園」の劇団「すわらじ劇園」に参加し、以後一燈園との関りを深く持つ。本書記載の事件はこの時期のものである。

山本 五十六（やまもと・いそろく　１８８４～１９４３）

元帥海軍大将。アメリカ駐在経験があり、ロンドン軍縮会議にも参加している。海軍次官を経て１９３９年（昭和14）年、第26代連合艦隊司令長官及び第一艦隊司令長官に就任した。アメリカ駐在経験から国力の差を認知しており、対米開戦には否定的だった。１９４１年（昭和16年）12月8日の真珠湾奇襲攻撃で多大な戦果を上げた。１９４３年（昭和18年）４月18日、一式陸上攻撃機に搭乗し、ブーゲンビル島の前線視察へ出かけた所を、暗号解読により待ち伏せしていた米陸軍航空隊に襲撃され、戦死した。その死は一月以上隠された上で5月21日に国民向けに公表された。また、平民として戦前唯一の国葬が行われている。享年59歳。

山本 源次郎（やまもと・げんじろう　１８９４～？）

不敬編　（昭和15年）5月分　千葉県

千葉県印旛郡の農民運動家。東京で労働争議に参加した後、郷里に戻って農民運動を組織し、小作争議など実力闘争を行った。週刊『三里塚』第７８１号（中核派）によると、彼の指揮による小作人運動は「……演説会を酒々井町で開催し、終了後地主宅にデモに入る。農民歌を歌い取り囲む。地主の犬が吠え掛かってきたので殺し、その首を竹やりに刺して田んぼまでデモを続けた」という。戦後、第一回参議院議員選挙に千葉県選挙区から出馬するが落選した。

山本 宣治（やまもと・せんじ　１８８９～１９２９）

政治家、生物学者。生物学者として人の発達や性に関する研究を行った。1922年（大正11年）にはアメリカから来日した産児制限運動家マーガレット・サンガーから影響を受け、性教育や産児制限運動にも関り、当時広まっていた「オナニーは有害」と言う風説に反論した。左翼運動とも関りを持ち、京大や同志社大の講師を辞任させられる。1928年（昭和3年）の第一回普通選挙において、共産党傘下にあった労農党から出馬し当選し、治安維持法改正などに反対したが、1929年（昭和4年）3月5日、旅館で右翼の黒田保久二に刺し殺された。

山本 直文（やまもと・なおよし　1890～1982）

🔍不敬編　昭和十九年十月十一日　憲二高第四四四号　別紙第二「要注意造言事例」（記載側の年齢は誤記と思われる

フランス文学者、料理研究家。日本におけるフランス料理研究の第一人者であり、フランス語およびフランス料理に関する書籍を数多く執筆した。1917年に東京帝国大学文学部を卒業後、1921年より学習院大学教授を務めた。1932年にはフランス政府よりレジオンドヌール勲章を授与される。戦後はエスコフィエ協会日本支部の開設に尽力し、開設後は名誉顧問となった。

■よ

義宮（よしのみや）

→常陸宮正仁親王

ヨシフ・スターリン（Иосиф Виссарионович Сталин　1878～1953）

ソ連の指導者、共産党書記長。ロシア帝国内グルジア（現在のジョージア国）ゴリ市出身。靴職人の家に生まれ、一時は神学校で学ぶが授業料不足で退学する。神学校在学中から革命思想に共感しており、気象台に勤めつつストライキの指導を行うなどして、秘密警察にも監視された。その後、逮捕され流刑されるが、流刑先でレーニンの事を知り、ボリシェヴィキ派となる。1917年のロシア革命の後は民族問題人民委員に任命された。1922年にレーニンが脳梗塞で衰弱するとスターリンは共産党書記長となり、レーニンの死後に実権を握り、レーニンの後継者と見られたトロツキーを追放した。その後は個人崇拝的な体制を構築し、農業の集団化、秘密警察の強化、そして強い懐疑心から大粛清を行った。大粛清の結果、国内は混乱に陥り、第二次世界大戦において独ソ戦序盤の大敗を招く。独ソ戦の勝利、対日参戦を経て戦後もソ連の指導者及び東側諸国の盟主として活躍したが、1953年3月に脳卒中により死亡した。

嘉仁（よしひと）

→大正天皇に関するコラムを参照

ら行

■り

李 垠（り・ぎん、イ・ウン　１８９７～１９７０）
大韓帝国の最後の皇太子。王公族。李氏朝鮮第26代国王・大韓帝国初代皇帝の高宗の七男として生まれる。朝鮮への日本の圧力が強まる中で育ち、１９０７年からは伊藤博文らの要請により日本に留学し学習院に入学した。１９１０年の日韓併合後は「王族」となり、皇族に準じた扱いを受けた。１９２０年に梨本宮守正王の長女である方子と政略的に結婚する。１９２６年には純宗の死により李王家を継いだ。陸軍軍人として勤務し、宇都宮歩兵第59連隊長や第一航空軍司令官を務めた。戦後は妻と共に皇籍離脱し、朝鮮籍となるが、大韓民国大統領の李承晩の妨害により帰国出来なかった。朴正煕政権時代に帰国を認められ、１９６３年に大韓民国へ帰国した。その後は韓国政府の支援により昌徳宮（李氏朝鮮時代の王宮）で生活する。

李 方子（り・まさこ　１９０１～１９８９）
元皇族。梨本宮守正王の長女として生まれる。併合された大韓帝国の最後の皇太子である李垠と1916年に婚約する。これは「内鮮融和」の建前を象徴する政略結婚であったとされる。初代大韓帝国皇帝高宗の死による延期を挟みつつ1920年に李垠と結婚するが、この際朝鮮独立活動家らによる暗殺未遂事件が事前に摘発された。戦後、皇籍離脱の上、李垠とともに日本国籍を失う。1950年代は大韓民国大統領の李承晩の妨害により帰国出来ずにいたが、大統領が朴正煕に代わると態度が軟化し、1963年に大韓民国へ帰国した。その後は韓国政府の支援により昌徳宮（李氏朝鮮時代の王宮）で生活する。1970年に李垠と死別した後は障害児支援活動を行いつつ、余生を送った。1981年に韓国政府から牡丹勲章を授与され、1989年に死去した際には準国葬扱いを受けた。

■る

ルーズベルト

→フランクリン・D・ルーズベルト

ロバート・クレイギー（Robert Leslie Craigie　1883〜1959）

不敬編　1941年（昭和16年）11月分　警視庁（東京）

イギリスの外交官。香港在住のイギリス海軍艦長の息子として生まれ、幼少時から日本で過ごす経験が多かった。1907年にイギリス外務省に入省し、事務経験を積む。1937年7月の盧溝橋事件発生後、急速に悪化する日英関係の中で、クレイギーは9月3日に駐日大使として着任し、関係改善や各種折衝を務めた。１９４１年12月の太平洋戦争開戦後は拘留され、１９４２年の日英交換船で本国に帰国した。帰国後は日英外交関係に関する最終報告を提出したが、極東政策を非難し対日戦争は回避の可能性があったと言う論調だったため、内容は暫く封印された。

わ行

■わ

渡部 長一郎（別名・松村長太　１９０９〜１９７７）

🔍不敬編　１９３９年（昭和14年）12月分　秋田県

松ヶ崎村役場書記、後に秋田県農協連参事など。秋田県の農民文学者・郷土史研究家。秋田文化出版社から『秋田でかせぎ物語　漁民編』などを松村長太名義で出版していた。

和知 鷹二（わち・たかじ、和知部隊長　１８９３〜１９７８）

🔍反戦編　１９３７年（昭和12年）９月分　高知県

軍人。最終階級は陸軍中将。広島県出身。１９２２年に陸軍大学校34期卒業。中国における駐屯部隊の参謀や特務機関などを歴任し、１９３７年８月に大佐に昇進し、歩兵第44連隊長となる。その後、国民党政府に対する内部攪乱工作（蘭工作）や台湾軍参謀長、中国憲兵隊司令官を歴任。戦後に戦犯となり公職追放、重労働6年の判決を受けた。

用語解説

あ行

■あ

愛国婦人会
1901年に発足した婦人団体。陸海軍の後援もあり、当初は傷病兵救護や戦死者遺家族に対する支援などを主に行っていたが、後には社会事業全般を手がける団体となった。高額会費や上流女性によるサロン的活動なども特徴とされる。1942年に内閣の方針により他婦人団体と統合、大日本婦人会に吸収される。

赤、アカ
共産主義者を指す蔑称。共産主義の象徴として使われる色が赤色である事から。

赤列車
三等車のこと。1940年まで、省線の客車は等級ごとに帯に色分けがされており、三等車の帯は赤色だったことから。

アメリカ合衆国（アメリカ、米国、The United States of America）

１７８３年にイギリスからの独立を果たした、北アメリカ大陸の国家。本書で扱う時期の指導者はフランクリン・D・ルーズベルト大統領（１９３３・３〜１９４５・４）、ハリー・S・トルーマン大統領（１９４５・４〜１９５３・１）。国内の体制が整った19世紀後半以後大きな発展を続け、第一次世界大戦後は大恐慌を経験しつつも大国としての地位を確立する。アジアにおいて発展と侵出を続ける日本に対しアメリカは脅威を覚え、１９３０年代を通して日本との関係は悪化した。１９４１年7月の日本軍による南部仏印進駐とそれに対するアメリカの様々な禁輸・凍結措置が緊張の頂点となる。１９４１年12月8日、日本軍がハワイ真珠湾を奇襲攻撃し、太平洋戦争が開戦する。この際、それまで第二次大戦において建前上中立を維持していたアメリカは連合国側の一員となる。当初は日本軍に敗北を続けたものの、ミッドウェー海戦以後、連合国のリーダー役として圧倒的な物量によって巻き返しを図った。１９４５年からは日本主要都市への大規模爆撃や原子爆弾使用により日本本土を追い詰め、１９４５年8月15日に日本が降伏。9月より軍隊及び諸機関を進駐させて日本の民主主義化を行った。戦後、超大国かつ冷戦における西側諸国の盟主としての地位を得、現在に至る。

い

井関部隊

1938年6月から1940年3月までの陸軍第14師団のこと。ゴーストップ事件で警察に謝罪を求めたことで有名な井関隆昌が師団長を務めていた。

一将成功万骨枯（一将功成りて万骨枯る）

中国の唐末期の詩人、曹松による「己亥歳」の結句。一人の将軍が出世し栄誉を得るために大勢の人が死ぬ、と言う厭戦的な意味を持つ。

稲葉部隊

日中戦争初期の陸軍第6師団のこと。稲葉四郎中将が師団長を勤めていた。

伊勢神宮

三重県伊勢市に存在する神社。正式名称は「神宮」。皇室の祖神である天照大神と繁栄の神である豊受大御神が祀られていることから、皇室の氏神として古代より崇敬を受けてきた。戦前の近代社格制度では全ての神社の頂点として扱われ、戦前を通じて国家神道の中心となった。終戦後GHQから発された神道指令により政教分離が進み、このような扱いはなくなったものの、今もなお大きな勢力と影響力を持っている。

■う

■え

英霊

戦死者のこと。

■お

唖（おし）

口がきけないこと。発話障害。

オメコ

主に関西弁で女性器を指す言葉。ヴァギナ。オマンコ。

応召

一度兵役を終えている予備役、後備役が再度召集を受けること。再召集。

OVRA（反ファシスト監視鎮圧組織
伊：Opera Vigilanza Repressione Antifascisimo)

イタリアのファシズム政権及び後継のサロ政権における秘密警察組織。１９２７年のミラノにおいて特別警察組織として誕生、1930年から全国的に活動を開始し、共産党員などを弾圧した。

か行

■か

活動写真
映画の古い呼称。

客月（かくげつ）
昨月。

客年（かくねん）
去年。

加納部隊
日中戦争初期の陸軍歩兵第101連隊のこと。部隊長加納治雄の名からそう呼ばれた。日中戦争勃発後すぐの9月1日に編成され上海に向うが、編成から一ヶ月を過ぎたばかりの10月11

日に加納部隊長が戦死するなど、多大な損害を出した。

簡閲点呼

旧日本陸海軍の用語。数年に一度、予備役及び後備役を集め、予行演習などが行われた。

■き

記憶力増進器

この時代、「エジソンバンド」など「放熱バンドを頭に装着し頭部を冷却する事で脳の働きを良くする」ことを謳う胡散臭い商品が流行っていたが、その類だろうか？

九一八禁令

物価が１９３９年9月18日の基準に固定された価格等統制令（１９３９年10月18日公布）の事と思われる。

宮城遥拝

天皇に対する忠誠心を示すために皇居の方角に向け、遥拝すること。戦前の日本において盛んに行われていたが、宮城遥拝を偶像礼拝と見なし、拒否するキリスト教徒・イスラム教徒や植民地・占領地の人々にも強制され、強い反感を買った。

教育勅語（教育ニ関スル勅語）

1890年（明治23年）10月30日に発布された、大日本帝国における教育基本方針を表す勅語。維新後の日本では海外の知識を取り入れるため欧米的な教育方針を優先していたが、自由民権運動が高まるにつれ元田永孚を中心とする明治政府内の保守派は、教育方針の保守的転換を求める運動を行った。これらの流れを汲み、山県有朋内閣のもとで本格的に方針整備が行われ、教育勅語が誕生した。明治天皇が自身で執筆したものと言われるが、実際は井上毅と元田永孚が編集している。天皇の神聖な言葉であるとして全てが神聖視され、公式解釈が示されなかったため、発布以後多種多様な解釈が生まれた（明治天皇自身が上覧した井上哲次郎の「勅語衍義」を官定解釈とする事がある。また1940年に文部省が内部向けに全文通釈を公開した）。戦前の日本では神聖視され、奉安殿に納められ崇敬されたり、児童に内容の暗記が求められるなどした。戦後廃止され、教育の基本方針は教育基本法に引き継がれた。

共産主義

19世紀後半にカール・マルクスとフリードリヒ・エンゲルスにより体系化された思想のこと。様々な潮流が発生したが、私有財産を制限し共有を進めること、平等で搾取の無い社会を築くこと、プロレタリアート（労働者）による政治を行うこと等といった見解が共通している。日本には19世紀末から1900年代初めに幸徳秋水と堺利彦により伝えられ、ロシア革命の影響やアナキスト（無政府主義）との論争（アナボル論争）を経つつも一部の人々に定着した。
↓日本共産党、↓マルクス主義

共産党

共産主義を掲げる政党。日本における共産党については↓日本共産党

行商

各地を周り、商売を行う人。戦前日本の商業に於て重要な役割を担っていたが、口コミなどを伝播しやすく、特高警察により逮捕されるものが多く出た。

金鵄

元の用語としては、日本神話において東征中の神武天皇が長髄彦と戦闘した際に、神武天皇の弓に降り立ち東征軍の勝利に貢献した金色の鳶のこと。縁起の良い存在として、戦前では官民様々な物品のブランド名に使われた。

1・タバコの銘柄。元はゴールデンバットと言う銘柄だが、1940年に敵性言語追放の動きがあった際に金鵄に改名した。当初は10銭であったが戦時中に15銭に値上がりし、生活苦を象徴する出来事として替え歌に歌われるなどした。

2・金鵄勲章の略。次を参照。

金鵄勲章
１８９０年に制定された、大きな軍功をあげた者に授与される勲章。功七級から功一級まであり、受勲者の階級により授与される等級が違った。受勲者には年金も支給されたが、日中戦争開戦などで受勲者が増えるに従い財政の負担となり、一時金制度となったり、上国債で代えられたり、最終的には戦死者にのみ受勲される様になるなどした。１９４７年の日本国憲法施行の際に、戦前の他の勲章と共に廃止された。

金属供出
１９４１年に国家総動員法に基づき制定された金属類回収令による金属回収運動のこと。日中戦争開戦以後、兵器を製造するためとして政府は度々金属供出を呼びかけていたが、この法律により積極性を伴うこととなった。寺院の鐘や偉人の銅像が率先して供出に出されたことが有名だが、戦況が悪化するにつれ食器・指輪・タイピンなど細かな金属までも供出が求められるようになった。

く

倉永部隊
日中戦争初期の陸軍歩兵第６連隊のこと。部隊長倉永辰治の名からそう呼ばれた。日中戦争勃発後すぐに上海に上陸するものの、無謀な戦闘により8月29日に部隊長が戦死するなど壊滅的な損害を出した。

クリーク
入り江、小川、水路など、水気のある土地の総称。

訓戒
様々な組織における懲戒の一つ。本書における用法の場合、特高警察により厳重注意・警告や監視の圧力が行われたと想像される。

訓導
小学校の教師のこと。

■け

言論・出版・集会・結社等臨時取締法
太平洋戦争開戦直後の12月21日に施行された法律。名前の通り、それまで届出制であった出版や集会を許可制とするなど、様々な表現形態の統制と取り締まりを目的とした法律である。不敬罪と共に適用されることも多いが、単体の場合は主に戦時生活に対する強い不満を表明した者に適用されたようである。

ゲシュタポ　（秘密国家警察　ゲハイメ・シュターツポリツァイ　独：Geheime Staatspolizei, Gestapo）
ナチスドイツにおける秘密警察組織。1933年にプロイセン州警察の内部組織として誕生し、以後ナチス政権の中で権限と影響力が増強され続け、1936年には全ドイツで活動する組織となった。第二次大戦中はドイツ軍が占領した全地域において活動し、現地の反ナチ勢力、レジスタンス、そしてユダヤ人などを摘発した。

言辞を弄す
言いふらす。悪意のある言動をする。

こ

皇軍
日本軍全体の雅称。「天皇の軍隊」であることを指す。

皇紀（神武天皇即位紀元）
日本独自の暦とされるもの。古事記・日本書紀に記されている内容を中国の史書などと対応させ、紀元前660年に神武天皇が即位したとして皇紀元年とする。明治以前にはあまり意識されていなかったが、明治6年の太陽暦採用とともに公的な暦として採用され、1940年の皇紀2600年は盛大に祝われた。また、日本の支配下に置かれた地域でも皇紀は強制された。　↓皇紀2600年

皇紀二六〇〇年
西暦1940年（昭和15年）に相当する年のこと。この年は皇紀2600年の節目として重要視され、年間を通じてイベントが行われた。11月10日に皇居で開催された紀元二千六百年式典から11月14日までが祝賀ムードの頂点となった。この年に夏季東京オリンピック、冬季札幌オリンピック、東京万博も誘致されていたが、日中戦争の勃発により中止となった。

後備役
予備役も終えた軍人が編入される位。

高等小学校
戦前の初等・中等教育機関。旧制中学と並存していたが、こちらは初等教育の続きとして存在しており、教養科目よりも実学に重点が置かれていた。数度の法改正を経て、1940年の時点では13歳から14歳の生徒が通っていた。1941年の国民学校令により国民学校高等科

に改編される。　→国民学校

国府台陸軍病院
千葉県市川市に所在した陸軍病院。主に精神障害を起こした兵士が多く収容されていたとされる。

国債
→戦時国債

国防献金
国民から軍に対し送られる献金のこと。明治時代の日清・日露戦争から行われていたが、満州事変以降に新聞社や自治体などが組織だってキャンペーン的に行った。自発的なものばかりでなく、自治体が強制的に献金を割り当てることもあった。

国防婦人会
→大日本国防婦人会

国民学校

1941年の国民学校令により、尋常小学校、高等小学校が改変され、新たに誕生した初等教育機関。国民学校初等科6年＋国民学校高等科2年の計8年間が組まれたが、戦況の悪化により1945年には高等科の授業が中止となった（敗戦により9月から再開）。教育内容は国民学校令第一条に「國民學校ハ皇國ノ道ニ則リテ初等普通教育ヲ施シ國民ノ基礎的錬成ヲ為スヲ以テ日的トス」とあるように、国策に完全に沿う国民を育成することに重点が置かれていた。戦後しばらくも存続し、かつての教科書から軍国主義的な内容を削除する「墨塗り」や、地理・歴史教育の改革を経た後、教育基本法・学校教育法が公布されたことにより、1947年度から6・3制の新制小学校・新制中学校に改編され、現在に至っている。

御真影
天皇・皇后が写った写真のこと。その扱いには変遷があり、大正時代までは比較的緩かったが、昭和に入ると奉安殿での崇敬行為などが活発化した。戦時中には新聞や雑誌に掲載されたものも特別に処理しようとする動きが出るなど、扱いの硬化が進んだ。

国家総動員法
1938年に制定された法律。日中戦争の激化に伴い、経済の戦時下を望んだ陸軍が主導し、制定された。この法律により多くの物資・生産・流通・人員が統制化に置かれ、戦争遂行へと振り向けられる中で、民需関連は切り詰められていった。

米騒動
日本人の主食である米の流通が不足することによる不安や不満から発生する暴動のこと。普通は1918年の米騒動を指す。日本人の白米食化、農村からの人口流出、さらに第一次世界大戦やシベリア出兵といった様々な動きが重なり、1918年夏頃に米価が高騰したため、各地で庶民による米安売りを請願する運動が発生した。しかし投機目的の米売り渋りや政府の対応失敗が続き、米価は高騰を続けたため、次第に運動は激化、秋まで全国各地で暴動が発生した。

コレラで死ねばよい
紡績工場に勤めていた女工達の間で作られ、流行った「女工小唄」の中でも有名な一節。元は「寄宿ながれて　工場焼けて　門番コレラで死ねばよい」と言う、待遇の不満を歌ったもの。

さ行

■さ

財閥
ある一族により出資・資本・経営などが独占され、巨大化した経営形態の集団。戦前の日本経済において非常に大きな影響力を持っており、特に四大財閥として三井財閥・三菱財閥・住友財閥・安田財閥が有名である。敗戦後、ＧＨＱにより財閥解体政策が行われ、財閥は細かに会社を分散させられたが、次第に緩和され、解体された各社は再び結集し、大企業グループを形成した。

し

色盲（しきもう）
色覚の異常により、通常の認識とは異なる形で色が見える障害。色覚異常。

輜重（～兵）（しちょう）
食料、武器弾薬、軍服など、軍隊で扱われる物資（軍需品）の総称。転じて輜重兵とは輸送や補給などを担当する兵士のこと。

支那
シナ。中国大陸やその勢力全体を指す言葉。勢力としてはこの時代では主に中華民国のことを指す。現在は蔑称とされ、好まれない呼び方である。　↓中華民国

支那事変

↓日中戦争

社会主義
平等な社会を求める思想。マルクス主義においては資本主義から共産主義へ向う過渡期とされるが、あくまで民主制度を維持する方針を採る社会民主主義や、宗教的温情やユートピア思想などを軸にする社会主義も存在する。

社大党
社会大衆党の略称。　↓社会大衆党

社会大衆党
多くの無産政党が集合した末、1932年に結成された社会主義政党。立憲政友会と立憲民政党の二大政党制状態だった議会において、統一的な社会主義政党が誕生したことで支持が伸びたものの、麻生久らにより軍部内の革新派との連携が模索され、次第に社会大衆党は軍部に追従し、全体主義的傾向を強めていく事となった。1940年に大政翼賛会が誕生すると、立憲政友会と立憲民政党よりも早く合流した。片山哲や浅沼稲二郎らといった人脈は戦後、社会党に受け継がれている（現代の沖縄社会大衆党とは直接の関係は無い）。

銃後
戦争に行かない人々。戦場に対する後方（日本本土）の一般社会。

出征（～軍人、兵士）
1・一般的な用法としては、兵士として戦地に向うこと。
2・この時代の日本では、日中戦争、次いで太平洋戦争の勃発により動員され、戦地に向うこと。建前としては「名誉」なことであるため、村内や町内から出征兵士が出た際には祝賀行事や壮行会が行われるなどしたが、そこで反戦的な言動を口にして摘発される者もいた。

恤兵（じゅっぺい、じっぺい）
軍隊、兵士に対する寄付や慰問物資の総称。

春画
男女のセックスや猥褻な状態を描いた絵のこと。現代で言うエロ本の様なもの。笑い絵、枕絵とも。

省線
戦前の国有鉄道路線の総称。ＪＲ各社と国鉄の更に前身であり、鉄道省（１９２０～

1943・11）、運輸通信省（1943・11～1945・5）、運輸省（1945・5～）と、省が鉄道を管轄していたことからこう呼ばれた。例えば「省線新宿駅」は、現代で言う「JR新宿駅」である。「国鉄」と呼ばれる様になるのは、戦後1949年に公社として「日本国有鉄道」（JNR）が誕生してからである。

賑給（しんきゅう、しんごう）
律令制時代まで遡る言葉で、天皇の代替わりや大災害の際に、高齢者や病人ら弱者に対して国家が衣料や食料品を支給した制度のこと。福祉制度の古風な言い方。

神宮大麻
伊勢神宮の神札（お札）のこと。現代でも多く頒布されており、神棚に安置されているものなどを見かけることが出来る。戦前の日本では国策としてほぼ全国民に配られており、キリスト教徒などが受取を拒むなど、度々信教上の問題となった。

尋常小学校
戦前の初等教育機関。1907年からは現代の小学校と同じく7歳から12歳までの子供の教育を行った。多くの子供はその後に高等小学校に通った。1941年4月の国民学校令により、国民学校初等科に改編された。→国民学校

■す

ズロース

当時普及しつつあった女性用下着の一種。下腹部から太ももまでを覆う大型の下着。ドロワーズとも。

■せ

聖駕奉迎

天皇をその土地に迎えること。

政友会

立憲政友会の略称。　→立憲政友会

戦時国債

戦争に伴う巨額の予算をまかなう為に発行される国債。日中戦争開戦以降、「戦時貯蓄債券」「戦時報国債券」「弾丸切手」などが発行された。戦費の増大や戦況の悪化に伴い、更に大量に発行され、国債残高は膨れ上がった。終戦とその後のハイパーインフレにより、戦時国債はほぼ無価値となった。

せんずり
男性の自慰のこと。オナニー。マスターベーション。

■そ

ソビエト社会主義共和国連邦
（ソビエト、ソ連、ソヴェト、Union of Soviet Socialist Republics）
１９１７年からの一連のロシア革命により誕生したボルシェヴィキ政権を前身とし、１９２２年から１９９１年まで存在した国家。革命前からの名称でロシア（露西亜）とも呼ばれた。当時の指導者はスターリン書記長。当時、世界の共産主義者の指導的立場にある国家と見なされていた。極東方面ではノモンハン事件、張鼓峰事件などの衝突もありつつ、日本とは中立的関係を維持していた。１９４１年6月にドイツが奇襲的開戦（バルバロッサ作戦）を行い、窮地に追い込まれるが、ドイツの同盟国であった日本はソ連に対し7月に国境付近で関東軍特殊演習を行い圧力を掛けたものの、宣戦布告を行わなかった。その後も中立関係を維持しており、太平洋戦争末期には日本から講和の仲介を期待され交渉も行われたが、１９４５年8月8日に対日宣戦布告を行い、満州、朝鮮半島北部、樺太、千島列島を占領した。この際、軍人・民間人問わず、多くの日本人が抑留された。

た行

■た

大逆事件

1・広義には、天皇始め、皇族に危害を加えようとした事件全般。

2・転じて、1910年の幸徳事件（普通、大逆事件とはこれを指す）、1923年の虎ノ門事件、1925年の朴烈事件、1932年の桜田門事件の四つがそう呼ばれる。

大政翼賛会

1940年10月12日から1945年6月13日まで存在した日本の公事結社。本部は東京會舘。当初は近衛文麿による新体制運動の中で、一国一党の強力な指導力をもつ政党組織として構想された後、1940年10月12日に結成され、当時存在した合法的既成政党の全てが合流した。しかし、右翼などから「大日本帝国憲法では天皇親政と決められており、首相に大きな力を持たせるような一国一党体制は違憲かつ不敬である」という批判もされ、近衛文麿は発会式で綱領を「大政翼賛・臣道実践」と語り、政治性を棚上げにした末、最終的に公事結社（政治に関与しない公共利益の為の団体）という曖昧な存在となった。あくまで政党ではないため大政翼賛会としての政治・選挙活動は行えず、代りに翼賛議員同盟、翼賛政治会といった関連団体が政治活動を担ったが、既成政党時代からの会派は多くが残っていた。選挙の際には推薦候補と

「非推薦候補」が存在し、露骨な選挙干渉が行われるなどした。その後、次第に国策に追従する行政組織の様な存在となり、各都道府県に支部を持ち、傘下団体に「日本文学報告会」「大日本産業報国会」などを組織して、総動員体制の中心として国策に協力した。戦況が悪化すると、軍部により更なる組織の改変が求められ、1945年6月に国民義勇隊が結成された際に統廃合された。しかし軍部による強引な統廃合に反対する一部の人々は護国同志会など分派団体を結成し抵抗し、その最後において大政翼賛会の意義すら否定される事となった。

大東亜戦争

1937年7月に開戦した日中戦争から、1941年12月8日の太平洋戦争開戦を挟み、1945年8月15日の終戦までを全て含める一連の戦争を日本側から見た呼称。太平洋戦争開戦後の1941年12月12日、東条内閣の閣議において、1937年からの日中戦争と太平洋戦争を含めて「大東亜戦争」と呼称する事が決定し、盛んに使われた。現代でも保守勢力により使われることがある。 ↓日中戦争、↓太平洋戦争

第二次世界大戦（1939・9〜1945・9・2）

1939年9月1日から1945年8月15日まで続いた、ドイツ・イタリア・日本などを中心とする枢軸国側と、イギリス・フランス（本土占領後は自由フランス）・ソ連・中華民国・アメリカなどを中心とする連合国軍による戦争。第一次世界大戦後、敗戦国ドイツに対する苛

烈な賠償請求や、世界恐慌による世界経済の不均衡・ブロック経済化などに端を発し、イタリアでは1922年にムッソリーニが指導するファシスト政権が、ドイツでは1933年にヒトラーが指導するナチス政権が誕生し、両国は全体主義や反共主義を共通点に1930年代を通し急速に接近、後に日本もこれに加わった。ドイツはオーストリアやチェコのズデーテン地方を併合、イタリアはエチオピア侵攻を行うなど膨張を始めたが、イギリス・フランスは第一次世界大戦の記憶から強い圧力を掛けられず宥和政策を取り続けた。結果、1939年9月1日にドイツ軍がポーランドに侵攻を開始し（ドイツと密約していたソ連も東からポーランドに侵攻）、イギリスとフランスがドイツに対し宣戦布告を行い、第二次世界大戦が開戦した。1940年5月までは「まやかし戦争」と呼ばれ、本格的な戦闘は行われなかったものの、その後ドイツ軍はベネルクス三国を占領しフランスへ侵入、本土全土を占領しヴィシー政権を誕生させた。その後、1941年6月には枢軸国軍はソ連に対し奇襲侵攻を開始し、一時はモスクワへ迫った。また、アジアでは日本により太平洋戦争が始まった（→太平洋戦争）。しかし、アメリカの参戦などもあり、枢軸国側は次第に追い込まれ、1943年のスターリングラード包囲戦におけるドイツの敗北及び連合国軍のイタリア上陸、1944年の連合国軍によるノルマンディー上陸作戦により形勢は逆転した。1945年4月28日にムッソリーニがパルチザンに捕縛された後、処刑されサロ政権が崩壊、4月30日にヒトラーが自殺し、5月にドイツが降伏した後は、日本がただ一国で全世界を相手に戦うこととなった。8月15日に日本が降伏し、9月2日に正式に降伏文書が調印されたため、第二次世界大戦は終結した。

大日本国防婦人会

1932年に大阪で発足した婦人団体。高額会費で金品贈答などを主にする愛国婦人会の活動に比べ、国防婦人会は低額会費やエプロンや割烹着姿といった服装での出征兵士見送りなど庶民的な活動を特徴とし、他婦人団体を凌ぐ成長を見せた。最盛期には900万以上の会員を持ったとされる。1942年に内閣の方針により他婦人団体と統合、大日本婦人会に吸収される。

大日本帝国（1868・1〜1947・5）

1868年1月3日（旧暦1867年12月9日）から1945年9月2日または1947年まで存在した国家。本書で扱う時期の指導者は昭和天皇裕仁及び首相として近衛文麿、平沼騏一郎、阿部信行、米内光政、東条英機、小磯国昭、鈴木貫太郎。1867年末の王政復古により、天皇を中心とする政府として、それまでの江戸幕府を駆逐する形で誕生する。「大日本帝国」の呼称は幕末より度々使用されており、1889年の大日本帝国憲法発布によりほぼ確定した（最終的には1935年に外務省により呼称が統一される）。幕末における諸外国からの不平等条約などを受け継ぎながらも、明治維新以後急速な発展を遂げ、1889年の憲法発布や、日清・日露戦争を経てアジアの大国へと成長した。同時に朝鮮や中国はじめアジアへの侵出と植民地化を続け、昭和に入ってからは満州事変などを通して次第に国際的な不信や対立を招くようになり、１９３３年には国際連盟を脱退（正式な脱退は2年後）、国際的に孤立する。また国内においても政治思想の統制や弾圧、植民地に対する抑圧的な政策を行った。１９３７年からの日中戦争、１９４１年12月8日からの太平洋戦争において当初は快進撃を続けたものの、両戦線において次第に行き詰まり、国内も疲弊、追い込まれていった（→日中戦争、→太平洋戦争）。１９４５年には連合国軍による爆撃で日本の多くの都市が焦土と化し、沖縄も占領され、連合国から降伏を呼びかけるポツダム宣言が発されたが、政府はあくまで全国民に戦争遂行を強いた。しかし広島と長崎への原子爆弾投下やソ連の対日戦線により、8月15日に降伏する。9月2日に戦艦ミズーリ船上で降伏文書が調印され、日本は連合国軍の統治下に入った。統治下において国号について議論があったが、１９４７年5月の日本国憲法施行により「大日本帝国」の呼称は使用されなくなった。１９５２年、「日本国」として主権を回復し、現在に至る。

太平洋戦争（１９４１・12〜１９４５・８・15 or ９・２）
１９４１年12月8日から１９４５年8月15日まで続いた、日本軍・満州国・タイ王国・諸傀儡政権などを中心とする枢軸国側と、アメリカ・イギリス・オランダ・オーストラリアなどを中心とする連合国側による戦争。１９４１年12月8日（ハワイ時間12月7日）、日本軍が宣戦布告を通達する以前にハワイ真珠湾を奇襲攻撃、また英領マレー半島のコタバルに上陸したことにより開戦した。当初日本軍は太平洋、東南アジア、ニューギニアの各方面で快進撃を続け、また各地で植民地解放を建前に傀儡政権や軍政を敷き、物資の収奪などを行ったものの、1942年6月4日のミッドウェー海戦により日本軍は空母4隻を失い、海上戦力を大量に喪失、以後アメリカを中心とした連合国軍は圧倒的な技術力や物量の差による巻き返し、1943年以後形勢は逆転する（詳しい推移は年表を参照のこと）。沖縄の占領、広島と長崎への原子爆弾投下、ソ連の対日参戦などにより追い詰められた日本は1945年8月15日に連合国に対し降伏し、9月2日には戦艦ミズーリ船上で正式に降伏文書調印が行われた。この戦争はアジア中に大きな傷跡を残し、アジア全域で最低2000万人以上の犠牲者を出したとされる。

大本営

戦時に設置された日本軍の最高司令部。陸軍参謀本部、海軍軍令部により構成される。会議の際には大元帥である天皇が臨席したが、責任の所在が問題となるため発言はほとんど行わず、陸海軍の合議により日本軍の行動についての決定が行われた。

丹那トンネル

静岡県に存在する、東海道線の鉄道トンネル。国家的にも重要な東海道線において、急勾配の丹那山地を迂回せず、直通させて利便性を高めるため計画され、15年の難工事の末に1934年に完成した。

■ち

治安維持法（治維法）

1925年に制定された法律。共産主義・無政府主義運動に対し、国家が強力な捜査や摘発を行う目的で立案されたものだったが、当時からその適用範囲や基準などに対し、多くの疑問や批判がされていた。制定以後、次第にその適用範囲や運用方法は乱暴に拡大解釈され、共産主義・無政府主義者のみならず自由・民主主義者、国家と相容れない形の右翼、宗教団体、ほか「日本の国体を否定する」と見なされた多くの者が治安維持法違反として摘発された。植民地においても適用され、朝鮮独立活動家などが検挙された。治安維持法被疑者は検挙後も乱暴に扱われ、拷問も行われた。また、釈放後も予防拘禁制度などを利用して再び簡単に拘束するなど、社会的圧力が掛けられ続けた。終戦後もしばらく運用が続いており、1945年10月4日にGHQが廃止を命令したものの東久邇宮内閣はこれを拒否して解散し、後続の幣原内閣により10月15日にようやく廃止された。

チャイ

「捨てる」を意味する幼児語。主に関西で使われる。

チャンコロ

主に中国人を指す蔑称。他にも中国的な物品を指し「チャン～」（チャン服など）と呼んでいた。

中国

→中華民国

中華民国

辛亥革命の後1912年に成立した国家。1928年からは中国国民党による一党独裁体制が敷かれていた。本書で扱っている時期の指導者は蒋介石、首都は南京（南京陥落後は漢口、重慶）。中国に権益を持つ諸外国からの圧力を受けながらも、他の軍閥政府と交戦（北伐）し中国大陸の統一を目指していたが、中国大陸への侵出を目論む日本と敵対する。1931年の満州事変、1937年以後の日中戦争において大きな被害を受けつつも、中国共産党軍と連携し交戦を続け、太平洋戦争勃発後は連合国の一員として戦い抜き、1945年8月15日に日本が敗戦したことにより戦勝国となる。しかしその後、国共内戦において中国共産党軍に敗北し、1949年に中国本土を追われる形で台湾に移転、現在に至っている。

徴用（～者）

1・民間の物資が軍隊の命令により徴発されること。

2・軍により動員され、軍のために軍需生産などの労働を行っていた人のこと。日中戦争勃発以後、1938年の国家総動員法、1939年の国民徴用令により徴用の規模が拡大していった。陸軍・海軍で扱いが異なる部分もあるが、徴用された者は基本的に準軍属として扱われ、犯罪を起こせば憲兵隊に拘束された。物価と乖離した給与など労働条件は悪く、徴用拒否も多かった。また、中国や朝鮮でも徴用が行われ、強制連行・強制労働などの事件が引き起こされた。

徴兵忌避

徴兵検査を免れること、または徴兵検査を受けても丙種以下の扱いになることを目指して行われる行為であり、発覚すれば犯罪となる。徴兵検査から逃避した場合は親戚中に徹底的な調査が及び、家族中非国民扱いされるなどのデメリットがあった。また、徴兵検査の丙種以下を狙う場合は「醤油やタバコを大量に摂取し体調を異常にする」「障害のフリをする」、更には「指を切り落としてしまう」などの方法がとられたが、軍側も対策を施しており、大抵は検挙されたようである。徴兵逃れとしては「学生として理工学系の学部に進む（兵役が免除されるため）」「先んじて軍属の文官（通訳など）になる」という方法もあるが、こちらは余裕のある者のみが行える合法的な手段のため、厳密には徴兵忌避とはされない。

徴兵検査

戦前の日本では、満20歳に達した男性は全員徴兵検査を受ける義務があった（17歳から志願することも出来た）。4月か5月頃に検査が行われ、身長体重、識字、精神から、性病の検査（M

検）まで行い、その結果により一般人は、
1・甲種 健康でもっとも兵役に適する者（優先的に入営）
2・乙種 甲種に次いで一般的な肉体の者（戦争の状況により入営する者もおり、それ以外は補充兵役へ）
3・丙種 病弱などの理由で徴兵に適さない者（国民兵役へ）
に分けられた。更に結核や障害者といった理由で兵役から排除される丁種、病み上がりなどの理由で検査を翌年度にまわされる戊種があった。しかし戦況の悪化につれ、甲種以外も入営することが多くなった。 ↓徴兵忌避

鎮守府
日本海軍により最重要とされ、様々な機能が整備された軍港のこと。明治中期より変遷を経て、太平洋戦争時には横須賀鎮守府、舞鶴鎮守府、呉鎮守府、佐世保鎮守府が置かれた。

■つ

通州事件
1937年7月29日に中国・通州（現北京市内）で発生した襲撃事件。現地で樹立された日本の傀儡政権「冀東防共自治政府」の治安部隊・冀東政府保安隊に所属する中国人兵士達が、通州に駐屯していた日本軍・特務機関・日本人居留民を突如攻撃し、（事件に至る経緯や詳細

には諸説あるが）日本軍と特務機関は壊滅、通州在住の日本人の多くが殺害された。この事件は日本国内の反中感情を広め、「暴支膺懲」といったスローガンと共に日中戦争を正当化するために利用された。

■て

帝国主義
ある国家により、資本や文化や宗教といった要素の拡大や資源の獲得などを求めて行われる侵略的行為、またそれを支えるシステムのこと。19世紀半ば以降、社会的ダーウィニズムや文明化思想（「進歩的な西洋社会」が「無知で野蛮なアフリカ・アジア」を指導啓蒙する世界観）が発展し、イギリスやフランスなど西洋諸国が競って海外進出を行ったことなどが例にあげられる。海外ではホブスンに始まりレーニン、ローザ・ルクセンブルグらにより分析されており、日本でも幸徳秋水が１９０１年に『二十世紀の怪物帝国主義』を著して分析を行っている。

停車場
駅のこと。

天長節
天皇の誕生日のこと。

天皇（天皇陛下）

戦前において日本の頂点にあった存在。日本神話では紀元前660年の神武天皇即位から、歴史的にはそれまで大和王権の称号であった大王（おおきみ）に代り、7世紀頃から名乗られ始めたとされる位。平安時代中期までは世俗的にも日本を支配したものの、以後は武家に実権を握られ続ける時期が続いた。幕末に至り、日本が諸外国の圧力を受ける中で日本の精神的より所として天皇を頂戴しようとする「尊皇思想」が唱えられるようになり、明治維新によって再び政治の中枢に復権することとなった。大日本帝国憲法第一条では「大日本帝国ハ万世一系ノ天皇之ヲ統治ス」と定められ、1945年8月の敗戦まで立法・行政・司法・軍の頂点にあり、かつ宗教（国家神道）の長にある現人神としても振舞った。戦前においてその存在に疑問を持ち、表明する事は犯罪とされ不敬罪に問われ、あるいは精神病者として扱われることもあった。戦後は所謂「人間宣言」で神格を放棄した後、日本国憲法により「日本国の象徴であり日本国民統合の象徴」とされ、政治的な権限は失ったが、その存在のあり方や歴史的責任についての議論は続いている。

天理教

1838年に中山みきにより設立された宗教。現在の教団本部は奈良県天理市に所在する。金光教、黒住教と並び幕末三大新宗教の一つに数えられる。神道と民間信仰の混合宗教であり、当初は江戸幕府、明治政府を通じて官憲の弾圧を受けたが、1888年に神道の一派として東京府に認可され、1908年に教派神道の一派として独立を果たした。日中戦争が勃発した後、国家神道以外の教派への圧力が強まると戦争協力を余儀なくされ、国家神道に添う形への教典の改変も行われたが、「天理本道」（ほんみち）の様に国・戦争への協力を行わず、弾圧される分派も存在した。

[redacted]と

動員

徴兵、出征、徴用などを総称した言葉。人的資源が乏しい地方では、戦争に関る動員は大きな痛手となった。

東京市

1889年から1943年まで東京府内に存在した市。現在の東京23区に繋がる存在である。1889年に15区部を以て市制が開始され、以後日本の首都としての発展や地方からの人口流入とともにその領域は拡大し続けた。1923年の関東大震災では甚大な被害を蒙り、特に下町は壊滅的な状況となったため、一時的に大阪市に人口を抜かれることもあったが、復興を果たした。1932年に戦前最大の35区部となり、1936年には現在の東京都区部の領域とほぼ同一となった。1943年に東京都が誕生する際に東京市は都政に吸収され、消滅した。その後、35区部は戦後1947年に23区部となり、現在に至っている。

東京府

1868年から1943年まで存在した日本の道府県の一つ。明治維新の後、京都から江戸へ遷都が行われ、江戸府を経て1868年9月3日に東京府が誕生した。当初は近世の武蔵国とほぼ一致した領域だったが、廃藩置県などを経て次第に現在の形に近付いて行き、1931年に沖ノ鳥島を日本に編入した際に現在の東京都とほぼ同じ領域となった。日本の中枢として、太平洋戦争中の1943年には戦時体制により、行政の改革を進める政府の意向により東京都となり、現在へ繋がっている。東京の中心部については　↓東京市

督戦隊

自軍兵士が敵前逃亡しない様に後方で見張る部隊のこと。

隣組

戦時下において国民の統制を強める目的で制度化された行政下部組織。江戸時代の村落において組織されていた五人組・十人組などを参考にしている。五軒から十軒ほどの世帯で組織され、戦時における様々な国策（相互監視、物資供出、防空活動など）に協力した。活動の一部は現在の町内会活動などに受け継がれている。また、隣組の活動を歌った「隣組の歌」もつくられ

流行した。

虎ノ門事件
大逆事件の一つ。1923年12月27日、議会へ向かう途中だった摂政宮裕仁（後の昭和天皇）の車列に対し、共産主義者の難波大助が銃撃した事件のこと。

な行

■な

南朝
→南北朝正閏論

南北朝正閏論（なんぼくちょうせいじゅんろん）
後醍醐天皇による「建武の新制」が崩壊した後、新制に抵抗した足利尊氏の後援を受けた北朝勢力と吉野へ逃亡した後醍醐天皇による南朝勢力に天皇家が分かれ争い、最終的に北朝に統一された南北朝時代（1336～1392）において、どちらの天皇家が正統であったかを問う議論。現在の天皇家は、1392年に南朝から三種の神器を渡された北朝の筋だが、江戸時代に大日本史を編纂した水戸光圀は後醍醐天皇の筋を引く南朝を正統とし、次第に議論が広まっていった。特に天皇家が再び政治を担うようになった明治以後は南北朝時代の扱いは深刻なものとなった。1910年には大逆事件裁判中に被告の幸徳秋水が「今の天皇は南朝の天皇を暗殺し三種の神器を奪った北朝の子孫である」と発言したことが外部に広まり、議会や民間においても論争が広まった。その後、政府は南朝正統論を採ることとなり、中立であろうとする日本史学者らに圧力を掛けた。終戦後は天皇家の面子や「国体」問題などを考慮する必要がなくなり、この様な議論は行われなくなった。

■に

日清戦争（1894・7～1895・3）

朝鮮半島の権益を巡り、日本と清国が行った戦争。当初、朝鮮で発生していた甲午農民戦争（農民及び東学教徒を主体とした内乱）に対し日清両国が朝鮮に出兵していたが、内乱が収束した後も両国は朝鮮半島での権益を目的として兵を引かず対立し始め、戦争に至った。主に朝鮮半島や満州、遼東半島、黄海が戦場となった。戦争の結果日本が勝利し、講和条約では朝鮮が清の影響下から脱する事、台湾・澎湖諸島・遼東半島を日本に割譲する事、清が日本に対し膨大な賠償金を支払う事などが決まったが、この内遼東半島についてはロシア・フランス・ドイツの圧力により放棄する事となった。この戦争以後、日本の対外進出は加速することとなる。

日中戦争（1937・7～1945・9）

日本と、中華民国を中心とする中国の諸勢力が行った戦争。1937年7月7日に発生した盧溝橋事件に始まり、日中の現地軍同士の停戦工作が行われたものの、両国の全面的な戦闘へと発展した。当初は両国とも宣戦布告が行われなかったためこれを正式な戦争と認めず、日本側はあくまで「北支事変」「支那事変」と呼び続けた。正式な宣戦布告は太平洋戦争が開戦した翌日の1941年12月9日に中国側から行われた。日本軍は当初、中華民国の首都南京を占領するなど順調に侵攻を続けたが、広大な中国において次第に補給不足やゲリラ戦術に悩まされるようになった。更に1941年12月の太平洋戦争開戦以後は二面戦争を強いられる様になり、戦線は膠着状態に陥り、次第に各地で日本軍は追い込まれていった。1945年8月15日に日本が敗戦した後、9月9日に南京でも降伏文書調印式が行われ、日本は中国に対し正式に降伏した。この戦争により中国側は軍民合わせて3500万人の死傷被害（中国共産党による概算）を出し、南京大虐殺や強制連行などの問題も現在まで尾を引いている。

日露戦争（1904・2〜1905・9）

朝鮮半島の支配権を巡り、日本とロシア帝国が行った戦争。満州と朝鮮方面へ勢力の南下を進めるロシア帝国と、朝鮮半島での権益を確実に保持したい日本の思惑が対立した末、日本側からの奇襲攻撃により開戦した。満州や遼東半島、日本海において激しい戦闘が繰り広げられ、特に旅順攻略戦や日本海海戦は世界的に有名となった。緒戦でロシアに勝ち続けたものの、経済や人員の余裕が無い日本はアメリカの仲介によりロシアと講和（ポーツマス条約）し、樺太南部の割譲や満州における鉄道権益、朝鮮半島の支配権などを得た。しかし多大な戦費や人員を投入したにもかかわらず賠償金を得られなかった事に国民は不満を持ち、日比谷焼き討ち事件などの暴動も発生した。また、朝鮮に対する日本の圧力は以後強まっていき、1910年の日韓併合に至る。

日本共産党（戦前）

1922年に結成された団体。日本においても19世紀末から社会主義・共産主義者が存在していたものの、幸徳事件以後の相次ぐ弾圧などにより目立った活動は行えていなかった。しかし、ロシア革命の影響などを受け、1921年に堺利彦・山川均らにより準備団体が設立され、コミンテルンからの支援も受けつつ、1922年7月15日に正式発足した。だが官憲による監視と弾圧は厳しく、堺利彦や荒畑寒村といった主要人物の検挙も相次ぎ、1924年3月には解党を余儀なくされる（ここまでを第一次共産党と呼ぶ）。その後、1926年12月に再び非合法ながらも再度結成されるが、1928年の三・一五事件、1929年の四・一六事件などにより党員が大量検挙される。特高警察によるスパイ・転向工作や、小林多喜二の拷問死に代表される激しい弾圧もあり、1935年3月に最後の中央委員である袴田里美が検挙された以後は党は壊滅状態となった（ここまで第二次共産党と呼ぶ）。以後終戦まで、ソ連や中国など海外に逃亡した党員や獄中非転向者、僅かな地下党員による個々の活動が行われるのみとなった。

■ぬ

■ね

■の

ノモンハン事件（1939・5〜1939・9）
満州国とモンゴルの間を流れ、国境不確定地域が存在したハルハ川流域で1939年5月11日に発生し、9月15日の停戦合意まで続いた日ソ間の国境紛争。当初は日本を背景とする満州国軍とソ連を背景にするモンゴル人民共和国軍の小競り合いであったが、次第に日ソ両国の紛争に発展し、最終的に両軍それぞれ8000人以上の死者を出すまでの規模となった。

乗合自動車
バスのこと。

は行

■は

配給（～制）

政府や自治体などの権力により、物資の流通や供給が統制されること。戦前の日本においては、日中戦争勃発後に国家総動員法が制定されて以後、様々な物資が配給制となった（二巻の年表を参照）。しかし、戦況の悪化に連れ、配給制度も維持出来なくなっていった。敗戦後も物資の統制と配給制は続いたが、1950年代半ばまでに多くの品目は緩和され、自由販売出来るようになった。

パイノパイノパイ……

アメリカのジョージア行進曲が日本に伝わって誕生した「東京節」の一節。

反戦デー

第一次世界大戦開戦日8月1日の国際反戦デーのこと。戦前の日本共産党はこの日を特別視し、様々な運動を起した。

■ひ

ひかり（光）

かつて販売されていたタバコの銘柄。デザイナー・杉浦非水による太陽と雲を描いたパッケージを特徴としていた。

B29
アメリカのボーイング社が開発した長距離爆撃機。通称「スーパーフォートレス」。長大な航続距離と積載量、高高度飛行能力を持ち、1944年から日本本土空襲に使用され、主要都市を爆撃する事により日本の継戦能力を削いで行った。対する日本軍の迎撃機や高射砲は有効な防衛手段を持てなかった。広島・長崎への原爆投下もB29により行われた。

■ふ

ファシズム
20世紀前半に現れた、全体主義・権威主義・独裁的体制などの特徴を兼ねた政治体制のこと。提唱者はイタリアの元社会主義者ベニト・ムッソリーニ。ファシズムとされる運動や体制の範囲には様々な議論があり、主に極右的な思想と見られがちだが、運動論では左翼の影響も受けているとされる。

ファショ、ファッシ、ファッショ
元はイタリア語で「連帯」や「集団」と言う意味であり、転じてファシストの語源となる。この時代の日本では軍部や大政翼賛会などの体制を批判的に総称して言っている事が多い。

不具

障害者のこと。

福井部隊

日中戦争初期の陸軍歩兵第１５７連隊のこと。部隊長福井浩太郎の名前からそう呼ばれていた。日中戦争時に急編成された部隊の一つである。

不敬罪（刑法73～76条「皇室ニ対スル罪」の内、74条と76条）

１８８０年から１９４７年まで運用されていた、天皇・皇后を始めとする皇族、神宮、皇陵（天皇の墓）に対する不敬行為を罰する法律。皇族に関わる批判や揶揄から日記に天皇の存在に対する疑問を書くことまで非常に広い範囲に適用され、本書に見られるように特に主義主張の無い市井の人々も検挙されることがあった。戦前の日本において天皇始め皇族は「現人神」の一族であり、これに消極的に敬意を払わないだけで罰せられていた。戦後直後にも運用され、１９４６年のプラカード事件が最後の適用となった（最終的に免訴）。

ブルジョワ、ブルジョワジー

マルクス主義に由来する言葉で、資本家階級のこと。資産を有し、労働者を雇用し、事業を運営するもの。この時代では蔑称の様に使われることが多い。

プロレタリア、プロレタリアート

マルクス主義に由来する言葉で、労働者、無産者階級のこと。資本家に賃金で雇われている者。広義には貧困層が指されることもある。

■へ

米国

↓アメリカ合衆国

■ほ

奉安殿

御真影と教育勅語を収めた建造物。戦前に各地の学校などに設置された。四大節の際には拝礼儀式が行われた。また植民地でも設置され、現地で皇民化教育の装置の役割を果たしていた。

北支事変

↓日中戦争

北朝

→南北朝正閏論

ぼぼ

九州地方の方言で女性器のこと。

ま行

■ま

マルクス主義（マルキシズム）

カール・マルクス（及びフリードリヒ・エンゲルス）の思想を指す。一般的に共産主義の根幹とされる。階級闘争や唯物主義などが提唱されており、共産主義に留まらず他の様々な思想にも影響を与えた。

満州事変

1931年9月18日に発生した柳条湖事件から始まる、満州での一連の紛争のこと。関東軍将校の板垣征四郎と石原莞爾が大陸における領域拡大を狙い、日本が管理していた南満州鉄道の線路を爆破（柳条湖事件）させ、中国軍の行為に見せかけた。その後、爆破事件は中国軍による謀略であるとして日本軍は自衛を名目に攻撃を開始し、最終的に日本軍は満州全土を占領、後の満州国建国に繋がる。

■み

民政党

立憲民政党の略語。　→立憲民政党

■む

■め

■も

両角部隊（もろずみぶたい）

日中戦争初期の歩兵第六十五連隊のこと。部隊長両角業作の名からそう呼ばれており、主に福島県出身者で構成されていた。南京攻略線に参加している。

モンペ

女性向けの袴またはズボン。元は農村などで使われる作業着の一種だったが、戦時中には国家により女性の普段着として奨励された。

や行

■や

靖国神社

東京都千代田区に存在する神社。戊辰戦争における官軍側死者を祀るために1869年に創建された東京招魂社を原点とし、1879年に靖国神社に改名、扱いも別格官幣社（国家及び天皇の為に尽くした者を祭神とする神社）となった。戦争に関連して死亡（戦死・戦傷病死・餓死ほか）した日本軍軍人・軍属（戦後には戦犯も）の全てが神として祀られているとされており、天皇・首相らも参拝していたことから、「死ねば神になれる」として国策・戦意高揚のためのプロパガンダや皇国民教育に盛んに利用された。終戦後、GHQにおいて靖国神社の扱いについて議論が行われたが、結局そのまま現在に至っている。戦後は政府との直接の関係はなくなったものの、その性質や、戦犯合祀、政治家による参拝などが国内外から度々問題視されている。また、敷地内に存在する資料館「遊就館」では戦前の価値観を肯定的に伝える展示がされている。

■ゆ

ユダヤ人

ユダヤ教を信仰する人々、またその子孫。キリスト教との歴史的・宗教的経緯から、世界各地に分散して在住することを余儀なくされ、西洋諸国において蔓延する反ユダヤ主義により、虐殺も伴う社会的差別を受けていた。度々デマ・陰謀論の対象（ある集団にとって都合の悪い現象を「ユダヤ人の陰謀」のせいにするなど）となり、『シオン賢者の議定書』など反ユダヤ主義を宣伝する書物も広く頒布された。日本においてもシベリア出兵以後、反革命ロシア軍から反ユダヤ主義が伝わったことによりユダヤ陰謀論が広まったとされ、特高月報の記録にも一部にその様子が見られる。

よ

予備役
現役を終えた軍人が編入される。有事の際は再動員される他、簡閲点呼にも参加する必要がある。予備役の期間が過ぎると後備役となる。陸海軍や階級で指定の期間は異なる。

ヨウ言ワンワ（よう言わんわ）
大阪弁で、呆れた気持ちなどを表す言葉とされる。有名な用例としては、笠置シヅ子「買物ブギ」（1950年）の歌詞で「わてほんまによう言わんわ」が連呼されている。

遥拝

遠くの存在に向けて拝むこと。 →宮城遥拝

ら行

■ら

■り

陸士

陸軍士官学校の略。

立憲政友会

1900年から1940年まで存在した保守政党。1900年9月に伊藤博文の元で西園寺公望、原敬ら有力な政治家が集い、結成された。以後、保守派の大政党として常に議会の一角を占め続け、総理大臣も何度も選出した。また、1918年には原敬総裁の下で日本で始めて本格的な政党内閣を組織するなど、政治史にも名を残した。大正末期以後も政友本党が分裂するといった動きがありながらも存続し続けたが、1940年に大政翼賛会に合流した。鳩山一郎、肥田琢司らといった人脈は戦後の自由民主党に受け継がれている。

立憲民政党
1927年6月に、憲政会と、立憲政友会から分裂した政友本党が合併して成立した政党。立憲政友会よりもリベラルな方策を打ち出し、都市中間層の支持を獲得、立憲政友会との二大政党制を実現させ、濱口雄幸内閣を成立させるなどした。しかし次第に軍部の圧力などもあり、対応に苦慮するようになる。1940年2月に、自党所属の斎藤隆夫議員の反軍演説に対する対応を巡り分裂し始め、多くの議員はそのまま大政翼賛会へ合流した。

■る

ルンペン、るんぺん
ドイツ語でボロ着の意味。転じて、最下層の貧民や浮浪者を指す言葉となった。

■れ

■ろ

わ行

■わ

和知部隊

日中戦争初期の陸軍歩兵第44連隊のこと。部隊長和知鷹二の名からそう呼ばれており、主に高知県出身者で構成されていた。

言論、出版、集会、結社等臨時取締法 1941年

1941（昭和16）年12月19日法律第97号
施行：1941年12月21日
廃止：1945年10月13日

言論、出版、集會、結社等臨時取締法

第一條　本法ハ戰時ニ際シ言論、出版、集會、結社等ノ取締ヲ適正ナラシメ以テ安寧秩序ヲ保持スルコトヲ目的トス
第二條　政事ニ關スル結社ヲ組織セントスルトキハ命令ノ定ムル所ニ依リ發起人ニ於テ行政官廳ノ許可ヲ受クベシ
第三條　政事ニ關シ集會ヲ開カントスルトキハ命令ノ定ムル所ニ依リ發起人ニ於テ行政官廳ノ許可ヲ受クベシ但シ法令ヲ以テ組織シタル議會ノ議員候補者タルベキ者ヲ銓衡スル爲ノ集會及選擧運動ノ爲ニスル集會竝ニ公衆ヲ會同セザル集會ハ命令ノ定ムル所ニ依リ發起人ニ於テ行政官廳ニ屆出ヅルヲ以テ足ル
第四條　公事ニ關スル結社又ハ集會ニシテ政事ニ關セザルモノト雖モ必要アル場合ニ於テハ命令ヲ以テ前二條ノ規定ニ依ラシムルコトヲ得
第五條　屋外ニ於テ公衆ヲ會同シ又ハ多衆運動セントスルトキハ命令ノ定ムル所ニ依リ發起人ニ於テ行政官廳ノ許可ヲ受クベシ但シ命令ヲ以テ定メタル場合ハ此ノ限ニ在ラズ
第六條　法令ヲ以テ組織シタル議會ノ議員議事準備ノ爲相團結スルモノニ付テハ第二條ノ規定ヲ、議事準備ノ爲相會同スルモノニ付テハ第三條ノ規定ヲ適用セズ
第七條　新聞紙法ニ依ル出版物ヲ發行セントスル者ハ命令ノ定ムル所ニ依リ行政官廳ノ許可ヲ受クベシ
第八條　行政官廳必要アリト認ムルトキハ第二條乃至第五條若ハ前條ノ規定ニ依ル許可ヲ取消シ又ハ第三條若ハ第四條ノ規定ニ依リ屆出デタル集會ノ禁止ヲ命ズルコトヲ得
第九條　出版物ノ發賣及頒布ノ禁止アリタル場合ニ於テ行政官廳必要アリト認ムルトキハ當該題號ノ出版物ノ以後ノ發行ヲ停止シ又ハ同一人若ハ同一社ノ發行ニ係ル他ノ出版物ノ發行ヲ停止スルコトヲ得

第十條　第七條ノ規定又ハ前條ノ規定ニ依ル停止ノ命令ニ違反シテ發賣又ハ頒布スルノ目的ヲ以テ印刷シタル出版物ハ行政官廳ニ於テ之ヲ差押フルコトヲ得

第十一條　第二條ノ規定（第四條ノ規定ニ基キ依ラシメタル場合ヲ含ム）ニ違反シタル者ハ一年以下ノ懲役若ハ禁錮又ハ千圓以下ノ罰金ニ處ス

第十二條　第三條ノ規定（第四條ノ規定ニ基キ依ラシメタル場合ヲ含ム）又ハ第五條ノ規定ニ違反シタル者ハ六月以下ノ懲役若ハ禁錮又ハ五百圓以下ノ罰金ニ處ス

第十三條　第七條ノ規定ニ違反シタル者ハ一年以下ノ懲役若ハ禁錮又ハ千圓以下ノ罰金ニ處ス

第十四條　第九條ノ規定ニ依ル停止ノ命令アリタル出版物ヲ發行シタル者ハ六月以下ノ懲役若ハ禁錮又ハ五百圓以下ノ罰金ニ處ス

第十五條　第十條ノ規定ニ依ル差押處分ノ執行ヲ妨害シタル者ハ六月以下ノ懲役若ハ禁錮又ハ五百圓以下ノ罰金ニ處ス

第十六條　前三條ノ罪ニハ刑法併合罪ノ規定ヲ適用セズ

第十七條　時局ニ關シ造言飛語ヲ爲シタル者ハ二年以下ノ懲役若ハ禁錮又ハ二千圓以下ノ罰金ニ處ス

第十八條　時局ニ關シ人心ヲ惑亂スベキ事項ヲ流布シタル者ハ一年以下ノ懲役若ハ禁錮又ハ千圓以下ノ罰金ニ處ス

附則

本法施行ノ期日ハ勅令ヲ以テ之ヲ定ム

本法施行ノ際現ニ存スル政事ニ關スル結社（第六條前段ノ規定ニ該當スルモノヲ除ク）又ハ第四條ノ命令施行ノ際現ニ存スル當該命令ニ係ル公事ニ關スル結社ニ付テハ命令ノ定ムル所ニ依リ其ノ存續ニ付主幹者ニ於テ行政官廳ノ許可ヲ受クベシ

第八條ノ規定ハ前項ノ許可ニ、第十一條ノ規定ハ同項ノ規定ニ違反シタル者ニ之ヲ準用ス

集會又ハ多衆運動ニシテ第三條又ハ第五條ノ規定ニ依リ許可又ハ届出ヲ要スルモノニ付テハ本法施行後三日以内ニ行フモノニ限リ仍從前ノ例ニ依ル

本法施行ノ際現ニ成規ノ手續ヲ經テ新聞紙法ニ依ル出版物ヲ發行スル者ハ第七條ノ規定ニ依ル許可ヲ受ケタル者ト看做ス

治安維持法　1941年

治安維持法（1941）

第一章　罪

第一條　國體ヲ變革スルコトヲ目的トシテ結社ヲ組織シタル者又ハ結社ノ役員其ノ他指導者タル任務ニ從事シタル者ハ死刑又ハ無期若ハ七年以上ノ懲役ニ處シ情ヲ知リテ結社ニ加入シタル者又ハ結社ノ目的遂行ノ爲ニスル行爲ヲ爲シタル者ハ三年以上ノ有期懲役ニ處ス

第二條　前條ノ結社ヲ支援スルコトヲ目的トシテ結社ヲ組織シタル者又ハ結社ノ役員其ノ他指導者タル任務ニ從事シタル者ハ死刑又ハ無期若ハ五年以上ノ懲役ニ處シ情ヲ知リテ結社ニ加入シタル者又ハ結社ノ目的遂行ノ爲ニスル行爲ヲ爲シタル者ハ二年以上ノ有期懲役ニ處ス

第三條　第一條ノ結社ノ組織ヲ準備スルコトヲ目的トシテ結社ヲ組織シタル者又ハ結社ノ役員其ノ他指導者タル任務ニ從事シタル者ハ死刑又ハ無期若ハ五年以上ノ懲役ニ處シ情ヲ知リテ結社ニ加入シタル者又ハ結社ノ目的遂行ノ爲ニスル行爲ヲ爲シタル者ハ二年以上ノ有期懲役ニ處ス

第四條　前三條ノ目的ヲ以テ集團ヲ結成シタル者又ハ集團ヲ指導シタル者ハ無期又ハ三年以上ノ懲役ニ處シ前三條ノ目的ヲ以テ集團ニ參加シタル者又ハ集團ニ関シ前三條ノ目的遂行ノ爲ニスル行爲ヲ爲シタル者ハ一年以上ノ有期懲役ニ處ス

第五條　第一條乃至第三條ノ目的ヲ以テ其ノ目的タル事項ノ實行ニ関シ協議若ハ煽動ヲ爲シ又ハ其ノ目的タル事項ヲ宣伝シ其ノ他其ノ目的遂行ノ爲ニスル行爲ヲ爲シタル者ハ一年以上十年以下ノ懲役ニ處ス

第六條　第一條乃至第三條ノ目的ヲ以テ騷擾、暴行其ノ他生命、身體又ハ財産ニ害ヲ加フベキ犯罪ヲ煽動シタル者ハ二年以上ノ有期懲役ニ處ス

第七條　國體ヲ否定シ又ハ神宮若ハ皇室ノ尊厳ヲ冒瀆スベキ事項ヲ流布スルコトヲ目的トシテ結社ヲ組織シタル者又ハ結社ノ役員其ノ他指導者タル任務ニ從事シタル者ハ無期又ハ四年以上ノ懲役ニ處シ情ヲ知リテ結社ニ加入シタル者又ハ結社ノ目的遂行ノ爲ニスル行爲ヲ爲シタル者ハ一年以上ノ有期懲役ニ處ス

第八条　前条ノ目的ヲ以テ集團ヲ結成シタル者又ハ集團ヲ指導シタル者ハ無期又ハ三年以上ノ懲役ニ處シ前條ノ目的ヲ以テ集團ニ参加シタル者又ハ集團ニ関シ前三條ノ目的遂行ノ爲ニスル行爲ヲ爲シタル者ハ一年以上ノ有期懲役ニ處ス

第九條　前八條ノ罪ヲ犯サシムルコトヲ目的トシテ金品其ノ他ノ財産上ノ利益ヲ供与シ又ハ其ノ申込若ハ約束ヲ爲シタル者ハ十年以下ノ懲役ニ處ス情ヲ知リテ供与ヲ受ケ又ハ其ノ要求若ハ約束ヲ爲シタル者亦同ジ

第十條　私有財産制度ヲ否認スルコトヲ目的トシテ結社ヲ組織シタル者又ハ情ヲ知リテ結社ニ加入シタル者若ハ結社ノ目的遂行ノ爲ニスル行爲ヲ爲シタル者ハ十年以下ノ懲役又ハ禁錮ニ處ス

第十一條　前條ノ目的ヲ以テ其ノ目的タル事項ノ實行ニ関シ協議ヲ爲シ又ハ其ノ目的タル事項ノ實行ヲ煽動シタル者ハ七年以下ノ懲役又ハ禁錮ニ處ス

第十二條　第十條ノ目的ヲ以テ騒擾、暴行其ノ他生命、身體又ハ財産ニ害ヲ加フベキ犯罪ヲ煽動シタル者ハ十年以上ノ有期懲役ニ處ス

第十三條　前三條ノ罪ヲ犯サシムルコトヲ目的トシテ金品其ノ他ノ財産上ノ利益ヲ供与シ又ハ其ノ申込若ハ約束ヲ爲シタル者ハ五年以下ノ懲役又ハ禁錮ニ處ス情ヲ知リテ供与ヲ受ケ又ハ其ノ要求若ハ約束ヲ爲シタル者亦同ジ

第十四條　第一條乃至第四條、第七條、第八條及ビ第十條ノ未遂罪ハ之ヲ罰ス

第十五條　本章ノ罪ヲ犯シタル者自首シタルトキハ其ノ刑ヲ軽減又ハ免除ス

第十六條　本章ノ規定ハ何人ヲ問ワズ本法施行地外ニ於テ罪ヲ犯シタル者ニ亦之ヲ 適用ス

第二章　刑事手続

第十七條　本章ノ規定ハ第一章ニ掲グル罪ニ関スル事件ニ付之ヲ適用ス

第十八條　檢事ハ被疑者ヲ召喚シ又ハ其ノ召喚ヲ司法警察官ニ命令スルコトヲ得檢事ノ命令ニ因リ司法警察官ノ発スル召喚状ニハ命令ヲ爲シタル檢事ノ職、氏名及其ノ命令ニ因リ之ヲ発スル旨ヲモ記載スベシ召喚状ノ送達ニ関スル裁判所書記及執達吏ニ属スル職務ハ司法警察官吏コ之ヲ行ナフコトヲ得

第十九條　被疑者正当ノ事由ナクシテ前條ノ規定ニ依ル召喚ニ應ゼズ又ハ刑事訴訟法第八十七條第一項各号ニ規定スル事由アルトキハ檢事ハ被疑者ヲ勾引シ又ハ其ノ勾引ヲ他ノ檢事ニ嘱託シ若ハ司法檢察官ニ命令スルコトヲ得

前條第二項ノ規定ハ檢事ノ命令ニ因リ司法警察官ノ発スル勾引状ニ付之ヲ準用ス

第二十條　勾引シタル被疑者ハ指定セラレタル場所ニ引致シタル時ヨリ四十八時間内ニ檢事又ハ司法警察官之ヲ訊問スベシ其ノ時間内ニ勾留状ヲ発セザルトキハ檢事ハ被疑者ヲ釈放シ又ハ司法警察官ヲシテ之ヲ釈放セシムベシ

第二一條　刑事訴訟法第八十七條第一項各号ニ規定スル事由アルトキハ検事ハ被疑者ヲ勾留シ又ハ其ノ勾留ヲ司法警察官ニ命令スルコトヲ得

第二二條　勾留ニ付テハ警察官署又ハ憲兵隊ノ留置場ヲ以テ監獄ニ代用スルコトヲ得
第十八條第二項ノ規定ハ検事ノ命令ニ因リ司法警察官ノ発スル勾留状ニ付之ヲ準用ス

第二三條　勾留ノ期間ハ二月トス特ニ継続ノ必要アルトキハ地方裁判所検事又ハ区裁判所検事ハ検事長ノ許可ヲ受ケ一月毎ニ交流ノ期間ヲ更新スルコトヲ得但シ通ジテ一年ヲ超ユルコトヲ得ズ

第二四條　勾留ノ事由消滅シ其ノ他ノ勾留ヲ継続スルノ必要ナシト思料スルトキハ検事ハ速ニ被疑者ヲ釈放シ又ハ司法警察官ヲシテ之ヲ釈放セシムベシ

第二五條　検事ハ被疑者ノ住所ヲ制限シテ勾留ノ執行ヲ停止スルコトヲ得刑事訴訟法第百十九條第一項ニ規定スル事由アル場合ニ於テハ検事ハ勾留ノ執行停止ヲ取消スコトヲ得

第二六條　検事ハ被疑者ヲ訊問シ又ハ其ノ訊問ヲ司法警察官ニ命令スルコトヲ得
検事ハ公訴提起前ニ限リ証人ヲ訊問シ又ハ其ノ訊問ヲ他ノ検事ニ嘱託シ若ハ司法警察官ニ命令スルコトヲ得
司法警察官検事ノ命令ニ因リ被疑者又ハ証人ヲ訊問シタルトキハ命令ヲ為シタル検事ノ職、氏名及其ノ命令ニ因リ訊問シタル旨ヲ訊問調書ニ記載スベシ
第十八條第二項及第三項ノ規定ハ証人訊問ニ付之ヲ準用ス

第二七條　検事ハ控訴提起前ニ限リ押収、捜索若ハ検証ヲ爲シ又ハ其ノ處分ヲ他ノ検事ニ嘱託シ若ハ司法警察官ニ命令スルコトヲ得
検事ハ控訴提起前ニ限リ鑑定、通訳若ハ翻訳ヲ命ジ又ハ其ノ處分ヲ他ノ検事ニ嘱託シ若ハ司法警察官ニ命令スルコトヲ得
前條第三項ノ規定ハ押収、捜索又ハ検証ノ調達及鑑定人、通事又ハ翻訳人ノ尋問調書ニ付之ヲ準用ス
第十八條第二項及第三項ノ規定ハ鑑定、通訳及ビ翻訳ニ付之ヲ準用ス

第二八條　刑事訴訟法中被告人ノ召喚、勾引及ビ勾留、被告人及証人ノ訊問、押収、捜索、検証、鑑定、通訳並ニ翻訳ニ関スル規定ハ別段ノ規定アル場合ヲ除クノ外被疑事件ニ付之ヲ準用ス但シ保釈及責付ニ関スル規定ハ此ノ限ニ在ラズ

第二九條　弁護人ハ司法大臣ノ豫メ指定シタル弁護士ノ中ヨリ之ヲ選任スベシ但シ刑事訴訟法第四十條第二項ノ規定ノ適用ヲ妨ゲズ

第三十條　弁護人ノ数ハ被告人一人ニ付二人ヲ超ユルコトヲ得ズ
弁護人ノ選任ハ最初ニ定メタル公判期日ニ係ル召喚状ノ送達ヲ受ケタル日ヨリ十日ヲ経過シタルトキハ之ヲ為スコトヲ得ズ
但シ已ムコトヲ得ザル事由アル場合ニ於テ裁判所ノ許可ヲ受ケタルトキハ此ノ限ニアラズ
第三一條　弁護人ハ訴訟ニ関スル書類ノ謄写ヲ為サントスルトキハ裁判長又ハ豫審判事ノ許可ヲ受クルコトヲ要ス
弁護人ノ訴訟ニ関スル書類ノ閲覧ハ裁判長又ハ豫審判事ノ指定シタル場所ニ於テ之ヲ為スベシ
第三二條　被告事件公判ニ付セラレタル場合ニ於テ検事必要アリト認ムルトキハ管轄移転ノ請求ヲ為スコトヲ得但シ第一回公判期日ノ指定アリタル後ハ此ノ限ニ在ラズ
前項ノ請求ハ事件ノ繫属スル裁判所及移転先裁判所ニ共通スル直近裁判所ニ之ヲ為スベシ
第一項ノ請求アリタルトキハ決定アル迄訴訟手続ヲ停止スベシ
第三三條　第一章ニ掲グル罪ヲ犯シタルモノト認メタル第一審ノ判決ニ対シテハ控訴ヲ為スコトヲ得ズ
前項ニ規定スル第一審ノ判決ニ対シテハ直接上告ヲ為スコトヲ得
上告ハ刑事訴訟法ニ於テ第二審ノ判決ニ対シ上告ヲ為スコトヲ得ル理由アル場合ニ於テ之ヲ為スコトヲ得
上告裁判所ハ第二審ノ判決ニ対スル上告事件ニ関スル手続キニ依リ裁判ヲ為スベシ
第三四條　第一章ニ掲グル罪ヲ犯シタルモノト認メタル第一審ノ判決ニ対シ上告アリタル場合ニ於テ上告裁判所同章ニ掲グル罪ヲ犯シタルモノニ非ザルコトヲ疑フニ足ルベキ顕著ナル事由アルモノト認ムルトキハ判決ヲ以テ限判決ヲ破毀シ事件ヲ管轄控訴裁判所ニ移送スベシ
第三五條　上告裁判所ハ公判期日ノ通知ニ付テハ刑事訴訟法第四百二十二條第一項ノ期間ニ依ラザルコトヲ得
第三六條　刑事手続キニ付テハ別段ノ規定アル場合ヲ除クノ外一般ノ規定ノ適用アルモノトス
第三七條　本章ノ規定ハ第二十二條、第二十三條、第三十條第一項、第三十二條、第三十三條及第三十四條ノ規定ヲ除クノ外軍法会議ノ刑事手続ニ付之ヲ準用ス此ノ場合ニ於テ刑事訴訟法第八十七條第一項トアルハ陸軍軍法会議法第百四十三條又ハ海軍軍法会議法第百四十三條、刑事訴訟法第四百二十二條第一項トアルハ陸軍軍法会議法第四百四十四條第一項又ハ海軍軍法会議法第四百四十六條第一項トシ第二十五條第二項中刑事訴訟法第百十九條第一項ニ規定スル事由アル場合ニ於テハトアルハ何時ニテモトス
第三八條　朝鮮ニアリテハ本章中司法大臣トアルハ朝鮮總督、検事長トアルハ覆審法院検事長、地方裁判所検事又ハ区裁判所検事トアルハ地方法院検事、刑事訴訟法トアルハ朝鮮刑事令ニ於テ依ルコトヲ定メタル刑事訴訟法トス但シ刑事訴訟法第

四百二十二條第一項トアルハ朝鮮刑事令第三一條トス

第三章　豫防拘禁

第三九條　第一章ニ掲グル罪ヲ犯シ刑ニ處セラレタル者其ノ執行ヲ終ワリ釈放セラルベキ場合ニ於テ釈放後ニ於テ更ニ同章ニ掲グル罪ヲ犯スノ虞アルコト顕著ナルトキハ裁判所ハ檢事ノ請求ニ因リ本人ヲ豫防拘禁ニ付スル旨ヲ命ズルコトヲ得

第一章ニ掲グル罪ヲ犯シ刑ニ處セラレ其ノ執行ヲ終リタル者又ハ刑ノ執行猶豫ノ言渡ヲ受ケタル者思想犯保護観察法ニ依リ保護観察ニ付セラレ居ル場合ニ於テ保護観察ニ依ルモ同章ニ掲グル罪ヲ犯スノ危険ヲ防止スルコト困難ニシテ更ニ之ヲ犯スノ虞アルコト顕著ナルトキ亦前項ニ同ジ

第四十條　豫防拘禁ノ請求ハ本人ノ現在地ヲ管轄スル地方裁判所ノ檢事其ノ裁判所ニ之ヲ爲スベシ

前項ノ請求ハ保護観察ニ付セラレ居ル者ニ係ルトキハ其ノ保護観察ヲ爲ス保護観察署ノ所在地ヲ管轄スル地方裁判所ノ檢事其ノ裁判所ニ之ヲ爲スコトヲ得

豫防拘禁ノ請求ヲ爲スニハ豫メ豫防拘禁委員会ノ意見ヲ求ムルコトヲ要ス

豫防拘禁委員会ニ関スル規程ハ勅令ヲ以テ之ヲ定ム

第四一條　檢事ハ豫防拘禁ノ請求ヲ爲スニ付テハ必要ナル取調ヲ爲シ又ハ公務所ニ照会シテ必要ナル事項ノ報告ヲ求ムルコトヲ得

前項ノ取調ヲ爲スニ付必要アル場合ニ於テハ司法警察官吏ヲシテ本人ヲ同行セシムルコトヲ得

第四二條　檢事ハ本人定マリタル住居ヲ有セザル場合又ハ逃亡シ若ハ逃亡スル虞アル場合ニ於テ豫防拘禁ノ請求ヲ爲スニ付必要アルトキハ本人ヲ豫防拘禁所ニ仮ニ収容スルコトヲ得但シ已ムコトヲ得ザル事由アル場合ニ於テハ監獄ニ仮ニ収容スルコトヲ妨ゲズ

前項ノ仮収容ハ本人ノ陳述ヲ聴キタル後ニ非ザレバ之ヲ爲スコトヲ得ズ但シ本人陳述ヲ肯ゼズ又ハ逃亡シタル場合ハ此ノ限ニ在ラズ

第四三條　前條ノ仮収容ノ期間ハ十日トス其ノ期間内ニ豫防拘禁ノ請求ヲ爲サザルトキハ速ニ本人ヲ釈放スベシ

第四四條　豫防拘禁ノ請求アリタルトキハ裁判所ハ本人ノ陳述ヲ聴キ決定ヲ爲スベシ此ノ場合ニ於テハ裁判所ハ本人ニ出頭ヲ命ズルコトヲ得

本人陳述ヲ肯ゼズ又ハ逃亡シタルトキハ陳述ヲ聴カズシテ決定ヲ爲スコトヲ得
刑ノ執行終了前豫防拘禁ノ請求アリタルトキハ裁判所ハ刑ノ執行終了後ト雖モ豫防拘禁ニ付スル旨ノ決定ヲ爲スコトヲ得
第四五條　裁判所ハ事實ノ取調ヲ爲スニ付必要アル場合ニ於テハ参考人ニ出頭ヲ命ジ事實ノ陳述又ハ鑑定ヲ爲サシムルコトヲ得
裁判所ハ公務所ニ照会シテ必要ナル事項ノ報告ヲ求ムルコトヲ得
第四六條　検事ハ裁判所ガ本人ヲシテ陳述ヲ爲サシメ又ハ参考人ヲシテ事實ノ陳述若ハ鑑定ヲ爲サシムル場合ニ立会ヒ意見ヲ開陳スルコトヲ得
第四七條　本人ノ属スル家ノ戸主、配偶者又ハ四親等内ノ血族若ハ三親等内ノ姻族ハ裁判所ノ許可ヲ受ケ輔佐人ト爲ルコトヲ得
輔佐人ハ裁判所ガ本人ヲシテ陳述ヲ爲サシメ若ハ参考人ヲシテ事實ノ陳述若ハ鑑定ヲ爲サシムル場合ニ立会ヒ意見ヲ開陳シ又ハ参考ト爲ルベキ資料ヲ提出スルコトヲ得
第四八條　左ノ場合ニ於テハ裁判所ハ本人ヲ勾引スルコトヲ得
一　本人定リタル住居ヲ有セザルトキ
二　本人逃亡シタルトキ又ハ逃亡スル虞アルトキ
三　本人正当ノ理由ナクシテ第四十四條第一項ノ出頭命令ニ應ゼザルトキ
第四九條　前條第一号又ハ第二号ニ規定スル事由アルトキハ裁判所ハ本人ヲ豫防拘禁所ニ仮ニ収容スルコトヲ得但シ已ムコトヲ得ザル事由アル場合ニ於テハ監獄ニ仮ニ収容スルコトヲ妨ゲズ
本人監獄ニアルトキハ前項ノ事由ナシト雖モ之ヲ仮ニ収容スルコトヲ得
第四十二條第二項ノ規程ハ第一項ノ場合ニ付之ヲ準用ス
第五十條　別段ノ規程アル場合ヲ除ク外刑事訴訟法中決定ニ関スル規程ハ第四十四條ノ決定ニ、即時抗告ニ関スル規程ハ前條ノ即時抗告ニ付之ヲ準用ス
第五一條　豫防拘禁ニ付セザル旨ノ決定ニ対シテハ検事ハ即時抗告ヲ爲スコトヲ得
豫防拘禁ニ付スル旨ノ決定ニ対シテハ本人及輔佐人ハ即時抗告ヲ爲スコトヲ得
第五二條　別段ノ規程アル場合ヲ除ク外刑事訴訟法中決定ニ関スル規定ハ第四十四條ノ決定ニ、即時抗告ニ関スル規定ハ前條ノ即時抗告ニ付之ヲ準用ス

第五三條　豫防拘禁ニ付セラレタル者ハ豫防拘禁所ニ之ヲ収容シ改悛セシムル爲必要ナル處置ヲ爲スベシ
豫防拘禁所ニ関スル規程ハ勅令ヲ以テ之ヲ定ム
第五四條　豫防拘禁ニ付セラレタル者ハ法令ノ範囲内ニ於テ他人ト接見シ又ハ信書其ノ他ノ物ノ授受ヲ爲スコトヲ得
豫防拘禁ニ付セラレタル者ニ対シテハ信書其ノ他ノ物ノ檢閲、差押若ハ没収ヲ爲シ又ハ保安若ハ懲戒ノ爲必要ナル處置ヲ爲スコトヲ得仮ニ収容セラレタル者及本章ノ規定ニ依リ拘引状ノ執行ヲ受ケ留置セラレタル者ニ付亦同ジ
第五五條　豫防拘禁ノ期間ハ二年トス特ニ継続ノ必要アル場合ニ於テハ裁判所ハ決定ヲ以テ之ヲ更新スルコトヲ得
豫防拘禁ノ期間満了前更新ノ請求アリタルトキハ裁判所ハ期間満了後ト雖モ更新ノ決定ヲ爲スコトヲ得
更新ノ決定ハ豫防拘禁ノ期間満了後確定シタルトキト雖モ之ヲ期間満了ノ時確定シタルモノト看做ス
第四十條、第四十一條及第四十四條乃至第五十二條ノ規定ハ更新ノ場合ニ付之ヲ準用ス此ノ場合ニ於テ第四十九條第二項中監獄トアルハ豫防拘禁所トス
第五六條　豫防拘禁ノ期間ハ決定確定ノ日ヨリ起算ス
拘禁セラレザル日数又ハ刑ノ執行ノタメ拘禁セラレタル日数ハ決定確定後ト雖モ前項ノ期間ニ算入セズ
第五七條　決定確定ノ際本人受刑者ナルトキハ豫防拘禁ハ刑ノ執行終了後之ヲ執行ス
監獄ニ在ル本人ニ対シ豫防拘禁ヲ執行セントスル場合ニ於テ移送ノ準備其ノ他ノ事由ノ爲特ニ必要アルトキハ一時拘禁ヲ継続スルコトヲ得
豫防拘禁ノ執行ハ本人ニ対スル犯罪ノ捜査其ノ他ノ事由ノ爲特ニ必要アルトキハ決定ヲ爲シタル裁判所ノ檢事又ハ本人ノ現在地ヲ管轄スル地方裁判所ノ檢事ノ指揮ニ因リ之ヲ停止スルコトヲ得
刑事訴訟法第五百三十四條乃至第五百三十六條及第五百四十四條乃至第五百五十二條ノ規定ハ豫防拘禁ノ執行ニ付之ヲ準用ス
第五八條　豫防拘禁ニ付セラレタル者収容後其ノ必要ナキニ至リタルトキハ第五十五條ニ規定スル期間満了前ト雖モ行政官庁ノ處分ヲ以テ之ヲ退所セシムベシ
第四十條第三項ノ規定ハ前項ノ場合ニ付之ヲ準用ス
第五九條　豫防拘禁ノ執行ヲ爲サザルコト二年ニ及ビタルトキハ決定ヲ爲シタル裁判所ノ檢事又ハ本人ノ現在地ヲ管轄スル地方裁判所ノ檢事ハ事情ニ因リ其ノ執行ヲ免除スルコトヲ得
第四十條第三項ノ規定ハ前項ノ場合ニ付之ヲ準用ス

第六十條　天變事變ニ際シ豫防拘禁所内ニ於テ避難ノ手段ナシト認ムルトキハ收容セラレタル者ヲ他所ニ護送スベシ若シ護送スルノ暇ナキトキハ一時的ニ之ヲ解放スルコトヲ得
解放セラレタル者ハ解放後二十四時間内ニ豫防拘禁所又ハ警察官署ニ出頭スベシ
第六一條　本章ノ規定ニ依リ豫防拘禁所若ハ監獄ニ收容セラレタル者又ハ拘引状若ハ逮捕状ヲ執行セラレタル者逃走シタルトキハ一年以下ノ懲役ニ處ス
前條第一項ノ規定ニ依リ解散セラレタル者同條第二項ノ規定ニ違反シタルトキ亦前項ニ同ジ
第六二條　收容設備若ハ械具ヲ損壞シ、暴行若ハ脅迫ヲ爲シ又ハ二人以上通謀シテ前條第一項ノ罪ヲ犯シタル者ハ三月以上五年以下ノ懲役ニ處ス
第六三條　前二條ノ未遂罪ハ之ヲ罰ス
第六四條　本法ニ規定スルモノノ外豫防拘禁ニ関シ必要ナル事項ハ命令ヲ以テ之ヲ定ム
第六五條　朝鮮ニ在リテハ豫防拘禁ニ関シ地方裁判所ノ爲スベキ決定ハ地方法院ノ合議部ニ於テ之ヲ爲ス
朝鮮ニ在リテハ本章中地方裁判所ノ檢事トアルハ地方法院ノ檢事、思想犯保護観察法トアルハ朝鮮思想犯保護観察令、刑事訴訟法トアルハ朝鮮刑事令ニ於テ依ルコトヲ定メタル刑事訴訟法トス

附則
本法施行ノ期日ハ勅令ヲ以テ定ム
第一章ノ改正規定ハ本法施行前從前ノ規定ニ定メタル罪ヲ犯シタル者ニ亦之ヲ適用ス但シ改正規定ニ定ムル刑ガ從前ノ規定ニ定メタル刑ヨリ重キトキハ、從前ノ規定ニ定メタル刑ニ依リ處斷ス
第二章ノ改正規定ハ本法施行前公訴ヲ提起シタル事件ニ付テハ之ヲ適用セズ
第三章ノ改正規定ハ從前ノ規定ニ定メタル罪ニ付本法施行前刑ニ處セラレタル者ニ亦之ヲ適用ス
本法施行前朝鮮刑事令第十二條乃至第十五條ノ規定ニ依リ爲シタル捜査手續ハ本法施行後ト雖モ仍其ノ効力ヲ有ス
前項ノ捜査手續キニシテ本法ニ之ニ相当スル規定アルモノハ之ヲ本法ニヨリ爲シタルモノト看做ス
本法施行前朝鮮思想犯豫防拘禁令ニ依リ爲シタル豫防拘禁ニ関スル手續ハ本法施行後ト雖モ仍其ノ効力ヲ有ス
前項ノ豫防拘禁ニ関スル手續ニシテ本法ニ之ニ相当スル規定アルモノハ之ヲ本法ニ依リ爲シタルモノト看做ス

不敬罪（刑法）1907年

1907（明治40）年4月24日法律第45号
（不敬罪部分の）廃止：1947年10月26日

刑法第二編第一章
第一章　皇室ニ對スル罪
第七十三条
天皇、太皇太后、皇太后、皇后、皇太子又ハ皇太孫ニ對シ危害ヲ加ヘ又ハ加ヘントシタル者ハ死刑ニ處ス
第七十四条
天皇、太皇太后、皇太后、皇后、皇太子又ハ皇太孫ニ對シ不敬ノ行為アリタル者ハ三月以上五年以下ノ懲役ニ處ス
神宮又ハ皇陵ニ対シ不敬ノ行為アリタル者亦同シ
第七十五条
皇族ニ對シ危害ヲ加ヘタル者ハ死刑ニ處シ危害ヲ加ヘントシタル者ハ無期懲役ニ處ス
第七十六条
皇族ニ對シ不敬ノ行為アリタル者ハ二月以上四年以下ノ懲役ニ處ス

陸軍刑法　1908、1942年

1908（明治41）年4月9日法律第46号
改正：1942年
廃止：1947年5月3日
※一般的に、本企画に関係あるのは第99条など一部のみである。

陸軍刑法

第一編　総　則

第一条　本法ハ陸軍軍人ニシテ罪ヲ犯シタル者ニ之ヲ適用ス

第二条　本法ハ陸軍軍人ニ非スト雖左ニ記載シタル罪ヲ犯シタル者ニ之ヲ適用ス
一　第六十四条乃至第六十七条ノ罪及此等ノ罪ノ未遂罪
二　第七十四条ノ罪
三　第七十九条乃至第八十五条ノ罪
四　第八十六条乃至第八十九条ノ罪
五　第九十一条乃至第九十三条ノ罪及第九十一条、第九十二条ノ未遂罪
六　第九十五条第一項、第九十六条、第九十七条第二項及第九十九条ノ罪

第三条　本法ハ前二条ニ記載シタル者帝国外ニ於テ罪ヲ犯シタルトキト雖之ヲ適用ス

〜中略〜
第九十九条　戦時又ハ事変ニ際シ軍事ニ関シ造言飛語ヲ為シタル者ハ七年以下ノ懲役又ハ禁錮ニ処ス
〜以下略〜

参考文献

全般

内務省警保局『特高月報』『特高外事月報』政経出版社、1973年
内務省警保局『社会運動の状況』三一書房、1971〜1972年
内務省警保局外事課『外事月報 復刻版』不二出版、1994年
南博編『流言』(『近代庶民生活誌』第4巻)三一書房、1985年
明石博隆・松浦総三編『昭和特高弾圧史』シリーズ 太平出版社、1975年
大津透ほか編『岩波講座日本通史』シリーズ 岩波書店、2013〜2015年
小尾俊人・今井清一ほか編『現代史資料』シリーズ みすず書房、1962〜1980年
松尾尊兊・小松隆二ほか編『続・現代史資料』シリーズ みすず書房、1982〜1996年
伊藤正徳・富岡定俊・稲田正純監修『実録太平洋戦争 第6巻 銃後篇』中央公論社、1960年
加納実紀代・天野恵一編『反天皇制』(『思想の海へ』第16巻)社会評論社、1990年
小俣憲明『明治期における不敬事件の研究』思文閣出版、2010年
石田文四郎編『明治・大正・昭和大事件史』(復刻版)全4巻 日本図書センター
明治ニュース事典編纂委員会『明治ニュース事典』毎日コミュニケーションズ、1983〜1986年

大正ニュース事典編纂委員会『大正ニュース事典』毎日コミュニケーションズ、1986〜1989年
小森恵著 西田義信編『治安維持法検挙者の記録─特高に踏みにじられた人々』文生書院、2016年

歴史

東京都公文書館編『都史資料集成』シリーズ 東京都
東京学芸大学日本史研究室『日本史年表 増補5版』東京堂出版、2014年
吉川弘文館編集部『日本史必携』吉川弘文館、2006年
吉川弘文館編集部『近代史必携』吉川弘文館、2007年
小松左京・堺屋太一・立花隆編『20世紀全記録──Chronik 1900-1990 増補版』講談社、1991年
宇野俊一・小林達雄・竹内誠ほか編『日本全史 ジャパン・クロニック』講談社、1990年
重松一義『日本刑罰史年表』雄山閣出版、1972年
大濱徹也・吉原健一郎編『江戸東京年表』小学館、2002年
斉藤孝『昭和史学史ノート 歴史学の発想』(小学館創造選書89)小学館、1984年
坂本太郎『修史と史学』(坂本太郎著作集 第5巻)吉川弘文館、1989年
遠山茂樹『日本近代史学史』(遠山茂樹著作集 第8巻)岩波書店、1992年

井上清『私の現代史論』（朝日カルチャーブックス13）大阪書籍、1982年
加藤陽子『それでも、日本人は「戦争」を選んだ』朝日出版社、2009年
原田勝正『太平洋戦争』（マンガイラスト昭和の歴史4）講談社、1984年
長山靖生『偽史冒険世界　カルト本の百年』筑摩書房、2001年
猪野健治・宮谷一彦『右翼（FOR BEGINNERSシリーズ イラスト版オリジナル42）』現代書館、1987年

軍事

大濱徹也・小沢郁郎編『帝国陸海軍事典』同成社、1984年
秦郁彦編『日本陸海軍総合事典　第2版』東京大学出版会、2005年
吉川弘文館編集部『日本軍事史年表　昭和・平成』吉川弘文館、2012年
笠原十九司『日中戦争全史』上下巻　高文研、2017年
藤原彰『餓死した英霊たち』青木書店、2001年
広中一成『ニセチャイナ　中国傀儡政権 満洲・蒙疆・冀東・臨時・維新・南京』社会評論社、2013年
松本清張『昭和史発掘』シリーズ　文藝春秋、2005年
須崎慎一『二・二六事件――青年将校の意識と心理』吉川弘文館、2003年
北博昭『二・二六事件全検証』朝日新聞社、2003年

ねずまさし『現代史の断面・二・二六事件』校倉書房、1992年
たなべまもる著・かじあゆた絵『そして、トンキーもしんだ』国土社、1982年
渡邊勉『誰が兵士になったのか（1）――兵役におけるコーホート間の不平等――』関西学院大学社会学部紀要119号　p1～p18、2014年
渡邊勉『誰が兵士になったのか（2）――学歴・職業による兵役の不平等――』関西学院大学社会学部紀要119号　p19～p35、2014年

物価と経済

週刊朝日編『値段史年表 明治・大正・昭和』朝日新聞社、1988年
週刊朝日編『戦後値段史年表』朝日新聞社、1995年
森永卓郎監修『物価の文化史事典　明治／大正／昭和／平成』展望社、2008年
森川英正『日本財閥史』（教育社歴史新書 日本史123）教育社、1978年
堀江朋子『三井財閥とその時代』図書新聞、2010年
中野明『物語財閥の歴史』（祥伝社新書　357）祥伝社、2014年

天皇、不敬関連

小田部雄次『華族――近代日本貴族の虚像と実像』（中公新書 1836）中央公論新社、2006年
小田部雄次『皇族――天皇家の近現代史』（中公新書 2011）中央公論新社、2009年
小田部雄次『昭和天皇と弟宮』（角川選書491）角川学芸出版、2010年
小田部雄次『天皇と宮家 消えた十一宮家と孤立する天皇家』新人物往来社、2010年
古川隆久『昭和天皇――「理性の君主」の孤独』（中公新書 2105）中央公論新社、2011年
原武史『大正天皇』（朝日選書 663）朝日出版社、2000年
大野芳『宮中某重大事件』講談社、1993年
秩父宮雍人著・井上久ほか編『皇族に生まれて――秩父宮随筆集』渡辺出版、2005年
河野司『天皇と二・二六事件』河出書房新社、1985年
宮沢俊義『天皇機関説事件 史料は語る』上下巻 有斐閣、1970年
広田照幸・石川健治・橋本伸也・山口二郎『学問の自由と大学の危機』（岩波ブックレット No.938）岩波書店、2016年
井上章一『狂気と王権』紀伊国屋書店、1995年
寺崎英成・マリコ・テラサキ・ミラー『昭和天皇独白録』文藝春秋、1995年
田中彰『近代天皇制への道程』（歴史文化セレクション）吉川弘文館、2007年

村上重良『国家神道』（岩波新書　C155）岩波書店、1970年
津田左右吉『古事記及び日本書紀の研究――建国の事情と万世一系の思想』毎日ワンズ、2012年
島薗進『国家神道と日本人』（岩波新書　1259）岩波書店、2010年
尾崎行雄『尾崎咢堂全集　第9巻』公論社、1955年
黒色戦線社編『難波大助大逆事件――虎ノ門で現天皇を狙撃――　増補版』黒色戦線社、1979年
奥崎謙三『ヤマザキ、天皇を撃て！〝皇居パチンコ事件〟陳述書』三一書房、1974年
奥崎謙三『宇宙人の聖書！？　天皇ヒロヒトにパチンコを撃った犯人の思想・行動・予言』サン書店、1976年
笠木透『CDブックス　昨日生れたブタの子が――戦争中の子どものうた』音楽センター、1995年
中沢啓治『はだしのゲン』（全10巻）汐文社、1993年

特高警察と体制

荻野富士夫『特高警察』（岩波新書 1368）岩波書店、2012年
荻野富士夫『多喜二の時代から見えてくるもの 治安体制に抗して』新日本出版社、2009年
荻野富士夫『北の特高警察』新日本出版社、1991年
荻野富士夫編『特高警察関係資料集成』シリーズ 不二出版、2004年
赤旗社会部編『証言 特高警察』（新日本選書 292）新日本出版社、1981年
「特高警察黒書」編集委員会編『特高警察黒書』新日本出版社、1977年
柳河瀬精『告発 戦後の特高官僚 反動潮流の源泉』日本機関紙出版センター、2017年
日本共産党中央委員会編『反共主義 歴史の教訓』日本共産党中央委員会出版局、1975年
大橋秀雄『ある警察官の手記 戦中・戦後30年』みすず書房、1967年
大橋秀雄『特高警察官の手記』若草印刷株式会社（自家出版・非売品）、1978年
井形正寿『「特高」経験者として伝えたいこと』新日本出版社、2011年
川島高峰『流言・投書の太平洋戦争』講談社、2004年
伊藤隆『大政翼賛会への道』講談社、2015年
田中伸尚『大逆事件 死と生の群像』岩波書店、2010年
馬屋原成男『現代の風俗犯科誌』（資料風俗双書7）展望社、1982年
佐々木与四蔵『特高警察全書』松華堂書店、1933年

村瀬武比古『特高警察大義』日光書院、1941年
小林五郎『特高警察秘録』生活新社、1952年
奥平康弘ほか編『言論統制文献資料集成』シリーズ　日本図書センター、1991〜1992年
伊藤隆監修・百瀬孝著『事典　昭和戦前期の日本　制度と実態』吉川弘文館、1990年

『戦前不敬発言大全』あとがき

本書は主に庶民と扱われる人々を対象としており、共産党や宗教関係からの発言は扱わなかった。しかし、強固な政治思想に寄らなくても、不敬は身近にあるものだった。

ある人間や一族が現人神であると信じること。そう強制されること。対してそれに疑問をもつこと（または国家の定めた神の定義に従わないこと）。

実のところ、今でも、明日急に不敬罪が復活すると言っても多くの人は不都合を感じないのかもしれない。しかしそれすら、「天皇に対する疑問や不安が罰されることがなくなっていた」からである。施行されれば密告が横行し、何かを話す前にまず誰もが交友関係を気にしなければならない、本書と変わりない世界が広がるだろう。

平成年間においても、皇太子妃を取り巻く精神的な問題（人格否定発言）、愛子内親王の学校での様子、皇位継承と退位問題、秋篠宮家と小室家の関係を巡る報道など様々な騒動があった。既に天皇が国政に関与する場は限られているが、多くの人々は皇室を強く意識し、追いかけている。本書と突き合わせてみても、現代の多くの日本人は皆あきらかに不敬罪の素質を持っているのだ。

様々な疑問や問題もさておいたまま、元号は平成から令和に移ろうとしている。本書はその境界において、一つ更に遠くなった昭和時代前半を扱っている。だが、内容は古びるとは思わない。ある一族が今も憲法、国に対して特別な位置を持ち続け、またこれを理由に権力も様々な名目で力を蓄えようとする、そういう時代において……。私はあえてこの本を、人々がつまずく位置に置きたい。

南北朝時代は歴史学ではなく政治的解釈によって「吉野朝時代」となった。有名な『源氏物語』は、日本人の魂の書として長らく読まれてきたにも関わらず、不敬の可能性があるとして戦前に一部規制を受けた。この本は過去の出来事を扱ったが、この場で未来にも向けておきたい。10年後、また100年後、書籍という形式が残っているかはともかく、『源氏物語』も当シリーズも、平和な空の下で何も恐れることなく自由に読める世の中であることを願っている。

『戦前ホンネ発言大全』あとがき

私がこの本を出版し、また読者の皆さんが今この本を手に取っているこの状況は、自由その物である。我々は戦争に反対できるし、天皇を少なくとも崇拝しなくて良いし、あるいはそれらを深刻に扱わず冷かすことだってできる、そういう時代にいる。もちろんそれを悪い状況だと考える人々もいるだろうが。

何を言って良いのか・何をしていいのか、という表に出る行動以前に、「何を考えてはならないのか」というところから、規制や抑圧は始まっていた。本書で扱った内容には、戦死者や思想・信仰に関わるとても深刻かつ根深い問題もあれば、下らないもの、意味不明なものもある。しかし、それらを一緒くたに取締ったのが、特高警察達であり、戦前という時代である。落書がせいぜい器物損壊ではなく治安維持法違反となり、些細な発言がせいぜい名誉棄損ではなく不敬罪となる。

特高月報または憲兵隊記録において、（落書などは別として）人名が記載されているということは、つまりその行為の真偽は別として何らかの弾圧を受けたと言うことである。どんな人も、ただそう見られたというだけで、監視であれ取調であれ一時拘束であれ懲役であれ、圧力を受けたということである。そのことだけは忘れないようにしたい。特高警察に捕まった後の問題もある。（本書の時代より古いが）大津事件における政治干渉への抵抗や、尾崎行雄不敬事件での無罪判決、吉田久裁判官による翼賛選挙無効判決などが、戦前における司法の独立などとして注目を浴びるのは、つまり普段は国家による裁判への干渉が強かったことも意味している。他の様々な歴史問題においても指摘されることだが、とうとう日本人は自分たちの手でこの状況を変えることが出来ず、敗戦を迎えた。

それでも、覆い隠せぬものがあり、無視出来ぬ矛盾があり、どうしても言わなければならないことがあり、単に腹が立つことがあった上で、ホンネを叫びまた落書やビラにした人々がいる。言ってはならないことがある時代に堂々と言った人々から、建前上自由があるはずの時代にそれでも違和感を覚える人々へ、特高警察や憲兵の記録という皮肉を通して、伝えられていることがあるかもしれない。

今回は庶民の発言が対象であるため、本書では扱わなかった分野も非常に多い。共産党関係、宗教者、水平運動、朝鮮人・台湾人・中国人など、様々な問題が特高月報で扱われており、それらはとても貴重な記録となっている。また、大正時代以前の人々の記録も存在している。もし、機会があるならば、これらも本シリーズで再び紹介したい。

この本自体に至る話も書いておきたい。私は、小学校で「せんそう」と言うものを学ばせられるよりも早く、祖父母から身近な戦争体験を聞かされていた。太平洋戦争時、祖母は東北地方の国民学校生徒であり、北陸出身の祖父は海軍航空隊に志願して１９４４年から山陰地方の０基地で訓練していた（実機に乗ることは無かったが）。帰省時、祖母は空襲の様子を実地で教えてくれた。祖父は学校での軍事教練や、山陰地方に向かうために港で家族と別れる話、体が大きいために装備が合わず困った話を繰り返し話した。この話達が単なる言い聞かせの昔話でなく一人一人の大切かつ貴重な記憶であると知るにはもう少し時間が必要だったが、このような様々な、教科書的ではない話に囲まれて育った。思えばこの時点で「戦前の不敬・反戦発言Ｂｏｔ」に繋がる素地があったのかもしれない。また、私は母親が南米パラグアイ共和国出身（辿ればイタリア・スペイン系移民）のハーフでもある。「歴史の狭間」とか「混沌」とでもいうものに目を引かれるのはこの出自も影響しているかもしれない。

最初に、特高月報に記された様な庶民の記録を見付けた時、そしてそれらが（なぜか？）あまり広まっていないと気づいた時、どう言う訳か私はＴｗｉｔｔｅｒのＢｏｔにしようと考えた。もちろん１００％純粋に「みんなにこの血の滲む圧政の被害者の記録を見てほしい」などと言う様な意図だった訳でもなく、下ネタや天皇に関する今でもそうそうみられない悪口を面白がる意図もあった。最初の頃は特高警察の性質とか皇室に関する知識もあまりない状況だったが、Ｂｏｔが私の予想を超えて多くの人に見られるようになり、それに付随して私も本腰を入れて収集に向き合う様になった。そんな頃、２０１４年の秋に本書の編集者であるハマザキカク氏から企画の提案を受け、本書が生まれることとなった。提案を受けた時は実の所、「本になるって何だ？？？」という状況であり、ハマザキカク氏には初歩から説明して頂く状態だった。また私事によるブランクや様々な変遷、勝手な停滞もあった。それでも、見捨てずに叱咤激励してくださったハマザキカク氏の協力と助言、またＢｏｔ閲覧者の楽しみ興味深く見てもらっている様子の後押しもあり、そして再び日の目を浴びてほしいと言う思いで、本書は完成にこぎ着けることが出来た。

まず、本書に記載されている様な、戦前のありとあらゆる、かつ一人一人の「庶民」や闘士の方々へ。本書を手に取り読んでくださった貴方へ。編集者のハマザキカク氏へ。深く感謝したい。

また、歴史の面白さを教えてくれた祖父母や、企画について言えなかったが生活を支えてくれた両親へ。数週間おきに何度も同じ本を借りたり分厚い特高月報を三年分も一度に書庫資料請求しても変な顔一つせず取り次いでくれた司書の方々へ。企画について完遂直前まで話せなかったが、色々なインスピレーションと援助を与えてくれた、高橋文樹氏始め破滅派同人の方々へ。Ｔｗｉｔｔｅｒの戦前の不敬・反戦発言Ｂｏｔを見て下さり、あるいは私をフォローしている方々へ。超個人的ではあるが、私に色々な意味で「前進あるのみ」と教えてくれた故・奥崎謙三氏（及び原一男監督）へ。誰かとの出会いが欠けても、恐らく今の形には辿り着かなかった。どうもありがとう。

２０１９年５月

高井　ホアン

知ったことではない改元を過ぎて

戦前ホンネ発言大全 第2巻

戦前反戦発言大全

落書き・ビラ・投書・怪文書で見る反軍・反帝・反資本主義的言説

まるで匿名掲示板！ ※情報統制下では陰謀論やデマも出回った

■「金属など献納しません相当の相場で買え」
■「食糧不足につき人間製造中止」
■「畏れ多くも皇后様も箱入娘の令嬢様でもお湯に入る時は丸裸」
■「ソ連は全世界の資本家国家を相手にしているので軍備は世界一」
■「日本の軍隊が他国へ攻め込んでそれで正義と言うのは変ではないか」
「右翼の不穏ビラ」「中国軍機のビラ撒き」「戦前の替歌集」等のコラム
「時局を風刺せる流行語使用情況」「不穏歌謡の流布状況」等の資料

高井ホアン　Juan Takai

1994 年生まれ。小説家・作家・ライター。日本人とパラグアイ人の混血（ハーフ）。埼玉の某大学卒（専門はカリブ史）。小学校時代より「社会」「歴史」科目しか取り柄のない非国民ハーフとして育つ。高校時代より反権力・反表現規制活動を行う中、その過程で戦前の庶民の不敬・反戦言動について知り、そのパワフルさと奥深さに痺れて収集と情報発信を開始。2013 年より Twitter 上で「戦前の不敬・反戦発言 Bot」「神軍平等兵 奥崎謙三 Bot」などを運営中。教科書的・国家的な歴史の表面には出てこない人々をこれからも紹介していきたい。小説家としては株式会社破滅派より Juan.B 名義で電子書籍『混血テロル』『天覧混血』を刊行中。

（以上、2019 年現在の情報）。

Twitter:@GreatJuanism

mixduchesne@gmail.com

戦前ホンネ発言大全　第1巻

戦前不敬発言大全

落書き・ビラ・投書・怪文書で見る
反天皇制・反皇室・反ヒロヒト的言説

2019 年 6 月 1 日　初版第 1 刷発行
著者：高井ホアン
装幀 & デザイン：合同会社パブリブ
発行人：濱崎誉史朗
発行所：合同会社パブリブ
〒 140-0001
東京都品川区北品川 1-9-7 トップルーム品川 1015
03-6383-1810
office@publibjp.com
印刷 & 製本：シナノ印刷株式会社